Friedrich Lesser

Erzbischof Poppo von Trier (1016-1047)

Ein Beitrag zur Geschichte des deutschen Episkopates vor Ausbruch des

Investiturstreites

Friedrich Lesser

Erzbischof Poppo von Trier (1016-1047)
Ein Beitrag zur Geschichte des deutschen Episkopates vor Ausbruch des Investiturstreites

ISBN/EAN: 9783743335493

Hergestellt in Europa, USA, Kanada, Australien, Japan

Cover: Foto ©Lupo / pixelio.de

Friedrich Lesser

Erzbischof Poppo von Trier (1016-1047)

Erzbischof Poppo von Trier

(1016 — 1047).

Ein Beitrag zur Geschichte des deutschen Episkopates
vor Ausbruch des Investiturstreites.

Von

Friedrich Lesser.

Leipzig,
Duncker & Humblot.
1888.

Vorwort.

Die Arbeit eines Freundes, welcher der Wissenschaft und den Seinen durch ein trauervolles Geschick zu früh entrissen wurde, übergebe ich, von der Mutter des Entschlafenen mit dieser ehrenden Aufgabe betraut, hiermit der Öffentlichkeit als ein bleibendes Denkmal seiner Begabung und seines Fleißes. Nach einer vor der Berliner philosophischen Fakultät cum laude bestandenen Promotionsprüfung erlag er den Folgen eines langen und schmerzhaften Leidens, bevor es ihm vergönnt war, die Früchte seiner Studien zu ernten. Die Fakultät hat vorliegende Arbeit als Dissertationsschrift gebilligt und ihr das Urteil „ingenii et doctrinae specimen laudabile" zuerkannt. Für den Druck waren nur einzelne unbedeutende Änderungen vorzunehmen; Streichungen oder Zusätze sind nicht gemacht worden, doch konnte zu einer Stelle (S. 58) eine Bemerkung des Herrn Prof. Wattenbach mitgeteilt werden.

Weihnachten 1887.

Otto Morgenstern.

Inhalt.

Einleitung.

Der deutsche Episkopat in seiner Stellung zu Kaiser und Reich um die Wende des ersten Jahrtausends.

Erzbischof Poppo von Trier gehört, obgleich er sich von der Teilnahme an den Reichsgeschäften durchaus nicht ausschlofs, dennoch nicht zu den in seiner Zeit uns so häufig begegnenden Kirchenfürsten, welche einen mafsgebenden Einflufs auf die Reichsregierung ausübten und bestimmend auf die Geschicke Deutschlands einwirkten, wozu sich ihm als Leiter eines der angesehensten Erzstifte ja besonders gute Gelegenheit geboten hätte, aber gleichwohl ist die Betrachtung seiner Wirksamkeit von hohem Interesse, weil sie nach mehr als einer Richtung hin für einen geistlichen Reichsfürsten aus der ersten Hälfte des 11. Jahrhunderts charakteristisch ist und uns ein recht anschauliches Bild von der Stellung gewährt, welche ein Bischof innerhalb der Reichsverfassung vor dem Ausbruch des grofsen Konflikts zwischen Kaiser und Papst einnahm. Zur Gewinnung des richtigen Standpunktes für die Beurteilung der Thätigkeit Poppos sowohl in der Verwaltung seiner Diözese wie im Dienste des Reichs erscheint es uns daher angemessen, zunächst in kurzen Zügen das Verhältnis zu skizzieren, in welchem der deutsche Episkopat um die Wende des ersten Jahrtausends zur Reichsverfassung stand; in den Rahmen, den wir dadurch erhalten, werden wir das, was wir von Poppo erfahren, einzuzeichnen haben. —

Seitdem im Jahre 962 Otto der Grofse die römische Kaiserwürde mit dem deutschen Königtum verbunden hatte, wurde die deutsche Geistlichkeit, welche von jetzt ab in ihrem König nicht nur den Oberherrn ihres Volkes, sondern das Haupt der gesamten abendländischen Christenheit sah, in ihren Interessen um so fester mit dem letzteren verknüpft, sie wurde der Grundpfeiler der neuen Reichsverfassung. Hatte derselbe Otto I. noch vordem, als er die unter seinem Vorgänger etwas gelockerten Bande zwischen den einzelnen deutschen Stämmen durch ein strafferes Regiment wieder zu

1

festigen suchte, den ersten Kirchenfürsten des Reiches, Erzbischof Friedrich von Mainz, im Bunde mit seinen Gegnern, den partikularistischen
Laiengewalten, gesehen [1]), so erwuchs ihm jetzt in der deutschen Kirche die
mächtigste Stütze seiner Herrschaft, in welcher sich vornehmlich der Gedanke
der Reichseinheit verkörperte: die deutsche Kirche wurde das Bindeglied
zwischen den oft genug divergierenden Sonderinteressen der einzelnen Stämme
und bildete das Gegengewicht gegen die Laienaristokratie, in welcher die
centrifugalen Kräfte in den Territorien ihre natürliche Vertretung fanden.
Unter den Ottonen erfolgte der Ausbau der deutschen Kirche zur Verfassungskirche, unter Heinrich II. erreichte diese Entwicklung ihren Höhepunkt.

Heinrich II., ursprünglich vielleicht für den geistlichen Beruf bestimmt [2]), in der Domschule zu Hildesheim [3]), dann unter den Augen des frommen
Bischofs Wolfgang in Regensburg aufgewachsen [4]), war eine durch und
durch religiöse Natur, mit tiefem Verständnis für alle Angelegenheiten und
Bestrebungen des kirchlichen Lebens, aber diese kirchliche Gesinnung ging
bei ihm niemals, wie bei seinem Vorgänger, dem jugendlichen Otto III., in
phantastische Schwärmereien auf, sondern verband sich mit einer nüchternen
Verstandespolitik, die sich stets nur auf das praktisch Erreichbare richtete
und zu keiner Zeit ihren Hauptzweck, die Festigung und Konsolidierung
des Reiches, aus den Augen verlor. Zur Erreichung dieses Zieles bediente
er sich der unter den Ottonen trefflichst eingearbeiteten deutschen Kirche,
der er sich innerlich so geistesverwandt fühlte, als vorzüglichstes Rüstzeuges.
Sie im Dienste des Reiches in jeder Weise auszunutzen, im Interesse des
Reiches ihre Leistungsfähigkeit zu steigern, dahin ging sein unablässiges
Streben, und so aufrichtig er auch ihrer Lehre ergeben war, sich ihr in
kirchlichen Dingen rückhaltlos unterwarf, als König beanspruchte er ein un-
bedingtes Verfügungsrecht über sie, in dessen Ausübung er sich vor allem
durch politische Rücksichten bestimmen liefs [5]). Auf die unbeschränkte
Herrschaft über die deutsche Kirche baute Heinrich II. seine Macht auf,
und kaum hat ein deutscher König unbeschränkter über sie geherrscht. Er
erhöhte sie auf jede Weise, bedachte sie mit reichen Schenkungen und Gunstbezeugungen und räumte ihr den gröfsten Anteil an der Reichsregierung
ein; aber er bürdete ihr damit auch die ganze Last der Verwaltung auf [6]),

---

[1]) Widukind von Korvei II, cap. 25; III, cap. 15, 27. Vergl. K. W. Nitzsch, Geschichte des deutschen Volkes (Leipzig, 1883), Bd. I, S. 318.

[2]) Giesebrecht, Kaiserzeit, II [5], S. 602.

[3]) *Adalberti vita Heinrici* II, cap. 3 (SS. IV, 792): *Hiltensheim, ubi a puero
enutritus et litteras edoctus fuit;* daraus *vita Meinverci,* cap. 3. Vgl. Giesebrecht
II [5], 66. Hirsch, Jahrbücher, I, 90.

[4]) S. u.

[5]) Waitz, Verfassungsgeschichte, VII, 203. 267 scheint mir doch Heinrichs Kirchenpolitik etwas zu einseitig allein aus seiner kirchlichen Stimmung zu erklären.

[6]) Stumpf, Reichskanzler, 1687 (für Paderborn): *in huius vitae itinere onera nostra
episcopis imponendo levigantes,* citiert von Giesebrecht II [5], 604.

gab nur, um, wie er es selbst einmal ausspricht[1]), desto mehr von ihr fordern zu können. Immer stand ihm das Interesse des Reiches obenan; wo dieses es verlangte, vergafs er selbst, dafs er der Oberherr der Christenheit war, verleugnete er seine religiöse Gesinnung: er trug kein Bedenken, mit den heidnischen Liutizen gegen den christlichen Polenherzog sich zu verbinden und ihre Götzenbilder in seinem Heere zu dulden[2]); und schon früh war die alte Mönchssage verbreitet, dafs Heinrich nur durch den heiligen Laurentius, dessen Bistum in Merseburg er wiederhergestellt hatte, dem Teufel entrissen worden sei[3]).

In erster Linie nun waren es die Bischöfe, auf welche Heinrich II. sein Regiment stützte. Wenn er sie aber zur ersten und einflufsreichsten Stellung in seinem Reiche emporhob, so behielt er sich doch stets das Recht unbedingter Herrschaft über sie vor. Dieses Herrschaftsrecht machte er namentlich durch die Entschiedenheit geltend, mit welcher er sich sein Einsetzungsrecht wahrte, was um so wichtiger war, als es sich hierbei keineswegs blofs um die Übertragung weltlicher Güter und Rechte handelte[4]). Die Wahlen von Klerus und Volk[5]) fanden bei ihm gar keine Berücksichtigung, sie sanken zu einer leeren Form herab, die oft, erst nachdem Heinrich die Entscheidung getroffen hatte, vorgenommen wurden, oft ganz unterblieben[6]). Und Heinrich besetzte die Bistümer mit ihm völlig ergebenen Männern, meistens aus seiner Kapelle, wo sie gewöhnlich für den Staatsdienst mehr als für den Dienst der Kirche eingeschult worden waren[7]). Nicht sein geringstes Verdienst war es, immer gerade die geeignetsten Personen für die vakanten Stellen ausfindig zu machen. Die von ihm eingesetzten Bischöfe standen an der Spitze seines Staates, verrichteten alle Geschäfte der Regierung und Verwaltung: sie führten die Reichsheere gegen den Feind[8]), sie waren in des Königs Abwesenheit die Verweser des Reiches[9]); sie treffen wir im Rate des Königs an erster Stelle[10]), sie vorzugsweise zu diplomatischen Mis-

---

[1]) Stumpf 1825 (für Fulda): *quia, cui plus committitur, plus ab eo exigitur,* citiert bei Giesebrecht II[5], 607 und sonst.

[2]) Thietmar von Merseburg VI, 16. 18. VII, 11.

[3]) Giesebrecht II[5], 606.

[4]) Waitz, Verfgesch., VII, S. 284, bes. Anm. 4.

[5]) Über Bischofswahlen im allgemeinen vergl. Waitz, Verfgesch., VII, 275 ff.

[6]) Aus den zahllosen Belegen hierfür hebe ich nur aus Thietmar einige bezeichnende Beispiele hervor: V, 24; VI, 25; VI, 27; VI, 42 und 44; VI, 46 und 49; VI, 53 und 54; VII, 19; VII, 22.

[7]) Über die königliche Kapelle und ihre Bedeutung vergl. Giesebrecht II[5], 82 und bes. Waitz, Verfgesch., VI, 272 ff. VII, 290 f.

[8]) So 1007 Tagino von Magdeburg gegen Boleslav von Polen (Thietmar VI, 24), 1010 Arnulf von Halberstadt und Meinwerk v. Paderborn (Th. VI, 38), 1015 Gero v. Magdeburg (Th. VII, 13).

[9]) So Tagino von Magdeburg während Heinrichs erster Romfahrt (Thietmar VI, 3).

[10]) Thietmar VII, 8, wo Gero von Magdeburg von den versammelten Fürsten zuerst das Wort ergreift. Vorgl. Waitz, Verfgesch., VI, 307.

1*

sionen verwandt[1]), sie nicht nur innerhalb ihrer Diözesen, sondern vielfach auch schon aufserhalb derselben im Besitze gräflicher Rechte[2]). So sehen wir im Episkopat Pflichten und Rechte gleichmäfsig verteilt, die Bischöfe jedoch dem Könige unbedingt ergeben, jederzeit zur Verfügung und zu Dienstleistungen im Interesse des Reiches bereit.

Hatte Heinrich II. auf diese Weise die deutschen Bischöfe, indem er sie erhöhte, seinen Zwecken dienstbar gemacht und noch fester an das Königtum geknüpft, so hatte er sie gleichzeitig, im Gegensatze zu seinen Vorgängern, den Ottonen, bedeutend über die Klostergeistlichkeit erhoben[3]). In den Klöstern, deren Besitz sich unter den sächsischen Herrschern ungeheuer vermehrt hatte, war die strenge Regel mehr und mehr in Vergessenheit geraten, die Mönche und die Nonnen hatten sich üppigem Wohlleben ergeben, und, da der für ihren Unterhalt bestimmte Teil des Klostergutes[4]) bereits gröfser geworden war, als die mönchischen Bedürfnisse es erforderten, so beeinträchtigte die eingerissene Zuchtlosigkeit auch die Leistungsfähigkeit im Reichsdienste. Hier griff nun Heinrich II. unbarmherzig ein: nicht nur war seiner religiösen, mönchischen Neigungen zugänglichen Natur der Verfall der Klosterzucht ein Greuel, sondern vielleicht noch mehr lag ihm daran, das reiche Gut der Reichsabteien und Reichsstifter für das Reichsinteresse auszubeuten und nutzbar zu machen. Planmäfsig ging er an die Reform, die auch unter dem Gesichtspunkte des Reichsnutzens geboten erschien; denn je geistlicher, d. h. sparsamer man in den Reichsklöstern lebte, desto gröfsere Stücke vom Klostergute wurden für Reichszwecke verfügbar. Die Klöster wurden teils ganz aufgelöst[5]) oder mit Verlust von Grundbesitz gestraft, den man sich nicht scheute, zum Nutzen des Reiches selbst in weltliche Hände zu vergeben[6]), teils in Propsteien umgewandelt[7]), teils, wenn ihre Leistungs-

---

[1]) So unterhandeln 1005 Tagino (Thietmar VI, 20), 1010 Propst Waltherd (Th. VI, 38) mit Boleslav v. Polen, 1015 Thiedrich, der später Bischof von Münster wurde, mit Udalrich von Böhmen (Th. VII, 7). Mit Papst Benedikt VIII. unterhandelte Heinrich wegen der Kaiserkrönung durch Walter von Speyer (s. Hirsch, Jahrbücher, II, 419). Vergl. Waitz, Verfgesch., VI, 315.

[2]) Vgl. Waitz, Verfgesch., VII, 256 ff. Nitzsch, Deutsche Gesch., I, 364.

[3]) Vgl. G. Matthäi, die Klosterpolitik Kaiser Heinrichs II., ein Beitrag zur Geschichte der Reichsabteien. Göttinger Inaug.-Diss. (Grünberg i. Schl. 1877). Giesebrecht II⁵, 85 ff.

[4]) Über die Scheidung des Klostergutes in unverlehnbares Pfründengut zum Unterhalte der Mönche, und verlehnbares dienst- und servitienpflichtiges Abtgut vgl. Matthäi 14 ff., 49 ff.

[5]) So Memleben, dessen Besitz zu freier Disposition an das schon reformierte Hersfeld fällt (Th. VII, 22. Stumpf, 1642. 1643).

[6]) Das bekannteste, oft citierte Beispiel ist St. Maximin, das 1023 6656 Hufen an Herzog Heinrich von Bayern, Pfalzgraf Ezzo und einen Grafen Otto hergeben mufs (Stumpf, 1815. 1817). Vgl. Giesebrecht II⁵, 606. Hirsch I, 452. III, 275. Matthäi 51—55, 77.

[7]) So das St. Johanniskloster zu Magdeburg, wozu zu vergl. die Wehklagen Thietmars VI, 15.

fähigkeit für das Reich dadurch gesteigert wurde, auch ihrer Reichsunmittel-
barkeit beraubt und an Bischöfe oder an andere Klöster weggegeben [1]). Und
mit gleicher Rücksichtslosigkeit, wie bei den Bistümern, handhabte Heinrich
den Reichsäbten gegenüber sein Einsetzungsrecht; ja er begnügte sich bei
ihnen keineswegs damit, die ihm genehmen Personen den Klöstern selbst
gegen ihren Willen aufzudrängen, sondern er setzte auch ohne weiteres die
ihm nicht passenden ab [2]). So wurden auch die Reichsklöster dem Reichsinteresse dienstbar gemacht und erhielten ihren Anteil an den Pflichten, ohne
durch einen Zuwachs an Rechten dafür entschädigt zu werden.

Durch dieses Verhältnis, in welchem die deutsche Kirche zum Reiche
und dessen Oberhaupt stand, durch die Pflichten und Rechte, welche ihr
ihre Beziehungen zum Reiche gaben, wurde nun ihre ganze Wirksamkeit
bedingt: in der Erfüllung dieser Pflichten, in der Ausübung dieser Rechte
erschöpfte sich nahezu ihre Thätigkeit, in der Wahrung und Festigung ihrer
staatlichen Stellung erkannte sie ihre eigentliche Aufgabe, dies gab ihr das
ihr eigentümliche Gepräge; und der durch diese Beziehungen scharf um-
grenzte Wirkungskreis bestimmte die Thätigkeit der deutschen Kirche nach
zwei Seiten hin.

Zunächst die Pflichten, deren Erfüllung ja unter Heinrich II. der
Kirche erst ihre Rechte gab. Sie waren dreierlei Art [3]), jede von ihnen von
den Reichskirchen grofse Leistungen fordernd. Zunächst ruhte die Hauptlast
des Reichskriegsdienstes schon unter Otto II., wie der Aufgebotsbrief von 981
zeigt [4]), auf den Schultern der Geistlichkeit. Nicht minder drückend war der
von den Vorstehern der Reichskirchen geforderte Hofdienst, welcher Diözesen
und Klöster oft auf lange Zeit ihres Oberhauptes beraubte [5]). Dazu kamen
die Servitien, welche an den königlichen Hof zu entrichten waren [6]). Diesen
ausgedehnten Pflichten gerecht zu werden, bedurfte die Kirche eines nicht
unbedeutenden Aufwandes von Mitteln, welche nur durch angestrengte,
zweckmäfsige Arbeit gewonnen werden konnten. Das Mittel aber, durch

---

[1]) Vgl. Matthäi, S. 78—83, wo der Nachweis geführt wird, dafs die meisten der
auf diese Weise dem Reiche entfremdeten Klöster an sich leistungsunfähig, erst im Besitze
reicherer Kirchen für Reichszwecke nutzbar zu machen waren.

[2]) Vgl. Waitz, Verfgesch., VII, 267 f.; Matthäi, S. 68 ff., der Heinrichs II. Beweg-
gründe bei seinen Mafsregeln gegen die Reichsklöster treffend auseinandersetzt.

[3]) Die Reichsgebotpflicht kommt für uns nicht in Betracht, da sie nur Reichskirchen
oblag, die wegen ihrer Bedeutungslosigkeit in andrer Weise nicht zum Reichsdienst herangezogen werden konnten. Vgl. Matthäi, S. 31.

[4]) Gedruckt bei Jaffé, bibl. V, 471 f. Vgl. Lehmann, das Aufgebot zur Heerfahrt
Ottos II. nach Italien, Forsch. IX, 435 ff. Matthäi 11 f. 91 ff. Nitzsch, Gesch. des
dtschen Volkes, Bd. I, S. 335 f.

[5]) Waitz, Verfgesch., VI, 295 ff. Matthäi, S. 48.

[6]) Vgl. Matthäi 39—44, wo nachgewiesen wird, dafs die Servitien weniger in der
Herbergepflicht für den König und sein Gefolge bestanden als in fest fixierten oder nur bei
Anwesenheit des königl. Hofes zu leistenden Naturallieferungen.

welches die Reichskirchen in den Stand gesetzt wurden, vorwiegend die Lasten des Reichsdienstes zu tragen, war ihre auf ihrem Grofsgrundbesitz und dem Schutze der Immunitäten beruhende wirtschaftliche Überlegenheit gegenüber den Laiengewalten [1]). Durch die sich der Folgen wohl bewufste Freigebigkeit der sächsischen Herrscher, sowie durch die reichen Schenkungen frommer Seelen war die Kirche zur ersten Grofsgrundbesitzerin im Reiche geworden. Die Zusammenfassung des Besitzes, durch die eine Zersplitterung oder Teilung ausgeschlossen wurde, sowie die Sicherheit vor Übergriffen weltlicher Nachbarn, welche durch die Immunität [2]) des Kirchengutes gewährleistet war, ermöglichten erst eine rationelle Bewirtschaftung des Bodens und eine geordnete hofrechtliche Verwaltung, deren Normen bereits zu Anfang des 11. Jahrhunderts durch Bischof Burchard von Worms schriftlich fixiert wurden [3]). Mit dem materiellen Wohlstand stieg die Leistungsfähigkeit im Reichsdienste; und so wird Heinrichs II. Freigebigkeit gegen die Kirche als ein Akt kluger politischer Berechnung verständlich, so erklärt sich die hohe Bedeutung der immer häufiger werdenden Verleihungen von Grafschaften an Bischöfe, so erklärt sich der grofse Wert, den die Erteilungen von Markt- und Zollprivilegien an die Kirche nicht nur für diese, sondern auch für das Reich hatten. Aber andrerseits sehen wir als Folge davon, wie der mit seinen wirtschaftlichen Aufgaben vollauf beschäftigte deutsche Klerus, überdies durch seine Teilnahme an den Reichsgeschäften stark in Anspruch genommen, weder die Zeit findet, sich litterarisch oder wissenschaftlich besonders hervorzuthun, noch in religiöse Fragen sich zu vertiefen oder in dogmatische Streitigkeiten sich einzulassen, ja die von ihm begonnene Mission unter den slavischen Völkern Osteuropas still steht. In der Sorge nicht nur um das sittliche Gedeihen der ihnen Untergebenen, sondern auch um den materiellen Wohlstand ihres Sprengels, um die Mehrung und Sicherung, sowie die geordnete Verwaltung ihres Besitzes, um die Steigerung von dessen Ertragsfähigkeit, in der Aufbringung der Mittel zum Tragen der Lasten des Reichsdienstes ging der beste Teil der Thätigkeit der deutschen Kirche auf, bestand ihr gröfstes, eigenartiges Verdienst.

Wie die Art, in welcher die deutsche Kirche ihren Pflichten gegen das Reich gerecht zu werden suchte, für dessen innere Angelegenheiten, so wurde die Art, wie sie die dadurch erworbenen Rechte ausübte, für die hohe Politik des Reiches bestimmend. Die Kirche verdankte ihre ganze Machtstellung der

---

[1]) Nitzsch, Gesch. des deutschen Volkes (auf dessen Darstellung das folgende beruht), I, 334: „Die enge Verkettung, in welche Otto die deutschen Bischöfe und Reichsäbte mit dem Reichsdienst zu bringen wufste, beruhte ausschliefslich auf der Ausnahmestellung ihrer Immunitäten und der dadurch ermöglichten Leistungsfähigkeit ihrer hofrechtlichen Verwaltungen."

[2]) Vgl. die Ausführungen bei Waitz, Verfgesch., VII, 227 ff. über die kirchlichen Immunitäten und ihre Bedeutung.

[3]) Vgl. die vortreffliche Charakterisierung von Burchards Hofrecht bei Nitzsch, a. a. O., I, S. 364—366.

inneren Mission, an deren Durchführung sie ihre ganze Kraft setzte; durch
sie hatte sie sich schrittweise den Einfluſs auf die Reichsregierung errungen,
der sie zum vornehmsten Gliede des staatlichen Organismus machen muſste.
Hatte der erste Herrscher aus der sächsischen Dynastie die kirchliche Weihe
seiner Wahl zum deutschen König verschmäht[1]), war sie bei seinem Nachfolger Otto I. gleichsam nur die Bestätigung der bereits vollzogenen Wahl[2]),
so rettete bereits dem Enkel dieses Otto I. die Kirche die väterliche Krone[3]),
und Heinrich II. bedurfte zu seiner Anerkennung nicht minder der Zustimmung der geistlichen, wie der weltlichen Herren[4]). Unter seiner
Regierung erlangte diese Entwicklung dann ihren Abschluſs: bei der Wahl
seines Nachfolgers gaben die geistlichen Fürsten den entscheidenden Ausschlag[5]). Aber dieser Standpunkt bestimmte und begrenzte zugleich den
Umfang des Einflusses der Reichskirche; ihre Macht beruhte im wesentlichen
auf der Stellung, welche sie innerhalb des Rahmens der Reichsverfassung
einnahm, die letztere bezeichnete ihre Grenzen. Und durch diese Stellung
ist gleichzeitig das Verhältnis bedingt, in dem sie zum deutschen Könige
stand: sie wurde die Hauptstütze seiner Politik, denn er war der natürliche
Schutzherr der Reichsverfassung, der Quelle der kirchlichen Macht. So kam
es, daſs sich die deutsche Reichskirche völlig national gestaltete, in der Erfüllung
der ihr gestellten nationalen Aufgaben ihre ganze Kraft erschöpfte, die Trägerin
des Reichsgedankens wurde und fast vollständig den universellen Charakter
verlor, der der katholischen Kirche naturgemäſs anhaftet. Wir finden den
deutschen Klerus von diesem nationalen Gedanken durchdrungen, sich seiner
nationalen Aufgabe voll bewuſst[6]), gehorsam dem von Gott eingesetzten Oberhaupt, selbst gegen besseres Wissen[7]), und wenn er sich zuweilen auch eine
recht harte Kritik an dem Thun des Königs erlaubte[8]), thatsächlich versagte

---

[1]) Widukind I, 26.

[2]) Der Erzbischof von Mainz sagt vor der Krönung vor versammeltem Volke: „*En
adduco vobis a Deo electum et a domino rerum Heinrico olim designatum, nunc vero
a cunctis principibus regem factum Oddonem etc.* (Widukind II, 1. SS.
III, 437).

[3]) Thietmar IV, 3.

[4]) Thietmar IV, 31 ff.

[5]) Wipo, *gesta Chuonradi*, II, cap. 2, wo die geistlichen Fürsten vor den weltlichen
stimmen.

[6]) Vgl. die Worte des trefflichen Thietmar VI, 32 (SS. III, 820): *nostri prede-
cessores, suis senioribus semper fideles, in extraneas nationes, ac non in viscera, optimi
seviebant milites. Hoc posteritas discat et alia fugiat* . . . . .

[7]) Vgl. die charakteristische Stelle bei Thietmar V, 20 (SS. III, 800): *dicat aliquis . . . ; sublimioribus non congruere potestatibus, tam firmiter promissa cuiquam
fideliter servienti subtrahere devotionemque ceterorum abalienare. Quibus reciproco:
non ullam in hoc seculo esse dominationem, nisi a Deo; et qui se contra eam erigat,
divinae maiestatis offensam incurrat.*

[8]) So Propst Walthard, als seine Wahl zum Erzbischof von Magdeburg 1004 nicht
bestätigt wurde, Thietmar V, 24 (SS. III, 802): *non sumus immemores proverbii*

er ihm nie die Ausführung seines Gebotes[1]). Als nun unter Otto I. sich das deutsche Königtum mit dem römischen Kaisertum verband, mußte allerdings bei der theokratischen Bedeutung, welche das Mittelalter dem letzteren beilegte, das Band zwischen deutschem König und deutscher Kirche ein noch innigeres werden, als zuvor. Zugleich aber lag jetzt die Gefahr nahe, daß das bisher nationale deutsche Königtum den kosmopolitischen Charakter des römischen Kaisertums annehmen werde, und dadurch mußte die auf Interessengemeinschaft gegründete Verbindung zwischen König und Kirche gelockert werden, ein Konflikt entstehen, da die in ihren Machtbedingungen an die Reichsverfassung gebundene Kirche dem König auf seine die · nationalen Schranken überschreitenden Bahnen nicht folgen konnte. Dieser· Fall trat wirklich ein, und die deutsche Kirche erwies sich nationaler als der deutsche König. Als in romantischer Schwärmerei der junge Otto III. die Aufgaben seiner Kaiserwürde in rein universellem Sinne, über jede nationale Schranke erhaben, faßte, trat ihm, der aufs engste mit dem Papsttum verbunden war, der deutsche Episkopat unter Führung des ersten Kirchenfürsten des Reichs, des Erzbischofs Willigis von Mainz, entgegen; an dem Widerstande der deutschen Kirche scheiterten seine hochfliegenden Pläne[2]). Derselbe Konflikt wiederholte sich, als Heinrich II. in den letzten Jahren seiner Regierung ein ähnliches Bündnis mit dem Papsttum einging und, die Wege einer national deutschen Politik verlassend, den Gedanken einer allgemeinen Kirchenreform faßte[3]).

Die vorwiegend auf die praktischen Bedürfnisse und deren Befriedigung gerichtete Thätigkeit der deutschen Kirche nun einerseits, sowie ihre nationale Beschränkung andrerseits machen ihr Verhältnis zu der mehr die idealen Seiten des geistlichen Lebens berücksichtigenden und zugleich universellen Kirchenreform, wie sie von dem südfranzösischen Kloster Cluny aus angestrebt wurde, erst verständlich[4]). Auch in Deutschland hatte man sich um

cuiusdam sapientis: libertatem populi, quem regna cohercent, libertate dominantis perire, tantumque eius umbram servari, si cunctis eiusdem velit obtemperare preceptis (was allerdings dem Lucan entnommen ist). Thietmar selbst begnügt sich damit, das Urteil der Menge anzugeben, VII, 6 (S. 839): omnes populi mussant et christum Domini peccare occulte clamant, oder die Schuld auf die Räte des Königs zu schieben, VI, 50 (S. 830): et hüs liceat in semet ipsis hoc factum cognoscere, qui id consilium regi nostro unquam dedere. Über die Appellation eines deutschen Bischofs vom König an den Papst s. S. 10, Anm. 1.

[1]) Der Widerstand der Bischöfe von Eichstädt und Würzburg gegen die von Heinrich geplante Gründung des Bistums Bamberg bezieht sich doch mehr auf eine Angelegenheit der rein geistlichen, als der Reichspolitik.

[2]) Vgl. Nitzsch, a. a. O., I, S. 360.

[3]) S. § 5.

[4]) Über die Kluniazenserreform in Deutschland vgl. P. Ladewig, Poppo von Stablo und die Klosterreformen unter den ersten Saliern. Berlin, 1883. Breßlau bei Hirsch, Jahrbücher Heinrichs II., Bd. III, S. 235—251, und Breßlau, Jahrbücher Konrads II., Bd. II, S. 403—417.

die Wende des Jahrtausends mit Ernst und Gewissenhaftigkeit bemüht, gegen
die Verwilderung des geistlichen Lebens und der kirchlichen Zucht einzu-
schreiten, und nicht ohne Erfolg eine Reform begonnen, welche sich keineswegs
blofs auf die Klöster beschränkte[1]); aber diese von Bayern ausgehende Reform
war eine von innen ausgehende natürliche Reaktion gegen den Verfall des
religiösen Wandels; sie begnügte sich mit der Wiederherstellung der strengen
Regel des heiligen Benedikt in den Klöstern und eines kanonischen Lebens
in den Domkapiteln und Kollegiatkirchen; sie pafste sich überall den lokalen
Verhältnissen an, aus denen sie hervorwuchs, selbst da, wo sie gewaltsam
durchgeführt wurde; sie beanspruchte keine allgemeine Giltigkeit und änderte
daher auch nicht die alte Stellung der deutschen Kirche zu Kaiser und Reich,
sondern beliefs sie in den alten nationalen Schranken[2]). Von ganz andren
Gesichtspunkten gingen die Kluniazenser aus. Sie traten von vornherein mit
der Forderung allgemeiner Reformen auf, dachten die gesamte christliche
Kirche als einen einzigen Organismus, unter dem einen gemeinsamen Ober-
haupte, dem über den Nationen stehenden Papste, neben dem sie wohl den
römischen Kaiser, nicht aber den deutschen König konnten gelten lassen.
Mochte auch ihre Reform gleichfalls mit dem Streben nach Besserung des
geistlichen Lebens begonnen haben, bald wurde ihnen diese Seite ihrer Wirksamkeit nur Mittel zur Erreichung eines völlig andren Zieles, das nicht im
Gebiete der Kirchenzucht, sondern in dem der Kirchenverfassung lag. Indem
ihre Regel in den äufseren Formen des mönchischen Lebens, in den Bestimmungen
über Kleidung, Speise, Schlaf u. s. w. manche Erleichterungen gewährte[3]),
legte sie ein desto gröfseres Gewicht auf das innere Leben und führte
namentlich die drei Gebote der Armut, der Keuschheit und des Gehorsams
mit bisher unerhörter Schärfe und Konsequenz durch[4]). Hierdurch und

---

[1]) Über die bayrische Klosterreform vgl. als Quellen Arnold, *de sto. Emmeramo*
(SS. IV, 543—574) u. Othlos *vita s. Wolfkangi* (SS. IV, 521—542). S. Riezler, Geschichte Bayerns, Bd. I, S. 376—386. Hirsch, Jahrbücher, Bd. I, S. 112—134.

[2]) So führte Bischof Wolfgang von Regensburg, der Begründer der bayr. Klosterreform, 978 den Heerbann seines Stiftes Otto II. zum französischen Feldzuge selbst zu und
sprengte bei der Rückkehr, seinen Kriegsmannen voran, mutig über die angeschwollenen
Wasser der Aisne. Vgl. *vita Wolfkangi*, cap. 32 (S. 539).

[3]) Vgl. Ladewig, a. a. O., S. 11 ff.

[4]) Vgl. Ladewig, a. a. O., S. 5 ff. — Charakteristisch für die verschiedene
Stellung der deutschen und kluniazensischen Reformer zur Forderung des Gehorsams ist doch,
dafs der noch in den alten Traditionen aufgewachsene Arnold, *de s. Emmeramo* II, 1 (SS.
IV, S. 556) vom hl. Wolfgang erzählt: *monasterium et non monachum deserens . . . . .
per Alamanniam decenit exul in Noricum*, während der später lebende, der neuen Richtung
angehörige Otloh (s. Wattenbach, Geschichtsquellen, II[5], S. 60) in seiner *vita s. Wolfkangi*,
cap. 13 (SS. IV, S. 530) dies wörtlich ausschreibend doch ein *abbatis sui licentia* hinzufügt.
Auch die Rede Wolfgangs vor dem Kaiser, als ihm das Bistum Regensburg angeboten wurde,
bei Otloh, cap. 14 (S. 531), mit dem bezeichnenden Satze: *sub monachi professione de-
gentem sine licentia sui abbatis nihil accipere debere*, fehlt an der entsprechenden Stelle
bei Arnold (II, cap. 3).

zwar vor allem durch den mit unnachsichtiger Strenge geforderten Gehorsam wurden die Kluniazenser mit ihrem ganzen Dasein an ihr Kloster und dessen Interessen gekettet und die straffe Organisation geschaffen, welche dadurch, dafs die Leitung der ganzen Bewegung von dem Mutterkloster nie aufgegeben wurde, die Wirkung einer geschlossenen Kongregation erhielt, einer Kongregation, welche dem römischen Papsttum zur Verfügung gestellt, alle nationalen Fesseln sprengen und den hierarchischen Ausbau der katholischen Kirche vollenden mufste. Es ist daher verständlich, dafs diese kluniazensischen Ideeen, wenn sie in Deutschland Eingang fanden, der alten Verfassungskirche ein Ende bereiten, Pflichten und Rechte des deutschen Klerus in ihren Grundlagen umgestalten, das enge Verhältnis zwischen deutscher Kirche und deutschem König auflösen mufsten [1]). Daraus erhellt die erbitterte Opposition, welche wir im eigentlichen Deutschland fast überall anfangs gegen das Eindringen kluniazensischer Reformen finden, daraus der ziemlich allgemeine Abfall der deutschen Kirche von Heinrich II., als er im Bunde mit Cluny und dem kluniazensisch gesinnten Papst Benedikt VIII. eine allgemeine Kirchenreform anstrebte [2]). Als aber später nicht ohne die Einwirkung der altgermanischen Vorstellung von der Verpflichtung des Gefolgsmannes zu unverbrüchlicher Treue gegen den Dienstherrn, die nun auf das Verhältnis der Geistlichkeit zu Christus und dessen Stellvertreter auf Erden, dem Papste übertragen wurde [3]), die neuen Ideeen dennoch allmählich im Reiche Boden gewannen, da verlor die deutsche Kirche ihre alte Stellung innerhalb der Reichsverfassung; sie hörte auf, national zu sein, und wir finden sie in dem grofsen Kampfe zwischen Kaisertum und Papsttum im Ausgange des elften Jahrhunderts zum weitaus überwiegenden Teile im Bunde mit der römischen Kurie. — —

Aus der vorangehenden Betrachtung erkennen wir die engen Wechselbeziehungen, in denen die Thätigkeit der deutschen Bischöfe im Reichsdienste zu ihrer Thätigkeit innerhalb ihrer Diözesen stand, wie einerseits ihre Teilnahme an den Reichsangelegenheiten durch ihre Arbeit in ihrem engeren Wirkungskreise, die ihnen erst die Mittel zum Tragen der Reichslasten verschaffte, andrerseits ihre Wirksamkeit im engeren durch ihre Beziehungen zum Reiche, die ihrer Diözesanpolitik erst den ihr eigentümlichen Charakter gaben, bestimmt wurde, beide also sich gegenseitig bedingten und von

---

[1]) Es ist doch bezeichnend, dafs der einzige deutsche Geistliche, von dem Thietmar berichtet, dafs er sich an den Papst mit einer Beschwerde über den König wandte, Dietrich von Metz, (Th. VI, 40, SS. III, S. 823: *et Metensis aecclesiae presul Thiedricus a rege, increpatur, eo quod in epistola suimet hunc iniuste apud papam accusaret*), in nachweisbar guten Beziehungen zu den Kluniazensern stand, worüber vergl. Ladewig, a. a. O. S. 57. 89.

[2]) S. § 5.

[3]) Darüber vergl. besonders G. Freytag, Bilder aus der deutschen Vergangenheit, Bd. I, S. 434 f. Beispiele für diese Auffassung giebt Matthäi, a. a. O., S. 8, Anm. 1 und 2.

Wichtigkeit für die Geschichte des Reiches waren. Bei Erzbischof Poppo von Trier tritt dieses Verhältnis klar hervor: seine Bedeutung für das Reich beruhte recht eigentlich auf seinen Leistungen in seiner Diözese, über die gerade bei ihm die Quellen ziemlich reichlich fliefsen. Von seinem Platze innerhalb seines eng begrenzten Wirkungskreises aus arbeitete er an der Entwicklung und dem Ausbau des Reiches mit Erfolg mit; indem er in emsiger Sorge um das Gedeihen des ihm anvertrauten Sprengels seine beste Kraft erschöpfte, wirkte er als ein treuer, gewissenhafter Reichsfürst, und umgekehrt erhielt seine territoriale Thätigkeit erst durch seine Stellung zum Reiche Richtung und Ziel. — Wir werden daher zunächst Poppos Wirksamkeit innerhalb seiner Diözese, und, soweit dieselbe durch Anschauungen, die er in einer seinem Episkopat vorangehenden Lebenszeit (Vorleben) empfing, beeinflufst wurde, auch diese zum Gegenstande unsrer Untersuchung machen; erst dann wird es möglich sein, zu einem Verständnis seines Anteils an den Angelegenheiten des Reichs durch Erfüllung der Pflichten und Genufs der Rechte zu gelangen. —

Erzbischof Poppo von Trier
1016 — 1047.

§ 1. Poppos Vorleben.

Erzbischof Poppo von Trier stammte aus der österreichischen Linie der jüngeren Babenberger, eines vornehmen ostfränkischen Geschlechtes, das ursprünglich wahrscheinlich an der Aisch im südlichen Radenzgau angesessen, nach dem Sturze des Popponen Adalbert mit der Verwaltung des Königsgutes in Bamberg betraut wurde und die Grafschaft im Radenzgau, Rangau und Volkfeld erlangte [1]. Durch die Gunst der Ottonen erwarben sie die Markgrafschaft auf dem bayrischen Nordgau und in Österreich und kamen in diesen Stellungen gerade im Gegensatze gegen die bayrische Linie des ludolfingischen Hauses empor [2]; wenn aber noch zu Beginn von Heinrichs II. Regierung Poppos Vetter, Markgraf Heinrich von Schweinfurt, und Poppos Bruder, Graf Ernst, in offener Empörung gegen den neuen

---

[1] Dafs das ostfränkische Geschlecht, welches unter den Ottonen unter dem Namen der Babenberger aufkam, nicht, wie man im Anschlufs an Otto von Freising, Chronik, VI, 15, früher annahm, von dem alten Geschlechte der Babenberger oder Popponen, den Rivalen der Konradiner, abstammt, wies F. Stein, Forsch. zur dtschen Gesch., XII, 113—136, nach, dem die Neueren folgen. Riezler, Geschichte Baierns, I, 360, Anm. 2, nimmt bayrische Abkunft für die jüngeren Babenberger in Anspruch, da sie später nach bayrischem Rechte lebten; doch könnten sie dies Recht erst als Markgrafen in der bayrischen Ostmark angenommen haben; der Radenzgau, wo sie zuerst nachweisbar sind, gehört zu Ostfranken (vgl. Spruner-Menke, histor.-geograph. Handatlas, 3. Aufl., Blatt 34 u. 37, sowie die Karte in F. Stein, Geschichte Frankens, Bd. I, Schweinfurt 1885) und nicht zu Bayern, wozu es Kossinna in Droysen, Allgem. histor. Handatlas (Bielefeld und Leipzig 1886), Blatt 22. 23, rechnet.

[2] Darauf deutet schon Thietmar V, 20 (SS. III, 800) hin: *Namque patri regis* (sc. Heinrici II.) *genitor istius* (Heinrichs von Schweinfurt) *non ut miles, sed ut inimicus saepe resistit.* Vgl. auch Hirsch, Jahrbücher, I, 19. Riezler I, 360. Stein, Geschichte Frankens, I, 110.

König aus dieser Linie begriffen sind [1]), so finden wir doch dann, nach deren Unterwerfung und Begnadigung, gerade das Haus der Babenberger von Heinrich II. in jeder Weise bevorzugt und zu den höchsten Ehren im Reiche ausersehen, als festeste Stütze seiner Herrschaft, zum Gegengewicht gegen die ihn befehdenden grofsen adligen Geschlechter benutzt. Derselbe Graf Ernst, der 1003 in Waffen gegen König Heinrich stand, erhielt 1012 das Herzogtum Schwaben [2]), in dessen Besitz ihm 1015 sein gleichnamiger Sohn folgte [3]); die Ostmark blieb dauernd in babenbergischen Händen; die höchsten Würden aber erlangte Poppo.

Poppo [4]) war ein Sohn Liutpolds von Babenberg [5]), der seit 976 als Markgraf in der bayrischen Ostmark nachweisbar [6]), am 10. Juli 994, als er sich besuchsweise in Würzburg aufhielt, dort starb und beigesetzt wurde [7]). Poppos Mutter hiefs Richezza und stammte aus einem vornehmen fränkischen Adelsgeschlecht, dessen Name uns aber unbekannt geblieben ist [8]). Poppos Geburtsjahr kennen wir gleichfalls nicht [9]); da aber kurz vor seinem Amtsantritt Papst Benedikt VIII. und Heinrich II. auf einer Synode

---

[1]) Thietmar V, 19 — 23. Adalbold, *vita Heinrici II.*, cap. 23—27, 31. Vergl. Hirsch I, 262 ff. Giesebrecht II [5], 34 ff.

[2]) Vgl. Hirsch II, 314.

[3]) Thietmar VII, 11. Vgl. § 5 b.

[4]) Wie häufig dieser Name gerade in Ostfranken begegnet, geht aus dem Register *s. h. v.* bei Stein, Geschichte Frankens, Bd. I, hervor.

[5]) Thietmar VII, 19 (SS. III, 844): *Popponem, Liupoldi marchionis filium. Gesta Treverorum,* addit. cap. 1 (SS. VIII, 175): *patris eius Luopaldi nomen erat, qui regionis Austriae marcam tenebat.*

[6]) Vgl. A. von Meiller, Regesten zur Geschichte der Markgrafen und Herzoge Österreichs aus dem Hause Babenberg (Wien 1850), S. 1, 187 f. Hirsch I, 135. Waitz, Verfgesch., VII, 74, Anm. 5. Nach Stein, Gesch. Frankens, I, S. 117, zwischen 973 u. 976.

[7]) Den Todestag überliefert Thietmar IV, 14, das Todesjahr das *necrologium Fuldense.* Vergl. Meiller, a. a. O., S. 2.

[8]) *Gesta Trev.,* addit. cap. 1 (S. 175): *mater autem eius Richeza cuiusdam ducis Germaniae Franciae filia fuit.* Brower, bei Brower et Masen, *antiquitates et annales Trevirensium* (Lüttich 1670), I, 503: *et matrem Richezam seu Richardam, illustri item loco natam.* Meiller, a. a. O., nennt sie *Richardis.* J. Moritz, Stammreihe und Geschichte der Grafen von Sulzbach (in den Abhandl. der kgl. bayr. Akad., histor. Klasse, 1833, I) nennt „Richeza, Tochter eines ungenannten fränkischen Herzogs, wahrscheinlich des *Conradus sapiens* oder *rufus,* Herzog von Worms," doch stützt sich Moritz auf zu unzuverlässige Quellen (s. die folg. Anm.), um selbst da, wo er sie nicht nennt, Glauben zu verdienen. Dafs *dux* hier nicht den von Reichs wegen das Herzogamt verwaltenden Herrn zu bedeuten braucht, geht schon aus dem vorgesetzten *cuiusdam* hervor.

[9]) Meiller, a. a. O., läfst Poppo, was nicht unwahrscheinlich ist, zwischen 980 und 985 geboren sein. Moritz, a. a. O., S. 11, nennt als Geburtsjahr Heinrichs, Liutpolds ältesten Sohnes, 961, als das Poppos 979; diese Angaben verdienen aber keine Berücksichtigung, da sie, wie M. selbst mitteilt, auf Alold von Pechlarn (angeblich um 1063), die bekannte Erfindung des Cistercieusers Hanthaler aus dem 18. Jahrh. (s. Wattenbach II [5] 474), zurückgehen.

1014 die alte Regel, daſs niemand vor seinem 30. Lebensjahre Bischof werden solle, von neuem eingeschärft hatten[1]) und es nicht wahrscheinlich ist, daſs Heinrich II. schon zwei Jahre später von dem damals gefaſsten Beschlusse abwich, so muſs der 1016 zum Bischof erhobene Poppo spätestens 986 geboren sein. Seine Brüder waren Markgraf Heinrich von der Ostmark († 1018), Herzog Ernst I. von Schwaben († 1015) und Markgraf Adalbert († 1050); auch eine Schwester, Christina, hatte er, die in Trier Nonne wurde[2]). Der wievielte Poppo in der Reihe seiner Geschwister war, läſst sich nicht feststellen; doch, da er von Anfang an für den geistlichen Beruf bestimmt gewesen zu sein scheint und sein Bruder Heinrich dem Vater in der Markgrafschaft folgte, ist er wohl kaum der älteste gewesen[3]).

Entscheidend für Poppos ganze spätere Entwickelung wurde seine Erziehung in Regensburg, wohin ihn seine Eltern, als er heranwuchs, brachten[4]). Wir wissen ja, daſs gerade von hier die Reform des arg verwilderten mönchischen Lebens ausging, die sich zunächst nur auf Bayern, seitdem aber Heinrich II. deutscher König war, über das ganze Reich erstreckte[5]). Namentlich war es der heilige Wolfgang, Bischof von Regensburg (972—994), welcher der infolge der verheerenden Einfälle der Ungarn, sowie der Säkularisationen Herzog Arnulfs „des Bösen" in Bayern eingerissenen Verweltlichung des geistlichen Lebens ein Ziel setzte. Ein mönchischer, die Öffentlichkeit meidender Trieb, der äuſseren Glanz und weltliche Macht verschmähte[6]), sich indessen den Forderungen des Staates keineswegs verschloſs[7]), bildete den Grundzug seines Wesens, der sich vor allem in seiner Fürsorge für die ihm unterstellten Klöster geltend machte. Gleich in den ersten Jahren seines Episkopats hatte er, um die Mönche an eine ihrem Stande angemessenere Lebensweise zu gewöhnen, die Abtei von St. Emmeram, die bisher mit dem Hochstift von St. Peter, dem Sitze des Regensburger Bistums, verbunden gewesen war, von dieser getrennt und einem besonderen Propste,

---

[1]) Thietmar VII, 2. Vgl. P. Hinschius, Kirchenrecht, § 3 (Bd. I, S. 17).

[2]) Brower, ann., I, 523, aus einem alten Kalender: *III. Nonas Novemb. obiit Christiana reclusa Treviris soror Popponis ibidem Archipraesulis.*

[3]) Meiller, a. a. O., nennt Poppo den dritten der Söhne Liutpolds und läſst ihn jünger sein, als Herzog Ernst; meines Erachtens liegt dazu kein Grund vor.

[4]) *Gesta Trev.,* addit. cap. 1 (S. 175): *Hii* (sc. parentes) *itaque filium suum, Popponem dico, aetate proficientem disciplina litterali erudiendum in Regenesburc civitate viris doctioribus tradiderunt.*

[5]) S. S. 9.

[6]) Otloh, *vita s. Wolfkangi,* cap. 8 (SS. IV, S. 529): *adeo ut iam a cunctis diceretur non esse clericus, sed monachus.* cap. 14 (S. 532): *non enim ob episcopale fastigium mutare voluit monasticum habitum.* cap. 15 (ibidem) sein Ausspruch: „*si monachos haberemus, reliqua satis suppeterent*", und: „*regulares monachi beatis aequiperantur angelis, saeculares vero monachi apostaticis*". Vgl. auch cap. 22 (S. 536), sowie S. 15, Anm. 3 und 4.

[7]) S. S .9, Anm. 2.

dem Mönche R o m u a l d aus St. Maximin, untergeben, der sie bald zu hoher Blüte erhob [1]). Ebenso suchte er in den Nonnenklöstern Obermünster und Niedermünster die strenge Regel wieder zu Ehren zu bringen [2]). Aber auch das Leben der Kanoniker in St. Peter wurde ein strengeres, als bisher [3]), wie ja auch während W o l f g a n g s Aufenthalt in Trier und wohl nicht ohne sein Zuthun dort E r z b i s c h o f H e i n r i c h das Leben im Domstifte reformiert hatte [4]). Wann P o p p o nach Regensburg kam, entzieht sich unsrer Kenntnis: da er bei B i s c h o f W o l f g a n g s Tode mindestens 8 Jahre alt gewesen ist, so ist es immerhin möglich, dafs er noch unter den Augen dieses vorzüglichen Mannes seine erste Erziehung empfing. Jedenfalls wuchs er ganz unter dem Eindrucke der von W o l f g a n g angebahnten Reformen auf, wie sich dies aus seinem späteren Wirken ergiebt. Es ist dabei gleichgültig, ob er sich in St. Peter oder in St. Emmeram aufhielt, da man in beiden Kirchen in gleicher Strenge lebte und sich auch bei einem Aufenthalte P o p p o s in ersterem seine spätere Vorliebe für mönchisches Leben und kirchliche Reformen sehr gut erklären läfst [5]). Wurde so die Erziehung in Regensburg für P o p p o s geistige Entwicklung bedeutungsvoll, so war sie für sein äufseres Fortkommen von nicht geringerer Wichtigkeit; denn wohl schon hier lenkte sich die Aufmerksamkeit H e i n r i c h s II., der gleichfalls in Regensburg aufgewachsen war [6]) und sich mit den hier gepflegten Ideeen befreundet hatte, auf ihn [7]). Mit Vorliebe entnahm ja dieser König den Regensburger Kreisen die Geistlichen, die er zu den höchsten Würden im Reiche berief. Von hier ging G o d e h a r d

---

[1]) Arnold, *de st. Emmeramo*, II, cap. 8. 10. Otloh, *vita st. Wolfkangi*, cap. 15.

[2]) Otloh, cap. 17 (S. 533): *alia duo monasteria virginum in urbe Ratispona constituta, id est Superius et Inferius monasterium, ad regularis vitae normam studuit perducere.*

[3]) Otloh, cap. 18 (S. 534): *non minori quoque studio sese accinxit ad instituenda ordinis canonici iura ... disposuit etiam, ut in refectorio simul comederent, simul dormirent, ne claustrum incongruis horarum spatiis egrederentur, ne silentii statuta frangere conarentur.*

[4]) *Gesta Trev.*, cap. 29. Vgl. S. 30, Anm. 5.

[5]) Hirsch I, 119, Anm. 5 läfst Poppo in St. Emmeram erzogen werden; ihm schliefst sich J. H a r t t u n g, Bemerkungen über Erzbischof Poppo von Trier und St. Simeon (in R. P i c k, Monatsschrift für rheinisch-westfäl. Geschichtsforsch. und Altertumskunde, 3. Jahrgang, Trier 1877), S. 495 an. Ich denke an St. Peter; darauf deuten Poppos vornehme Abkunft, das frühe Alter, in dem ihn noch nicht eigene Neigung ins Kloster treiben konnte (*parentes tradiderunt*, doch, um ihm ein glänzendes Fortkommen zu sichern, s. Anm. 7), sowie sein späteres, bei allen mönchischen Neigungen, doch oft recht kriegerisches Auftreten. Auch Tagino von Magdeburg war Vizedom in St. Peter gewesen (vgl. S. 16, Anm. 2).

[6]) T h i e t m a r V, *prologus*, Vers 6 (SS. III, 790): *Nutrit praeclarum Wolfgangus praesul alumnum.*

[7]) *Gesta Trev.*, add. cap. 1: (*parentes*) *noticiae supradicti regis exhibuerunt.* Als sie Poppo aber nach Regensburg brachten, dachten sie ihm hierdurch allerdings seine Zukunft zu sichern, indessen war Heinrich damals noch nicht König, und insofern sind die *gesta* doch ungenau.

aus, um erst Altaich, dann Hersfeld zu reformieren und zuletzt Bischof von Hildesheim zu werden [1]); hier in St. Peter war auch, von Wolfgang besonders geliebt, Tagino Vizedom [2]), den Heinrich II. später zum Erzbischof von Magdeburg machte und der in dieser Stellung des Königs rechte Hand, sein Heerführer und Reichsverweser geworden ist [3]). Es kann daher nicht überraschen, wenn Poppo von Regensburg aus zu den höchsten Ehren aufstieg. Bei der Einrichtung des Bamberger Bistums, das sich stets Heinrichs II. besondrer Gunst erfreute, mußte es dem Könige nicht nur darauf ankommen, das neue Hochstift möglichst reich auszustatten, sondern auch geeignete Persönlichkeiten zur Besetzung der dortigen Ämter zu finden. Und wenn wir Poppo 1015 in der hohen Würde eines Dompropstes im Bamberger Stifte antreffen, so werden wir dies auf den Einfluß des Königs zurückzuführen haben, auch wenn wir nicht wissen, wann und in welcher Eigenschaft Poppo dorthin kam [4]); denn, wenn er selbst auf eigne Faust von Regensburg nach Bamberg übersiedelte, so ist es doch sehr unwahrscheinlich, daß Heinrich II. sich der Einwirkung auf die Besetzung eines so wichtigen Amtes, wie es das des Propstes ist, in seinem Lieblingsstifte enthalten habe. Wenn nun die Wahl des Königs auf Poppo fiel, so werden wir dies nicht bloß der Zuneigung Heinrichs zu den Regensburger Kreisen zuzuschreiben haben, sondern auch politische Berechnung mag dabei im Spiele gewesen sein. Wir wissen, daß es gerade die Gründung eines Bistums in dem für

---

[1]) **Wolfhere**, *vita Godehardi prior*, cap. 3. Vgl. über ihn **Hirsch** I, 132—134. **Giesebrecht** II[5], 77 f.

[2]) **Arnold**, *de st. Emmeramo*, cap. 12. **Otloh**, cap. 21. cap. 36. **Thietmar** V, 25.

[3]) Vgl. S. 3, Anm. 8 u. 9 und S. 4, Anm. 1.

[4]) Wenn die *gesta Trev.*, cap. 30 (S. 172) sagen: *Popponem in Babenberch educatum*, so ist das jedenfalls unrichtig; da Poppo bei Begründung des Bistums Bamberg (1007) bereits mindestens 21 Jahre alt war, kann von einer Erziehung dort nicht gut die Rede sein. Mit Sicherheit läßt sich P. in Bamberg nicht vor 1015 nachweisen, wo er, eben zum Dompropst gemacht, eine Schenkung Heinrichs II. an das Domstift veranlaßt (Stumpf 1654, *codex Udalrici no. 74*, gedruckt *Monumenta Boica* XXVIII, 1, S. 457, No. 286, ausgestellt zu Regensburg am 5. Juli 1015, doch macht die Datierung einige Schwierigkeiten, worüber vgl. Hirsch II, 72, Anm. 2); wenn aber **Meiller**, a. a. O., S. 194, aus den Worten dieser Urkunde: *Poppo sanctae babenbergensis aecclesiae praepositus nuper constitutus nostram clementiam adiit . . . . . quatinus eadem aecclesia in primitiis* (wie wohl mit Meiller für *inprimitus* zu lesen ist) *ministerii sui nostrae benignitatis aliquod reciperet emolumentum,* auf einen damals erst kurzen Aufenthalt P.'s in Bamberg schließt, so scheint mir dies unrichtig, da nur von den *primitiae* seines neuen *ministerium* die Rede ist, womit doch nur seine Propstwürde, nicht auch die Ämter, die er etwa vorher in Bamberg bekleidet haben mag, gemeint sein können. P. kann sehr wohl schon längere Zeit in Bamberg gewesen sein, bevor er hier Dompropst wurde, und sehr gut zu den ersten Genossen des neuen Domes gehört haben, obgleich dies doch nicht so sicher ist, wie es H. Pabst bei Hirsch II, 72, Anm. 4 annimmt. Das Amt eines Dompropstes in Bamberg bekleidete dann P. bis zu seiner Berufung nach Trier, wie aus Thietmar VII, 19 (SS. III, S. 844): *Popponem, . . . tunc Bavenbergensis aecclesiae prepositum, Treverensi prefecerat urbi,* hervorgeht.

Heinrichs Gemahlin Kunigunde zum Witwensitz bestimmten Bamberg war, was die Brüder der Königin, die Grafen von Luxemburg, an welche der Ort bei der Kinderlosigkeit der königlichen Ehe dereinst hätte fallen müssen, auf so gespannten Fufs mit ihrem Schwager brachte und mit die Veranlassung zu ihrer Empörung gab[1]). Heinrich mufste daran gelegen sein, sich eine Stütze gegen sie zu verschaffen, und hieraus erklärt sich die bereits berührte Erhebung des babenbergischen Hauses in bewufstem Gegensatze, wie früher gegen die ludolfingischen Herzoge Bayerns, so jetzt gegen die Luxemburger. Auch Poppos Beförderung in Bamberg mag damit in Verbindung gestanden haben. Als Propst finden wir ihn dann, ganz in seiner späteren Weise, für Mehrung des kirchlichen Besitzes und Sicherung der Unterhaltsmittel seiner Kanoniker bemüht[2]); auch später, als Erzbischof von Trier, bewahrte Poppo dem Bamberger Stifte seine Anhänglichkeit, indem er 1021 gröfsere Landschenkungen an dasselbe vermittelte[3]). Und durch religiöse Gesinnung, wie durch Eifer im Amte[4]) erwarb er sich die volle Gunst seines königlichen Herrn, der ihm den gröfsten Beweis des Vertrauens schon bald darauf gab, indem er ihm 1016 das wichtige, aber damals in sehr schwieriger Lage befindliche Erzbistum Trier übertrug.

§ 2. Das Erzstift Trier bei Beginn der Amtszeit Poppos.

Das Erzbistum Trier, obwohl das älteste und einst das angesehenste unter den deutschen Bistümern[5]), war doch allmählich von den beiden anderen rheinischen Metropolen bedeutend überflügelt worden. Mit Mühe hatte es sich seine Metropolitanrechte erkämpft und behauptet[6]); den Verwüstungen

---

[1]) Vgl. Hirsch II, 208. Harttung, a. a. O., S. 495 f. So ganz ausschliefslich auf der Gründung des Bistums Bamberg hat aber die Unzufriedenheit der Luxemburger keineswegs beruht; vgl. Giesebrecht II[5], S. 105.

[2]) Vgl. Stumpf 1654 (s. S. 16, Anm. 4: *Poppo ... nostram clementiam adiit*). Dafs die Schenkung zum Unterhalt der Kanoniker bestimmt war, sagt die Urkunde selbst: *ad seruicium confratrum ibi sub canonica institutione deseruientium.*

[3]) Es kann doch nicht zweifelhaft sein, dafs, wenn es von den Gütern, die Heinrich II. Stumpf 1793. 1794 (über die Datierung s. S. 57, Anm. 8) an Bamberg schenkt, heifst: *tale predium quale Poppo Treuirensis archiepiscopus nobis dedit,* der Kaiser sie von P. zum Zweck der Schenkung an Bamberg erhalten hat. Die geschenkten Güter lagen freilich in der Trierer Diözese, gehörten also kaum zum Eigenbesitze Poppos.

[4]) Stumpf 1654: *quia eum* (sc. Popponem) *humilem ad obaedientiam et ad iniunctum ministerium bonam habentem gratiam cognouimus.*

[5]) Vgl. Rettberg, Kirchengeschichte Deutschlands, I, S. 74 ff. Beyer I, no. 185, S. 247 (Immunitätsbestätigung für Trier durch Otto I.): *quia antiquitate et uetustate precedit alias nostri regni ecclesias.*

[6]) Vgl. Brower, *metropolis ecclesiae Treuirensis (ed.* E. v. Stramberg, 1855. 56), I, S. 15 ff. Rettberg, a. a. O., II, 598 ff. Görres, Forsch. z. d. Gesch., XVII, 163 ff.

durch äußere Feinde war es mehrfach ausgesetzt, im 9. Jahrhundert durch die Raubzüge der Normannen arg heimgesucht, zeitweise politisch vom deutschen Reiche losgerissen. Die schwerste Krise hatte es zu Beginn des 11. Jahrhunderts durchzumachen.

Nach dem Tode des Erzbischofs Liudulf, des Sachsen, im Jahre 1008 hatte sich Graf Adalbero von Luxemburg, Propst des Stiftes von St. Paulin in Trier, ein Bruder der Königin Kunigunde, des Herzogs Heinrich von Bayern und des Bischofs Dietrich II. von Metz [1]), der bei dem verstorbenen Erzbischof in hohem Ansehen gestanden zu haben scheint [2]), des Erzstiftes mit Gewalt bemächtigt, indem er, wie es scheint, noch bevor der König über den vakanten Sitz hatte verfügen können, seine Wahl durchzusetzen wußte und die Burg von Trier besetzt hielt [3]). Obgleich

---

[1]) Über die Verwandtschaft vgl. J. Schötter, Einige kritische Erörterungen über die frühere Geschichte der Grafschaft Luxemburg (Luxemburg 1859), Stammtafel. Hirsch, Bd. I, Exkurs 11 (S. 530—538).

[2]) Thietmar VI, 25 nennt Adalbero *capellanus eiusdem* (sc. Liudulfi), und daß Liudulf ihn unterstützte, als er die St. Martin gehörige St. Symphorianskirche raubte, erzählen die *gesta Trev.*, cap. 30 (S. 171): *inito cum Liudulfo archiepiscopo pravo consilio, ecclesiam st. Simphoriani . . . . sibi vendicavit, episcopo, proh dolor! consentiente*, und bestätigt Eberwin von St. Martin in einem Mskr. der Stadtbibl. in Trier, No. 1413 (mitget. von Kraus, Jahrbb. des Vereins von Altertumsfreunden im Rheinlande, Heft 44. 45), S. 169.

[3]) Daß Adalbero gewählt wurde, berichtet allein der im ganzen zuverlässige Thietmar VI, 25: *Aethelbero . . . plus timore regis, quam amore religionis communiter* (also einstimmig) *eligitur*. Die übrigen, allerdings nicht unparteiischen Quellen wissen nur von einer widerrechtlichen Anmaßung des Episkopats durch Adalbero zu erzählen: *ann. Quedlinb.* (fälschlich zu 1013, SS. III, 79): *Atalpero . . . contra omne ius et fas Treverim cum suis sibi mancipavit; gesta Trev.*, cap. 30 (S. 171): *episcopatum invasit*. Nach Hermann von Reichenau *ad a. 1008* (SS. V, 119: *Megingaudus . . archiep. promovetur, sed Atalbero, . . . ad archipraesulatum . . . annisus*) und Eberwin von St. Martin, a. a. O. (S. 169: *quod*, d. h. Meingauds Wahl, *uidens supradictus Adelbero praepositus palatium asyle Treverorum occupat . . .*, *indignum ferens, quod eadem dignitas sibi denegata fuerat*) setzte sich Ad. erst nach der ordnungsmäßigen Wahl des königlichen Kandidaten Meingaud, die bei letzterem sogar durch Klerus und Volk von Trier erfolgte (s. die folg. Anm.), in den Besitz des Erzstiftes. Die unbedeutenden *annales Colonienses ad a.* 1008 (SS. I, 99) erwähnen nur die Nachfolge Meingauds. Es ist dann aber nicht recht verständlich, wie Ad., der in diesem Falle doch ohne in Betracht kommenden Anhang in Trier gedacht werden müßte, 7 Jahre lang dem Könige und seinem Schützling mit Erfolg Widerstand zu leisten vermochte. Wir nehmen deshalb, auf Thietmar fußend, an, daß Adalbero, dem Könige zuvorkommend, seine Wahl bei den Trierern, wohl nicht ohne Hinweis auf seine Verwandtschaft mit dem Könige (s. gleich nachher), erzwang, und daß die letzteren ihn, obgleich sie ihm nicht geneigt waren, wählten, ist vielleicht als eine Reaktion gegen die Rücksichtslosigkeit, mit der Heinrich II. sein Einsetzungsrecht handhabte, anzusehen. Ähnlich Hirsch II, 202 f. Wenn er jedoch fortfährt: „vielleicht konnte auch Ad. eine Art von Versprechen geltend machen, das ihm der König früher gegeben", so ist daran nicht zu denken; vielmehr ist Hermann von Reichenau, a. a. O.,: *ad archipraes. quasi ex regio promisso sibi debitum adnisus*, genügend erklärt durch *gesta*

nun **Heinrich II.**, um sein Einsetzungsrecht zu wahren und eine Macht-
steigerung der Luxemburger, die eben wegen der Gründung des Bistums
Bamberg schwierig zu werden anfingen, zu hindern, in dem Mainzer **Propst
Meingaud** sofort einen Gegenbischof aufstellte [1]), diesen mit Heeresmacht
in sein Amt einführte und die von dem Usurpator besetzte Burg von Trier
regelrecht belagerte, erzielte er doch keinen rechten Erfolg [2]). Die Erhebung
Adalberos gab den Luxemburgern das Signal zur offenen Empörung [3]):
sie eilten ihrem Bruder zu Hilfe; **Adalbero** blieb im Besitze des Trierer
Landes, **Erzbischof Meingaud** konnte nur von dem damals noch königlichen Koblenz aus, das ihm **Heinrichs II.** Gnade anwies, seine Diözese
verwalten [4]), und in dem regierungslosen Sprengel tobte 7 Jahre hindurch

---

Trev., a. a. O.,: *ea fiducia, qua sua soror Heinrico Claudo imperatori nupta fuerat*,
d. h., Ad. redete sich entweder selbst ein, Heinrich werde im Interesse einer Hauspolitik
nachträglich die Wahl genehmigen, oder, was wahrscheinlicher ist, er machte es die Trierer
glauben. Und allerdings wurden auf den König von Seiten seiner Umgebung solche Einwirkungen versucht; vgl. **Thietmar** VI, 25: *rex autem, ut hoc* (Adalberos Wahl)
*audivit, . . . uxorem dilectam caeterosque suimet familiares de episcopatu eodem inpe-
trando sollicitos sprevit . . .*

[1]) *Gesta Trev.*, cap. 30: *Heinricus . . Meingaudo episcopatum dedit, praeposito
ecclesiae Mogontinae.* **Thietmar** VI, 25: *Maingaudo Willigisi archipraesulis camerario
dedit.* Ebenso ann. *Quedlinb.*, ad a. 1008 (SS. III, 79): *obiit Liudolfus Trev. archiep.*,
cui successit Magingoz; ann. *Augustani* (III, 124); ann. *Hildesheimenses ad* a. 1008
(SS. III, 93, wonach Meingaud *primiscrinius regis* war) und **Hermann von Reichenau**,
a. a. O. (s. die vorige Anm.). Von einer Wahl spricht nur **Eberwin** von St. Martin (a.
a. O.): *Heinricus imperator Meingaudo electum* (wohl Schreibfehler für *electo) a clero et
populo episcopatum dedit;* fand eine solche wirklich statt, so war sie nur eine leere Form.

[2]) **Eberwin** (a. a. O.: *H. . . . cumque (Meingaudum) intronizandum Treverim
direxit)* weifs nichts davon, dafs Heinrich selbst gegen Trier zog. Dagegen erzählen die
gesta Trev., a. a. O.,: *H. imperator cum exercitu Treberim venit et palatium obsedit.*
Ebenso ann. *Quedlinb.* ad a. 1008 und **Thietmar**, a. a. O. Den Mifserfolg H.'s geben
die *gesta* zu: *caesar ergo cum nequaquam proficeret in eius expugnatione,* desgl.
Thietmar, a. a. O., der die Schuld auf Heinrich von Bayern schiebt (s. die folg. Anm.).
An diesem Abfall allein hat die Schuld schwerlich gelegen; Meingaud scheint überhaupt
keine Anerkennung gefunden zu haben, die Trierer sind auf Seiten Adalberos (s. **Thietmar**,
a. a. O.,: *Palas a Treverensibus contra regem firmatur*, sind also gegen H.), und selbst
dessen Exkommunikation bleibt ohne Wirkung. S. auch die Anm. 4 auf dieser Seite.

[3]) Dafs der Ausbruch der Empörung der Luxemburger sich an Adalberos Erhebung
anschlofs, bezeugt ausdrücklich **Hermann von Reichenau**, a. a. O.,: *sed Ad. . . . . Tre-
verense palatium praesidiis occupat, et iam cum fratribus suis . . . contra regem
rebellavit.* **Thietmar** (VI, 25, SS. III, S. 815: *propter hoc* (Einsetz. Meingauds) *subdolae
generationis furor accenditur,* und: *quod* (die Übergabe der Pfalz) *ne fieret, Heinricus
dux improvisa calliditate impediens, eos exire inlesos apud regem obtinuit*).

[4]) Vgl. *gesta Trev.*, cap. 30 (S. 172): *Megingaudo . . ., qui usque ad finem vitae
suae in castello Confluentia episcopatum administravit.* Damit im Einklang steht **Thietmar** VII, 19 (SS. III, S. 844): *Meingaudus Trevericae ciritatis archiep.*, *obiit in urbe
sua —*, was falsch ist, da Koblenz erst 1018 an Trier kommt, s. S. 28, — *Cophelenci dicta.*
Da Meingaud in Koblenz allein von des Königs Gnade abhing, so sind die *gesta Trev.*

2*

der Bürgerkrieg, der von hier aus ganz Lothringen ergriff und die greuel-
vollsten Verwüstungen des Landes, die schrecklichste Verwilderung der Sitten
im Gefolge hatte[1]). Erst zu Beginn des Jahres 1015 wird eine Wiederan-
näherung zwischen Heinrich II. und seinen Schwagern bemerkbar: damals
scheint auch Adalbero seine Ansprüche auf die erzbischöfliche Würde
aufgegeben zu haben; er lieferte, was in seinen Händen war, aus; daſs aber
ein dauernder Friede noch keineswegs als gesichert erschien, geht daraus
hervor, daſs der Luxemburger die Trierer Burg, wahrscheinlich doch um jeden
Augenblick den Kampf wieder aufnehmen zu können, zurückbehielt und Erzbischof Meingaud nach wie vor in dem Königshofe zu Koblenz verblieb[2]).

ungenau, wenn sie sagen: *caesar Megingaudo episcopatum confirmavit.* Daſs Ad. im
Besitze des ganzen Trierer Landes blieb, s. S. 20, Anm. 2. Über die einzigen, uns bekannten
Amtshandlungen Meingauds in seinem Sprengel s. S. 46. 50.

[1]) Vgl. *gesta Trev.*, a. a. O.,: *qua obsidione non solum regio in circuitu urbis
undique vastata est, sed ipsa quoque civitas ... in pristinam solitudinem est redacta;
non solum denique obsessores, set et ipsi palatini obsessi frequentibus eruptionibus
ipsos obsessores et finitima palatii populabantur.* In lebhaften Farben schildert die Verwüstungen Constantin, der Biograph des Bischofs Adalbero II. von Metz, cap. 27 (SS. IV,
668 f.): *urbes certe depopulatae, vici et villae incensae omnes, viri omnes et feminae
et totum promiscuum vulgus ferro, fame, igne pestilentiaque consumtum; multi etiam
nobiles in paupertatem et magnam miseriam devoluti, multi gladio perempti, ita ut
hodie vere dici possit: pervenit gladius ad animam. Nam vineae eradicatae, arbores
et arbusta excisa, monasteria depopulata; et iam in proximo est, ut effugatis habita-
toribus, servorum et ancillarum Dei habitacula in solitudinem et heremum vastissimam
devenire cogantur.* Von der sittlichen Verwilderung erfahren wir bei Thietmar VI, 35,
wo von den Verwüstungen durch die Liutizen, die der Kaiser hierher führte, nicht allein,
sondern auch von dem schändlichen Überfall bei Odernheim und den Stiftsleuten von St.
Stephan die Rede ist, welche, 800 an der Zahl, ohne Wissen ihrer Vorgesetzten, von Hungersnot und andern Unglücksfällen geplagt, einfach ausreiſsen. Von den Folgen des Krieges und
der anarchischen Zustände für die Trierer Diözese wird noch später ausführlicher gesprochen
werden: sie passen durchaus in das Bild hinein, welches hier gezeichnet ist.

[2]) Die ersten Schritte zu einer Aussöhnung des Kaisers mit den Luxemburgern
erkennen wir in dem, was Thietmar zum April 1015 berichtet (VII, 6, SS. III, S. 839:
inperator ... generos suos, d. h. seine Luxemburger Schwager, *gratiam eiusdem nudis
pedibus querentes misericorditer suscepit).* Wenn die *gesta Trev.*, a. a. O., nun von
Adalbero sagen: *tandem circa finem Megingaudi, gravi infirmitate depressus, omnia —,*
also muſs er doch noch im Besitze des Erzstiftes gewesen sein, — *Megingaudo reddidit,
sed palatium retinuit,* so hat, da dies wegen des *circa finem Megingaudi* am besten in
das Jahr 1015 gesetzt wird, Hirsch III, S. 15 dies mit Recht mit der obigen Notiz bei
Thietmar VII, 6 in Verbindung gebracht. Daſs Adalbero die von ihm besetzte Burg von
Trier damals nicht mit auslieferte, um nötigenfalls wieder zu einem neuen Angriff übergehen,
bezw. sich gegen einen solchen von seiten seiner Gegner zu schützen, folgerte schon Hirsch;
bot sich doch bald Gelegenheit genug! Daſs Meingaud nicht nach Trier ging, sondern bis
zu seinem Tode in Koblenz blieb, — was aus Thietmar VII, 19 (s. S. 19, Anm. 4) hervorgeht, — beweist, daſs er selbst damals noch nicht die genügende Autorität in Trier besaſs,
um sich dort gegen den alten Rivalen behaupten zu können.

Da starb am Tage vor Weihnachten 1015 Erzbischof Meingaud[1]). Es kam alles darauf an, wer sein Nachfolger in dem arg zerrütteten Lande werden würde. Der Kaiser erkannte die hohe Wichtigkeit der Sache, er eilte selbst nach Trier[2]), um die Wahl seines Kandidaten durchzusetzen.

[1]) Den Todestag giebt Thietmar VII, 19 an; über das Todesjahr vgl. Hirsch III, S. 27, Anm. 1. Das Schwanken zwischen 1015 und 1016 erklären Wyttenbach und Müller, in ihrer Ausgabe der *gesta Trev.*, I, S. 122, N. a, wohl mit Recht aus der verschiedenen Berechnung des Jahresanfanges. Die erhaltenen Urkunden Poppos geben nur geringe Anhaltspunkte; zum Teil sind sie undatiert, und von den datierten stimmen sämtliche Signa nur bei zweien (Beyer, Mittelrheinisches Urkundenbuch, Bd. I, no. 307 und no. 320), von denen erstere das Ordinationsjahr (1016) giebt. Beyer I, no. 292, in der sich P. *adhuc rudis in episcopatu meo* nennt, ist datiert: *anno incarnationis domini. MXVII. indictione XV. Kalend. Januarii XVI. anno ordinationis mee primo*. Ich nehme an, dafs sich der Schreiber durch das folgende *Januarii* hat verleiten lassen, 1017 statt 1016 und demgemäfs auch *ind.* 15 statt 14 zu schreiben (Görz in den Regesten bei Beyer II, S. 642, No. 330, setzt die Urkunde in 1016, da er Bedaische Indiktion annimmt; Poppos übrige Urkk. geben keinen Ausweis darüber, welche Ind. benutzt ist; dagegen lassen unter denen seines Nachfolgers Eberhard no. 352, 353 und 356, von denen die erste als im Original erhalten gilt, Indiktion mit dem Jahreswechsel erkennen).

[2]) H.'s Anwesenheit in Trier bezeugen die *gesta Trev.*, add., cap. 1 (S. 175): *rex ipse Treberim festinato venerit*. Auch die Darstellung von P.'s Ordination bei Thietmar (s. S. 23, Anm. 3) setzt die Gegenwart des Kaisers voraus. Aus dem Itinerar Heinrichs (bei Hirsch III, S. 27, Anm. 2) läfst sich die grofse Eile erkennen, mit der er nach Trier ging; also mufs er der Sache hohe Wichtigkeit beigelegt haben. Den Bischofswechsel in Trier erwähnen aufser Thietmar und den *gesta Trev.* die *ann. Quedlinb.*, *ann. Hildesh.* und aus ihnen Lambert (zu 1017, s. S. 27, N. 1), *ann. Augustani*, *ann. st. Eucharii Treverensis*, Hermann von Reichenau, Bernold von Konstanz, Ekkehard von Aura und aus ihm der *annalista Saxo*, die *vita Meinverci*, Alberich von Trois-Fontaines (die falsche Jahreszahl 1007 stammt von einem Interpolator).

Poppos Episkopat.

§ 3. Poppos Anfänge.

Derjenige, welchen **Kaiser Heinrich II.** für den unter den geschilderten Verhältnissen so schwierigen und verantwortungsreichen Posten des Erzbischofs von Trier ausersehen hatte, war der **Dompropst Poppo** aus Bamberg. Kein gröfseres Zeichen seines Vertrauens konnte **Heinrich** diesem geben, als, indem er ihn auf diesen Sitz berief: hier war ein ganzer Mann nötig, die Ordnung wiederherzustellen, die in der regierungslosen Zeit geschwundenen Bande des Gehorsams wieder anzuknüpfen und die dem Lande durch den langen Krieg geschlagenen Wunden zu heilen. Und ehrend waren die Worte, mit denen **Heinrich II.** Poppo in Trier dem **Adalbero** entgegenstellte: „So mufs der von mir gesandte Mann beschaffen sein, der deinem rasenden Beginnen entgegenzutreten imstande ist" [1]). Der Kaiser scheint in Trier keinem Widerspruch begegnet zu sein; sei es, dafs er diesmal über ein gröfseres Ansehen verfügte, sei es, dafs die Trierer des langen Kampfes müde sich nach Ruhe sehnten, oder dafs ihnen **Adalbero** durch seine Mifswirtschaft und den verheerenden Bürgerkrieg, den er über das Land gebracht hatte, gründlich verhafst geworden war [2]), alles ging nach **Heinrichs** Wunsch, sein Kandidat **Poppo** wurde zum Erzbischof von Trier gewählt [3]).

---

[1]) *Gesta Trev.*, cap. 30 (S. 172): „*talem virum debeo dirigere, qui tuae vesaniae sufficiat resistere*", aus ihnen die *vita Meinverci*, cap. 142 (SS. XI, 135; sie ändert das *sufficiat* in ein *valeat*).

[2]) Auf eine Mifswirtschaft Ad.'s läfst sich aus den Schilderungen Eberwins, a. a. O., schliefsen; dafs Ad. damals sehr unpopulär gewesen sei, folgert Harttung mit Recht aus dem raschen Erfolge Poppos gegen ihn (a. a. O., S. 496).

[3]) Da Thietmar VII, 19 (S. 844) ausdrücklich bemerkt: *imperator . . . Popponem . . . Treverensi prefecerat urbi*, und die *gesta Trev.*, cap. 30, sagen: *imperator Popponem . . . praesulem constituit ita dicens: talem virum etc.*, so ist es zweifellos, dafs

Im Gegensatz zu den Luxemburgern [1]) war Poppo erhöht worden, im Kampfe mit ihnen mufste er sich seine Position erringen. Gleich bei seinem Amtsantritt legten sie ihm Hindernisse in den Weg. Der Kaiser drang darauf, dafs die Ordination durch Erzbischof Erkanbald von Mainz vollzogen werde; der älteste der trierischen Suffraganbischöfe, Heimo von Verdun, — er war seit 991 im Amte, — dem nach kanonischem Rechte zunächst die Vornahme der Ordination zukam [2]), hatte sich dem Willen Heinrichs gefügt; da erhob Dietrich von Metz, der Bruder Adalberos von St. Paulin, Protest, nahm die Ordination als sein Recht in Anspruch, wobei er Urkunden vorwies und im Falle der Nichtbeachtung mit dem Banne drohte [3]). Auf welche Rechtstitel er sich dabei stützte, erfahren wir nicht: vielleicht glaubte er, nach Verzichtleistung des erstberechtigten Suffraganbischofs ein Anrecht gewonnen zu haben, vielleicht leitete er sein Recht aus alten Ansprüchen der Metzer Bischöfe her [4]), vielleicht lag ihm nur daran,

Heinrich auch in diesem Falle sein Einsetzungsrecht in gewohnter Weise ausübte, in der Art, dafs er seinen Kandidaten namhaft machte und die Wahl, die nach dem minder zuverlässigen addit. der *g. Tr.*, cap. 1 *(impetrato quam cleri tam populi consensu,* was vielleicht ebenso Redefloskel ist, wie das folg.: *P. in gaudium et laeticiam universae civitatis cathedram episcopalem suscepit)* stattfand und sehr wahrscheinlich ist (s. gleich nachher und S. 24, Anm. 8), auf ihn lenkte. Die Darstellung bei Brower, *ann.*, I, 503, ist daher wohl im ganzen richtig: *Popponem a se* (sc. Heinrico) *laudatum, communibus votis atque suffragiis item a clero populoque Antistitem petiit* (richtiger wäre *creari iussit*). *Quod cum illi annuerent* u. s. w. War die Wahl so nur eine Form, so kam sie Poppo gleichwohl sehr zu statten; daran, dafs sein Vorgänger ihrer ermangelte, scheiterte er (s. S. 19, Anm. 1); und mit Recht legte er daher Wert auf sie, wenn er sich in einer Urk. (Beyer I, no. 305) nennt: *Ego Boppo . . . secundum processionem domini nostri Ihesu Christi electionemque tocius cleri populique Treuirorum archiepiscopus.*

[1]) So sagen die *gesta Trev*, cap. 30, von seiner Erhebung, sie sei *ad offensam Adelberonis* erfolgt. Doch geht Harttung, a. a. O., S. 496, m. E. zu weit, wenn er meint, Poppo habe schon aus den Bamberger Kreisen eine Erbitterung gegen die Luxemburger mitgebracht. Warum soll die Bamberger Geistlichkeit „mit gleicher Abneigung heimgezahlt haben", was die Luxemburger später gegen den gesalbten Herrscher verbrachen?

[2]) Vgl. Hinschius, Kirchenrecht, § 11, Bd. I, S. 102.

[3]) Thietmar VII, 19 (S. 844): *et cum is* (sc. Poppo) *ab Erkanbaldo, Magociacensi archiepiscopo, iussu cesaris et licentia Virdunensis episcopi, qui primus horum in ordine fuit confratrum, consecrari debuisset, a Thiederico, Metensi antistite, eo quod a se iustius haec ordinacio fieri deberet, assidua acclamatione et humili peticione id incassum prohibebatur. Nam imperator hunc scripta demonstrantem et banno id interdicentem non exaudivit, sed unctionem conpleri precepit.*

[4]) Schon im 9. Jahrhundert nahmen die Bischöfe von Metz für sich Metropolitanrechte in Anspruch, woraus zu Erzbischof Berthulfs (869—883) Zeiten Streitigkeiten entstanden waren (*gesta Trev.*, cap. 27, S. 165; vgl. Rettberg I, 502; II, 600; Görres, a. a. O., S. 198 f.; Hinschius II, 36, Anm. 3); aber schon damals waren die Metzer im Unrecht, da die blofse Übersendung des Palliums, auf welche die erzbischöfliche Würde begründet wurde, noch keine Metropolitanrechte gab (vgl. Hinschius, a. a. O.) und es überdies in dem päpstl. Übersendungsschreiben an Walo von Metz (*gesta Trev.*, a. a. O.) ausdrücklich heifst: *salva tamen in omnibus metropolitano subiectione.*

die Konsekration eines so entschiedenen Parteigängers des Kaisers zu hintertreiben oder zu verzögern [1]); man beachtete seinen Einspruch nicht [2]): er gab nach und assistierte selbst bei der Konsekration [3]), die am 1. Januar 1016 stattfand [4]).

Waren so die Anmaſsungen des einen Luxemburgers zurückgewiesen und Poppo rechtmäſsiges Oberhaupt der Trierer Kirche, so muſste doch zunächst, damit der neue Erzbischof auch thatsächlich Herr seines Landes sei, vor allem Adalbero unterworfen werden, der noch immer im Besitze der Pfalz von Trier [5]) war und selbst, nachdem er 1015 das dem Erzstifte Gehörige ausgeliefert hatte, noch über mehrere feste Plätze verfügte [6]). Aber der Energie und Thatkraft, mit der Poppo vorging [7]), war auch er nicht gewachsen: von Volk und Klerus verlassen [8]), muſste er, ohne daſs ein eigentlicher Kampf stattgefunden hätte [9]), die Pfalz räumen und die noch in seinem Besitze befindlichen oder ihm gehörigen Burgen Saarburg, Roussy und Bernkastel, sowie sein sonstiges liegendes Eigentum ausliefern; die Burgen wurden zum Teil zerstört und blieben jedenfalls unter erzstiftischer Verwaltung; ob der Usurpator von seinem sonstigen Besitztum etwas zurückerhielt, wissen wir nicht; reumütig zog er sich in sein Stift St. Paulin zurück, wo er sein Leben in uns nicht bekannter Zeit beschloſs [10]). Damit war der Friede

---

[1]) Auch Brower, ann., I, 503 nimmt an, Dietrich hätte *more ingenii sui*, infolge der Anmaſslichkeit seines Charakters, die Feier stören wollen.

[2]) S. S. 23, Anm. 3.

[3]) *Gesta Trev.*, addit., cap. 1: *consecratorum autem unus erat Theodorus secundus Metensis episcopus.*

[4]) *Gesta Trev.*, addit., cap. 1: *consecratus est sub die Kal. Januar. anno dominicae incarnationis* 1016.

[5]) S. S. 20, Anm. 2.

[6]) Das ergiebt sich aus dem folgenden; vergl. darüber Anm. 10.

[7]) So sagt ein Zusatz des *codex Eberhardo Clusanus* zu *gesta Trev.*, addit., cap. 6 (mitgeteilt bei Wyttenbach und Müller I, 141): *erat autem iste Poppo ferox, si quos habuit iuri suo resistentes.*

[8]) Volk und Klerus hatten ja Poppo gewählt und damit Adalbero aufgegeben (s. S. 22, Anm. 3). Vergl. auch S. 22, Anm. 2.

[9]) Wenigstens läſst sich keine Spur eines Kampfes zwischen Poppo und Adalbero entdecken. Aus dem angeblichen Testament Adalberos (Beyer I, No. 308, 1, S. 360), wo es heiſst: *curtem meam Bermeroth, quam venerabiles archiepiscopi Treverenses Meyngaudus et Poppo destruxerunt*, folgt noch nicht, wie Breſslau bei Hirsch III, S. 28, Anm. 2, annimmt, daſs P. „anfangs noch energisch gegen Adalbero auftreten muſste"; vielmehr scheint sich mir, die von mir angezweifelte inhaltliche Echtheit dieser Urkunde (s. Anhang I) vorausgesetzt, daraus nur zu ergeben, daſs Poppo den Hof nach Ad.'s Unterwerfung zerstört hat, um nicht einem so gefährlichen Gegner, der ja auf seine Verwandtschaft gestützt zu neuem Angriff hätte übergehen können, einen befestigten Platz in Händen zu lassen; auch, daſs die *gesta Trev.* von Ad. sagen, er wäre *nec valens vires Popponis sufferre* (s. die folg. Anm.) gewesen, deutet auf keinen besonders energischen Widerstand von seiner Seite.

[10]) *Gesta Trev.*, cap. 30 (S. 172): *igitur Adelbero tandem sera poenitentia tactus, nec valens vires Popponis sufferre, suplex eidem factus, palatium et sua castella et*

mit den Luxemburgern besiegelt, und es zeugt von dem guten Einvernehmen, in welches Poppo jetzt zu ihnen trat, daſs sich der Kaiser gerade seiner bediente, um seinem des Herzogtums Bayern beraubten Schwager Heinrich die Wiedereinsetzung in dasselbe verbürgen zu lassen, die dann auch 1017 auf einem Fürstenkonvente zu Bamberg erfolgte[1]).

Mit der Demütigung der Luxemburger war noch keineswegs alles gethan, noch galt es dem tief zerrütteten Lande Ruhe und Ordnung wieder-zugeben und dann an die Heilung des schweren Schadens, den man erlitten hatte, zu gehen. Furchtbar waren die Folgen des langjährigen Bürgerkrieges namentlich in der Trierer Diözese gewesen. Räuberisches Gesindel, wie es sich in Zeiten inneren Unfriedens gewöhnlich zusammenzurotten pflegt, hatte das Fehlen einer geordneten Regierung benutzt, um sich in den Besitz der festen Plätze und Burgen zu setzen, und von dort aus, ohne zur Rechenschaft gezogen zu werden, das hilflose Land ausgeplündert. Die Bewältigung desselben forderte viel Mühe und Anstrengung: die Banden scheinen gut organisiert gewesen zu sein, ihre Häupter, — sie werden *tyranni* genannt, — nicht ohne Erfolg dem neuen Erzbischofe Widerstand geleistet zu haben, die Burgen muſsten einzeln gebrochen werden. Namentlich bereitete ein gewisser Adalbert, der mehrere Schlösser besetzt hielt, groſse Schwierigkeiten; nur durch eine niederträchtige List, die ein erzbischöflicher Vassall, Sicko, an-geraten hatte und ausführte, konnte er bezwungen werden. Endlich gelang es aber Poppo doch, mit Hilfe seiner Vassallen, die meisten der Friedens-störer niederzuwerfen und sich zum unbestrittenen Herrn seines Landes zu machen, indessen mag der gröſste Teil seines ersten Episkopatsjahres darüber hinweggegangen sein[2]). Am 17. Oktober jedoch treffen wir ihn bereits zu

omnia sua contradidit, et deinde in monasterio s. Paulini usque ad finem vitae per-mansit. Über die Burgen und den sonstigen Besitz Ad.'s und deren Schicksale s. Anhang I. Daſs Bernkastel zerstört wurde, berichten die *gesta Trev.*, cap. 31: *Berencastel ... destruxit*, ebenso Brower, ann., I, 506: *in potestatem suam adductum dissipatis ac dirutis pro-pugnaculis funditus excidit*, freilich erst, nachdem die Straſsenräuber, die davon Besitz ergriffen hatten, daraus vertrieben waren. Über eine ähnliche, allerdings nicht so gut beglaubigte Zerstörung s. S. 24, Anm. 9.

[1]) Vgl. Thietmar VII, 48 (S. 857): *Heinricum etiam, quondam Bawuariorum ducem et tunc 8 annos et pene tot menses sua depositum culpa, pristini imperator restituit honoribus die dominica; sicut ei firmatum est prius a Poppone, Trererensi archiepiscopo.* Brower, ann., I, 509, nennt daher Poppo *eius restitutionis auctor.* Wenn aber Hirsch III, 28, Anm. 2, meint, P. hätte dem Propste Adalbero „als Gegenleistung für seine Unterwerfung" die Wiedereinsetzung seines Bruders in Bayern zugesagt, gleichsam als ob dies Versprechen erst die Vorbedingung der Unterwerfung war, so kann davon nicht die Rede sein; Ad., *nec valens vires Popponis sufferre, suplex eidem factus*, konnte überhaupt gar keine Bedingungen stellen, er muſste sich ohne weiteres unterwerfen, und P.'s Versprechen kann nur als Folge, nicht als Voraussetzung der Unterwerfung angesehen werden. Ähnlich Giesebrecht II, 161 und Riezler I, 423. Damit fallen auch die von Hirsch, a. a. O., aus seiner Interpretation gefolgerten Schlüsse.

[2]) Von dem Räuberunwesen und seiner Beseitigung sprechen die *gesta Trev.*, cap. 31 (S. 172 und 173): *Berencastel quondam Adelberonis a praedonibus defensum*

Frankfurt in der Umgebung des Kaisers[1]), so dafs wir wohl annehmen können, dafs damals Ruhe und Ordnung im Trierer Lande wiederhergestellt gewesen seien.

Nachdem Poppo inzwischen auch vom Papste Benedikt VIII. das Pallium, das Abzeichen der erzbischöflichen Würde, um das er wohl gleich nach seinem Amtsantritt in der damals üblichen Weise nachgesucht haben wird, zugesandt worden war[2]), konnte er im Vollbesitze der bischöflichen

<hr>

destruxit, — also war Adalbero nicht mächtig genug gewesen, die Besetzung einer seiner Burgen durch Räuber zu hindern; diese Ohnmacht hat vielleicht dazu beigetragen, ihm die Trierer zu entfremden (s. S. 22, Anm. 2; S. 24, Anm. 8) — *aliud quoque castellum Adelberti cuiusdam tyranni, quod dicebatur Sckiva* (nach Wyttenbach das heutige *Monclair*), *ad terram deiecit. Qui videlicet Adelbertus castellum Treberis quondam in honore sanctae crucis constructum possidebat. Inde frequenter cum multitudine militum erumpens ad curiam episcopi, quidquid ibi ad eius obsequium parabatur violenter auferens abducebat. Cuius rei ignominia confusus episcopus, videlicet quod hostem cottidianum sibi tam proximum ob munitionem castelli non posset debellare, multis ad amicos suos habitis querimoniis, ad huiuscemodi infamiam depellendam consilium et auxilium coepit inquirere. Erat in exercitu eius vir ..., nomine Sicko, qui promisit, se temptaturum, si quo modo posset huius mali invenire medicamentum. Episcopo sibi satis congratulante* (P. wufste also um die List) *egreditur ille cupiens quae spoponderat adtemptare.* Es folgt die Beschreibung der List, die damit endigt, dafs *insidiae .. exiliunt, fortiter undique feriunt, ipsumque Adelbertum obtruncant, caeteros aedituos crudeliter mactant, castellum in solitudinem rediqunt* (zur Beurteilung der List, welche die *vita Meinverci*, cap. 135, nacherzählt, und Rechtfertigung Poppos aus den moralischen Anschauungen seiner Zeit vgl. G. Ellinger, Das Verhältnis der öffentlichen Meinung zu Wahrheit und Lüge im 10., 11. und 12. Jahrh. Berliner Inaug.-Diss. Sondershausen, 1884. S. 52 ff.). Dafs die übrigen Raubritter auf keine andre Weise zu beseitigen waren, ersehen wir aus einem Zusatz der *gesta Trev.*, cap. 31: *simili modo per alios principes suos* (Vassallen) *multa castella partim vi partim dolo cepit*, — man sieht, in offenem Kampf war ihnen nicht beizukommen, — *tyrannorumque insaniam diu impune bachantem ex parte maxima refrenavit.* Die Bezeichnung *tyrannus* zeigt, über welche Macht diese Herren verfügten.

[1]) Beyer I, no. 291, S. 342.

[2]) Das päpstliche Verleihungsdiplom (Jaffé, *regg. pontt.* 3062, gedruckt *gesta Trev.*, addit., cap. 1 und bei Beyer, a. a. O., I, no. 289, S. 340) ist datiert vom 8. April 1016. Die *gesta Trev.*, addit., a. a. O., melden zwar: *deinde diebus non multis interpositis* (nach der Konsekration), *(P.) Romam ... profectus est ... Quem domnus Benedictus VIII. sacratissimae apostolicae sedi praesidens, magno cum honore suscepit, moramque ibi facienti omnem reverentiam et dilectionem exhibuit ...; et .. dedit cyrographum hunc habentem modum* (: folgt die Palliumsbulle), lassen also P. unmittelbar nach seiner Ordination nach Rom gehen und sich selbst von dort das Pallium holen, und auch Brower, *ann.*, I, 505, nimmt dies an, die Kämpfe P.'s mit den Wegelagerern unmittelbar an seine Rückkehr aus Rom mit den Worten anknüpfend: *episcopatu ad hunc modum stabilito*, gleichsam als ob P. zu ihrer Bekämpfung des Palliums bedurft hätte; allein einmal ist das addit. für die Zeit P.'s überhaupt nicht sehr zuverlässig, und seine Absicht, die Verherrlichung des Trierer Erzbischofs durch den ehrenvollen Empfang beim Papste, sehr durchsichtig, dann aber ist eine Reise Poppos nach Rom unmittelbar nach der Konsekration, um das Pallium zu erlangen, ebenso überflüssig, wie unwahrscheinlich, ja m. E. geradezu unmöglich.

und erzbischöflichen Macht, an die Verwaltung seiner Diözese und die Aufsicht der ihm unterstellten suffraganen Sprengel gehen.

§ 4. Poppos Thätigkeit innerhalb seiner Diözese.

a. Geistliche Seite.

Waren auf die geschilderte Weise Ordnung und Friede im Trierer Lande wiederhergestellt und durch das entschiedene Auftreten des neuen Herrn, sowie sein straffes Regiment gesichert, so kam es nun darauf an, die bösen Folgen der langen Reihe von Kriegsjahren in materieller und mora·lischer Hinsicht zu beseitigen. Mit frischen Kräften ging Poppo an diese Aufgabe.

Zunächst bei seiner Kirche. Daſs besonders Kirchen und Klöster unter den Verheerungen gelitten hatten, ist bei deren groſser Anzahl im Moselthale schon an sich glaublich, aber auch ausdrücklich bezeugt[1]). Ihr materieller Wohlstand war tief gesunken, und ihr Besitztum hatte groſse Verluste zu verzeichnen. Auch dem Erzstifte waren während der Wirren verschiedene Besitzungen abhanden gekommen[2]). Poppo hatte vollauf zu thun, jedem das seinige zurückzuerstatten; denn darauf richtete er zunächst

---

Denn zunächst bedurfte P. des Palliums nur zur Ausübung einiger erzbischöflicher Rechte (s. Hinschius II, S. 31) und nicht zur Handhabung der auch dem Erzbischof innerhalb seiner Diözese zustehenden bischöflichen Gewalt, wozu doch die Züchtigung der Banditen gehörte, und auſserdem hat erst Gregor VII. das persönliche Erscheinen der Erzbischöfe, die sich um das Pallium bemühten, in Rom geboten (nach Hinschius II, 29 wurde selbst unter ihm dies Gebot wenig befolgt), vor allem aber ist es undenkbar, daſs Poppo seine Diözese verlassen habe, bevor er völlig Herr in derselben war, bevor sich Adalbero unterworfen hatte und die Räuberbanden vernichtet waren; daſs das letztere bis zum April 1016 nicht geschehen sein konnte, glaube ich gezeigt zu haben, und deshalb ist ein Aufenthalt P.'s in Rom zu dieser Zeit unmöglich. Gleichwohl hatte er um das Pallium nachgesucht, sowie er konsekriert war; denn, wenn auch das *postulasti a me* in der Verleihungsbulle in der päpstlichen Kanzlei formelhaft war, so geht doch daraus, daſs dieser Ausdruck formelhaft geworden war, hervor, daſs die Erzbischöfe das Pallium damals regelmäſsig nachzusuchen pflegten (vgl. Hinschius II, S. 26, Anm. 12); war ja das Pallium für P. von besondrem Wert, da oben dieses ihm die Autorität verschaffte gegen Dietrich von Metz, falls er sich von neuem aufgelehnt hätte!

[1]) Das berichtet schon die *vita Adalberonis,* cap. 27: *monasteria depopulata* (s. S. 20, Anm. 1). Vgl. *gesta Trev.,* cap. 31 (S. 173): *monasteriis sane corum* (sc. tyrannorum) *violentia pene exhaustis.* Beyer I, no. 302 (S. 353): . . . *collapsa tum per nastatores extrinsecus.*

[2]) Beyer I, no. 305 (von Görz, Mittelrheinische Regesten, I, S. 371, no. 1303, wegen der folgenden Motivierung wohl richtig in den Anfang von P.'s Episkopat gesetzt): *nam ex quodam meorum fidelium relatu mihi reuelabatur uerissimeque dicebatur, plurima infra extraque uallem Treuericam predia iacere, que si tantum ius et legem uoluissem sequi et implere, iuste et sine ullius contradictionis impedimento meę ditioni potuissem subiugare.*

sein Augenmerk[1]), wie er z. B. das dem Erzstift entfremdete Gut durch seinen Vogt R o r i c h in öffentlicher Gerichtssitzung zurückfordern liefs[2]). Aber er begnügte sich durchaus nicht damit, zu restituieren, sondern er machte auch Neuschenkungen[3]). Wo die eingezogenen Güter von St. Paulin und Pfalzel nicht ausreichten[4]), gab er von eigenem[5]). Er liefs es nicht an Mühe und Arbeit fehlen, um neuen Besitz zu erlangen[6]); er ging Prekarieverträge zu diesem Zwecke ein, und die uns erhaltenen zeigen, dafs er sie sämtlich veranlafste[7]). Der Kaiser unterstützte ihn dann in diesen Bemühungen: H e i n r i c h II. schenkte ihm 1018 den wichtigen Königshof zu Koblenz nebst der St. Floriansabtei daselbst, die mit reichen Zoll- und Münzeinkünften ausgestattet war[8]); K o n r a d II. verlieh ihm 1031 die Grafschaft Marfels im Heinrichgau im Nassauischen[9]), deren Besitz ihm H e i n r i c h III. 1039 bestätigte[10]). Von dem, was P o p p o auf diese Weise erwarb, gab er mit vollen Händen an die ihm untergebenen Kirchen, die er gleichzeitig durch Bestätigungsurkunden in ihrem Besitztum schützte: 1016, noch im ersten Jahre seines Episkopats,

---

[1]) *Gesta Trev.*, cap. 31: *monasteriis exhaustis, prout potuit, misericorditer succurrit quibusdam non habita dando, quibusdam ablata restituendo.* Vgl. B e y e r I, no. 310.

[2]) B e y e r I, no. 305 von S c h o o p, S. 148, wohl mit Recht ganz in den Anfang von P.'s Episkopat gesetzt: *quod* (s. S. 27, Anm. 2) *ut . . . percepi, statim in Rorici aduocati placito super hec exclamaui atque . . . mihi aliisque post me Treuirensem ecclesiam regentibus . . . acquisiui.*

[3]) Vgl. Anm. 1: *quibusdam non habita dando.* Vgl. auch B e y e r I, no. 324: *quod cum . . uiderem ad salutem animarum nimis proficere, aut ecclesias dei . . . destructas restituere aut restitutas ut deficiant non permittere.*

[4]) *Gesta Trev.*, cap. 31: *monasteriis . . succurrit, . . exceptis dumtaxat, . . duabus congregationibus, sancti Paulini videlicet et sanctae Mariae de Palatio, ex quibus alteri . . quaedam subtrahendo minime pepercit, alteri . . . cuncta quae habuerat, abstulit.*

[5]) So an St. Mergen eine Kapelle zu Biwer „*de proprio*" (B e y e r I, no. 302).

[6]) B e y e r I, no. 324: *si quod non habui nec in proprietate s. Petri inueneram q u a l i c u n q u e m o d o m e i s b o n i s p o s s e m a c q u i r e r e.* Dafs dies nicht blofse Phrase ist, sehen wir aus no. 326: *quandam curtim Curei nominatam uidelicet n i m i o l a b o r e de manibus cuiusdam Adalberonis archidiaconi requisitam . . legaui.*

[7]) Betreffs B e y e r I, no. 305, s. Anm. 2. — no. 324: *quendam comitem . . . a d i e r a m et h o c b e n e f i c i i s m e i s e f f e c e r a m.* Auch die in no. 315 scheint P. veranlafst zu haben; denn von dem hier erworbenen *Megena* sagt er in no. 326: *magno meorum bonorum detrimento adquisieram.*

[8]) Stumpf 1714. B e y e r I, no. 293. *Hontheim, hist. Trevirensis dipl.* (Augsburg, 1750), I, 25 nennt Koblenz *archidioecesis inferioris urbs primaria, celebre regum Franciae palatium,* B r o w e r, *metrop.,* I, 111, sogar: *alter Trevericae archidioecesis oculus.* Auch die Burg Ehrenbreitstein soll damals trierisch geworden sein (*metrop.* I, 113). Dafs die Abtei *in pago Trichire* das Florinasstift sei, fand schon H o n t h e i m I, 354, Anm. b, gegen B r o w e r, *ann.,* I, 507, der darin eine *abbatiam Traiectensem* vermutete. Die Floriansabtei hatte 1016 von Heinrich II. Markt-, Münz- und Zollrecht zu Gillenfeld empfangen (S t u m p f 1672; B e y e r I, no. 290).

[9]) S t u m p f 2020. B e y e r I, no. 304.

[10]) S t u m p f 2144. B e y e r I, no. 311.

verlieh er dem Kloster St. Mergen zu den Märtyrern eine Kapelle in Biwer [1]), 1030 bestätigte er demselben Kloster seinen Besitz, und die Bestätigung brachte der Abtei einen Zuwachs an Eigentum, einen Hof in Bachscheid [2]); dem Matthiaskloster bestätigte er 1036 Besitz und Rechte [3]); auch dem vornehmen Liebfrauenstifte neben dem Dome, in welchem gleichfalls Mangel herrschte, machte er eine, wenn auch nur testamentarische Schenkung [4]). Dafs das Erz-stift dabei nicht vergessen wurde, ist selbstverständlich, es erhielt einen Hof Kurei, den der Erzbischof wahrscheinlich zu diesem Zwecke von einem Archidiakonen Adalbero erstanden hatte [5]). Und bei neuen Erwerbungen wurden zuweilen verschiedene Kirchen bedacht [6]). Wie jede Gelegenheit benutzt wurde, den Besitz der Kirche zu vermehren, zeigt recht deutlich das Beispiel des Vogtes Thiefried, der den Dispens für eine Ehe in kirchlich unerlaubtem Verwandtschaftsgrade nur durch grofse Landschenkungen an die Kirche erlangen konnte [7]). Dafs das vom Erzbischofe gegebene Beispiel in seiner Diözese dann auch Nachahmung fand, ist begreiflich: 1043 stiftete der Archidiakon Folkmar die Feier seines Anniversariums mit einer Schenkung an das Erzstift [8]).

Allen von Poppo gemachten Schenkungen nun war das eine charakteristische Merkmal gemeinsam, dafs er durch sie nicht nur das geistliche Leben in seiner Diözese, besonders in den Klöstern, heben wollte, sondern auch, dafs sie dem vielfach herrschenden Notstand abhelfen, den Geistlichen einen angemessenen Unterhalt verschaffen sollten. Poppo bezeichnete es mehrfach als seine Sorge, dafs der Klerus in seiner Diözese keinen Mangel leide [9]), er bestimmte seine Schenkungen teilweise ausdrücklich zur Auf-besserung der materiellen Lage der Geistlichen [10]), und in diesem Sinne über-

---

[1]) Beyer I, no. 292; über die Datierung s. S. 21, Anm. 1.

[2]) Beyer I, no. 302.

[3]) Beyer I, no. 310; über die Datierung s. Fickor, Beiträge zur Urkundenlehre, I, 276. Der Inhalt ist bestätigt durch *gesta Trev.*, cap. 31: *sancto Euchario* (der im Matthiaskloster liegt) *quaedam bona delegavit, quaedam ablata restituit.* Vgl. S. 40 f.

[4]) Beyer I, no. 325; die Urkunde gehört in die Anfangszeit P.'s (vgl. Görz, Mr. Regg., I, S. 372, no. 1304). Vgl. A. Schoop, Verfgesch. der Stadt Trier (Westdeutsche Zeitschrift für Geschichte und Kunst, Ergänzungsheft I, Trier 1884, S. 65—162), S. 148.

[5]) Beyer I, no. 326; vgl. S. 28, Anm. 6.

[6]) So erhielten 1041 durch den Prekarievertrag mit Gerbirch (Beyer I, no. 315) St. Simeon, das Domstift und St. Florian Besitzzuwachs.

[7]) Beyer I, no. 307, mit der charakteristischen Motivierung: *sanctae Dei aeccle-siae tanta predii bona perditum iri nequaquam debere.*

[8]) Beyer I, no. 320.

[9]) Beyer I, no. 324: *quod cum . . viderem ad salutem animarum nimis proficere, . . ecclesias dei . . restitutas ut deficiant non permittere,* und *adquirere . . , cum quibus' augmentis . . monasteria suis necessitatibus postea melius sublenarentur.* no. 325: *fratrum meorum inopiam et necessitatem considerans.*

[10]) Beyer I, no. 302: *ut . . religio monastica . . in victualibus et vesti-*

wies er auch dem neu gegründeten St. Simeonsstift Markt- und Zollrecht in Koblenz [1]). In diesen Bestrebungen begegnete er sich mit dem Bischofe Wolfgang von Regensburg, der in ähnlicher Weise für die materiellen Bedürfnisse der ihm unterstellten Geistlichkeit sorgte [2]).

Nicht weniger indessen wie das materielle Wohl lag Poppo das geistige der ihm anvertrauten Kirchen am Herzen. Auch nach dieser Richtung hin sehen wir ihn von Anfang an ganz im Sinne des heiligen Wolfgang wirken, mit Vorliebe für das Mönchswesen sorgend, um die Erhaltung und Wiederherstellung der Regel Benedikts bemüht [3]). Und in Trier fand er ja Anknüpfungspunkte an die Regensburger Kreise genug: war Wolfgang doch selbst, bevor er Bischof in Regensburg wurde, hier unter Erzbischof Heinrich thätig gewesen und hatte nicht nur selbst die Domherren zu einem strengeren Leben angehalten [4]), sondern auch den Erzbischof bestimmt, im Kapitel das regulare Leben wieder zur Geltung zu bringen [5]). Dafs diese Bestrebungen mit Wolfgangs Weggang in der Trierer Diözese nicht sofort aufhörten, wird daraus ersichtlich, dafs der von ihm 975 nach St. Emmeram berufene Romuald bis dahin in St. Maximin Mönch war [6]). Dann trat allerdings, wie es scheint, nicht lange nachher, ein Verfall der kirchlichen

---

mentis conualescendo resurgeret. no. 325: *non ad multiplicandum qui modo est numerum fratrum, sed ad augendum et meliorandum illorum uictum et uestimentum. no.* 326: *ut . . ipsi fratres eam* (sc. curtem) *in potestate teneant, et cottidie manducantes in refectorio ex eadem refectionem habeant.*

[1]) Beyer I, no. 318.

[2]) *Vita Wolfkangi,* cap. 16 (S. 533): *non passus est beatus Wolfkangus, . . sibi commissos monachos penuria ulla rerum victualium angustiari; sed eo modo, ut animarum, ita et corporum curam habens, . . praedia monachorum usibus possidenda contradidit, de quibus absque dubio . . iidem monachi . . sustentari ac procurari sufficienter possent.* cap. 18 (S. 534): *emendare studuit, primum quidem ut sufficientiam victus et vestitus canonicis affatim exhiberet.*

[3]) Beyer I, no. 310: *monasteria meae diocesis . . inueniens indiga atque . . religionem monasticam maximo periclitantem deliquio,* daher die Restitution. Ebenso no. 302 (s. S. 29, Anm. 10). Wiederherstellung der Regel in St. Mergen (Beyer I, no. 292, s. S. 32, Anm. 1).

[4]) *Vita Wolfk.,* cap. 8 (S. 529): *ne intima vel spiritualia neglegerent, quibus carnalia suppeterent, delectabiliter admonuit.* Vgl. Kap. 4 und 7.

[5]) *Gesta Trev.,* cap. 29 (S. 168): *qui* (sc. Heinricus) *regulares officinas et claustrum circa maiorem ecclesiam construxit et rigorem regularis conversationis ibidem exercere decrevit.* Die Anregung dazu führt Hirsch I, 112, wohl mit Recht auf W. zurück. Auch in das von den Mönchen verlassene St. Martin (s. Eberwin, a. a. O., S. 170) führte Heinrich Kanoniker ein, sorgte nicht nur für ihren Unterhalt, sondern auch für gemeinsamen Tisch (Brower, *metrop.,* I, 440.)

[6]) Arnold II, cap. 8: (*Ramnoldus*), *qui quondam sub Heinrico archiepiscopo eius* (sc. Wolfkangi) *concappellanus fuit;* daraus Otloh, cap. 15. 963 wird Romuald als Dekan in St. Maximin genannt (Beyer, no. 211).

Zucht und Sitten ein[1]), der während Adalberos von St. Paulin Mifsregierung[2]) und der herrenlosen Zeit der Kriegswirren natürlich zunehmen mufste. So fand Poppo, als er Bischof wurde, nicht nur den Besitzstand der trierischen Kirche stark zerrüttet, sondern auch das geistliche Leben verwildert. Da fuhr er denn unnachsichtig zwischen die verrotteten Zustände, ganz in der rücksichtslosen Weise seines Kaisers. Er fafste sein Amt in hohem Sinne auf, bezeichnete die Sorge für die ihm untergebenen Kirchen und deren Schutz nach aufsen und nach innen als seine vornehmste Pflicht[3]). Mit Zurückerstattung des Geraubten und neuen Schenkungen war noch nicht genug geschehen. In dem Nonnenkloster Pfalzel war arge Sittenlosigkeit eingerissen; da sich die Bewohnerinnen nicht an ein reguläres Leben gewöhnen konnten, trug Poppo kein Bedenken, die alte, angesehene Abtei, die ihren Ursprung bis ins 7. Jahrhundert zurückführte, aufzulösen und ihre Güter einzuziehen[4]). In

---

[1]) Schon Erzbischof Egbert klagte 980 (Beyer I, no. 254): *uidens monasteria et ecclesias nostre diocesis omnibus ecclesiasticis usibus a diebus antecessorum nostrorum usque ad nostra tempora miserabiliter desolatas atque in id redactas, ut uix spes esset eas reparandi.* Obgleich Egbert nun den Notstand linderte und trefflich waltete (vgl. *gesta Trev.*, cap. 29 und besonders die *translatio st. Celsi,* cap. 3, SS. VIII, 205), ging während der adalberonischen Wirren alles wieder verloren.

[2]) Vgl. Eberwin, a. a. O. Auch S. 22, Anm. 2.

[3]) Beyer I, no. 302: *considerans omnem treuerice diocesis ecclesiarum curam prouidentie mee specialiter creditam, pro posse meo impetus illis aduersantium reprimere et collapsa tum per uastatores extrinsecus, tum per nefarios prelatorum consiliarios intrinsecus reformare in eis diligenter studui.*

[4]) Gesta Trev., cap. 31: *sanctae Mariae de Palacio . . . propter maliciam habi. tantium, . . cuncta, quae habuerant, abstulit ipsasque de loco eodem exterminauit.* Die *gesta Trev.,* welche die Auflösung Pfalzels an die Bewältigung Adalberos und die Niederwerfung der Banditen unmittelbar anknüpfen, verdienen auch an dieser Stelle mehr Glauben, als die gerade hier durch Klosterlegenden entstellten *gesta Trev.,* addit., die im cap. 2 (S. 176) das Ereignis erst *annis aliquot transactis* geschehen lassen. Die Geschichte von dem Liebeszauber, welchen die Nonnen dem Erzbischof in die Sandalen weben, wird man dem additamentum nicht glauben. Der streng kirchliche *continuator* (s. Wattenbach II⁵, 110) bedurfte einer auffallenden Begebenheit, um die in seinen Augen strafwürdige Auflösung eines Klosters wenigstens in etwas zu rechtfertigen. Aus demselben, seiner geistlichen Richtung entspringenden Grunde mufste die Auflösung von Pfalzel um einige Jahre später angesetzt werden, damit P.'s Wallfahrt nach Jerusalem daran angeknüpft und gleichsam als aus Reue über die unkirchliche Handlung unternommen hingestellt werden konnte. Wie unrichtig es aber ist, einen Mann, wie Poppo, der so ganz den Maximen Heinrichs II. folgte, über diesen Akt Reue empfinden zu lassen, werden wir sehen. Daher ist es auch ebenso unrichtig, wenn das addit. den reuigen Poppo nach seiner Rückkehr aus Jerusalem Kanoniker nach Pfalzel bringen läfst: *unde* (sc. ab Jerusalem) *rediens in loco supradicto . . . clericos religiosos mancipauit.* Allerdings finden wir später dort ein Kollegiatstift (Brower, *metrop.,* I, 84: *collegium in illa canonicorum, post dissolutum parthenonem receptum, hodiedum ecclesiastico instituto viuit*), indessen sind Pröpste dort nicht vor 1153 nachweisbar, und wir werden daher aus den dargelegten Gründen auch diese Nachricht des gerade hier besonders unzuverlässigen additamentum (vgl. darüber vor allem Brefslau,

das alte Benediktinerkloster St. Mergen zu den Märtyrern, das auf dem Mars-
felde, wo die Heiligen der thebaischen Legion niedergemetzelt worden waren,
lag, waren während der Unordnung der grofsen lothringischen Fehde Kanoniker
eingedrungen: Poppo gab es seiner ursprünglichen Bestimmung zurück
und bedachte es mit reichen Schenkungen [1]).

Auch in der Folgezeit liefs sich Poppo die Pflege des kirchlichen
Lebens angelegen sein. In dieser Hinsicht ist namentlich seine umfangreiche
Thätigkeit im Kirchenbau zu erwähnen [2]), wie sie freilich ganz im Charakter
seiner Zeit lag [3]). Die alte Kathedrale von St. Peter in Trier, mit welcher
das Erzstift verbunden war, war im Laufe der Jahre arg verfallen und drohte
einzustürzen, so dafs der Gottesdienst nicht mehr darin verrichtet werden

---

Konrad II., II, S. 514—518) verwerfen. Die Nachricht, dafs P. in Pfalzel Kanoniker
angesiedelt hat, scheint mir jetzt doch nicht so unbedingt verwerfenswert zu sein. Wenigstens
ist schon 1052 unter Erzb. Eberhard die Rede von *Palenzela*, das vergeben wird *excepta
congregatione s. dei genitricis Marie in eadem uilla seruienti* (Beyer I, no. 338, S. 393),
und 1068 begegnet ein Propst Adelbero von Pfalzel unter den Zeugen (no. 367, S. 424).
Doch werden die Gründe der Errichtung des Stiftes, wenn sie von P. herrührt, andre sein
wie die in den *gesta Trev.*, addit., angegebenen.

[1]) Beyer I, no. 292 und no. 302; aus der *narratio* der ersteren Urkunde geht
deutlich Poppos Vorliebe für das Mönchswesen hervor. Hirsch III, 30, Anm. 4, folgert aus
Brower, *ann.*, I, 478 und 506 mit Unrecht, dafs unter Erzbischof Theoderich (965—977)
nach St. Mergen Kanoniker gekommen seien. S. 478 sagt Brower, im Anschlufs an *gesta
Trev.*, cap. 29 *(sub eo regulares canonici s. Petri esse desierunt)* weiter nichts, als dafs
die unter Erzbischof Heinrich an ein reguläres Leben gewöhnten Kanoniker im Erzstift zu
St. Peter wieder verweltlichten; ja S. 506 sagt er das gerade Gegenteil von dem, was Hirsch
folgert: *virginis Deiparae ad Martyres domicilium quod D. Benedicti disciplina a
Theodorico devinctum* (gebunden, nicht entbunden) *fuisse diximus* (vgl. auch *metrop.*,
I, 450). Auch aus der *translatio st. Celsi*, cap. 3 (SS. VIII, 205), die Theoderich *familiae
Domini procurator industrius* nennt, der aber, *quia temporis angustia ob multiplices
rei publicae exactiones totiens totiensque erat eoartatus, minus monasteriorum necessi-
tudinibus consuluit*, folgt doch durchaus nicht, dafs unter ihm gerade nach St. Mergen
Kanoniker gekommen seien. Es steht dieser Annahme jedoch auch die urkundliche Über-
lieferung entgegen. Denn, dafs gerade Theoderich Mönche nach St. Mergen gebracht hat,
zeigt Beyer I, no. 248 von 975 (nicht 976; s. Jaffé, *regg. pontt.*, 2896 und Görz, Mr.
Regg., I, 300, no. 1051), worin Papst Benedikt die Wiederherstellung des Klosters durch
Theoderich durch Erteilung von Privilegien anerkennt. Sowohl unter Theoderichs Nachfolger
Egbert, unter dem die Krypta geweiht wurde (Beyer I, no. 254: *coenobium*), wie unter
dessen Nachfolger Liudolf (Beyer I, no. 276 vom 1. Jan. 1000) finden wir Mönche dort,
unter letzterem unter einem Abte Warinar; erst unter Robert, Warinars Nachfolger, drangen
Kanoniker ein (Brower, *metrop.*, I, S. 451). Wir können daher das Aufhören der Kloster-
regel in St. Mergen ohne Bedenken in die Zeit der adalberonischen Kriegswirren setzen, in die
Zeit von Poppos Vorgänger Meingaud, wie dies auch Eltester bei Beyer II, S. CXCV thut.

[2]) *Gesta Trev.*, addit., cap. 7 (S. 180): *inerat ei* (sc. Popponi) *permaxima sollici-
tudo aut de construendis ecclesiis aut de reparandis dirutarum vetustate ruinis*.

[3]) Vgl. Brefslau, Konrad II., Bd. II, S. 396 ff., wonach die Anregung für die
lebhafte Bauthätigkeit dieser Zeit auf die Kluniazenser zurückzuführen ist.

konnte [1]). Des lange vernachlässigten Baues nahm sich unser Erzbischof an: mit an ihm nicht mehr überraschender Energie überwand er die mit der Renovierung verbundenen Schwierigkeiten und führte das kostspielige Werk durch [2]): am 21. Oktober, wahrscheinlich 1037, fand unter grofsem Gepränge nach Abhaltung einer feierlichen Synode im Beisein aller Suffraganbischöfe und einer grofsen aus der ganzen Provinz zusammengeströmten Menge die Überführung der Gebeine des heiligen Maternus nach dem restaurierten Dome und dessen Weihe statt [3]). Aber der unermüdliche Poppo begnügte sich nicht mit der blofsen Erneuerung, er fafste den Plan einer grofsartigen Erweiterung der alten Kirche um den dritten Teil ihres bisherigen Umfanges: er ging auch rüstig ans Werk; nur der Tod, der ihn bei der Arbeit überraschte, hinderte die Vollendung des Baues bei seinen Lebzeiten [4]). Ebenso verdankte die Stiftskirche von St. Simeon in der *porta nigra* zu Trier ihre Entstehung unserm Erzbischofe: er hatte sie zu Ehren des von ihm aus dem heiligen Lande mitgebrachten Simeon, der hier gelebt hatte und gestorben war, für Kanoniker erbaut und am 17. November 1042 eingeweiht [5]). Indessen nicht nur selbst baute Poppo, sondern gab durch seine Thätigkeit auch seiner Diözese mannigfache Anregung dazu. In dem von ihm erst seiner klösterlichen Bestimmung zurückgegebenen St. Mergen wurde 1017 ein neuer Altar geweiht: bei seinem regen Interesse für dieses Kloster ist es verständlich, wenn er die Weihe selbst vollzog [6]). Und diese Mitwirkung an der Stiftung neuer Kirchen

---

[1]) *Gesta Trev.,* addit., cap. 7: *haec* (sc. *ecclesia beati Petri apostoli*) ... *quattuor marmoreis magnae altitudinis fulta columpnis, in quibus tota illa structura ... consistebat; sed superioribus annis non paucis una columpnarum illarum ... in praeceps ceciderat, ita ut nullus timore ruinae divinum ibi celebraret officium.* Brower, ann., I, 518 nennt die Kirche gleichfalls *ruinae metu deserta, divinaeque rei officiis orba.*

[2]) *Gesta Trev.,* addit., a. a. O.: *labore magno et inpensa.* Über die Schwierigkeiten der Restauration s. ebendaselbst.

[3]) *Gesta Trev.,* addit., a. a. O.: *resolidatam itaque et in pristinum reformatam statum, preciosis beati Materni reliquiis a loco sepulchri cum comprovincialium episcoporum coram positorum ac totius diocesis suae cleri et populi, utpote sinodus gratia, iam, ut ita dicam, perendie heri et hodie celebratae, ibi id est Treveri, congregatorum, annisu, 12. Kal. Novembris translatis, illustravit atque dedicavit.* Das Jahr 1037 überliefert Brower, ann., I, 518, nach einer alten Aufzeichnung; bei ihm finden wir auch die Anwesenheit aller drei Suffraganbischöfe (*convocatis Treviris Theodorico Metensi Lamberto* (statt *Ramberto*) *Virdunensi, et Brunone Leucorum suffraganeis suis conventum habuit provincialem ... hoc peracto conventu* fand die Domweihe statt) bezeugt.

[4]) *Gesta Trev.,* addit., cap. 7 (S. 181): *postmodum* (nach der Renovation) *autem placuit ei eandem ecclesiam ampliorem reddere, fecitque ut nunc tercia tantum quantum prius ambitus eius parte sit maior.* Dafs die Erweiterungsbauten wirklich auf Poppo zurückgehen, bestätigen die neueren kunsthistorischen Untersuchungen (s. Hirsch III, S. 32).

[5]) Brower, ann., I, 520 nach alter Aufzeichnung; die Jahreszahl wird bestätigt durch Beyer I, no. 318.

[6]) Nach einem aus St. Mergen stammenden Kodex des 11. Jahrh. (jetzt in Koblenz); vgl. Görz, Mr. Regg., I, S. 338, no. 1195.

und dem Errichten neuer Gotteshäuser beschränkte sich keineswegs auf die ihm unmittelbar unterstellten Stifter und Klöster, sondern erstreckte sich auch auf die Reichskirchen innerhalb seiner Diözese. Gleich im ersten Jahre seines Episkopates erteilte er seine Zustimmung zu der Errichtung eines Kollegiatstiftes zu Prüm [1]); 1018 weihte er eine Kapelle in dem reichsunmittelbaren St. Maximin [2]), und 1031 die Abteikirche in Echternach [3]).

Hatte Poppo auf diese Weise die kirchliche Zucht wiederhergestellt, für die Verbreitung kirchlicher Gesinnung durch Errichtung von Stiftern und Kapellen sich bemüht, den Geistlichen reichlich gegeben, so daß sie ohne Sorge um ihre materiellen Bedürfnisse allein den Aufgaben ihres Berufes sich hingeben konnten, so mußte er nicht minder darauf bedacht sein, die wiederhergestellte kirchliche Ordnung mit den ihm zu Gebote stehenden Mitteln zu schützen. Hierzu war ein kräftiges geistliches Regiment nötig; und ein solches übte Poppo, seinem Charakter entsprechend, aus, indem er mit Entschiedenheit seine erzbischöflichen und bischöflichen Rechte geltend machte und zu wahren wußte. Unverkennbar ist hier sein Streben nach Centralisation und Vereinheitlichung der obersten Gewalt, nach unbedingter Herrschaft in seiner Diözese und unbedingter Anerkennung durch seine Suffraganbischöfe. Er versammelte seinen Klerus und seine Suffragane zu Provinzialsynoden [4]); daß er bei den reichsunmittelbaren Kirchen in seinem Sprengel in Ansehen stand, geht daraus hervor, daß er von diesen so oft zur Weihe von Altären und Kapellen herangezogen wurde. Und wie er die Rechte des Erzstifts selbst gegen das Domkapitel von St. Peter wahrte und darauf hielt, daß der für den Erzbischof bestimmte Anteil am Kirchenvermögen sorgfältig von dem für das Kapitel geschieden wurde [5]), so wachte er eifersüchtig über seine Metropolitanrechte und verfocht sie mit Entschiedenheit, selbst gegen den Kaiser. So ließ er sich namentlich die ihm kanonisch zustehende Befugnis, seine Suffraganbischöfe selbst zu ordinieren [6]), nicht schmälern. Nach dem Tode des Bischofs Hermann von Toul im April 1026, hatte Konrad II. den ihm befreundeten Grafen Bruno von Egisheim, den späteren Papst Leo IX., zu dessen

---

[1]) Am 17. Okt. Stumpf 1679. Beyer I, no. 291.

[2]) Görz, Mr. Regg., I, S. 330, no. 1197 nach ungedruckten St. Maximiner Annalen des Wiltheim. Brower, metr., I, 348.

[3]) 19. Okt. Brower, ann., I, 516; metrop , I, 528 nach der vita st. Willibrordi.

[4]) Von einer Provinzialsynode, an der die Bischöfe von Toul und Verdun teilnahmen, erfahren wir 1030 (Beyer, I, no. 302), alle 3 Suffraganbischöfe beteiligten sich an der von 1037 (Brower, ann., I, 519; s. S. 33, Anm. 3).

[5]) Beyer I, no. 315: ut . . . ego uel meus successor Meginam teneret, Menedich fratribus de domo st. Petri reueniret. no. 326: illas duas (sc. chortes) meis successoribus remiseram, superiorem autem, que curei dicitur, fratribus pretitulatis firma astipulatione confirmaueram. Vielleicht lag dem dieselbe Tendenz zu grunde, wie der Scheidung des Klostervermögens in Abtgut und Pfründengut (s. S. 4, Anm. 4).

[6]) Hinschius, § 77. Bd. II., S. 14.

Nachfolger ernannt, er wünschte, dafs derselbe an eben dem Tage vom Papste ordiniert werde, an dem er selbst die Kaiserkrone empfinge. Hiergegen protestierte Poppo, der sein gutes Recht geltend machte, und Bruno, der den Widerspruch des Erzbischofs als begründet anerkannte, fügte sich [1]). Aber Poppo ging noch weiter; er verlangte den Obedienzeid vor der Konsekration in der Form, dafs der neue Bischof sich verpflichte, bei allem, was er thue, ihn zu Rate zu ziehen und nichts, was er nicht gebiete, zu unternehmen, wobei er sich angeblich auf ein ihm oder seinen Vorgängern erteiltes Privileg berief [2]). Da Bruno auf dies von ihm unbillig gefundene Verlangen nicht einging und eine Einigung nicht erzielt wurde, beschied Kaiser Konrad im September 1027 beide vor sich nach Worms, und hier mufste Poppo insofern nachgeben, als der Obedienzeid auf die geistlichen Amtshandlungen Brunos beschränkt wurde und der Erzbischof etwaige andre Ansprüche fallen liefs [3]), worauf die Konsekration durch Poppo vollzogen wurde. So erzählt, sehr parteiisch und stark übertreibend [4]), Wibert, Brunos Biograph; da über die Form des dem Metropoliten zu leistenden Obedienzeides aus dieser Zeit nichts bekannt ist, was genügenden Aufschlufs giebt [5]), so ist das wirkliche Sachverhältnis nicht mit Sicherheit zu ermitteln und nicht zu erkennen, wie weit Poppo zu seinen Forderungen berechtigt war; doch wenigstens

---

[1]) Wibert, *vita s. Leonis*, cap. 4 (*Acta Sanctorum*, *April* II, S. 652 f.): *(Conradus rex) ... quoniam ... distulerat sibi a Domno Apostolico Romae dandam Imperialem benedictionem. Itidem etiam isti* (sc. Bruno von Toul) *vinculis perfectae dilectionis astrictus differri iusserat eius Episcopalem ordinationem, uti simul unaque in basilica sumerent utrique ab eodem coeli Clavigeri Vicario praedestinati officii consecrationem. At ipse ... Bruno .., cognito quia hic terrenus honor sibi ab Augusto collatus aliquos invido dente mordebat, quoniam Trevirorum Archipraesul prolatione sui cuiusdam privilegii huic Regiae voluntati obstare cupiebat; hic nost-r mox adiit Regem obnixo precamine, ut a tali desistat conamine.* Es ist an kein besoudres an Trier erteiltes Privileg zu denken, sondern an das allen Metropoliten zusteh. Recht, ihre Suffragane selbst zu ordinieren (vgl. Brefslau, Konrad II., I, 223, Anm. 5).

[2]) A. a. O.: *Trevirim ergo venitur, consuetus ordo consecrationis inquiritur; ... a praelibato Archipraesule* (sc. Poppo) *quoddam privilegium promulgatur, in quo haec lex ... continebatur, scilicet, ut quisque suorum Suffraganeorum ab eo ordinandus, prius sub divinae praesentiae testimonio spondere debeat, quatenus in cunctis rebus agendis eum sibi ad consilium adhibeat sublatoque omni excepto, nihil extra suum praeceptum aut velle, quasi quidam servus, agere praesumat.*

[3]) A. a. O.: *Conradus Augustus ad suum palatium Wormatiae utrosque evocavit concitus, ipsiusque innitente auctoritate, tandem vicit Archiepiscopum iustae rationis demonstratio, atque cessit a superfluo quod iniuste exigebat professionis voto, tantum requisivit sibi ab eo sponderi, quod in Ecclesiasticis negotiis agendis, ipsius uteretur auctoritate consilii.*

[4]) So heifst es z. B. von Poppo, der blofs das ihm kanonisch zustehende, von Bruno selbst zugestaudene Ordinationsrecht in Anspruch nahm, *honor sibi* (sc. *Brunoni) ab Augusto collatus aliquos* (vor allem P.) *invido dente mordebat.*

[5]) Vgl. Brefslau, Konrad II., I, S. 224, Anm. 4.

3*

so viel ersieht man, daſs er seine Metropolitanrechte in weitestem Umfange geltend machte und sein Ordinationsrecht mit Erfolg gegen Kaiser und Papst verteidigte [1]). Und daſs später seine erzbischöfliche Oberhoheit auch von Bruno anerkannt wurde, zeigt dessen Anwesenheit auf dem Provinzial-konzil von 1037 [2]).

b. Weltliche Seite.

Der Handhabung der geistlichen Gewalt ging die Ordnung der weltlichen Angelegenheiten des Erzstiftes zur Seite. Zum Schutze gegen äuſsere Feinde wurde die Stadt Trier mit Mauern und Türmen versehen [3]). Der durch die Bändigung der Räuberbanden geschaffene Zustand öffentlicher Sicherheit und Ruhe wurde durch eine geordnete Rechtspflege geschützt. Zwar erlangte Poppo erst nach längeren Bemühungen von Heinrich III. 1045 eine Bestätigung des Immunitätsprivilegs seiner Kirche, durch die ihre Civil- und Kriminalgerichtsbarkeit von neuem anerkannt und einige Münzver-günstigungen neu erworben wurden [4]), aber gerade dies lange Bemühen zeigt,

[1]) So faſst auch Brower, ann., I, 513 den Ausgang: *atque ibi tum consecrationis munere ad Popponem reiecto et formula sacramenti nonnihil laxata Leucorum Episcopus rite creatus et ordinatus est.* — Aus den übrigen während Poppos Episkopat vorgenommenen Wahlen und Ordinationen von trierischen Suffraganbischöfen ergiebt sich wenig für die Beur-teilung dieses Falles. So viel wir davon erkennen, sehen wir, daſs der Kaiser unbedingt sein Einsetzungsrecht geltend machte, ohne Poppo zu Rate zu ziehen, und daſs letzterer niemals gegen diesen Ausschluſs von jeder Einwirkung auf die Wahl protestierte, wie dies in seiner Zeit anderswo wohl passierte (vgl. den Brief Aribos von Mainz an die Wormser nach der Wahl Azechos von 1025, bei Giesebrecht II [5], S. 709 f.). Von den Verduner Wahlen hatte die Ramberts von 1025 Konrad II. eigenmächtig vollzogen (vgl. Breſslau, Konrad II., I. S. 86, Anm. 1). Charakteristisch für P.'s Stellung ist die von dessen Nachfolger Richard, bei der Heinrich III. nicht den Metropoliten Poppo, sondern den Abt Richard von St. Vannes um Rat fragte und auf dessen Vorschlag den neuen Bischof berief (Hugo von Flavigny, Chron., II, cap. 30, SS. VIII, 403: *Heinricus vero post mortem Ramberti . . . viro Dei Richardo episcopium Virdunense concessit, sed vir mitissimus hoc renuit, et Richar-dum . . Hildradi comitis filium inthronizari fecit;* auch die *gesta epp. Virdunensium* sprechen von keiner Einwirkung Poppos). Ja, Richards Nachfolger, Theoderich, scheint 1046 nicht einmal von seinem Metropoliten inthronisiert worden zu sein (Hugo von Flav., II, cap. 30, S. 406: *Theodericus, Basiliensium episcopus . . . qui cum in deducendo novo episcopo Virdunum missus ab imperatore venisset,* also Dietrich von Basel, nicht P., war mit der Einführung des neuen Bischofs vom König betraut). Toul ist auſser 1026 auch 1018 erledigt; auch da hören wir bei der Nachfolge Hermanns nichts von Poppo. Metz wurde während Poppos ganzen Episkopates nicht einmal vakant.

[2]) S. S. 33, Anm. 3.

[3]) In dem Liede eines unbekannten Vaganten auf Poppo (s. § 4 b) sagt die Trierer Kirche zum Erzb. (Vers 11): *Me quidem si restituis   turritamque reddideris.*

[4]) Stumpf 2281. Beyer I, no. 322: *archiepiscopus nos scpe monuit.* Über das Verhältnis der Bestätigung zu den alten Immunitäten vgl. A. Schoop, Verfassungs-

wie sehr er bestrebt war, die Ruhe in seinem Lande auf jede Weise zu festigen und sicher zu stellen. Einen andern Beleg für dieses Bestreben liefert der Vergleich, durch welchen P o p p o einen Streit mit Edlen des Bidgaus beilegte, indem er seinen Anteil am Bannforst im Kyllwald gegen den ihrigen genau abgrenzte, und, um dieser Abgrenzung gröfsere Rechtskraft und Dauer zu geben, sie durch den Kaiser bestätigen liefs ¹). Es wird auch nicht zufällig sein, dafs in so sehr vielen der uns erhaltenen Urkunden P o p p o s von Gerichtssitzungen (*placita*) die Rede ist, auf denen unter Vorsitz des Stiftsvogtes alle Schenkungen, Bestätigungen, Prekarieen, Verträge und sonstigen Rechtsgeschäfte, so weit sie nicht rein kirchlicher Natur waren, vollzogen wurden. In öffentlicher Gerichtssitzung wurden die dem Erzstifte während der Kriegswirren entfremdeten Güter reklamiert²), in einer Gerichtssitzung wurde die Restauration des Matthiasklosters bestätigt³), in einer Gerichtssitzung erlangte die Schenkung des A r c h i d i a k o n s F o l k m a r an St. Peter rechtliche Kraft⁴), in einer Gerichtssitzung wurde der Erwerb der Güter, die später dem Liebfrauenstifte vermacht wurden, vollzogen⁵). Es vervollständigt nur das so

---

geschichte von Trier, S. 80 f. — Der Ausschlufs der gräflichen Gerichtsbarkeit im Trierer Sprengel war für eine Anzahl von Civilsachen der Hintersassen schon durch Karl den Grofsen gewährt (1. April 772, B e y e r I, no. 24, wozu vgl. S c h o o p, S. 74 ff.); die bischöfliche Gerichtsgewalt wurde dann durch Ludwig das Kind auf sämtliche Consualen *per omnem comitatum* ausgedehnt (19. Sept. 902 bei B e y e r I, no. 150). Otto I. endlich erteilte dem Erzbischofe Ratbod die Immunität *aut in priratis aut in publicis negotiis*, wodurch der Graf auch die kriminale Gerichtsbarkeit verlor (27. Jan. 947 bei B e y e r I, no. 185; über die Interpretation der entscheidenden Stelle vgl. W a i t z, Verfgesch., VII, 235).

¹) Es scheint mir keinem Zweifel zu unterliegen, dafs B e y e r I, no. 299 (Vergleich mit den Edlen des Bidgaus) zeitlich vor no. 298 (kaiserl. Bestimmung der Jagdgrenzen) zu setzen ist; ein Vergleich mit den Edlen des Bidgaues wäre unnötig gewesen, wenn Poppo schon vorher eine kaiserliche Verfügung in dieser Angelegenheit besessen hätte; wohl aber mufste es ihm wertvoll sein, wenn der von ihm eingegangene Vergleich vom Kaiser bestätigt und dadurch für beide Teile bindender wurde. Der Satz in no. 299: *donec ex regio imperio qui tunc temporis erat acceperunt bannum*, bezieht sich, wie das *tunc* und das vorangehende *praedecessoribus meis* zeigt, nicht auf no. 298 (S t u m p f 1812), sondern auf die 973 dem Erzbischofe Theoderich von Otto II. gemachte Schenkung des Kyllwaldes (S t u m p f 587. B e y e r I, no. 238).

²) B e y e r I, no. 305: *statim in Rorici aduocati placito super hec exclamaui.*

³) No. 310: *Thietfriedo aduocato causas eiusdem placiti agente*, was sich auf die zweite Ausfertigung der Urkunde von 1038 bezieht.

⁴) No. 320: *recensita etiam mallo Thiefriedi aduocati*, und per manum *Thiefriedi aduocati tradidit.*

⁵) No. 325: *in pleno placito coram Rorico aduocato*, was sich wohl auf die in no. 305 erwähnte Handlung bezieht; vgl. S c h o o p, S. 148. — Auch der Prekarievertrag mit dem Grafen Kadelo (no. 324) scheint in einer Gerichtssitzung vollzogen worden zu sein, da es sonst sich schwer erklären liefse, weshalb in der Zeugenliste der Vogt Thiefried vor Herzog Gottfried aufgeführt wird. — In den übrigen erhaltenen Urkunden, in denen es sich nicht um rein kirchliche Dinge (no. 292, 302, 307) handelt, — es sind no. 299, 315, 318 und 326, — dürfen wir aus der Nichterwähnung der Rechtsverhandlung noch nicht ohne weiteres auf

gewonnene Bild, wenn wir auf diesen Gerichtssitzungen neben dem den Vorsitz führenden Vogte Schöffen als Beisitzer finden und unter ihnen vornehme Leute[1]). Und es ist bezeichnend, dafs die einzigen Erwähnungen von Schöffensitzungen im Trierer Sprengel in dem ganzen Zeitraum von den ersten Immunitäten an in die Zeit Poppos fallen[2]).

Diese geordnete Rechtspflege konnte nicht ohne Folgen für den Frieden des Trierer Landes im Innern und für seine Beziehungen nach aufsen hin bleiben. Wir finden Poppo fast durchgängig in gutem Einvernehmen mit seinen grofsen weltlichen Nachbarn und erfahren, wenigstens während seiner Anwesenheit in der Diözese, nichts von Ruhestörungen. Wie sich aus dem Vergleiche mit den Edlen des Bidgaus[3]) schon das Streben nach der Herstellung eines friedlichen Verhältnisses zum Laienadel ersehen läfst, so wird durch andre Belege erwiesen, dafs dies Bestreben nicht erfolglos blieb[4]). Wir finden Herzog Gozelo von Ober- und Niederlothringen und seinen gleichnamigen Sohn, den späteren Herzog Gozelo II. von Niederlothringen in Poppos Umgebung bei der Restauration von St. Matthias, 1038[5]). Herzog Gottfried den Bärtigen von Oberlothringen treffen wir auf einer trierischen Gerichtssitzung, auf der ein Prekarievertrag vollzogen wurde[6]). Wahrscheinlich auch Graf Gerhard, der Vetter Konrads II., († 1050) stand in guten Beziehungen zu unserm Erzbischof, wie sich dies durch sein mehrfaches Erscheinen in dessen Nähe als Zeuge bei verschiedenen Rechtsgeschäften erkennen läfst[7]). Und noch andre Edle des benachbarten Landes

ein Fehlen derselben schliefsen, am wenigsten bei no. 299, wo das Eschatokoll überhaupt nicht vorhanden ist.

[1]) No. 305: *in Rorici aduocati placito . . atque secundum legem iudicum assensumque omnium ibi circumsedentium.* no. 310: *et ab ipso* (sc. *aduocato) accepta et in cunctorum inibi consistentium scabinorum manibus data.* Dafs unter den Schöffen sich vornehme Leute befanden, geht aus no. 310 hervor: *seniore Cadoldo recitante in generali placito,* der mit Görz, Mr. Regg., I, S. 373, no. 1307 wohl mit dem in no. 324 genannten Grafen Kadelo zu identifizieren ist.

[2]) Vgl. Schoop, S. 87.

[3]) S. S. 37.

[4]) Es ist hierauf um so gröfseres Gewicht zu legen, da sich in Poppos Zeit die hohen Kirchenfürsten meistens mit dem hohen weltlichen Adel beständig befehdeten; vgl. Waitz, Verfgesch., VII, 138 ff.; 204 f.

[5]) Beyer I, no. 310. Der hinter dem Herzog genannte *comes Gozelo* ist dessen Sohn; dies geht aus der beide Namen verbindenden Kopula *et* hervor, die bei den übrigen Zeugen, da sie nicht zusammengehören, fehlt. Die Anwesenheit der Zeugen bezieht sich auf die zweite Beurkundung der Restitution von 1038.

[6]) No. 324. Für die Datierung wird durch die Nennung Gottfrieds wenig gewonnen, da G. schon bei Lebzeiten seines Vaters den herzoglichen Titel führte, mit dem er zuerst Februar 1041 nachweisbar ist (vgl. E. Steindorff, Jahrbücher Heinrichs III., I, S. 201, Anm. 2). Auch Brower, ann., I, 509 nennt die Herzoge Gottfried und Gozelo *ambo in numero repositi bene meritorum de clero Metropolitanae domus.*

[7]) Der in no. 318 an erster Stelle genannte *Geraldus comes* ist wohl identisch mit dem in no. 315 gleichfalls unter den Zeugen zuerst genannten *Gerolt comes;* wegen dieses

oder deren Vassallen sind bei P o p p o s Gerichtssitzungen oder Synoden als anwesend nachweisbar[1]). Wie er dann seine Diözese durch die Stürme der lothringischen Fehde nach der Thronbesteigung K o n r a d s II. ruhig hindurchgeleitete, werden wir später sehen.

Nur das Verhältnis P o p p o s zu den Luxemburger Grafen ist nicht genügend aufgehellt. Zwar fehlt es nicht an zahlreichen Belegen dafür, dafs diese Beziehungen nach der Unterwerfung A d a l b e r o s zum wenigsten äufserlich gute waren: durch P o p p o liefs H e i n r i c h II. seinem Schwager H e i n r i c h die Wiedereinsetzung in sein Herzogtum Bayern verbürgen[2]), 1018 weihte der Erzbischof die Kapelle Aller Heiligen in St. Maximin, dessen Vögte die Luxemburger waren[3]), 1030 treffen wir die G r a f e n G i s e l b e r t und H e i n r i c h v o n L u x e m b u r g, die Neffen A d a l b e r o s und D i e t r i c h s von M e t z, auf einer Provinzialsynode P o p p o an[4]), 1031 weihte dieser die neue Abteikirche in Echternach, dessen Vögte gleichfalls die Luxemburger waren[5]), 1037 war D i e t r i c h v o n M e t z bei einer Synode und der sich daran anschliefsenden Domweihe in Trier anwesend[6]), und wenn wir den luxemburgischen Vassallen, G r a f B e z e l i n, gleichfalls in P o p p o s Umgebung einmal nachweisen können[7]), so spricht auch dies für ein gutes Einvernehmen zwischen dem Erzbischof und den Luxemburgern. Nun erzählen aber die *gesta Treverorum* in ihrem *additumentum*, Kapitel 4: während P o p p o eine Wallfahrt ins heilige Land unternommen hatte, hätten ein G r a f G i s e l b e r t von L u c e l e n b u r g und dessen Sohn K o n r a d einen Einfall in die Trierer Diözese gemacht und dort arge Verwüstungen angerichtet; da P o p p o nach seiner Rückkehr ihrer nicht Herr werden konnte, hätte er sich an K a i s e r K o n r a d, und als dieser ihm Unterstützung versagte, an den Papst mit einem

---

Platzes unter den Zeugen vermute ich in ihm den Grafen Gerhard, Konrads II. Vetter, den Sohn des Markgrafen Adalbert von Lothringen, oder seinen gleichnamigen Sohn, der 1048—1070 Herzog von Oberlothringen war (über die Verwandtschaft vgl. S t e i n d o r f f II, S. 48, Anm. 1 und Eltester bei B e y e r II. S. XIV).

[1]) Die in no. 302 genannten Grafen Giselbert und Heinrich sind mit B r e f s l a u, Konrad II., II, S. 515 für die luxemburgischen Grafen dieses Namens, Neffen Adalberos, zu halten. — Der in no. 324 genannte *comes Becelinus*, der nach no. 307 eine eigne Grafschaft verwaltete, ist wohl identisch mit dem in no. 307 und no. 332 genannten Grafen Bezelin, in dem wir einen Vassallen der Luxemburger, deren Verwalter in Biendeborch (Bidgau) zu sehen haben (s. Görz, Mr. Regg., I, 355, no. 1250; B r e f s l a u, Konrad II., II, 483, Anm. 2). Auch in dem in no. 324 vor Bezelin genannten Adalbert von Musal möchte ich keinen Vassallen Poppos sehen.

[2]) S. S. 25.

[3]) S. S. 34, Anm. 2. Über die Vogtei der Luxemburger in St. Maximin s. S c h ö t t e r, a. a. O., S. 39 und öfters.

[4]) S. Anm. 1 auf dieser Seite.

[5]) S. S. 34, Anm. 3. Über die Vogtei der Luxemburger in Echternach vergl. S c h ö t t e r, a. a. O., S. 39 und öfters.

[6]) S. S. 33, Anm. 3.

[7]) S. Anm. 1 auf dieser Seite.

Hilfegesuch gewandt [1]); der Papst habe ihm daraufhin einen Legaten gesandt, der ihm bei seinen kirchlichen Verrichtungen Beistand leisten sollte [2]); um die ganze Geschichte glaubwürdiger zu machen, wurden sowohl P o p p o s Brief an den Papst, als auch dessen Antwortschreiben, das zugleich die erbetene Kanonisation von P o p p o s Begleiter im Morgenlande, dem 1035 in Trier verstorbenen S i m e o n, enthielt, hinzugefügt. Die unlösbaren chronologischen Widersprüche in dieser Erzählung hat zuerst H a r t t u n g aufgedeckt [3]); dann hat B r e f s l a u die beiden Schriftstücke als gefälscht, als Stilübungen aus dem 12. Jahrhundert, nachgewiesen [4]) und gleichzeitig zu zeigen gesucht, dafs von dem ganzen Berichte allein die Angabe, dafs P o p p o in Jerusalem gewesen sei, auf historische Wahrheit Anspruch erheben dürfe, alles andre auf Erfindung beruhe. Da nach B r e f s l a u s Ausführungen die Unechtheit der beiden Briefe wohl unbedingt zugegeben werden mufs, so ist es unnötig, auf H a r t t u n g s Versuch, sie in einen chronologischen Zusammenhang zu bringen, einzugehen. Nicht so unbedingt zu verwerfen ist, wie mir scheint, die Nachricht von einem Einfall der Luxemburger ins Erzstift Trier während P o p p o s Episkopat. Weniger Neigung als Zwang hat das stolze Geschlecht in Gehorsam und äufserlich guten Beziehungen zu dem auf seine Kosten grofs gewordenen Babenberger gehalten; es ist durchaus natürlich, wenn es die erste Gelegenheit, die sich bot, zu einem Versuche, das ihnen verhafste Joch abzuschütteln, benutzte; und eine solche glaubte es durch die Abwesenheit des Erzbischofs von seinem Sprengel während seiner Reise ins heilige Land gegeben. Eine solche Erhebung der Luxemburger gewinnt nun durch zwei weitere Zeugnisse zwar keine Gewifsheit, aber doch an Wahrscheinlichkeit. In der für das St. Matthiaskloster 1036 ausgestellten Restaurationsurkunde ist

---

[1]) A. a. O. (S. 177): *Poppone in praelibati itineris negocio occupato necdum reverso Giselbertus quidam de castello Luccelenburg nominato cum filio suo Cuonrado, non sic aliter quam solet lupus in oves insanire si quando contigerit pastorem deesse, alius hoc, alius illud sibi vendicare, ille quoscumque capere, iste autem depraedari, sicque mala incnarrabilia non cessabant perpetrare. Quod episcopus reversus conversus conperiens — nec enim ipso praesente a malicia sua se poterant continere —, cum non potuisset ullo modo resistere, . . . persaepe apud imperatorem Cuonradum se proclamavit de eorum tyrannide, nichilque potuit proficere. . . unde quam plures et regi et papae mittebat epistolas . . .*

[2]) A. a. O. (S. 178): *ad iniquitates pravorum hominum debellandas ac spirituali gladio puniendas . . . coadiutorem praesulem a nobis poposcistis, en dirigimus . . . dirigimus ergo illum, ut solacietur vobis in necessitatibus vestris, tam scilicet in opere consecrationis, quam et in unctione confirmationis, et si quid in necessitatibus aliis Deo favente valebit pro libitu sanctae vestrae fraternitatis.*

[3]) J. H a r t t u n g, Bemerkungen über Erzbischof Poppo von Trier und St. Simeon, a. a. O., S. 502 ff.

[4]) B r e f s l a u, Konrad II., Bd. II, S. 514—518, Exkurs 3: zur Kritik von *gesta Trevir. Contin.* I, cap. 3 ff. Brefslaus Ausführungen schliefst sich jetzt auch G i e s e b r e c h t II⁵, S. 301 und S. 645, wenn auch mit Reserve, an.

von feindlichen Verheerungen die Rede, durch welche das Kloster gelitten habe[1]) und jedenfalls dessen Restitution notwendig geworden ist. Wenn wir diese Verheerungen auf die während der adalberonischen Unruhen und der grofsen lothringischen Fehde, die Poppos Amtsantritt vorangingen, beziehen, so ist es sehr auffällig, dafs unser um den Schutz und die Herstellung des kirchlichen Lebens stets so besorgte Erzbischof erst nach 20 Jahren das Matthiaskloster, das anscheinend so schwer gelitten hatte, in seinen alten Besitz wieder einsetzte. Man könnte allerdings ja annehmen, die Restitution wäre 20 Jahre vor ihrer Beurkundung erfolgt, oder die erste Beurkundung wäre uns verloren gegangen; indessen das erstere ist doch sehr unwahrscheinlich, das letztere läfst die Frage offen, warum wir in der uns erhaltenen Urkunde gar keine Beziehung auf die verlorene, die ihr doch als Vorlage hätte dienen müssen, finden, die Urkunde von 1036 vielmehr den Eindruck macht, als ob es sich hier um eine erstmalige Beurkundung einer vor nicht zu langer Zeit vollzogenen Restitution handle. Es liegt daher nahe, an eine zweite, spätere Verwüstung des Trierer Landes während Poppos Episkopat zu denken. Die Annahme einer solchen zweiten inneren Unruhe im Trierer Lande erhält aber eine erhöhte Bedeutung durch ein weiteres uns überliefertes Zeugnis, das diese Unruhen geradezu mit dem Grafen Giselbert von Luxemburg in Verbindung bringt. Um das Jahr 1030 nämlich beschwerte sich der Abt Humbert von Echternach in einem Briefe an die Kaiserin Gisela über Gewaltthätigkeiten der Leute des Grafen Giselbert von Longwy, in dem wir den Luxemburger dieses Namens zu sehen haben, durch welche seinem Kloster schon unter seinen Vorgängern Güter entfremdet worden seien[2]). Dafs unter ihm selbst Beraubungen des Klostergutes stattgefunden haben, sagt Humbert nicht; der Wortlaut des Briefes jedoch, der gleichsam entschuldigend anführt, dafs solche Entwendungen schon in früherer Zeit erfolgt wären, schliefst dies nicht aus. Humbert wurde 1028 Abt von Echternach; wir können daher die Gewaltthätigkeiten der Leute des Grafen

---

[1]) Beyer I, no. 310 (vgl. S. 29, Anm. 3): *monasteria . . . meae diocesis . . . inueniens indiga atque assperrima uictualium utensiliumque faciente inopia religionem monasticam maximo periclitantem deliquio dignum duxi militum refrenare ambitionem ac prouincialium aequi arbitrii auctoritate conprimere tyrannidem. Et omnia quae monasteriis hostili fuerant inuasione subtracta* etc.

[2]) Dieser Brief ist der zweite der Lorscher Sammlung, gedruckt in F. J. Mone, Anzeiger für Kunde der deutschen Vorzeit, Bd. VII, S. 205 f. Es heifst darin: *nos de omnibus s. Uuillibrordi rebus uix solam fovere possumus uitam, quibus plenissime nonnulli nec per nostram nec per uestrae reuerentiae fruuntur licentiam, sicut quidam serui comitis Giselberti de Lunguuich quasi pro proprio possident XV mansos, ui et praeda iam nostris ablatos antecessoribus, quibus iniuste caruerunt et adhuc caremus.* Dafs bei Giselbert von Longwy an den Luxemburger Giselbert von Salm zu denken ist, s. Schötter, a. a. O., S. 47 und Brefslau, Konrad II., II, S. 408, Anm. 4. Über die Datierung des Briefes vergl. Ewald, im Neuen Archiv, III, S. 324 und Ladewig, a. a. O., S. 87, Anm. 2.

Giselbert in dieses Jahr oder auch in das letzte seines Vorgängers setzen. Damit steht denn unsre Annahme, dafs Poppo zwischen 1027 und 1030 in Jerusalem gewesen sei, die wir an andrer Stelle zu begründen suchen [1]), in bester Übereinstimmung. Wir kämen demnach zu der Vermutung, dafs um das Jahr 1028, während Erzbischof Poppo im heiligen Lande weilte, die Luxemburger seine Abwesenheit benutzten, um in die trierische Diözese einzufallen, die Klöster, z. B. das Matthiaskloster, zu berauben, ihr Vogteirecht in Echternach zu mifsbrauchen und sonstigen Schaden zu verursachen. Dies ist aber das einzige, was sich aus der Erzählung des *additamentum* aufrecht erhalten läfst. Die Angabe von der Beteiligung des Grafen Konrad von Luxemburg, Giselberts Sohn, der vor 1056 die Grafschaft nicht übernommen haben kann [2]), an dem Raubzuge, beruht auf einer Verwechslung mit dessen Unternehmen gegen Poppos Nachfolger, Erzbischof Eberhard, den er sogar gefangen nahm [3]). Und vollends, dafs Poppo nach seiner Rückkehr mit den Ruhestörern nicht fertig werden konnte, Kaiser und Papst um Hilfe anging, werden wir gerade von ihm, der in verhältnismäfsig kurzer Zeit Adalbero von St. Paulin unterworfen, die Räuberbanden gezüchtigt hatte, am wenigsten glauben, selbst wenn wir nicht wüfsten, dafs die betreffenden Schriftstücke gefälscht sind. Im Gegenteil, der Umstand, dafs Graf Giselbert 1030 schon wieder auf einer Synode Poppos erschien [4]), deutet darauf hin, dafs unser Erzbischof sehr schnell dem Lande den Frieden zurückgegeben hat [5]), wenngleich es noch 6 bis 7 Jahre dauerte, bis das Matthiaskloster eine Bestätigung der ihm restituierten Güter erhielt. Auch bei dieser Gelegenheit also lernen wir Poppo als Wiederhersteller und Bewahrer von Ruhe und Ordnung kennen. Später erfahren wir nichts mehr von Störungen des Friedens

---

[1]) S. § 5.

[2]) Vergl. Schötter, a. a. O. Konrad wird, soweit sich erkennen läfst, nicht vor 1065 genannt (s. Breſslau II, S. 515).

[3]) *Gesta Trev.*, cap. 32 (S. 174): *hic* (sc. *Eberhardus*) *aliquando cum dioceses circuiret, a Cunrado comite de Lucelenburch captus est, . . . episcopus ad Lucelenburch delatus est . . . Interim Cunradus comes compulsus a plurimis episcopum dimisit . . . Qui tandem penitens Treberim venit, et humiliter a summo pontifice absolutionem petiit et inpetravit.*

[4]) Vgl. S. 39, Anm. 1. — Mit diesen Unruhen mag es auch in Verbindung stehen, dafs man 1030 es in St. Mergen für nötig befand, sich allen Besitz noch einmal bestätigen zu lassen; es wird dann nicht zufällig sein, dafs man gerade bei Beurkundung dieser Bestätigung den Grafen Giselbert, der sonst in Poppos Urkunden nicht begegnet, als Zeugen hinzuzog. Die Berufung auf die *vastatores extrinsecus* spricht für diese Annahme.

[5]) Daraus, dafs man sich in Echternach an die Kaiserin wandte, läfst sich nicht schliefsen, dafs Poppo der Bedränger dieses Klosters sich nicht erwehren konnte: Echternach war reichsunmittelbar, und der Erzbischof von Trier durfte sich hier keine Eingriffe gestatten (s. Breſslau, Konrad II., II, 408 f.). Später steht P. in guten Beziehungen zu dem Kloster (s. S. 34, Anm. 3).

im Trierer Lande, das, von seines Erzbischofs starker Hand geschützt, nunmehr dauernd beruhigt war[1]).

Durch diese auf die Herstellung von Ruhe und Ordnung gerichtete, mit der Führung eines strengen Regimentes verbundene Thätigkeit Poppos ist nun sein Verhältnis zu seinen weltlichen Untergebenen, Vassallen und Ministerialen, und indirekt seine Wirksamkeit im Reichsdienste bedingt. — Haben sich auch im Trierer Lande noch bis in Poppos Zeit oder später unter den kleinen Leuten Geburtsfreie erhalten[2]), so war doch die Mehrzahl in dem so oft und so viel von äufseren Feinden und innerem Zwist heimgesuchten Lande in Abhängigkeit von den grofsen Machthabern, besonders von der Kirche, geraten, bei der sie den Schutz, dessen sie bedurften, fanden. So sehen wir die Trierer Kirche schon in den älteren ihr ausgestellten Privilegien über abhängige Leute verfügen[3]). Aber auch die Kirche hatte ein Interesse daran, die Zahl ihrer weltlichen Untergebenen, auf die sich nicht nur ihr Wohlstand gründete, sondern auch ihre ganze Wehrkraft gestellt war, beständig zu vermehren. Je mehr die Unsicherheit der öffentlichen Zustände zunahm, desto mehr war sie genötigt, die Dienste andrer zum Schutze ihres Landes in Anspruch zu nehmen; und je mehr sie auf diese Dienste andrer angewiesen war, desto gröfsere Entschädigungen mufste sie den Dienstleistenden gewähren, desto gröfsere Rechte mufste sie ihnen zugestehen. Wurde daher auch durch eine grofse Anzahl abhängiger Leute der Glanz und die Macht einer Kirche nach aufsen hin gemehrt, so wurde doch die Unabhängigkeit nach innen eingeschränkt: die wehrpflichtige Mannschaft, schon durch die Ehre des Kriegsdienstes zu einem die Standesunterschiede verwischenden Ansehen gelangend, überdies im Besitze immer gröfserer Teile des Kirchengutes, erwarb allmählich einen sich stets steigernden Anteil an der Landesregierung. So wuchs naturgemäfs gerade in der Trierer Diözese, die seit den verheerenden Raubzügen der Normannen fast beständig Unruhen und Fehden ausgesetzt war, die Bedeutung der dem Erzstifte zur Waffenhilfe Verpflichteten. Wir haben hier zu unterscheiden zwischen den Vollfreien, meist von vornehmer Abkunft, die nur in dem ihre Standesehre in keiner Weise mindernden Verhältnis der Vassallität zu dem Erzbistume standen, nur zu ehrendem Kriegsdienst herangezogen werden durften, im übrigen ihre volle Selbständigkeit wahrten, und den Ministerialen, welche in einem sich auf ihr ganzes Dasein erstreckenden Abhängigkeitsverhältnis zur Kirche befindlich, auch zu anderen, niederen

---

[1]) Darüber, dafs Poppo während der lothringischen Unruhen zu Beginn der Regierung Konrads II. sein Land in Frieden erhielt, s. § 5b.

[2]) So schenkt z. B. noch 1053 ein Anselm sein *predium ex ingenuorum manu atque liberali potestate traditum* an St. Simeon (Beyer I, no. 341, S. 397).

[3]) So spricht schon das Immunitätsprivileg Karls des Grofsen für Trier von 772, von den *homines* von St. Peter und St. Maximin (Beyer I, no. 24, S. 28), und das von Ludwig dem Kinde 902 ausgestellte unterscheidet zwischen *censales* und *fiscales homines* (no. 150, S. 214).

Diensten verpflichtet waren; beide Teile aber wurden für ihre Leistungen durch Lehngut, die Ministerialen allerdings gewöhnlich durch zinspflichtiges, entschädigt. Die Beziehungen der Vassallen, auf deren Menge und Bedeutung das Ansehen der Kirche nach aufsen hin recht eigentlich beruhte, waren dem Erzstifte gegenüber natürlich losere, und boten weniger Gelegenheit zu Einwirkungen auf das Regiment im Innern; wir sind daher inbezug auf sie für die ältere Zeit, deren Urkunden vorwiegend innere Angelegenheiten betreffen, wenig unterrichtet, und die Einsicht in ihre Geschichte wird dazu noch dadurch erschwert, dafs ihre Bezeichnung als *milites* schon früh auch auf die kriegsdienstpflichtigen Ministerialen Anwendung fand [1]), sie also in den Einzelfällen von letzteren oft schwer zu scheiden sind. Dennoch läfst sich erkennen, dafs die trierischen Vassallen bereits zu Anfang des 10. Jahrhunderts eine nicht unbedeutende Rolle spielten. Wie sehr damals die Landesverteidigung von ihnen besorgt wurde, geht daraus hervor, dafs Erzbischof Rotger (915— 930) einem seiner Vassallen, Volmar, eine Ortschaft behufs Erbauung einer festen Burg überliefs [2]). Ihnen wurde das Banner des Erzstiftes anvertraut [3]), und in der Folgezeit lernen wir wenigstens einen unter diesen Vassallen kennen, Sigibodo mit Namen, der unter den Erzbischöfen Robert, Heinrich I. und Theoderich I. eine einflufsreiche Stellung inne hatte, beständig in ihrer Umgebung erscheint, mit Kirchengut belehnt wurde und im Heere des Erzstiftes die Fahne führte [4]). Ihnen ist es daher wohl auch in erster Linie zuzuschreiben, wenn Erzbischof Egbert dem Kaiser Otto II. 70 schwerbewaffnete Reiter nach Italien zuführen konnte, beinahe doppelt so viel, wie Herzog Otto aus seinen beiden Herzogtümern Bayern und Schwaben zusammen, und mehr als dreimal so viel wie Herzog Karl von Lothringen [5]). Die Vassallen standen dem Erzstifte in gewisser Unabhängigkeit gegenüber: sie traten auch zu andren Reichskirchen in ein Lehenverhältnis, ohne dafs eine Kenntnisnahme davon seitens des Erzbischofs sich nachweisen liefse [6]). Selbst in den inneren Angelegenheiten des Erzstiftes erlangten sie Einflufs, wir finden

---

[1]) Vgl. die Stellen bei Waitz, Dtsche Verfgesch., V, 300 und 436 f.; selbst *vassallus* wurde zuweilen für Ministerialen gebraucht, s. Waitz, a. a. O., S. 439.

[2]) Beyer I, no. 158, S. 221: *pro facienda municiuncula.*

[3]) Vgl. nächste Anm. Später waren die rheinischen Pfalzgrafen, vielleicht in ihrer Eigenschaft als trierische Obervögte, Bannerträger des Erzstiftes (s. Beyer I, no. 398, S. 454).

[4]) Der 956 intervenierende *Sigibodo vassallus noster* (Beyer I, no. 201, S. 261; die Datierung macht Schwierigkeiten), der 963 unter den *fideles* des Erzbischofs Heinrich als *senior* begegnet und Lehen empfing (no. 217, S. 275; Datierung bei Görz in Beyer II, S. 624), der noch unter Erzbischof Theoderich I. (965—977) als Zeuge auftritt (no. 228 und no. 230), ist doch wohl identisch mit dem *Sigibodo uenerabilis eiusdem* (sc. *Treverensis) ecclesiae signifer* von 952 (no. 193, S. 254).

[5]) Nach dem Aufgebotsbrief. Vgl. S. 5, Anm. 4.

[6]) So empfing der trierische Vassall Rorich 909 von St. Maximin Prekarialbesitz (Beyer I, no. 153; dafs es sich um eine Prekarie handelte, zeigt no. 154), ohne dafs bei der Verleihung von dem Erzbischof die Rede ist.

sie als Ratgeber des Erzbischofs[1]) und in Rechtsgeschäften für den letzteren thätig[2]). Ein noch gröfseres Gewicht in Sachen der inneren Leitung und Verwaltung wufsten sich die mit der Kirche viel enger verknüpften Ministerialen zu verschaffen. Selbst soweit sie nicht kriegsdienstpflichtig waren, sondern von den Erzbischöfen in Hof- und Verwaltungsämtern beschäftigt wurden, gelang es ihnen, sich Ansehen zu erringen; schon 952 scheinen sie genossenschaftlich vereinigt gewesen zu sein[3]) und empfingen Zinsgut zu erblichem Besitz[4]). Den zu (Welsch- oder Wasser-) Billig ansässigen bestätigte Erzbischof Theoderich (965—977) die schon von ihren Vätern überkommene Erblichkeit ihres Grundeigentums[5]). Wahrscheinlich ging aus ihnen der Stiftsvogt hervor[6]), der sich bald zur einflufsreichsten Stellung emporschwang. Um wie viel mehr mufste sich nun die Bedeutung der Ministerialen steigern, als die Erzbischöfe sich gezwungen sahen, sie auch zu Kriegsdiensten heranzuziehen. In dem Empfang von Kirchengut zu Kriegslehen können wir die vornehmste Grundlage der Machtstellung erblicken, welche die Ministerialen allmählich erlangten, die Quelle ihres Einflusses auf Regierung und Verwaltung des Erzstiftes, welcher die Standesunterschiede, die sie von den Vassallen trennten, mehr und mehr verwischte. Wenn wir daher bemerken, dafs seit Erzbischof Rotger (915—930) die Trierer Erzbischöfe fast keine wichtigeren Rechtsgeschäfte vollzogen, ohne vorher ihre weltlichen Untergebenen zu Rate zu ziehen, und wie oft letztere als Intervenienten oder sonst in der Umgebung des kirchlichen Oberhauptes erschienen, so haben wir dabei in erster Linie wohl an die durch ihre Verpflichtung zu kriegerischen Diensten zu höherem Ansehen gelangten Vassallen und Ministerialen zu denken[7]). Dann werden

---

[1]) Beyer I, no. 207 (S. 267): *placuit ingenuorum* (das sind Vollfreie, s. Waitz, Verfgesch., V, 383, Anm. 1): *tam clericorum et laicorum fieri conuentum.* Über die Stellung des Vassallen Sigibodo s. S. 44, Anm. 4.

[2]) So war 920 ein *Uualtercherus uasallus noster* für Erzbischof Rotger bei einem Tauschgeschäft thätig (Beyer I, no. 171, S. 235).

[3]) Beyer I, no. 193, S. 254: *cuidam uillico eiusdem* (sc. *Trevericae) ecclesie cum suis paribus,* und später: *cum suis sodalibus.*

[4]) Ebenda: *ut ipsi et posteri suorum more hereditario habeant potestatem* u. s. w.

[5]) Beyer I, no. 230, S. 286: *prediorum suorum et hereditatum, quae habuere et possiderunt iure hereditario ab auitis temporibus,* was darauf hindeutet, dafs sich die Ministerialen schon seit langer Zeit im erblichen Besitze der betr. Güter befanden.

[6]) Der *Uualther aduocatus noster* in Beyer I, no. 171, S. 235 ist doch wohl identisch mit dem in derselben Urkunde unter den *famuli nostri* an erster Stelle genannten *Qualter;* dafs es der ebenda genannte *Uualtercherus uasallus noster* sei, ist für den Anfang des 10. Jahrh. (die Urk. ist von 929) wenig wahrscheinlich.

[7]) So heifst es ausdrücklich in no. 260, S. 317, um 990 von einer Schenkung an Pfalzel, sie sei vollzogen *adstantibus ... et Ekeberto antistite uenerabili cum militone suo.* Dafs die *fideles laici,* von deren *consensus* oder *consultus* so oft die Rede ist (no. 158, 173, 174, 199, 255, 277), nur Vassallen gewesen seien, ist doch wenig wahrscheinlich, da es sich zuweilen um recht unbedeutende Angelegenheiten handelte.

auch die Klagen verständlich, die in Erzbischof Egberts Urkunden mehrfach wiederkehren, dafs der gröfste Teil des Kirchengutes als Kriegslehen vergeben und dem Erzstifte entfremdet sei[1]). Suchte nun auch Egbert Abhilfe zu schaffen und dem Übermute seiner weltlichen Beamten ein Ziel zu setzen[2]), so mufsten die Erfolge seiner Thätigkeit doch wieder verloren gehen, als nach dem Tode seines Nachfolgers Liudulf die adalberonische Fehde ausbrach und der anarchische Zustand das Land der Willkür der kleinen Machthaber schutzlos preisgab. Es ist erklärlich, dafs die trierischen Lehnsleute die herrenlose Zeit für sich ausnutzten und ihrem Streben nach Selbständigkeit durch die inneren Wirren Vorschub geleistet wurde. Es kann uns daher nicht wundern, wenn sie auf eigene Faust kriegerische Beschäftigung suchten, auch aufserhalb des Erzstiftes, und als Parteigänger in die Händel der lothringischen Grofsen verwickelt sind, wie denn einer von ihnen, Wichard, an dem Kampfe zwischen Gottfried von Lothringen und Lambert von Löwen, der das Erzbistum gar nicht berührte, teilnahm und in der Schlacht bei Florennes, 13. Sept. 1015, seinen Tod fand[3]). Nicht minder machten sie sich innerhalb des Erzstiftes die Ohnmacht des ganz auf ihren Beistand angewiesenen Erzbischofs Meingaud zu nutze, der ihre Unterstützung nur durch Vergebung von Kirchengut erlangen konnte: zwei von ihnen, Ravenger von Madelberg und Udilbert von Stalle, erhielten Stücke des Klosterguts von St. Martin zu Kriegslehen[4]). Und es ist vielleicht die Annahme nicht zu gewagt, dafs sich unter den Führern des Raubgesindels, den *tyranni*, die unserm Poppo zu Beginn seines Episkopats so viel zu schaffen machten, auch trierische Ministerialen befanden, welche, in der unruhigen Zeit selbständig geworden, nunmehr sich nicht unter ein straffes Regiment beugen wollten[5]).

Durch diese Verhältnisse ist nun Poppos Stellung zu seinen weltlichen Untergebenen bestimmt. Vermochte er schon zu Anfang seines Waltens nur mit Hilfe seiner zu Kriegsdiensten verpflichteten Lehnsleute der Empörer

---

[1]) Wiederkehrend in no. 254, 255 und 256: *presertim cum ipsius episcopii maxima pars militibus esset in beneficium distributa.*

[2]) So entschied er einen Streit zwischen seinen Jägern und dem Domkapitel von St. Peter zu gunsten des letzteren (no. 252, S. 308 f.). Über seine Thätigkeit vgl. bes. die *translatio s. Celsi* (SS. VIII, 204 ff.).

[3]) Brower, ann., I, 509, nach einem alten Kalender: *Marte perit duro Vichart occisus in illo* (sc. *bello in Florinis); Vichart, quem ex Treverica nobilitate virum fuisse principem, non difficilis sit coniectura.*

[4]) *Gesta Trev.,* cap. 30 (S. 171): *qui* (sc. *Meingaudus) cum pararet potentiae Adelberonis resistere, 80 mansos de rebus st. Martini Ravengero de Madelberch et Udelberto de Stalle in beneficium dedit.* Bei Eberwin von St. Martin (bei Kraus, a. a. O., S. 169 f.), dem diese Nachricht wohl entnommen ist, ist allerdings nur von 60 Mansen die Rede; er nennt die durch Kirchengut Bereicherten *internuncii et consiliarii* des Erzbischofs; man sieht, wodurch man im Erzstift zu Ansehen kam.

[5]) Beispiele ähnlicher Gewaltthätigkeiten von Ministerialen von ihren Burgen aus giebt Waitz, Dtsche Verfgesch., V, 344, Anm. 6.

in seinem Lande Herr zu werden[1]), so mufste er sich auch späterhin vorzüglich auf sie stützen, um Ruhe und Ordnung aufrecht zu erhalten. Es kann daher nicht überraschen, wenn ein Wachsen der Bedeutung von Ministerialen und Vassallen unter seiner Regierung deutlich erkennbar ist. Bei allen wichtigeren Regierungshandlungen und Rechtsgeschäften waren sie zugegen; unter ihnen treten einige hervor, die wir fast beständig in des Erzbischofs Umgebung antreffen[2]), und dafs sie dort keine untergeordnete Rolle spielten, geht aus dem ungewöhnlichen Umstande hervor, dafs sie in einigen von Poppos Urkunden, was weder vorher noch nachher in Trier nachweisbar ist, in der Zeugenliste an erster Stelle, noch vor den Geistlichen, genannt werden[3]). Im einzelnen ist auch in dieser Zeit eine Scheidung zwischen Vassallen und Ministerialen schwierig. Die *gesta Treverorum* sprechen in ihrer ersten Redaktion nur ganz unbestimmt von *milites;* wenn spätere Zusätze die Niederwerfung der Rebellen auf die *principes* des Erzbischofs zurückführen[4]), wobei man zunächst an Vassallen denkt, so läfst sich nicht ermitteln, inwieweit sie Anschauungen ihrer Zeit auf die Poppos übertrugen. In den Urkunden Poppos werden nur geringe Unterschiede unter den Laienzeugen gemacht. Einmal ist von *primi milites* die Rede, ohne dafs wir über deren Bedeutung etwas erfahren[5]). Ein andres Mal wird nach Namhaftmachung vieler weltlicher und geistlicher Zeugen verschiedenen Standes die Anwesenheit noch andrer *palatini* und *populares* erwähnt; liegt es auch nahe, unter *palatini* alle zum Palatium des Erzbischofs Gehörigen, etwa alle Hofbeamten oder zum Hofdienst Verpflichteten zu verstehen, sie also zu den Ministerialen zu zählen, im Gegensatze zu den *populares*, den in keinem direkten oder in nur untergeordnetem Verhältnis zum Erzbischof Stehenden, so ist es doch schwer, zu bestimmen, welche Zeugen in der betr. Urkunde zu den *palatini* gehören und welche nicht[6]). Ebenso wenig geben die gerade in dieser Zeit häufiger

---

[1]) *Gesta Trev.*, cap. 31 (S. 173): *simili modo per alios principes suos* (also durch seine Vassallen) *multa castella . . . cepit etc.* Vgl. S. 25.

[2]) So Udilbert (jedenfalls von Stalle, s. no. 318) in no. 292, 307, 310, 318, 324 (er begegnet noch unter P.'s Nachfolger Eberhard in no. 338, 339, 341, 355; vielleicht ist zwischen Vater und Sohn zu scheiden), Sizimar oder Sigemar (vielleicht identisch mit dem in den *gesta Trev.*, cap. 31 genannten Sicko, s. S. 25, Anm. 2) in no. 292, 310, 324, 325 (noch unter Eberhard genannt), Graf Sigibodo in no. 302, 305, 307, 310, 320, 325, 326, Bern von Virneburg in no. 310, 318, 320 (unter Eberhard in no. 339) u. a.

[3]) No. 310, 318, 320.

[4]) Vgl. Anm. 1.

[5]) No. 307, S. 359: *in primorum nostri militum . . presentia;* es folgen die Namen uns auch sonst bekannter Zeugen, dreier Grafen, Udilberts von Stalle und eines Witer; nur bei den Grafen liegt es nahe, an Vassallen zu denken.

[6]) No. 310, S. 365. Es heifst hier: *dux Gozelo et comes Gozelo. comes Arnulfus. comes Sigebodo. Odelbertus. Sigemarus. Roricus advocatus cum filio Thietfriedo. Egino. Anselmus. Hungerus prepositus. Folmarus nicedomnus. Rambertus corepiscopus. Engilboldus magister scolaris. Bern. Sigebodo. Rodingus. Hunaldus.*

werdenden Beinamen uns genügende Auskunft, da sie nicht blofs zur Bezeichnung des Geschlechtes dienen und den Besitz einer Burg oder eines
festen Platzes bedeuten, sondern auch den Ort der Herkunft andeuten und
zweifellos ministerialen Leuten beigelegt werden können, wie jenem Luof
von Neumagen, der mit der Vogtei in 5 unbedeutenden Ortschaften des
Erzstiftes belehnt war[1]). Auch die Reihenfolge der Zeugen scheint willkürlich
gewesen zu sein: einmal wird der Vogt vor Herzog Gottfried von Oberlothringen genannt[2]), bald vor Zeugen, wie Udilbert und Siegemar[3]),
bald hinter ihnen[4]). Wir bleiben daher auf Vermutungen angewiesen. Dafs
Männer mit gräflichem Titel Ministerialen waren, ist an sich nicht ausgeschlossen[5]), sicher aber gehörten solche Fälle zu den Ausnahmen, und wir
sind kaum berechtigt, es anzunehmen, wo es nicht ausdrücklich überliefert ist.
Ich möchte daher die Grafen unter den Zeugen in Poppos Urkunden, soweit
sie nicht als ganz unabhängig vom Erzstifte nachzuweisen sind[6]), für trierische
Vassallen halten, so die Grafen Sigibodo, Arnulf, Godelo (oder Hodezo)[7])

*Anselmus. Hennimus. Ceterique et palatinorum atque aecclesiasticorum necnon popu-
larium quamplures antentici uiri.* Die Annahme, dafs die vor den Geistlichen (Hunger
bis Engilbold) unmittelbar Genannten zu den *palatini*, die hinter ihnen Stehenden (mit Bern
beginnend) zu den *populares* gehören, hat etwas für sich. Wenn aber Schoop, a. a. O.,
S. 82, Anm. 6, die Zeugen von Odelbert bis Hunger zu den *palatini* rechnet, so läfst sich
dies nicht mit Bestimmtheit beweisen; alle vor den Geistlichen Genannten gehören ja, wie
das Beispiel des Herzogs Gozelo zeigt, nicht zu den *palatini*; dieselben können daher ebenso
gut mit dem *comes Arnulfus*, wie mit Odelbert, ja vielleicht erst mit dem Vogte Rorich oder nach
diesem beginnen. Dafür, dafs die *palatini* Ministerialen sind, spricht auch der Umstand, dafs das
später so mächtige Geschlecht *de Palatio* ministerialen Ursprungs war. *Palatini* bedeutet
also so viel wie *curiales*, was gleichfalls von Ministerialen gebraucht, einmal sogar auch den
populares gegenübergestellt wurde *(chron. st. Huberti*, cap. 59, SS. VIII, 598: *curialis
familia . . , quae . . acquisita cum ceteris popularibus . . servire ei* (sc. ecclesiae) *de-
dignabatur).* Vgl. Waitz, Verfgesch., V, 434.

[1]) No. 302, S. 354: *Luof de Numaga, qui aduocatiam predicte curie et aliarum
quatuor . . . in feodo a me* (sc. *Poppone) tenebat.* Vgl. Waitz, Verfgesch., V, 392,
Anm. 2, der Luof gleichfalls für einen nach seiner Heimat benannten Ministerialen hält.

[2]) No. 324, S. 378.

[3]) No. 292, S. 343; no. 324, S. 378.

[4]) No. 310, S. 365.

[5]) So waren die Rheingrafen z. B. Ministerialen des Erzbischofs von Mainz (s. Eltester bei Beyer II, S. LXIV); aber ihr erbittertes Ankämpfen dagegen zeigt schon, wie
ungewöhnlich dieser Fall war. Vgl. Waitz, Verfgesch., V, S. 329, Anm. 2.

[6]) Dahin gehören Herzog Gozelo und sein gleichnamiger Sohn (no. 310); Herzog
Gottfried (no. 324); wahrscheinlich Graf Gerhard (no. 315 und no. 318; s. S. 38, Anm. 7);
die Grafen Giselbert und Heinrich von Luxemburg (no. 302; s. S. 39, Anm. 1);
Graf Bezelin (no. 324), von dem es in no. 307 heifst, er verwalte eine Grafschaft *ex bene-
ficio comitis Heinrici*, also als Vassall des Grafen Heinrich (von Luxemburg; s. no. 332,
vgl. S. 39, Anm. 1); wohl auch Graf Hetzelo, in no. 302 vor Heinrich und Giselbert genannt,
und Adalbert von Musal (no. 324, gleich hinter Herzog Gottfried und vor Graf Bezelin genannt).

[7]) Über Sigibodo s. S. 47, Anm. 2; die beiden Grafen Arnulf, in Nr. 302, 305, 307,
310, 325, 326, sieht man zu oft und bei Angelegenheiten, die nur das Erzstift betreffen, als

und vor allem den Grafen K a d e l o (oder K a d o l d), den wir auf einer Gerichts-sitzung des Stiftsvogts eine erzbischöfliche Urkunde verlesen sehen [1]. Unter den übrigen Zeugen, die wir in der Umgebung des Erzbischofs antreffen, treten die mit Zunamen versehenen U d i l b e r t v o n S t a l l e, B e r n v o n V i r n e b u r g, A d a l b e r o v o n M a d e l b e r g besonders hervor, die in den Zeugenlisten mit oder ohne die Zunamen, an den verschiedensten Stellen, aber stets hinter den Grafen erscheinen. In späterer Zeit, gegen Ende des 11. und im Anfang des 12. Jahrhunderts, begegnen nun in Trierer Urkunden unter den *nobiliores laici, de nobilitate laici* oder *laici liberi*, die regelmäfsig den *ministeriales* oder der *familia s. Petri* gegenübergestellt sind, Herren v o n V i r n e b u r g und v o n M a d e l b e r g, unter letzteren auch der Name A d a l b e r o [2]; da aber die Ministerialität in ihrer letzten und günstigsten Entwickelung mit-unter sogar der Vassallität, wenn auch immerhin nur in vereinzelten Fällen gleichgestellt worden ist [3], ja Ministerialen geradezu als *nobiles* bezeichnet wurden [4], so läfst sich selbst daraus kein Schlufs auf die Stellung dieser Häuser zur Zeit P o p p o s ziehen. Der Rest der Laienzeugen ist noch weniger individuell bestimmbar und giebt daher gar keine Anhaltspunkte. Wenn wir indessen erfahren, dafs die Trierer Ministerialen bereits beim Tode von P o p p o s Nachfolger, E b e r h a r d, 1066, eine solche Macht erlangt hatten, dafs sie den ihnen gegen ihren Willen aufgedrungenen Erzbischof K u n o v o n P f u l l i n g e n vertrieben und töteten [5], so können wir annehmen, dafs sie nicht erst unter

---

dafs sie mit diesem nicht in einem engen Verhältnis gestanden hätten. Godelo wird, wo er begegnet (no. 305, no. 325), zwischen Sigibodo und Arnulf genannt, gehört wohl also zu diesen, und ist mit dem gleichfalls zwischen Sigibodo und Arnulf genannten Hodezo (no. 326) identisch.

[1] Den *senior Cadoldus*, der in no. 310 vor dem Stiftsvogt und den Schöffen die Restitutionsurkunde für St. Mattheis verliest, halte ich für identisch mit dem *comes Kadelo*, mit dem Poppo in no. 324 eine Prekarie eingeht (s. S. 38, Anm. 1). Daraus, dafs er in no. 324 über Eigengut und Ministerialen verfügt, geht noch nicht hervor, dafs er nicht auch Ministeriale ist, da Ministerialen neben Lehngut auch Eigengut haben konnten (s. W a i t z, Verfgesch., V, 342; vgl. auch S. 52); dafs Kadold in Beziehung zum Erzstift stand, geht aus seiner Thätigkeit auf der Gerichtssitzung in no. 310 hervor; diese damit zu erklären, dafs er Patron von St. Mattheis gewesen sei (S c h o o p, S. 87, Anm. 2, wo doch jedenfalls St. Mattheis für St. Marien zu lesen ist), geht nicht an, da der Erzb., der 1023 den Abt dort einsetzt (s. S. 52, Anm. 2), Patron ist; auch sagt Poppo in no. 324 ausdrücklich, dafs Kadolo Lehen von ihm empfangen habe: *b e n e f i c i i s m e i s e f f e c e r a m.* Dafs die Beziehungen vassallitische waren, schliefse ich aus dem Grafentitel und der Bezeichnung als *senior* in no. 310, die in früherer Zeit z. B. auch den Vassall Sigibodo führte (vgl. S. 41, Anm. 4).

[2] B e y e r I, no. 380, 415, 431, 437.

[3] W a i t z, Verfgesch., V, 312.

[4] Vgl. die Beispiele bei W a i t z, Verfgesch., V, 437 f., besonders das aus der Trierer Diözese, B e y e r I, no. 405, S. 462 (von 1102): *matrona . . nobilis, sed ex familia s. Sal-uatoris orta.*

[5] Vgl. *gesta Trer.*, addit., cap. 9 (SS. VIII, 182). Die *vita Conradi Trer.*, cap. 2 (SS. VIII, 215) spricht geradezu von der *clientulorum turba*, . . . *illud nobile collegium.* Dafs es Ministerialen sind, nimmt auch W a i t z, Verfgesch., V, 345, an.

4

Eberhard plötzlich so emporgekommen sind, sondern dafs dies Ereignis, das unter den Zeitgenossen so grofses Aufsehen erregte, die letzte Folge einer langen, allmählich erfolgten Entwickelung war, deren Anfänge ich in die Zeit der adalberonischen Wirren setzen möchte. Und Poppo stand dieser Entwicklung keineswegs feindlich gegenüber.

Auch jetzt war es wieder die Ehre des Kriegsdienstes, welche höheres Ansehen verschaffte. Bedurfte Poppo zur Wiederherstellung und Aufrechterhaltung des Friedens der Waffenhilfe seiner reisigen Vassallen und Ministerialen, war er gezwungen, wie ein weltlicher Kriegsherr an der Spitze seiner Lehensmannen ins Feld zu ziehen [1]), Burgen zu belagern und zu brechen, so mufste er auch seine Getreuen für die geleisteten Dienste entschädigen und belohnen, sie in den Stand setzen, auch in Zukunft ihm thatkräftigen Beistand zu leisten und gröfseren Ansprüchen zu genügen. Die Art und Weise, wie er hier vorging, ist charakteristisch für ihn, sie erinnert selbst in den Einzelheiten ganz an das von uns bei seinem kaiserlichen Herrn, Heinrich II., beobachtete Verfahren: bei aller Religiosität scheute sich jener so wenig wie dieser, das Kirchengut für andere Zwecke, als kirchliche, zu verwenden, es wo das allgemeine Wohl dies erforderte, für weltliche Interessen auszubeuten. Poppo trug kein Bedenken, das Kloster Pfalzel aufzulösen und das Klostergut als Kriegslehen auszuthun; nicht anders ging es mit dem, was St. Paulin nach der Unterwerfung Adalberos hergeben mufste [2]). Lag dieser Entfremdung von Kirchengut zu gunsten weltlicher Unterthanen immerhin noch ein nicht blofs vom materiellen, sondern auch vom moralischen Gesichtspunkte aus zu rechtfertigender Zweck zu grunde, indem Pfalzel für die Zuchtlosigkeit seiner Bewohnerinnen büfste, St. Paulin für die Unbotmäfsigkeit seines Herrn gestraft wurde [3]), und war im letzteren Falle durch die Veräufserung kirchlichen Besitzes zugleich ein nicht ungefährlicher Gegner geschwächt worden, so zeigt sich andrerseits, dafs Poppo auch ohne erkennbare äufsere Veranlassung kirchliches Gut in weltlichen Händen liefs. Udilbert von Stalle und Ravenger von Madelberg hatten nämlich von Erzbischof Meingaud die ihnen verliehenen Hufen aus dem Klostergute von St. Martin, wie wir durch Eberwin erfahren, keineswegs zu dauerndem Besitz empfangen, sondern sie waren ihnen nur, da der Geber, von Not gedrängt, über andres Gut nicht verfügte, vorläufig übertragen worden, um später gegen

---

[1]) *Gesta Trev.*, cap. 31 (S. 172): *hic* (sc. Poppo) *saepius occupatus in expeditione et procinctu militum.*

[2]) *Gesta Trev.*, cap. 31: *quaedam de s. Paulino tulit, de Palatio etiam 60 monialium praebendas militibus in beneficium distribuit.*

[3]) So rechtfertigen auch die *gesta Trev.*, cap. 31 (S. 173) in einer späteren Redaktion P.'s Verhalten gegen das Kirchengut: *monasteriis . . . succurrit, . . . exceptis . . duabus congregationibus, sancti Paulini videlicet et sanctae Mariae de Palacio, ex quibus alteri propter Adalberonis insolenciam quaedam subtrahendo minime pepercit, alteri propter maliciam ibidem habitantium . . . cuncta quae habuerant abstulit.*

andre Landstücke eingetauscht zu werden[1]). Meingaud war jedenfalls an der Ausführung dieser Absicht nur dadurch gehindert worden, dafs er während seines ganzen Episkopats, von der Gnade Heinrichs II. lebend, über andren Besitz eine Verfügung nie erlangte, und als er dann teilweise Anerkennung fand, schnell hinwegstarb. Poppo aber dachte, so weit wir sehen, nicht daran, das in der Not genommene Klostergut St. Martin zurückzustellen[2]), vielmehr treffen wir die durch dasselbe bereicherten weltlichen Herren, Udilbert und Ravenger, fast beständig in seiner Umgebung[3]), also wohl als das, was sie nach Eberwins Zeugnis schon unter Meingaud waren, als des Erzbischofs *internuncii* und *consiliarii*. Unter diesen Umständen hat es eine eigene Bedeutung, dafs, während die übrigen Kirchen und Klöster von Poppo reichlich mit Schenkungen bedacht wurden, St. Martin leer ausging. Dafs aber unser Erzbischof mit dem eingezogenen Kirchengut seine weltlichen Getreuen, die ihm die Banditen zu züchtigen halfen, belohnte, zeigt das Beispiel des Sicko, der für die listige Niederwerfung Adalberts von Montclair zum Dank mit Lehen begabt wurde[4]).

Indessen nicht nur die zum Waffendienst verpflichteten Inhaber von Kriegslehen gewannen an Bedeutung, sondern auch die in Hof- oder andern Ämtern beschäftigten und durch Dienstlehen entschädigten Ministerialen erlangten höhere Macht. Es ist natürlich, dafs unter den geordneten Zuständen und bei der gesicherten Rechtspflege am meisten der Einflufs des Stiftsvogts

---

[1]) Eberwin, a. a. O., S. 170: *donec in proximo aliud eis beneficium daret*

[2]) Eberwin: *quod utique in praesens dilatando non sine querimonia remansit.* Dafs St. Martin 1168 noch nicht das Genommene zurückempfangen hatte, läfst sich auch urkundlich beweisen. Nach Eberwin, a. a. O., bestimmte Meingaud, *ut quotannis eorum usui* (sc. Ravengers und Udilberts) *cederetur inuestitura[m], id est* (so ist für *idem* zu lesen; vgl. Wattenbach, Geschichtsquellen, II[5], 107, Anm. 4) *tres nummos de una quoque hoba ecclesie soluerent, insuper et traditoriam decimam dare non neglegerent de uillis quarum hec sunt nomina: Besilich, Hunswinkele, Girste . . . cum suis appendiciis, donec rursus redderetur monachis.* 1168 aber finden wir in einer Güterbestätigung für St. Martin durch Erzb. Hillin (Beyer I, no. 653, S. 709) dem Kloster ebenfalls nur *in Huuinchle et in Girste decima de terra salica et tres denarii de unoquoque mansu pro warrandia*, nicht aber den Besitz dieser Orte zugestanden. Besselich wird hier allerdings unter den Appendenzen der St. Martin gehörigen Victorskirche aufgezählt, dann aber nicht wieder erwähnt, während es 977 in einer Urkunde Ottos II. (Beyer I, Anhang, no. 1, S. 715) und einer gleichlautenden des Erzb. Theoderich (Anhang, no. 2, S. 716), deren inhaltl. Echtheit mir eben durch obige Notiz bei Eberwin gesichert scheint, nicht nur als Appendenz der Victorskirche, sondern nachher noch einmal unter den Besitzungen neben *Hunenuilichent* und *Gersta cum omni integritate* genannt wird; es scheint also nur kirchlich mit der Victorskirche verbunden gewesen zu sein. Ist dem so, dann hätte St. Martin in Besselich auch das Anrecht auf Zehnten und Hufenzins verloren.

[3]) Über Udilbert vgl. S. 47, Anm. 2. Ravenger begegnet in no. 325, die in den Anfang von Poppos Episkopat zu setzen ist, unter den Laienzeugen an erster Stelle hinter den uns als Grafen bekannten Vassallen Sigibodo, Godelo u. Arnulf. Später begegnet öfters ein Adalbero von Madelberg (zuerst no. 318), vielleicht ein Sohn Ravengers.

[4]) *Gesta Trev.*, cap. 31: *Sicko a Poppone pro victoria beneficiis illustratus est.*

von St. Peter stieg. Die hervorragende Stellung, die er einnahm, wird am besten dadurch gekennzeichnet, dafs er in den Urkunden in der Regel an der Spitze der Laienzeugen, einmal sogar vor Herzog Gottfried erscheint[1]). Wir sehen ihn im Besitze nicht unbeträchtlichen Eigengutes[2]), in dem er sogar über wehrpflichtige Ministerialen gebot[3]). Und da der in späteren Urkunden als Vogt auftretende. Thiefried in Beyer I, no. 310 Sohn des Vogtes Rorich genannt wird, so haben wir guten Grund zu der Annahme, dafs die Vogtwürde damals erblich wurde[4]). Auch die übrigen Ministerialen erwarben unter Poppo ein gröfseres Mafs von Rechten. Unser Erzbischof scheute sich nicht, die Vogteien von 5 verschiedenen Ortschaften in der Hand eines einzigen Ministerialen zu vereinigen, der durch diesen Machtzuwachs natürlich an Einflufs gewinnen mufste[5]). Und nicht nur die Ministerialen des Erzstiftes, sondern ebenso die der diesem unterstellten Kirchen erhielten wertvollere Befugnisse und damit erhöhte Bedeutung. Bei der Restitution von St. Mattheis, 1036, wurde den Ministerialen dieses Klosters ausdrücklich das Recht der Teilnahme an der Wahl des *centurio*, dem die peinliche Gerichtsbarkeit übertragen war, zugestanden[6]).

Solange Poppos starke Hand im Lande gebot, sein straffes Regiment die Übermütigen im Zaume hielt, drohte weder der Kirche eine Verminderung ihrer Macht noch der öffentlichen Sicherheit eine Gefahr von der Erweiterung des Einflusses der abhängigen Leute. Wenn wir daher auch unter ihm Vassallen und Ministerialen im Besitze gröfserer Macht antreffen, wenn wir

---

[1]) Beyer I, no. 324, S. 378.

[2]) Im Bidgau in der Grafschaft Bezelins und Gozelos; da er davon der Trierer Kirche zur Erlangung eines Ehedispenses gab (no. 307, S. 359), ist es wohl Eigengut gewesen, (das Ministerialen ja haben konnten, s. S. 49, Anm. 1), und zwar nicht unbeträchtliches, da er etwas doch wohl auch für sich zurückbehielt.

[3]) Beyer I, no. 307, die Übergabe des vom Vogte Thiefried dem Erzstifte überlassenen Landes erfolgte *in primorum nostri* (sc. Popponis) *militum ac sui* (sc. Thiefriedi) *presentia, Sigibodonis, Arnolfi comitum necnon Udelberti, Uniteri nostri* (d. s. *milites* Poppos), *Hazzonis, Gozelonis sui* (Th.'s) *militum.*

[4]) Da no. 310, 1036 ausgestellt, noch Rorich, no. 307, gleichfalls 1036 ausgestellt, Thiefried als Vogt nennt, so mufs in diesem Jahre die Würde von R. auf Th. übergegangen sein; alle Urkunden, die Rorich als Vogt nennen, fallen vor 1036, alle, die Thiefried, nach 1036. Wenn Schoop, a. a. O., S. 83, annimmt, dafs möglicherweise Rorichs Vater erzstiftischer Vogt gewesen sei, so scheint mir dies ausgeschlossen. Wenn der 989 als Vogt von Pfalzel (no. 260) und der 1000 als Stiftsvogt genannte Rorich (no. 276) wirklich mit einander identisch waren und dieser Rorich der Vater unseres R. gewesen wäre (bei der Häufigkeit des Namens ist dies noch nicht ausgemacht), wäre R. doch nicht direkt auf s. Vater gefolgt; denn unter Meingaud begegnet ein Vogt Sigibodo (no. 287; *aduocatus meus*, doch wohl von St. Peter).

[5]) S. S. 48, Anm. 1.

[6]) Beyer I, no. 310, S. 365: *nullumque centurionem absque . . . legali familiae electione proficiendum esse censui.* (Über *centurio* vergl. Waitz, Dtsche Verfgesch., VII, 316, Anm. 3.)

sie auch beständig in seiner Umgebung, bei allen wichtigeren Regierungshandlungen anwesend finden, so ist dennoch eine mafsgebende Einwirkung
ihrerseits auf die Leitung des Erzstiftes nicht erkennbar; und es ist beachtens-
wert, dafs gerade in seinen Urkunden, wie Schoop richtig bemerkt, nur ein
einziges Mal davon die Rede ist, dafs er ihren Rat in Anspruch nahm[1]).
Gleichwohl aber konnte Poppos Waltung, die das Aufstreben der weltlichen
Untergebenen zwar in bestimmten Grenzen hielt, ihm jedoch eigentlich nicht
feindlich entgegentrat, auf die Dauer nicht ohne Folgen für das Verhältnis
der Trierer Kirche zu ihren Lehnsmannen bleiben. Erst durch dies Verhalten
unsres Erzbischofs wird es erklärlich, dafs bereits unter seinem Nachfolger
Eberhard die weltlichen Stiftsgenossen zu allen bedeutenderen Angelegenheiten
herangezogen wurden, bei allen Beratungen eine entscheidende Stimme hatten,
nichts Wesentliches ohne ihre Einwilligung geschah[2]). Und die Regierung
Eberhards bereitete das blutige Drama vor, in welchem sein unglücklicher
Nachfolger, Kuno von Pfullingen, der Neffe des mächtigsten Mannes der
Zeit, des Erzbischofs Anno von Köln, durch trierische Ministerialen
Amt und Leben verlor[3]).

Dafs bei der öffentlichen Sicherheit unter Poppos Regierung Handel
und Verkehr im Trierischen aufblühten, das Land sich wirtschaftlich von
den materiellen Folgen der grofsen lothringischen Fehde erholte, ist wahrscheinlich; die spärlichen, unzureichenden Nachrichten hierüber geben uns
nur ungenügende Auskunft. In Koblenz, das Heinrich II. dem Erzstifte
geschenkt hatte, scheint ein reges Leben geherrscht zu haben; hier, an der
Mündung der Mosel in den Rhein, wurde von den vorüberfahrenden Schiffen
ein Transitzoll erhoben, den ein erzbischöflicher Verwalter einzog[4]); hier
befand sich auch eine Münzstätte[5]). Neben dem Weinbau, der im Moselthal
sich von selbst versteht und fast in jeder Urkunde Erwähnung findet, wurden
Ackerbau[6]) und Viehzucht betrieben: wir hören von Hafer-[7]) und Fleisch-

---

[1]) Schoop, a. a. O., S. 86, Anm. 9. Die betr. Stelle in no. 325 lautet: *propria
meu voluntate, necnon et amicorum meorum consensu et suggestione.* Selbst hier also
wird der Wille des Erzbischofs als das Entscheidende vorangestellt.

[2]) So in no. 333, bei einer Prekarie: *cum legitima aduocati nostri astipulatione,
cleri, militie et filiorum ecclesie nostre presentia, consilio atque fauore,* no. 339, bei
einer Schenkung an St. Simeon: *cum consensu atque fauore, immo consilio ecclesie nostre
meliorum,* no. 361, bei einem Gütertausch: *cum uoluntate et consensu ipsorum qui supra-
dictum agrum in manso possederant* (es sind dies zinspflichtige Kolonen der Trierer Kirche).

[3]) Vgl. S. 49, Anm. 5.

[4]) No. 293. Näher beschrieben in der formell verdächtigen, aber inhaltlich wohl echten
no. 318: *theloneum quod a pertranseuntibus nauigio uniuersis et in foro Confluentie
soluitur.* Der *oeconomus episcopi* erhielt einen Teil davon.

[5]) No. 293. Über die trierische Münze vgl. Schoop, S. 80 f.

[6]) Darauf deutet auch, dafs der Abt von St. Mergen unter andren Abgaben jährlich
vomer unus cum cultro erhielt (Beyer I, no. 302, S. 354).

[7]) Der *nuntius* von St. Peter erhält von Curei jährlich *duo sextarii auene* (no. 326,
S. 381).

zinsen[1]). Die Abgaben bestanden noch vorzugsweise in Naturallieferungen[2]); doch, dafs der Weinzins nach schlechten Weinernten durch Geld abgelöst werden durfte[3]), deutet, wie andre Leistungen in Geld[4]), auf beginnende Geldwirtschaft. Das Bürgertum in den Städten hat sich zwar noch nicht zu einer irgendwie nennenswerten Bedeutung aufgeschwungen, indessen schon spricht sich in dem Vorkommen von steinernen Wohnhäusern die Zunahme des allgemeinen Wohlstandes aus[5]).

Bei der ganzen, aufs Praktische gerichteten Thätigkeit Poppos kann es uns nun auch nicht Wunder nehmen, wenn wir von dem geistigen Leben in seiner Diözese so gut wie gar nichts erfahren. Zwar hörten die mittelrheinischen Gebiete damals nicht auf, wie bisher seit den Zeiten der Römer, an der Kunstentwicklung regen Anteil zu nehmen[6]): Poppo selbst gab durch seine grofsartige Bauthätigkeit[7]) neue Anregungen; aber er folgte darin doch nur einem Zuge der Zeit und suchte überdies dabei in erster Linie einem alten Übelstande, der die gottesdienstlichen Verrichtungen beeinträchtigte, abzuhelfen; sonst finden wir keine Einwirkung seinerseits auf die Kunstthätigkeit. Auf das wissenschaftliche Leben vollends blieb er, so weit wir erkennen können, ohne Einflufs. Allerdings ist die Lebensbeschreibung des heiligen Simeon, seines Begleiters im Morgenlande, auf seine Veranlassung geschrieben worden[8]), indessen dieselbe hatte nur den Zweck, die Kanonisation des Verstorbenen zu bewirken, und ist ohne litterarischen Wert. Eben der Abt Eberwin von St. Martin, dem wir diese *vita* verdanken, scheint der einzige gewesen zu sein, der sich zu Poppos Zeit in der Trierer Diözese schriftstellerisch beschäftigte: er verfafste eine *vita s. Magnerici* — Magnerich war in der 2. Hälfte des 6. Jahrhunderts Bischof in Trier —[9]), und den von uns vielbenutzten, als recht zuverlässig befundenen[10]), jedoch leider nur in einem Bruchstück erhaltenen Abrifs der Geschichte seines Klosters, St. Martin; dafs er auch eine Geschichte Poppos geschrieben, Poppo also der Geschichtschreibung Anregungen gegeben habe, ist eine Erfindung des Trithemius, die freilich lange genug Glauben fand[11]). Die Domschule trat unter Poppo in

[1]) Darauf deuten die *quatuor denariate carnium* in no. 326, S. 381.
[2]) Vgl. Anm. 1 u. 3 und S. 53, Anm. 7.
[3]) No. 302, no. 326.
[4]) An verschiedenen Stellen erwähnt.
[5]) Beyer I, no. 325, S. 379: *excepta una curte, que cum lapidea domo in eadem constructa sita est nalle Treuerica.* Hierauf machte auch Brefslau, Konrad II., Bd. II, S. 395, Anm. 4 aufmerksam.
[6]) Vgl. Eltester bei Beyer II, S. CCXIX.
[7]) Vgl. S. 32 ff.
[8]) Das ihr vorausgestellte Übersendungsschreiben an Poppo sagt ausdrücklich: *mones, immo iubes.* Gedruckt ist die *vita*: Acta Sanctorum, Juni 1, S. 89 ff. SS. VIII, 209 ff.
[9]) *AA. SS. Juli* VI, 183 ff. Im Auszug SS. VIII, 208.
[10]) Über die Zuverlässigkeit vgl. besonders S. 51, Anm. 2.
[11]) Über Eberwin vgl. Wattenbach, Geschichtsquellen, II[5], S. 107. — Eberwins angebliche *gesta Popponis archiepiscopi*, von denen Trithemius im *chron. Hirsaug.*

keiner Weise hervor; nur einmal begegnet ihr Vorsteher, Engilbold, in den Urkunden als Zeuge[1]). Das hübsche lateinische Gedicht, das ein wandernder Spielmann auf Poppo verfaßte[2]), in dem sein fürsorgliches Walten in seiner Diözese in zierlichen Reimen gepriesen wird, gehört nicht der Schule an; diese Dichter, — Scherer[3]) nennt sie „wandernde Journalisten", — waren international, wie denn auch unser Gedicht nur in einer aus dem englischen Cambridge stammenden Handschrift erhalten ist. Erst gegen Ende des Jahrhunderts, als der große Streit zwischen Kaisertum und Papsttum entbrannt war und die Gemüter aufs höchste aufregte, trat auch Trier in den litterarischen Wettkampf ein; und von hier ging das schneidigste Pamphlet gegen die Anmaßungen der Kurie, die Streitschrift des Scholasticus Wenrich, aus[4]). —

So sehen wir Erzbischof Poppo von Trier innerhalb seiner Diözese mit Energie und Umsicht wirken: dem schwer geprüften Lande, das er in furchtbarster Zerrüttung antraf, gab er die lange ersehnte Ruhe und Ordnung wieder; mit starker Hand schützte er den Frieden; mit Entschiedenheit machte er alle seine Regierungsrechte geltend, mit Strenge wachte er über der Erhaltung kirchlicher Zucht und geordneter Rechtspflege, für den materiellen Wohlstand und für das sittliche Gedeihen der ihm unterstellten Kirchen sorgte er nicht minder als für das Heil seiner weltlichen Untergebenen, denen er sich als freigebiger und dankbarer Herr erwies. So erhielt sich denn das Andenken an seine segensreiche Thätigkeit noch lange nach seinem Tode, innerhalb und außerhalb seines Sprengels: 1053 gedachte ein Trierer, Anselm, seiner in Ehrfurcht, als er dem von ihm gestifteten St. Simeonstifte eine Schenkung machte[5]), und noch 1075 erschien Anno von Köln in einer Vision kurz vor dessen Tode unter den hohen Kirchenfürsten in einem Bau von überirdischem Glanze Erzbischof Poppo von Trier[6]).

---

ad a. 1019 spricht, haben noch Glauben bei J. Marx, Geschichte des Erzstifts Trier (Trier 1858 ff.) III, S. 255 gefunden. Die Nachrichten Trithems hierüber wie über die angebliche Blüte der Trierer Schule um die Mitte des 11. Jahrh. vgl. Waitz, Einleitung zu den *gesta Treverorum*, SS. VIII, 112 ff.; Trithems Augaben sind eben „*nuta figmenta, quae ille credulis vendidit*" (S. 115).

[1]) Boyer I, no. 310, S. 365.

[2]) Herausgeg. von Jaffé in Haupts Zs. für dtsches Altertum, XIV, S. 464, no. 7.

[3]) Geschichte der deutschen Litteratur, S. 59 ff. S. 727.

[4]) Vgl. Wattenbach, Geschichtsquellen, II[5], 108.

[5]) Boyer I, no. 341, S. 397: *pro remedio anime ibidem requiescentis domini mei omnium mihi carissimi scilicet bone memorie archiepiscopi Popponis.*

[6]) Lambert von Hersfeld, ad a. 1075 (SS. V, 240. Sep.-Ausg., 2. Aufl., S. 215).

§ 5. Erzbischof Poppo von Trier als Reichsfürst.

Die Stellung Poppos von Trier zu Kaiser und Reich ist durch seine Wirksamkeit innerhalb seiner Diözese bedingt. Indem er in dem ihm anvertrauten engen Sprengel Ordnung zu schaffen und zu erhalten mit Erfolg bemüht war, indem er dadurch den Wohlstand seines Landes hob, seine Leistungsfähigkeit steigerte, mußte dies schon an sich dem Reiche, d. h. dem Ganzen, dem sein Erzstift als ein Teil angehörte, zu gute kommen; die auf diese Weise vermehrte Kraft der Trierer Kirche stellte er aber auch direkt dem Reiche zur Verfügung. Indessen auch nach einer andren Richtung hin konnte seine diözesane Thätigkeit nicht ohne Folgen für seine Beziehungen zum Reiche bleiben. War er vollauf mit der Erfüllung seiner landesherrlichen Aufgaben beschäftigt, setzte er seine beste Kraft an die Verwaltung des ihm überwiesenen engeren Amtskreises, so behielt er nur wenig Zeit zu einer thätigen Anteilnahme an den Reichsgeschäften. Ist er auch stets seinen Pflichten gegen das Reich in vollem Maße nachgekommen, so hat er doch von den dadurch erworbenen Rechten nur verhältnismäßig geringen Gebrauch gemacht; ist auch seine Beteiligung an allen wichtigen, das Reich betreffenden Ereignissen nachweisbar, so hat er doch nie in ihnen eine entscheidende Rolle gespielt, nie einen maßgebenden Einfluß auf die Reichsangelegenheiten ausgeübt[1].

Was nun Poppos Stellung zu Kaiser und Reich im einzelnen anbetrifft, so haben wir zwei Seiten derselben zu unterscheiden: seinen Anteil an den Sorgen des Reiches, namentlich an den Kriegen, und seinen Anteil an der Regierung des Reiches, der sich genauer nach den Beziehungen zu dem jedesmaligen Reichsoberhaupt bestimmte. Aus jenem ersehen wir, wie er seine Pflichten gegen das Reich erfüllte, aus diesem, wie er seine Rechte ausübte, bei jenem werden wir Poppos Leistungen in den Reichskriegen, bei diesem sein Verhältnis zu den drei Kaisern, unter denen er sein erzbischöfliches Amt bekleidete, zu Heinrich II., Konrad II. und Heinrich III., näher zu betrachten haben.

---

[1] Wenn Harttung, Anfänge Konrads II. (in R. Picks Monatsschrift, 3. Jahrgang), S. 32, Poppos geringen Einfluß auf die Reichspolitik damit erklärt, daß er seine ganze Kraft daheim verzetteln mußte und beständig durch aufsässige Unterthanen in Atem gehalten wurde, so ist dies doch nicht ganz richtig. Poppo wurde verhältnismäßig schnell mit den Ruhestörern fertig; später war sein Land nur noch einmal durch Unfrieden heimgesucht, und überdies, wie es scheint, während er selbst abwesend war. Nur so läßt es sich auch erklären, wenn wir ihn fast beständig, — bes. im Anfang seines Episkopats, — einen, freilich nicht maßgebenden, Anteil an den Reichsangelegenheiten nehmen sehen. Wenn er im Reiche keine Rolle spielte, so lag dies einmal, wie Harttung an andrer Stelle (Bemerk. über Erzb. Poppo, a. a. O., S. 499) richtig bemerkt, daran, daß er „als echter Realpolitiker und Kirchenfürst sein vornehmstes Interesse stets auf das ihm anvertraute Erzbistum" richtete, dann — in der späteren Zeit — an den politischen Verhältnissen.

a. Poppo im Reichskriegsdienste.

Daſs die Dienstpflicht im Kriege die Hauptlast war, welche die deutschen Bischöfe im Reichsdienste zu tragen hatten, haben wir gezeigt[1]. Daſs Poppo von Trier diese Pflicht voll und ganz erfüllt hat, nehmen wir von dem kampflustigen Bischof, der an der Spitze seiner Lehnsmannen gegen unbotmäſsiges Raubgesindel zu Felde zog und ohne Bedenken Kirchengut als Kriegslehen austhat, schon an sich als wahrscheinlich an, aber auch im einzelnen läſst sich seine Teilnahme an den Reichskriegen nachweisen, und, wo sie nicht ausdrücklich bezeugt ist, sind wir noch nicht berechtigt, sie ohne weiteres als ausgeschlossen zu erachten. Gleich im zweiten Jahre seines Episkopats, im Juli 1017, treffen wir Poppo zu Leizkau an der Elbe an[2], wo sich damals ein stattliches Reichsheer um Heinrich II. zum Kampfe gegen den alten Reichsfeind, Herzog Boleslav II. (Chabry) von Polen, sammelte; daraus ist wohl der Schluſs erlaubt, daſs unser Erzbischof an dem letzten, mit sehr zweifelhaftem Glücke geführten Kriege gegen den Polen, der in dem Frieden von Bauzen 1018 seinen Abschluſs fand, teilnahm[3]. An andren Feldzügen unter Heinrich II. ist eine Beteiligung Poppos nicht nachweisbar; immerhin aber ist es möglich, daſs er dem Kaiser die Streitkräfte seines Landes zu der burgundischen Heerfahrt von 1018 persönlich zuführte: war doch seine Diözese dem burgundischen Reiche benachbart, und lagen doch die burgundischen Verhältnisse, da er damals Schwaben verwaltete[4], seinem Interesse nahe. Die Annahme wird um so wahrscheinlicher, als wir Poppo sowohl vor der Expedition im April und Mai in Nimwegen und Burtscheid, als auch nachher im Oktober und Dezember in Heinrichs II. Umgebung finden[5], und wir dann in der Schenkung von Koblenz, die in dieses Jahr, wahrscheinlich in den Dezember, fiel[6], eine Belohnung für die dem Reiche geleisteten Dienste sehen könnten. Eine Beteiligung unsres Erzbischofs an dem dritten Römerzuge Heinrichs II., 1022, ist nicht bezeugt; die Behauptung Browers, daſs er in demselben eine hervorragende Rolle gespielt hat[7], beruht auf dem Miſsverständnis einer Stelle bei Leo von Ostia (II, cap. 39), welche auf den gleichnamigen Patriarchen von Aquileja zu beziehen ist[8]. Mit Sicherheit nachweisen läſst sich Poppo erst wieder

---

[1]) Vgl. S. 5 f.
[2]) Poppo ist Zeuge in Stumpf, 1688. Vgl. *vita Meinwerci*, cap. 143. 144.
[3]) Vgl. Hirsch, Jahrbücher, III, 56. Giesobrecht II, 138.
[4]) Vgl. S. 61.
[5]) Vgl. S. 60.
[6]) Stumpf, 1714. Vgl. Hirsch III, S. 32, Anm. 3.
[7]) *Ann. Trev.*, I, S. 511.
[8]) So Hirsch und Giesobrecht. — A. Görz, Mr. Regesten I, no. 1220, S. 345, sucht die Behauptung Browers durch Stumpf, 1793 und 1794, zu stützen, in denen Heinrich II. am 11. Nov. 1022 ihm von Erzb. Poppo übergebene Güter an Bamberg schenkt, weil die Übergabe dieser Güter durch Poppo an Heinrich „wohl doch nur kurz vorher, also

bei der ersten· Romfahrt K o n r a d s II., dessen Kaiserkrönung am 26. März 1027 er beiwohnte; doch ist es zweifelhaft, ob er den Römerzug von Anfang an mitmachte, oder erst mit dem Zuzug, welchen K o n r a d zu Beginn des Jahres 1027 empfing, über die Alpen ging[1]. Dafs P o p p o an dem Feldzuge gegen Polen, 1031, der mit der raschen Unterwerfung M e s k o s endigte, teilnahm, ist wenig wahrscheinlich, obwohl wir ihn kurz zuvor, am 20. Juli, beim Kaiser in Goslar antreffen[2]); denn es wird ausdrücklich berichtet, dafs dieser Kriegszug mit nur geringer Heeresmacht, die sich zunächst aus dem sächsischen Aufgebot zusammensetzte, unternommen wurde[3]).. Ebenso wenig ist seine Anwesenheit bei den burgundischen Kämpfen von 1033 nachweisbar. Dagegen treffen wir ihn in der Begleitung K o n r a d s II. bei dessen zweitem Römerzug (1036—1038), doch erst etwa von November 1037 an[4]). Und unter H e i n r i c h III. ist P o p p o selbst als Teilnehmer an den Feldzügen gegen Böhmen und Magyaren nicht zu erweisen, indessen besitzen wir ein Zeugnis dafür, dafs seine Streitkräfte dem jungen König nach den fernen Donauländern gefolgt waren: in der Schlacht an der Raab, am 5. Juli 1044, sind auf deutscher Seite zwei trierische Edle, S i z z o und A r n o l d, gefallen[5]).

in Italien stattgefunden haben möchte." Aber einmal ist es durchaus nicht nötig, dafs P. die Güter erst unmittelbar vor ihrer Schenkung an Bamberg dem Kaiser übergab, und selbst wenn dies der Fall war, konnte es nach H.'s Rückkehr aus Italien geschehen sein, etwa auf der Synodalversammlung deutscher Bischöfe, die H., bevor er nach Sachsen ging, noch in den westl. Teilen des Reichs abhielt (*ann. Quedlinb.*, ad a. 1022; vgl. Hirsch III, 226); dann aber ist die Datierung jener Urkunden unsicher: die in ihnen beurkundete Handlung gehört nach B r e f s l a u s annehmbarer Vermutung (bei H i r s c h III, S. 346 ff.) in den Nov. 1021, also in eine Zeit vor dem 3. Zuge Heinrichs nach Italien.

[1]) P. ist nachweisbar erst auf der Lateransynode vom 6. April 1027; daraus folgt seine Anwesenheit bei der Kaiserkrönung (vgl. B r e f s l a u, Konrad II., I, 138, Anm. 3), welche auch nach der *vita Leonis*, cap. 4 (vgl. S. 44) wahrscheinlich ist. Wann er nach Italien kam, ist nicht zu ermitteln.

[2]) S t u m p f 2020.

[3]) *Ann. Hildesh.*, ad a. 1031 (SS. III, 98): *imp. cum parva Saxonum manu Sclavos autumpnali tempore invasit.*

[4]) P. ist Zeuge bei S t u m p f 2100, am 29. Dez. 1037. Am 21. Okt. war er noch in Trier, wo er den neuen Dom einweihte (s. S. 33, Anm. 3).

[5]) B r o w e r, *ann. Trev.*, I, 521, aus alter Handschrift: „1044 *e Trevericae gentis proceribus, qui ceciderunt in acie iis maiores, his omnino verbis parentarunt:* „*Anno Dominicae incarnationis M XLIIII, III Nonas Julii commissum est bellum in Ungaria a Rege Henrico et marchione Adelberto Popponis fratre, et occisi sunt Sizzo comes et Arnolt, et caeteri quam plurimi".* Datum, wie bei H e r m a n n v o n R e i c h e n a u, ad a. 1044 (SS. V, 125); ausführlich über die Schlacht sprechen die *ann. Altahenses*, ad a. 1044 (Sep.-Ausg., S. 39 ff.). Sizzo ist vielleicht identisch mit dem in Poppos Urkunden oft genannten Sizemar oder Sigemar (der allerdings nie Graf genannt wird; s. S. 47, Anm. 2), oder mit Sicko; Männer mit dem Namen Arnold finden wir sehr oft in Poppos Urkunden, mit und ohne gräflichen Titel (letzteres z. B. in no. 320). B r o w e r scheint seine Angaben dem *necrologium Salisburgense* entnommen zu haben [? Schwerlich! *Necrol. cathedr. perditum.* Wattenbach]; dort heifst es zum 5. Juli: *Anno mill. XLIIII.. dom. incarn.*

Dafs unser Erzbischof den Zug gegen die Liutizen im Jahre 1045 mitgemacht hat, ist leicht möglich, da er sich kurz zuvor, am 13. August, bei Heinrich III. zu Botfeld im Harz befand [1]). —

Man sieht, wie die durch Poppo gehobene Wehrkraft des Trierer Landes dem Reiche unmittelbar zu gute kam. Ist eine Teilnahme seiner Streitkräfte auch nicht an allen Reichskriegen nachzuweisen, so waren sie doch bei den meisten wichtigeren Feldzügen anwesend; und wenn sich ihre Gegenwart nicht bei allen mehr ermitteln läfst, so dürfen wir nicht vergessen, dafs wir unsre Kenntnis nach dieser Richtung in der Regel doch nur recht zufälligen Umständen verdanken, dafs wir daher, wo solche fehlen, nicht immer berechtigt sind, eine Abwesenheit Poppos anzunehmen. Ein Zeugnis dafür, dafs sich unser Erzbischof der Kriegsdienstpflicht gegen das Reich entzogen habe, besitzen wir nicht; da wir aber für das Gegenteil Beweise haben, so scheint uns die Behauptung durchaus erlaubt, dafs Poppo von Trier seine Pflichten gegen das Reich, soweit wir urteilen können, voll und ganz erfüllt habe.

---

b. Poppos Anteil an der Reichsregierung und seine Beziehungen zum Reichsoberhaupte.

Unter Heinrich II.

Die Teilnahme an den Reichskriegen erschöpfte keineswegs Poppos Thätigkeit im Reichsdienste. Vielmehr finden wir ihn auch sonst in Reichsangelegenheiten, als Ratgeber seiner Könige wirken; doch da er bei Hofe beständig hinter den übrigen um den Herrscher versammelten Grofsen zurücktrat, eine führende Stellung nie einnahm, so ist es schwierig, seinen Einflufs sowie die Richtung seiner Thätigkeit im einzelnen zu bestimmen. In erster Linie wurden sie freilich durch seine Beziehungen zu dem jedesmaligen Reichsoberhaupt und zu dessen Regierungsgrundsätzen bedingt. Da ist es denn natürlich, dafs Poppo zu Beginn seines Episkopats bei dem engen Verhältnis, in dem er zu Heinrich II. stand, einen regen Anteil an den Reichsgeschäften hatte: bis zu Heinrichs drittem Römerzug, 1021, sehen wir unsren Erzbischof fast beständig in der Umgebung des Kaisers, dessen ganzes Vertrauen er ja genofs. Gleich im ersten Amtsjahre, am 17. Oktober 1016, treffen wir

---

Heinricus imperator, filius Chounradi imperatoris, Ungarios expugnavit, regemque ipsorum expugnavit et regnum Romano imperio subiugavit. In eo bello occubuerunt Eberhart subdiaconus, Sizo comes, Arnolt, aliique Teutonum complures (Böhmer, *Fontes*, IV, 580). Weshalb Brower hier an trierische Edle denkt, läfst sich wohl nicht mehr ermitteln; hat er vielleicht *Treverum* statt *Teutonum* gelesen?

[1]) Stumpf 2281. Beyer I, no. 322.

Poppo zu Frankfurt[1]), wo damals, wie es scheint, ein grofser Reichskonvent stattfand[2]); im folgenden Jahre nahm er am Feldzuge gegen Polen teil[3]). 1018 scheint er den Kaiser gar nicht verlassen zu haben: am 13. April ist er am Hofe zu Nimwegen nachweisbar[4]); wir dürfen wohl annehmen, dafs er auch bei der am 16. März ebendaselbst abgehaltenen Synode zugegen gewesen war, in welcher Otto von Hammerstein wegen seiner von der Kirche verpönten Ehe exkommuniziert wurde[5]), obgleich P. selbst nicht zu den unduldsamen Eiferern gehörte[6]). Von Nimwegen aus begleitete er Heinrich nach Aachen und Burtscheid; in letzterem Orte weihte er in Gemeinschaft mit Heimo von Verdun und Gerhard von Cambrai das neu errichtete Kloster[7]). Möglicherweise folgte er dem Kaiser auch nach Ingelheim, wo dieser das Pfingstfest feierte[8]), und nach Bürgel, wo der Ehehandel Ottos von Hammerstein auf einem Landtage einen vorläufigen Abschlufs fand[9]); mufste er doch bei der Rückkehr in seine Diözese in jedem Fall diesen Weg rheinaufwärts nehmen. Im Oktober war er dann wieder beim Kaiser in Basel, wo der neue Dom eingeweiht wurde.[10]), wohl in seiner Eigenschaft als Verwalter Schwabens. Und im Dezember desselben Jahres treffen wir ihn am kaiserlichen Hofe zu Paderborn; dort belohnte ihn Heinrich für seine treuen Dienste mit dem Königshofe in Koblenz[11]). Bei so innigen Beziehungen zum Kaiser ist es selbstverständlich, dafs Poppo bei den grofsen Osterfeierlichkeiten im Jahre 1020 nicht fehlte, welche mit dem Besuche des Papstes Benedikt VIII. und der mit grofsem Pompe vollzogenen Einweihung von

---

[1]) P. Zeuge in Stumpf 1679, Beyer I, no. 291; s. S. 34, Anm. 1.

[2]) Dies vermutet Brefslau bei Hirsch III, 39, Anm. 2.

[3]) Vgl. S. 57, Anm. 2 u. 3.

[4]) Zeuge in Stumpf 1702. Vgl. *vita Meinverci*, cap. 164.

[5]) Thietmar VIII, 5. Dafs damals eine gröfsere Anzahl von Bischöfen dort versammelt war, geht daraus hervor, dafs auch über ein gottesdienstliches Ceremoniell verhandelt wurde. Bei den Beratungen über Ottos Ehehandel war Poppos Anwesenheit nicht notwendig, obgleich Ottos Burg Hammerstein im Trierischen lag; s. Brefslau, Konrad II., I, 229, Anm. 2.

[6]) Dies zeigt sein Verhalten gegen seinen Vogt Thiefried; vgl. S. 29, Anm. 7.

[7]) Wir erfahren davon bei Gelegenheit eines Streites zwischen Köln und Lüttich um das Kloster Burtscheid, 1023, in dem sich Durand von Lüttich auf obige, durch seinen Vorgänger Balderich veranlafste Klosterweihe berief, durch die *gesta episcoporum Cameracensium*, III, cap. 35 (SS. VII, 480): *immo et ipse* (sc. Gerardus ep. Camerac.) ... *in presentia domni imperatoris in Aquensi aecclesia s. Mariae prefati monasterii* (sc. Burcitho) *clericos ordinavit, ipsumque monasterium cum archiepiscopo Poppone Trevirensium et Haimone Virdunensium consecravit.* Der Datierung dieses Ereignisses durch Brefslau (bei Hirsch III, 54, Anm. 5) schliefse ich mich um so eher an, als Poppo gerade damals schon vorher in dem benachbarten Nimwegen sich in des Kaisers Umgebung befand.

[8]) Thietmar VIII, 9.

[9]) Ebenda.

[10]) So datiere ich gegen Brefslau (bei Hirsch III, 54, Anm. 5) mit Hirsch, a. a. O., und Giesebrecht II, 147 und 617.

[11]) Stumpf 1714. Vgl. S. 57, Anm. 6.

Heinrichs II. Lieblingsstiftung, des Bamberger Domes, in Verbindung standen; wir treffen ihn am 24. April in Bamberg, von wo er wohl auch dem Kaiser und dem Papste nach Fulda folgte[1]). In diesen Zusammenhang rechne ich, wenn Poppo im Jahre darauf dem Bamberger Hochstifte, dem er einst selber angehört hatte, Güterschenkungen machte[2]). Auch mit der Kaiserin Kunigunde scheint unser Erzbischof in guten Beziehungen gestanden zu haben: in beiden Urkunden, die Heinrich für Trier ausstellte, finden wir sie als Intervenientin[3]).

Das gröfste Zeichen seiner Gunst gab aber Heinrich II. Poppo dadurch, dafs er ihn zum Vormunde des jungen Herzogs Ernst II. machte und ihm die Verwaltung von dessen Herzogtum Schwaben übertrug. Als der Babenberger Ernst I., der Bruder unsres Erzbischofs, der seit 1012 das Herzogsamt in Schwaben bekleidete, 1015 bei einer Jagd plötzlich ums Leben gekommen war, hatte der Kaiser, der seine Regierung damals besonders auf die Babenberger stützte, sofort dessen Witwe Gisela zum Vormunde ihres ältesten Sohnes Ernst und zur Regentin in Schwaben eingesetzt[4]); als sich Gisela jedoch nach Jahresfrist wieder vermählte, und zwar mit dem fränkischen Grafen Konrad, dem nachmaligen Kaiser Konrad II., dem Heinrich wenig gewogen war, wurden ihr die Vormundschaft über ihren Sohn und die Regentschaft im Herzogtum genommen und Poppo, dem Bruder ihres verstorbenen Gatten, der eben den erzbischöflichen Stuhl von Trier bestiegen hatte, gegeben[5]). Poppos Verwaltung hinterliefs in Schwaben keine sichtbaren Spuren; das Land wurde der Schauplatz innerer Kämpfe: die kaiserliche Partei, welcher der Verweser doch angehörte, wurde von dem genannten Grafen Konrad und dessen gleichnamigen Vetter 1019 aufs Haupt geschlagen; indessen Poppo behauptete sich in dem schwierigen Posten, und die Ruhestörer mufsten in die Verbannung gehen[6]).

---

[1]) Zeuge in Stumpf, 1746 (über die inhaltl. Echtheit vgl. Ficker, Forschungen zur italien. Reichs- und Rechtsgeschichte, II, 332 ff.).

[2]) Stumpf 1793. 1794. Über die Datierung vgl. S. 57, Anm. 8.

[3]) Stumpf 1714 (Beyer I, no. 293): *pro remedio coniugis nostrae Cunigundae.* Stumpf 1812 (Beyer I, no. 298): *interuentu ac peticione dilectissimae coniugis nostrae Cunigundae.*

[4]) Thietmar VII, 11.

[5]) Über Poppos Ernennung zum Verwalter von Schwaben und seine Thätigkeit als solcher haben wir nur die eine, ganz allgemeine Notiz bei Wipo, *gesta Chuonradi II,* cap. I, zum Jahre 1024 (SS. XI, S. 256): *Poppo, . . . qui eodem tempore filium fratris sui, ducem Ernestum, cum ducatu Alamannico sub tutela habuit.* Obige, nahe liegende Kombination, findet sich übereinstimmend bei Hirsch III, 25, Giesebrecht II, 163 und P. F. Stälin, Geschichte Württembergs (Gotha 1882), I, 1, S. 197. Giselas dritte Ehe, mit Konrad, mufs spätestens 1016 geschlossen sein, da der ihr entsprossene Heinrich III. am 28. Okt. 1017 geboren ist (s. Steindorff, Jahrbücher Heinrichs III., I, S. 2, Anm. 1). Wir nehmen daher an, dafs Poppo im Laufe des Jahres 1016 oder im Anfang 1017 die Regentschaft übernahm.

[6]) Chr. Fr. Stälin, Wirtembergische Geschichte, Bd. I, S. 475, bedauert, dafs in jener unruhigen Zeit der vormundschaftlichen Regierung kein kräftiger Herzog zur Seite stand,

Um so mehr überrascht es nun, dafs die engen Beziehungen zwischen Poppo und dem Kaiser gegen Ende von Heinrichs Regierung sichtlich erkalten. Eine Teilnahme des Erzbischofs an dem dritten Römerzuge ist nicht nachweisbar. Am Hofe treffen wir ihn nur noch einmal, am 20. Nov. 1023 [1]); damals empfing er vielleicht auch die Bestätigung seines mit den Edlen des Bidgaus geschlossenen Vertrages [2]). Es liegt nahe, die Lockerung des alten Verhältnisses mit der Wendung in Zusammenhang zu bringen, welche die Politik Heinrichs II. seit seinem dritten Zuge nach Italien nahm. Wir sehen nämlich den Kaiser am Ende seiner Laufbahn, nachdem seine Stellung als deutscher König befestigt war, die universellen Ideeen eines Otto III., wenn auch in greifbareren Formen, wieder aufnehmen, im Bunde mit dem Papsttume eine allgemeine Kirchenreform anstreben; der mächtige Einflufs Clunys, der ihn fortrifs, liefs ihn seine deutsche Königswürde mehr und mehr vergessen und in seinem römischen Kaisertume aufgehen [3]). Die Folge war, dafs sich im deutschen Episkopat, in welchem Heinrich bisher die festeste Stütze seiner Herrschaft gesehen hatte, eine Opposition, wieder unter Führung des ersten Kirchenfürsten des Reiches, des Erzbischofs Aribo von Mainz, bildete, die mit Entschiedenheit die imperialistischen Bestrebungen der Regierung bekämpfte. Diese Oppositionspartei fand schnell und weit Verbreitung, als der Kaiser 1023 offen mit seinen Absichten hervortrat und den König Robert von Frankreich zu einer Besprechung über die Kirchenreform nach Ivois am Chiers, an die Grenze ihrer Reiche, einlud; dafs die Boten, welche er an ihn sandte, Bischof Gerhard von Cambrai und Abt Richard von St. Vannes in Verdun, notorische Kluniazenser waren, zeigte, in welcher Richtung die Reform beabsichtigt war. Sofort berief Erzbischof Aribo auf dieselbe Zeit ein Provinzialkonzil nach Seligenstadt, an dem aber auch Geistliche aus der Trierer Diözese, die Äbte Haricho von St. Maximin und Everguin von Tholey, teilnahmen. Unter den hier gefafsten Beschlüssen mufsten einige, wenn sie wirklich durchgeführt wurden, unberechenbare Konsequenzen nach sich ziehen. Indem man sich dafür entschied,

---

scheint also eine Schwäche der popponischen Verwaltung für die Wirren verantwortlich zu machen. P. wufste sehr gut Ordnung zu schaffen und zu erhalten, wie wir gezeigt zu haben glauben. Auch bei seiner Thätigkeit in Schwaben, von der wir nichts erfahren, darf doch nicht vergessen werden, dafs der Kampf, trotz der Niederlage der Kaiserlichen bei Ulm, mit der Verbannung des älteren Konrad endete und sowohl Adalbero von Kärnten, gegen den der Krieg in erster Linie gerichtet war, wie Poppo sich in ihren Stellungen behaupteten, ohne dafs von einer direkten Unterstützung durch den Kaiser die Rede ist.

[1]) Stumpf 1815.

[2]) Stumpf 1812 (Beyer I, no. 298), ohne Tagesdatum und Ortsangabe; vgl. S. 37, Anm. 1. — Hontheims Annahme einer Anwesenheit P.'s auf dem Konzil zu Aachen, 1023, (hist. dipl., I, S. LXX), wohl auf Mifsverständnis von gesta epp. Camerac., III, 35 (s. S. 60, Anm. 7) beruhend, ist irrig; da es ein Provinzialkonzil der Kölner Diözese war, konnte P. gar nicht anwesend sein.

[3]) Hierüber, wie über das Folgende s. Brefslau bei Hirsch III, a. a. O., Nitzsch, Gesch. des dtschen Volkes, I, 371 f.

dafs niemand ohne die Erlaubnis seines Bischofs nach Rom gehen[1]), niemand ohne die gleiche Erlaubnis an den Papst appellieren dürfe[2]), hob man das Recht des apostolischen Stuhles, zu binden und zu · lösen, auf, vernichtete man jeden Anspruch Roms auf eine universelle Herrschaft. Die Kurie erkannte die hohe Wichtigkeit dieser Synodalbeschlüsse sehr wohl: sie entzog dem Erzbischof von Mainz das Benutzungsrecht des Palliums, und wie man in Rom von je her Meister in den Künsten der Diplomatie war, so verstand man auch damals, aus der alten Rivalität zwischen Köln und Mainz für sich Nutzen zu ziehen; in dem ehrgeizigen Piligrim von Köln fand man den geeigneten Mann zur Vertretung der päpstlichen Rechte in Deutschland. Indessen Aribo war nicht der Mann, auf halbem Wege stehen zu bleiben: er schrieb ein Nationalkonzil auf den Himmelfahrtstag 1024, 13. Mai, nach Höchst aus, zu dem auch Piligrim von Köln und Poppo von Trier Einladungen erhielten[3]). Dasselbe kam zu stande; jedoch, was dort beschlossen wurde, erfahren wir nicht; nur ein Schreiben der Mainzer Suffraganbischöfe an den Papst besitzen wir, einen schönen Beweis ihrer Eintracht, „wo es die Ehre der deutschen Kirche gegen die Unbilden Roms zu schützen galt[4]).“ Man war auf dem besten Wege, sich von Rom unabhängig zu machen, bewufst oder unbewufst eine deutsche Nationalkirche zu begründen. Heinrich II. erkannte die Bedeutung dieser Bewegung nicht: mit Strenge strafte er St. Maximin für die Teilnahme seines Abtes an der Synode zu Seligenstadt durch empfindlichen Verlust an Grundbesitz[5]). Da lösten der schnell auf einander folgende Tod von Papst und Kaiser im Sommer den Konflikt.

Für uns kommt es darauf an, die Stellung Poppos in diesem Kirchenstreite zu bestimmen, soweit die Dürftigkeit der Quellen dies gestattet. Hervorgetreten ist er auch damals nicht; aber ganz konnte er sich auf seinem hohen Posten der Beteiligung an diesen Vorgängen nicht entziehen, und dafs man auf seine Parteinahme Wert legte, zeigt die an ihn ergangene Einladung nach Höchst. Bisher sah man in ihm gewöhnlich einen Anhänger der kluniazensischen Reformen oder setzte wenigstens bei ihm eine starke Hinneigung zu kluniazensischen Ideen voraus[6]). Mir scheint eine solche Annahme nicht genügend begründet zu sein. Unleugbar aufrichtig religiös und streng kirchlich, nicht ohne Vorliebe für das mönchische Leben[7]), bewegte sich Poppos Frömmigkeit doch ganz in den Bahnen der Regensburger Kreise, in denen er aufgewachsen war. Haben wir nun schon gesehen, dafs die in Regensburg

---

[1]) Kap. 16. Gedruckt bei Hirsch III, 352.
[2]) Kap. 18. Ebenda.
[3]) Vgl. S. 66, Anm. 7.
[4]) Giesebrecht II, 201.
[5]) Stumpf 1815. 1817. Vgl. Brefslau bei Hirsch III. 272.
[6]) Brofslau bei Hirsch III, 251, 289. Jahrbücher Konrads II., I, 35, Anm. 3; II, 526. Harttung, Anfänge Konrads II., a. a. O., S. 32.
[7]) Vgl. S. 30 f.

geflegten Reformideeen wesentlich verschieden von denen der Kluniazenser waren.[1]), so ist es nur die natürliche Folge davon, wenn jetzt die aus der alten Schule des hl. Wolfgang hervorgegangenen Geistlichen in Gegensatz gegen die neue vom Kaiser befolgte Kirchenpolitik traten. So finden wir Bischof Godhard von Hildesheim, einen der hervorragendsten Vertreter der in Bayern gepflegten Reformideeen[2]), der bisher in einem engen Freundschaftsverhältnis zu Heinrich II. gestanden hatte, jetzt auf Seiten Aribos, einig mit ihm, wo es sich um die Selbständigkeit der deutschen Kirche handelte[3]), obgleich er wegen des Stiftes Gandersheim mit dem Mainzer verfeindet war. Läfst uns also Poppos Stellung zu den Regensburger Kreisen schon eine Parteinahme gegen die kluniazensische Reformpolitik des Kaisers bei ihm voraussetzen, so wird diese Annahme auch durch andre Zeugnisse wahrscheinlich gemacht. Zunächst fällt es auf, dafs die kluniazensische Klosterreform, welche seit dem Anfange des Jahrhunderts durch die emsige Arbeit Richards von St. Vannes in Verdun und Poppos von Stablo schnelle Verbreitung in ganz Lothringen fand, in den ersten sieben Jahren von Poppos Episkopat in die Trierer Diözese nicht eindrang[4]); St. Maximin, das 1023 Poppo von Stablo übernahm[5]), und Echternach, wohin 1028 der kluniazensische Humbert kam[6]), kommen, da beide reichsunmittelbar waren, für uns hier nicht in Betracht. Von direkten Beziehungen unsres Erzbischofs aber zu den Kluniazensern besitzen wir nur ein einziges Zeugnis: im Jahre 1023 sandte Poppo von Stablo einen kluniazensischen Mönch, Berthulf, auf Verlangen Poppos von Trier als Abt nach dem trierischen St. Euchariuskloster (St. Mattheis)[7]), und auf Veranlassung dieses Abtes Berthulf

---

[1]) Vgl. S. 9 f.

[2]) Vgl. S. 15 f.

[3]) Er befand sich unter den namentlich aufgeführten Absendern des Briefes der Mainzer Suffragane an Papst Benedikt VIII. (Giesebrecht II, 708).

[4]) Es ist unrichtig, mit Harttung (Bemerkungen über Erzb. Poppo, a. a. O., S. 498) diesen Umstand damit erklären zu wollen, dafs P. mit Reformversuchen an dem Streben des Klostertums nach Unabhängigkeit gescheitert sei; von Auflehnungen trierischer Kirchen gegen P.'s Regiment erfahren wir nur aus St. Paulin und Pfalzel; vielleicht stiefs er auch in St. Mergen bei dessen Umwandlung in ein Kloster auf Widerstand; aber schon im ersten Jahre seines Waltens hat er jede Widersetzlichkeit hier gebrochen (vgl. S. 24; S. 31, Anm. 4; S. 32, Anm. 1) und hätte ungehindert jede Reform, die er beabsichtigte, durchführen können.

[5]) Ladewig, Poppo von Stablo, S. 38 ff.

[6]) Ebenda, S. 87. — Übrigens war P. wahrscheinlich im heiligen Lande, als Humbert Echternach übernahm.

[7]) *Vita Popponis abbatis Stabulensis*, cap. 19 (SS. XI, 305): *apud s. Eucharium etiam Treveris Bertolfum in regimine promovendo roboravit* (sc. Poppo Stabulensis), *quod sibi gratia regendi Trevirensium archipraesul Poppo condonavit.* Auch bei Brower, *metrop.*, I, 405 wird Berthulf als strenger Asket hingestellt: *fervidae precationis, contemplationisque divinae studium dies noctesque toto pectore complexus, ut nullum ei tempus iucundum videretur, quod non cum Deo expenderet.* Das Jahr ergiebt sich aus den *ann. s. Euch. Trev.* (SS. V, 10): 1023. *obiit sanctae memoriae Richardus abbas; successit Bertolfus abbas de st. Eucharic.*

bestätigte der Erzbischof 1036 dem Kloster Besitzungen und Rechte[1]). Indessen einmal ist die Glaubwürdigkeit der *vita Popponis Stabulensis*, der wir
die Nachricht von der Mitwirkung unsres Erzbischofs an der Ernennung
Berthulfs verdanken, durch die von ihrem zweiten Bearbeiter, Everhelm
von Hautmont, zur Verherrlichung ihres Helden erdichteten Zusätze arg
beeinträchtigt[2]) und gerade unsre Stelle vielleicht zu diesen Zusätzen zu
rechnen[3]); aber, selbst die volle Authenticität der Nachricht zugegeben[4]), ist
aus ihr nicht viel für die Beziehungen Poppos von Trier zu den Kluniazensern zu schliefsen. Weder vorher noch nachher erfahren wir von einem
Eingreifen des kluniazensischen Reformators in Angelegenheiten der Trierer
Diözese; sogar in St. Mattheis läfst sich weder unter Berthulf noch unter
seinen Nachfolgern irgend eine Verbindung mit Poppo von Stablo nachweisen[5]), was um so seltsamer ist, als der letztere es liebte, die ihm zur
Reform übergebenen Klöster stets in einer gewissen Abhängigkeit von sich
zu halten, vor allem in Anspruch nahm, nach dem Tode des von ihm gesandten Abtes dessen Nachfolger zu ernennen[6]). Wenn daher Poppo von
Trier sich 1023 an den Abt von Stablo gewandt hat, um von ihm einen
geeigneten Vorsteher für St. Mattheis zu erhalten, so ist dies genügend dadurch erklärt, dafs eben damals der Kluniazenser nach Trier gekommen war
und die Reformation von St. Maximin, was wir zu bezweifeln nicht berechtigt sind, mit gutem Erfolge begonnen hatte[7]), dafs daher der Erzbischof,
dem bei seiner Vorliebe für das klösterliche Leben die schätzenswerten Seiten
der Bestrebungen Clunys nicht verborgen sein konnten, von ihm auch für
ein trierisches Kloster einen Abt erbat. Dadurch bekannte sich Poppo von
Trier in keiner Weise als einen Kluniazenser: dieser eine Fall blieb der
einzige während seines ganzen Episkopats, und er blieb ohne Folgen; unser
Erzbischof war nicht der Mann, andre sich in die Angelegenheiten seines
Erzstiftes einmischen zu lassen, und schon deshalb konnte Cluny, welches über
die von ihm reformierten Klöster stets ein gewisses Herrschaftsrecht in Anspruch

---

[1]) Beyer I, no. 310: *Bertolfi precibus.*

[2]) Vgl. Ladewig, S. 83 f. und Exkurs II, S. 139 ff.

[3]) Denn dafs Poppo von Stablo von dem Erzbischof von Trier um einen Abt für ein
Trierer Kloster angegangen wird, ist für den ersteren ehrend. Überdies wird erst durch den
mit *condonavit* schliefsenden Zusatz Reimprosa hergestellt, die nach Ladewig, S. 153,
überall durch Everhelm in die *vita* hineingebracht wurde (dadurch würde auch die Eigen-
tümlichkeit des Ausdrucks erklärt).

[4]) Da St. Mattheis 1036 kein freies Wahlrecht bestätigt erhielt, es solches also wohl
nicht besafs, erfolgte die Einsetzung des Abtes kaum ohne Einwilligung des Trierer Erzbischofs.

[5]) Ladewig, S. 86.

[6]) Vgl. die Vorgänge in St. Maximin und Limburg nach dem Tode von Poppos Neffen
Johannes, Ladewig, S. 82. 83.

[7]) So erklärt auch Ladewig Berthulfs Berufung nach St. Mattheis, „indem schwerlich
abzusehen wäre, wie gerade Poppo (v. Stablo) hier für Nachfolge sorgt, der vordem ganz
und gar nichts mit Trier zu thun hatte" (S. 86).

nahm[1]), in der Trierer Diözese keinen festen Fuſs fassen. — Folgt aus der Nachfolge Berthulfs in St. Mattheis also noch nicht ohne weiteres, daſs Poppo von Trier der kluniazensischen Reformpartei angehörte, so sprechen andere Umstände geradezu dagegen. Die uns bekannten Beziehungen des Erzbischofs zur Kaiserin, der Verbündeten Aribos[2]), weisen auf eine Zugehörigkeit zur Mainzer Partei[3]). Daſs Abt Everguin von Tholey, das in allen kirchlichen Sachen dem Trierer Erzstifte unterstand[4]), an der Seligenstädter Synode teilgenommen hat, zeigt nach derselben Richtung; denn daſs ein trierischer Geistlicher ohne das Wissen oder gegen den Willen seines Erzbischofs sich zu einer Kirchenversammlung, und noch dazu auſserhalb seiner Diözese, begab, ist unter Poppo, der seine episkopalen Rechte mit so groſser Entschiedenheit vertrat[5]), nicht anzunehmen; auch erfahren wir nicht, daſs Everguin später irgendwie zur Rechenschaft gezogen worden sei. Dazu kommt nun, daſs Poppo, der sonst auf allen Reichsversammlungen und bei allen feierlichen Gelegenheiten unter Heinrich II. nachgewiesen werden konnte, an der etwa gleichzeitig mit der Seligenstädter Synode abgehaltenen groſsen Zusammenkunft zu Ivois am Chiers, bei der die neuen kirchlichen Bestrebungen des Kaisers am deutlichsten hervortraten, bestimmt nicht teilnahm; denn die Quellen die Piligrims Anwesenheit ausdrücklich erwähnen, würden bei ihrem recht erkennbaren Streben, die dortigen Vorgänge möglichst groſsartig und glänzend darzustellen, von der Gegenwart eines so hervorragenden Kirchenfürsten, wie es der Erzbischof von Trier war, zu reden sicherlich nicht unterlassen haben. Vor allem aber zeugt für Poppos Stellung seine Erwähnung in dem Briefe des Erzbischofs Aribo an die Kaiserin Kunigunde betreffs der Vorbereitungen zum Höchster Nationalkonzil[6]). In demselben spricht der Mainzer ganz unumwunden davon, daſs er Poppo von Trier in Höchst erwartet, und während er bei Piligrim von Köln fürchtet, er werde sich vielleicht durch den Kaiser zurückhalten lassen, der Einladung Folge zu leisten, besorgt er Gleiches von Poppo nicht[7]); in dem

---

[1]) Vgl. S. 9 f.

[2]) Das geht aus Aribos Brief an die Kaiserin hervor.

[3]) Ist die Intervention bei Personen der königl. Familie oft nur als ein Akt der Höflichkeit anzusehen (s. Waitz, Verfg., VI, 203, Anm. 2; 311, Anm. 1), so ist doch nicht denkbar, daſs Kunigunde sich für jemand verwandte, der einer von ihr bekämpften Partei angehörte. Deshalb fällt ihre Fürbitte für P. um so mehr ins Gewicht, als sie 1023, also nach Ausbruch des Konflikts, erfolgte (Beyer I, no. 298).

[4]) Tholey gehörte zwar eigentümlich dem Bischof von Verdun, stand aber kirchlich unter Trier. Vgl. Marx III, S. 427.

[5]) Vgl S. 34 f.

[6]) Gedruckt bei Jaffé, *bibliotheca*, III. Giesebrecht II, 706 f.

[7]) A. a. O.: *condictum iam habeo concilium, ad quod confluet fratrum meorum venerandum conlegium, eruntque ibi consilii nostri cooperatores Piligrimus Coloniensis, Poppo Trevirensis venerandi protopraesules. Sed quia de nepote meo Piligrimo timeo, ut senioris mei artificioso retardetur consilio, commendo id tuae fidelissimae pietati, ut tu illum aggrediaris seorsum etc.*

vertraulichen Schreiben hätte er sich sicher nicht gescheut, es zu äufsern; dafs er es nicht that, beweist, dafs nach seiner Meinung ein Anlafs zu Besorgnissen dieser Art nicht vorhanden war. Die Beziehungen unsres Erzbischofs zu Heinrich II. können also nicht mehr die alten gewesen sein. Ob Poppo an dem Konzil von Höchst dann teilgenommen hat, wissen wir nicht; daraus, dafs er den von dort versandten Brief an den Papst nicht unterzeichnete, folgt seine Abwesenheit noch nicht, da es sich hierbei nur um ein Schreiben der Mainzer Suffraganbischöfe in Sachen ihres Metropoliten handelte[1]). Für uns genügt es, zu wissen, dafs man in einem Unternehmen, das wir als einen Protest gegen die Reformpolitik des Kaisers aufzufassen haben, auf seinen Beistand rechnete und dafs er durch sein ganzes Verhalten diesen Glauben rechtfertigte. Es ist bezeichnend, dafs Poppo seit der Wendung von Heinrichs Politik nur noch einmal am kaiserlichen Hoflager nachweisbar ist, und dafs er dort neben Aribo von Mainz in dessen Metropole begegnet, wo auf beider Intervention dem für die Beteiligung seines Abtes an dem Konzil von Seligenstadt mit starkem Güterverlust gestraften St. Maximin der übrige Besitz bestätigt wurde[2]).

Somit ergiebt sich, dafs wir in Poppo von Trier keinen Kluniazenser zu sehen haben, ja, dafs wir bei ihm nicht einmal eine ihren Ideeen günstige Gesinnung voraussetzen dürfen, und dafs diese seine Stellung zu Cluny seine Beziehungen zu Kaiser Heinrich II., die zuvor vortreffliche gewesen waren, gegen Ende von dessen Regierung verschlechterte und trübte.

Unter Konrad II.

Dieselben Gegensätze, welche die letzten Jahre Heinrichs II. erfüllten, waren auch mafsgebend bei den Vorgängen, die die Wahl seines Nachfolgers, Konrads II., beeinflufsten und begleiteten. Dadurch ist Poppos Verhältnis zu diesen bestimmt. Gleich nach Heinrichs Tode traten zwei Parteien hervor, von denen jede die Königswahl für sich auszunutzen strebte. Wenn wir an der Spitze der einen Aribo von Mainz und die Kaiserin-Witwe Kunigunde, der andren Piligrim von Köln und die mehr oder minder Cluny zugeneigten lothringischen Grofsen erblicken, so kann es nicht zweifelhaft sein, was zu dieser Parteibildung geführt hat; es kann nur der Gegensatz zwischen der deutschen Verfassungskirche und der kluniazensischen Reformpartei gewesen sein. Dafs Poppos Zugehörigkeit zu der einen oder

---

[1]) Vgl. Brefslau bei Hirsch III, 289, Anm. 6. Auch in der 5. Auflage berücksichtigt Giesebrecht II, 201, dieses Moment gar nicht.

[2]) Stumpf, 1815. Die oben acceptierte Erklärung der Intervention Aribos bei Brefslau, Konrad II., I, S. 114, Anm. 3, scheint mir richtiger, als die von Harttung, Bemerkk., S. 499 ff., die Heinrich II. zur Beraubung von St. Maximin gezwungen werden läfst. ihn also mit seiner sonstigen Praxis (s. S. 4 f.) in Widerspruch bringt.

andren Partei nicht erwähnt wird, kann nicht auffallen, da er eine Führer-
rolle auch damals nicht übernahm. Indessen ist seine Gegenwart auf dem
Wahltage von Kamba durch Wipo bezeugt[1]); wahrscheinlich stimmte er auch
für das Herzogtum Schwaben, dessen Verwaltung ihm übertragen war[2]). Da
sich nun, wie derselbe Wipo berichtet, Piligrim von Köln und seine
Partei, als sie ihre Niederlage voraussahen, noch vor dem Wahlakte entfernten[3]),
Poppo aber unter den Weggehenden nicht genannt wird, — und Wipo
hätte einen so hervorragenden Kirchenfürsten zu nennen nicht vergessen, —
so kann unser Erzbischof, der demnach an der Wahlhandlung teilnahm, da
dann der Kandidat der deutschen Verfassungskirche, der ältere Konrad,
einstimmig von allen Versammelten gewählt wurde[4]), nur diesem letzteren
seine Stimme gegeben haben[5]). Es fragt sich daher, ob Poppo von Anfang
an der Partei des älteren Konrad angehörte, oder ob er sich erst durch die
Vorgänge in Kamba selbst bestimmen ließ, ihn zu wählen[6]). Nach allem,
was wir von ihm aus der letzten Zeit Heinrichs II. erfahren haben, scheint

---

[1]) Wipo, *vita Chuonradi II*, cap. 1; vgl. Breslau, Konrad II., I, S. 19, Anm. 1.

[2]) Ch. F. Stälin, I, 476: „der nunmehr (d. h. bei der Wahl Konrads) mündig gewordene Ernst nahm dabei unter den Herzogen den vierten Platz ein" steht in direktem
Widerspruch mit Wipo, der gerade bei dieser Gelegenheit von der Vormundschaft Poppos
und seiner Verwaltung Schwabens erzählt. P. F. Stälin I, 1, 197: „Mit den auf der Wal-
statt erschienenen Schwaben wird auch Herzog Ernst seinem Stiefvater nicht entstanden sein."(?!)

[3]) Wipo, a. a. O., cap. 2 (SS. XI, 259; Sep.-Ausg., S. 15): *quamquam archiepiscopus Coloniensis et dux Fridericus cum aliis quibusdam Liutharingis, causa iunioris
Chuononis, ... impacati discederent.* Daß dies vor der eigentlichen Wahlhandlung
geschah, s. Breslau, Konrad II., S. 22, Anm. 3.

[4]) Wipo, a. a. O.: *omnes unanimiter in regis electione principibus consen-
tiebant, omnes maiorem Chuononem desiderabant.*

[5]) Dies geht auch indirekt aus Wipo, wenn anders sich dieser korrekt ausdrückt,
hervor. Er sagt a. a. O. (S. 259): *archiepiscopus Moguntinensis ... laudavit et elegit
maioris aetatis Chuonem suum in dominum ... hanc sententiam caeteri archiepiscopi ... indubitanter sequebantur.* Da aber nach Aribos Stimmabgabe und nach
Piligrims Weggang von Erzbischöfen außer Poppo von Trier nur noch Gunther von Salzburg
(s. Wipo, Kap. 1) auf dem Wahlplatze von Kamba anwesend war, so wird der Pluralis an
der angegebenen Stelle nur verständlich, wenn sowohl Gunther, als auch Poppo ihre Stimme
für den älteren Konrad abgaben. Harttungs Annahme einer Neutralität P.'s (Anfänge
Konrads II., a. a. O., S. 32 f.) wird hiermit und mit dem vorher Gesagten hinfällig. Weshalb
die Vormundschaft über Ernst leicht zum Nachteil von dessen Stiefvater Konrad II. wirken
sollte, ist mir nicht verständlich; noch unverständlicher, wie die Unterstützung Konrads durch
die Luxemburger Poppo abgehalten habe, für ihn zu stimmen, da doch Harttung, Bemerkk.
S. 500, selbst zugiebt, daß Poppo schon in der letzten Zeit Heinrichs II. in guten Beziehungen zu denselben stand. Geradezu Unkenntnis des Wesens Poppos (das übrigens in den
Bemerkk., S. 499, richtig charakterisiert ist) aber verrät es, wenn H. behauptet, der Trierer
wäre deshalb nicht auf die Seite des jüngeren Konrad getreten, weil ihm hier die führende
Rolle vorweg genommen war. Als ob P. jemals daran lag, im Reiche eine führende Rolle
zu spielen!

[6]) Vgl. über diese Möglichkeit Wipo, Kap. 2. Breslau I, 21, Anm. 1.

es mir nicht zweifelhaft zu sein, daſs er schon zum Wahlort kam mit der Absicht, dem Kandidaten der deutschen Verfassungskirche sich anzuschlieſsen mochte dabei auch die Verwandtschaft mit Gisela, der Gemahlin des älteren Konrad, der Mutter seines Pflegebefohlenen, mit der unser Erzbischof auch späterhin in guten Beziehungen stand[1]), eine Rolle spielen, das Ausschlag gebende Moment blieb doch sein Verhältnis zu Cluny, das ihn schon dem verstorbenen Kaiser entfremdet hatte[2]). Es ist nur als die natürliche Folge dieser Parteistellung anzusehen, wenn Poppo, soweit wir erkennen, sich an der Verschwörung, die gleich darauf von Lothringen gegen den neuen Herrscher ausging und dort rasche Verbreitung fand, fast allein nicht beteiligte[3]).

Gleichwohl bemerken wir nichts von einer Annäherung Poppos an Konrad II., nichts von einem Anknüpfen engerer Beziehungen mit diesem. Sehr bald nach der Wahl scheint der Erzbischof das königliche Hoflager verlassen zu haben, und in der Folgezeit finden wir ihn sehr selten in der Umgebung des Königs. Wir erfahren nicht einmal, wann er die Verwaltung Schwabens aufgegeben hat; da Ernst II. bereits in der zweiten Hälfte des Jahres 1025 sich als Herzog im Aufstande gegen seinen königlichen Stiefvater befand, muſs dies zwischen September 1024 und Juni oder Juli 1025 geschehen sein, vielleicht auf dem Tage von Konstanz, Anfang Juni 1025, auf dem, wie Wipo bemerkt, die Angelegenheiten des Herzogtums Schwaben geordnet wurden[4]), der junge Ernst die väterliche Erbschaft angetreten haben mag. Poppos Anwesenheit in Konstanz ist nicht bezeugt; daſs er sich nachher am Hofe Konrads befand, der über Basel nach Straſsburg ging, wo wir ihn am 8. Juli antreffen, ist wenig wahrscheinlich, da sonst das Fehlen seiner Intervention in der dort für seinen Suffraganbischof, den eben ernannten Rambert von Verdun, ausgestellten Urkunde sich schwer erklären lieſse[5]). Ebenso wenig läſst sich unser Erzbischof auf dem Tage von Tribur, auf dem wichtige Reichsangelegenheiten beraten wurden, nachweisen[6]). Mehr noch fällt es auf, daſs wir während Konrads zweitägigen Aufenthalts in Trier gar nichts von Poppo hören, er nicht einmal in den beiden hier ausgestellten Urkunden genannt wird[7]). Auch in der Folgezeit ist seine Anwesenheit zu

---

[1]) Sie interveniert für Poppo zweimal, unter ihrem Gatten Stumpf 2020, unter ihrem Sohne Stumpf 2144.

[2]) Breſslau I, S. 32; II, S. 526 legt bei der Abstimmung Poppos m. E. zu groſses Gewicht auf die Verwandtschaft mit Gisela; für ihn ist P. ein Kluniazenser.

[3]) Eine Teilnahme Poppos an der lothring. Verschwörung, die Harttung an sich für zulässig hält (Anfänge Konrads, S. 194), ist in den Quellen durch nichts bezeugt; wie Konrads Vorhalten gegen das reichsfreie, überdies kluniazens. St. Maximin, das damals das Gut Hamweiler verlor, P. beeinfluſst haben soll, verstehe ich nicht.

[4]) Wipo, Kap. 7 (S. 263, Sep.-Ausg., S. 23): *bene ordinato regno Sueviae.*

[5]) Stumpf 1893.

[6]) Breſslau, Konrad II., I, 90.

[7]) Stumpf 1901, und Stumpf, *acta imperii,* no. 282, S. 395; doch befand sich in Trier eine königliche Pfalz, vgl. Waitz, Verfg., VI, 243, Anm. 7.

Augsburg, wo kurz darauf im Beisein von Reichsfürsten der junge Sohn des Königs, Heinrich III., zu dessen Nachfolger designiert wurde[1]), nicht zu ermitteln. Und zum mindesten zweifelhaft ist es, ob Poppo den ersten Römerzug Konrads von Anfang an mitgemacht hat[2]). Wir sehen, von Beziehungen Poppos zu dem ersten Salier kann nicht die Rede sein, geschweige denn von einem Einfluſs. Daſs der Erzbischof dann 1027 in Italien mit dem Kaiser in offenen Streit wegen der Weihe Brunos von Toul geriet, daſs er nach der Heimkehr des ersteren zu Worms genötigt wurde, seine Ansprüche in dieser Sache herabzustimmen[3]), hat ihr Verhältnis zu einander nicht gebessert. So fehlte denn Poppo von Trier auf der glänzenden Reichssynode von Frankfurt im September 1027, die durch die Anwesenheit der Erzbischöfe von Mainz, Köln und Magdeburg, sowie der Mehrzahl der deutschen Bischöfe die Bedeutung eines Nationalkonzils gewann[4]). Überhaupt entschwindet dann unser Erzbischof bis zum Jahre 1030 gänzlich unsern Augen; wir sind daher geneigt, in diese Zeit die Fahrt Poppos ins heilige Land zu setzen, wofür, wie wir wissen, auch andre Gründe sprechen[5]); politische Verstimmung über den sinkenden Einfluſs und über die Regierungsweise Konrads gaben den Anlaſs; schon längst hatte sie einen Rückzug von den öffentlichen Angelegenheiten bei ihm bewirkt; daſs der Kaiser auch in der Sache Brunos von Toul zwar nicht durchweg Recht behielt, schlieſslich aber doch ein Nachgeben von trierischer Seite erzwang, mag dann den Ausschlag gegeben haben. Nach der Rückkehr aus dem Morgenlande, die dem Erzstifte Trier einen neuen Heiligen brachte, spätestens 1030[6]), ist dann eine Teilnahme Poppos an der Reichsregierung ebenso wenig bemerkbar, wie vorher. Als 1030 sein einstiger Pflegebefohlener Ernst das Herzogtum Schwaben verlor und dieses an dessen unmündigen Bruder Hermann überging, wurde nicht der Erzbischof von Trier, sondern Bischof Warmann von Konstanz mit dem vormundschaftlichen Regiment betraut[7]). Im Jahre darauf erhielt allerdings Poppo vom Kaiser, in dessen Umgebung zu Goslar wir ihn antreffen, die Grafschaft Marfels im Heinrichgau[8]); indessen aus diesem einzigen Zeugnis läſst sich nicht viel schlieſsen, wir wissen nicht einmal, wie viel der Erzbischof bei dieser Schenkung der Fürbitte der Kaiserin Gisela verdankte. Späterhin ist er nur noch einmal, bei dem 2. Römerzuge Konrads II., nachweisbar[9]).

---

[1]) Wipo, Kap. 11: *rex consilio et petitione principum* (also waren Reichsfürsten zugegen) *regni filium suum Heinricum puerum regem post se designavit.* Über den Ort, wo dies geschah, vergl. Brefslau I, 117, Anm. 1; Giesebrecht II, 633.

[2]) Vgl. S. 58, Anm. 1.

[3]) Vgl. S. 35 f.

[4]) Wolfhere, *vita Godehardi prior*, 31—34; *posterior*, 23. Vgl. Brefslau I, 225.

[5]) Vgl. S. 42, und Anhang II (S. 79—80).

[6]) Denn in diesem Jahre fand ein Provinzialkonzil P.'s in Trier statt (Beyer I, no. 302).

[7]) Wipo, Kap. 25 (S. 268, Sep.-Ausg., S. 33).

[8]) Stumpf 2020. Beyer I, no. 304.

[9]) Vgl. S. 58, Anm. 4.

Der Grund zu diesem Zurücktreten Poppos von der politischen Thätigkeit unter der Regierung Konrads II. scheint mir in dem Mifsbehagen des ersteren über das autokratische Regiment des Kaisers zu liegen, das im Gegensatz zu dem der Herrscher aus dem sächsischen Hause der Reichskirche nicht mehr den alten Einflufs gewährte, sich bereits auf die Laiengewalten zu stützen begann. Scheute sich Konrad nicht, Bischöfe wie gemeine Verbrecher zu behandeln[1]), konnte es geschehen, dafs der thatenlustige Aribo von Mainz, der einst als Führer der deutschen Verfassungskirche die hochfliegendsten Pläne gefafst, der die Wahl Konrads veranlafst hatte, durch eben diesen seines Ansehens beraubt, als gebrochener Mann im Bufsgewande nach Rom pilgerte[2]), so mufsten solche Vorgänge unserm Poppo nahe gehen, der in den alten ottonischen Anschauungen aufgewachsen, in dem deutschen Episkopat die Grundpfeiler der Reichsverfassung sah und der an dem Ausbau der letzteren von seinem Platze aus nach besten Kräften gearbeitet hatte. Dazu kam ein andres Moment. Konrad II., obgleich als der wenig gebildete Laie von den Gegnern Clunys aufgestellt und gewählt, trat dennoch gleich nach seinem Regierungsantritt in enge Beziehungen zu den Kluniazensern, die durch kluge Ausnutzung der Zeitumstände und wertvolle Dienstleistungen sehr schnell die Gunst des Königs und seiner Gemahlin zu gewinnen wufsten[3]); für Poppo von Trier ein Anlafs mehr, sich vom Hofe fern zu halten. Es ist daher wohl auch nicht zufällig, dafs die eine Urkunde, die Konrad 1026 in Trier ausstellte, in der wir die Nennung unsres Erzbischofs vermifsten, für den Reformabt Poppo von Stablo, der gleichzeitig St. Maximin verwaltete, bestimmt war[4]).

Hat Poppo von Trier also unter Konrad II. gar keine Rolle gespielt, an der Reichsregierung keinen Anteil genommen, so hat er sich doch auch unter diesem Herrscher nicht seinen Pflichten gegen das Reich entzogen; wir treffen ihn auf beiden Römerzügen an, und wenn er an dem letzten nicht von Anfang an teilnahm, so lag der Grund darin, dafs ihn der Dombau in seiner Metropole zurückhielt.

Unter Heinrich III.

Auf Konrad II. folgte sein kirchlich erzogener, von strenger Religiosität erfüllter Sohn Heinrich III. Mit ihm stand Poppo von Trier, wie wir deutlich erkennen, in einem besseren Verhältnis. Schon vor seiner Thron-

---

[1]) Vgl. Brefslau II, 421 f. Giesebrecht II, 297 f.

[2]) Das Beispiel Aribos beweist übrigens, dafs man aus der tiefen Verstimmung zwischen Konrad II. und Poppo nicht zu schliefsen berechtigt ist, der letztere hätte am Wahltage zu Kamba nicht für den älteren Konrad gestimmt oder dort eine zuwartende Stellung eingenommen und erst in letzter Stunde sich für ihn entschieden.

[3]) Vgl. Ladewig, a. a. O., S. 100 ff.

[4]) Vgl. S. 69, Anm. 7.

besteigung hatte sich der Sohn Konrads einmal für unsern Erzbischof verwandt[1]). Gleich nach dem Regierungsantritt Heinrichs III. eilte Poppo
an den Hof des jungen Königs nach Botfeld im Harz, wo ihm dieser die
Schenkung seines Vaters bestätigte[2]). Auch sonst ist der Erzbischof noch
mehrere Male mit Sicherheit in Heinrichs Umgebung nachweisbar: am
3. Juni 1041 intervenierte er in Aachen für das Kloster Nivelles[3]). Für
die persönlichen Beziehungen Poppos zum König ist es bemerkenswert, dafs
der Erzbischof wahrscheinlich an der Vermählungsfeier Heinrichs mit Agnes
von Poitou, die im December 1043 in Ingelheim stattfand, teilnahm[4]) und
dafs das neu vermählte Paar sich von dort zur Weihnachtsfeier nach Trier
begab[5]). Dafs dann Poppo dem Könige kräftigen Beistand gegen den auf-
ständischen Herzog Gottfried von Oberlothringen geleistet hat,
glauben wir um so eher annehmen zu dürfen, als wir ihn gleich nach Gottfrieds Unterwerfung, am 13. August 1045, an Heinrichs Hof zu Botfeld
antreffen, wo er, vielleicht als Dank für die geleistete Hilfe, die lange ersehnte
Bestätigung der Immunität seiner Kirche erhielt[6]). Den Feldzug gegen die
Liutizen machte Poppo wohl von dort aus mit[7]); dann zog sich der alternde
Erzbischof in seine Metropole zurück, an der Kaiserfahrt nach Italien hat
er sich, wie es den Anschein hat, nicht mehr beteiligt. Aber, weilte er selbst
auch daheim hinter den Mauern seiner Stadt, seine Kriegsscharen kämpften
auch damals an den Grenzen des Reiches[8]). —

Nicht lange nachher, am 16. Juni 1047, ist Erzbischof Poppo
von Trier nach mehr als dreifsigjährigem, segensreichem Walten, in einem

---

[1]) Stumpf 2020; der Text bei Beyer I, no. 304, S. 356, ist zu ergänzen nach
Stumpf II, S. 175, und zwar: *ob interuentum ac peticionem dilectae coniugis nostrae
Gislae imperatricis augustae et amatissimae prolis nostrae Heinrici regis.*

[2]) 13. Sept. 1039. Stumpf 2144, Beyer I, no. 311.

[3]) Stumpf 2214. Vgl. Steindorff I, 105, 527.

[4]) So sicher, wie Brower, ann., I, S. 521, die Anwesenheit P.'s in Ingelheim hin-
stellt, ist sie indessen nicht. Es liegt allerdings nahe, daran zu denken, wenn Hermann von
Reichenau *ad a.* 1043 (SS. V, 124) und die Altaicher Annalen (Sep.-Ausg., S. 38) berichten,
dafs der junge Markgraf Liutpold, der den Vermählungsfeierlichkeiten in Ingelheim bei-
gewohnt hatte, kurz darauf gestorben ist und von seinem Oheim Erzb. Poppo in Trier beigesetzt wurde, da es sich sonst schwer erklären liefse, warum man die Leiche gerade nach
Trier brachte. Da wir aber nicht wissen, ob der Tod den jungen Liutpold in Ingelheim selbst
ereilte oder erst, nachdem er es verlassen hatte, — das *ubi* bei Hermann ist ungenau, —
Poppos Gegenwart aber nur für Liutpolds Todesort anzunehmen ist, so ist die Gegenwart des
Erzbischofs in Ingelheim nicht notwendig; wahrscheinlich ist sie allerdings auch so, da nach
den *ann. Altah.*, a. a. O., *omnes pene primarii de cunctis regionibus Romani imperii,
praesules, duces, marchiones, praesides, sed et reliquarum dignitatum principes innu-
merabiles* an dem Hochzeitsfeste teilnahmen.

[5]) *Ann. Altah. ad a.* 1044 (Sep.-Ausg., S. 38). Lambert, *ad a.* 1044 (Sep.-Ausg.
S. 28).

[6]) Stumpf 2281. Beyer I, no. 322.

[7]) Vgl. S. 59, Anm. 1.

[8]) Vgl. S. 58, Anm. 5.

Alter von mehr als 60 Jahren gestorben [1]). Wie sein ganzes Leben uns das Bild eines gewissenhaften, pflichtgetreuen Fürsten zeigt, so bewies er diese Eigenschaften noch im Tode; mitten in der Arbeit ergriff ihn die tödliche Krankheit: bei der Beaufsichtigung der Erweiterungsbauten seines Domes traf ihm ein Sonnenstich den kahlen Scheitel und warf ihn aufs Sterbelager [2]). In der alten *porta nigra*, in der **Poppo** einst zu Ehren des dort beigesetzten heiligen **Simeon** das **Simeonsstift** errichtet hatte, fand auch er seine letzte Ruhestätte [3]).

---

[1]) Über das Datum vgl. **Steindorff** II, 10, Anm. 8.

[2]) Vgl. *gesta Trev.*, addit., cap. 7 (SS. VIII, 181): *huic operi cum studiosius insisteret, . . . die quadam cum sederet ubi fiebat, sol, ut erat solito ferventior, refulsit in caput eius — erat enim calvus — et incanduit cerebrum eius, et sicut solet febre correptus, de die in diem ingravescente eadem valitudine, fortiter aegrotare coepit; nec multo post ad ultima ductus spiritum reddidit sub die 16. Kal. Julii anno dominicae incarnationis* 1067 (mufs heifsen 1047).

[3]) *Gesta Trev.*, addit., a. a. O.: *deposuerunt eum in porta civitatis quae cognomento Nigra vocabatur, in qua et ipse beatum Symeonem . . . terrae commendaverat.* Das Grab wurde am 8. Januar 1517 im Beisein Kaiser Maximilians I. geöffnet; man fand den Leichnam in vollem bischöflichen Ornat (**Wyttenbach** und **Müller**, *gesta Trev.*, I, animadv., S. 34 ff.). Noch **Brower** konnte die allerdings schon arg verstümmelte Grabschrift lesen (ann., I, 523).

Anhang I.

Einige Bemerkungen über die inhaltliche Echtheit des Testamentes Adalberos von St. Paulin.

(Beyer I, no. 308, S. 360 — 363.)

Nachdem sich Adalbero von St. Paulin dem Erzbischof Poppo von Trier unterworfen hatte, zog er sich, wie die *gesta Treverorum*, cap. 30, glaubhaft berichten [1]), in sein Stift zurück, um daselbst in Ruhe sein Leben zu beschliefsen. Seitdem erfahren wir nichts mehr von ihm; selbst sein Todesjahr ist uns unbekannt. Es sind uns aber drei, zum Teil gleichlautende Urkunden, aus den Jahren 1036 und 1037 datiert, erhalten, die sich gleichsam als das Testament Adalberos ausgeben, in denen er im Beisein des Erzbischofs Poppo, des Abtes Berthulf von St. Mattheis und andrer in dieser Zeit nachweisbarer Zeugen im Dome zu Trier über einen ansehnlichen Güterbesitz zu gunsten trierischer Klöster, besonders des Matthiasklosters, Verfügungen trifft. Diese Urkunden sind zwar längst ihrer Form nach als Fälschungen, Machwerke aus dem Ende des 12. Jahrhunderts oder vielleicht aus noch späterer Zeit, erkannt, indessen hat man, soviel ich sehe, an ihrer inhaltlichen Richtigkeit bisher keinen Anstofs genommen. Brefslau benutzt den Inhalt als Beweisquelle für einen längeren Kampf Poppos mit Adalbero [2]), und auch nach ihm hält Ladewig daran fest, dafs sie „wahrscheinlich auf echter Vorlage beruhen" [3]). Dagegen erlaube ich mir folgendes zu bemerken, was m. E. eine inhaltliche Echtheit der Urkunden geradezu ausschliefst.

1.) Die *gesta Treverorum*, cap. 30, sagen von Adalbero, nachdem er sich unterworfen hatte, ausdrücklich: *sua castella et omnia sua contradidit.* Trotzdem sehen wir hier den Propst von St. Paulin als Inhaber nicht unbe-

---

[1]) Vgl. S. 24, Anm. 10.
[2]) Bei Hirsch III, S. 28, Anm. 2. Vgl. hier S. 24, Anm. 9.
[3]) A. a. O., S. 86, Anm. 2.

trächtlichen Grundbesitzes, und zwar nicht blofs kleinerer Ortschaften, sondern als Herrn fester Schlösser, als *dominus de Ruscheio, de Serico, de Sarburch et de Berincastel.* Nun ist es allerdings möglich, dafs P o p p o ihm manches aus seinem chemaligen Eigentum zurückgab; dafs jedoch der Erzbischof einem so gefährlichen Gegner die ausgelieferten Burgen auch nur zum Teil zurück- erstattete, wird niemand glauben; von einer Wiedereroberung durch A d a l - b e r o, der bis an sein Lebensende reumütig in St. Paulin verblieb, kann noch weniger die Rede sein. So finden wir auch später Saarburg und Bernkastel in erzbischöflichem Besitz [1]), in Seriko, wo 1067 H e r z o g G e r h a r d v o n O b e r l o t h r i n g e n urkundet [2]), und in Ruschei treffen wir in der Folgezeit Edelherren, die uns häufig in der Umgebung der Trierer Erzbischöfe begegnen [3]), wohl also als deren Vassallen zu denken sind. Dafs daher keinenfalls anzu- nehmen ist, dafs sich A d a l b e r o 1036 im Besitze der vier genannten Schlösser befand, sah schon B r o w e r ein [4]), wenn er die Benennung danach in dem angeblichen Testamente damit zu erklären suchte, die Burgen wären einst von A d a l b e r o *uno eorum sibi titulo reservato* ausgeliefert worden. Allein selbst dies zugestanden, bleibt doch das Eigentumsrecht des Luxemburgers an Seriko und Saarburg recht zweifelhaft, und über Bernkastel konnte er schon 1016 nicht mehr verfügen. E b e r w i n v o n S t. M a r t i n, den wir im ganzen als zuverlässig und gut unterrichtet kennen gelernt haben, nennt A d a l b e r o Herrn von *Sareburch, Berncastel et Röthiche* (a. a. O., S. 169); aus ihm schöpften der Autor der *gesta Treverorum,* cap. 30, und die *vita Meinverci,* cap. 142; alle drei nennen die drei Burgen in derselben Namensform und in derselben Reihenfolge; keine dieser Quellen zählt Seriko (Sierck) auf, das wir auch sonst weder vorher noch nachher in luxemburgischem Besitz antreffen: vielmehr erfahren wir, dafs es einst von K ö n i g L u d w i g d e m K i n d e dem E r z b i s c h o f R a t b o d (883—915) geschenkt worden sei [5]), und später finden wir den Etichonen G e r h a r d v o n O b e r l o t h r i n g e n [6]), mit dem die Luxem- burger nur mütterlicherseits verwandt waren, und trierische Edelherren dort [7]). Von den übrigen Burgen befand sich Bernkastel schon 1015 nicht mehr in A d a l b e r o s Händen: räuberische Banden hatten es besetzt, ihnen mufste es P o p p o entreifsen und zerstören [8]); dafs der Erzbischof den Ort dem Propst von St. Paulin zur Erbauung einer neuen Burg überlassen habe, ist nicht

---

[1]) B e y e r I, no. 477; no. 453. II, no. 211; S. 391.
[2]) B e y e r I, no. 366.
[3]). B e y e r I, no. 392, 415, 472, 595, 597, 598, 603, 655.
[4]) Ann., I, S. 506.
[5]) *Gesta Trev.,* cap. 28 (S. 168): *deinde (Rathbodus) etiam a Ludowico* (sc. *In- fante) imperatore haec castella obtinuit, Sericum cum Orkesvels.* Vgl. cap. 25, S. 163.
[6]) Vgl. Anm. 2.
[7]) Vgl. Anm. 3.
[8]) *Gesta Trev.,* cap. 31, S. 172: *Berencastel q u o n d a m Adelbcronis a praedoni- bus defensum destruxit.*

denkbar. Und Saarburg ist altes trierisches Besitztum, das 964 dem Grafen Siegfried von Luxemburg, dem Vater Adalberos, während seiner, seiner Gattin Hedwig und seines Sohnes Heinrich Lebzeiten zu Prekariebesitz übertragen wurde[1]); da durch Eberwin aber feststeht, daſs Adalbero es besetzt gehalten und da er es, wie Brower mitteilt, mit neuen Dächern und Befestigungen versehen hat[2]), so hat er es sich jedenfalls widerrechtlich angeeignet, und Poppo hatte um so weniger Veranlassung, es ihm zurückzugeben, wie es denn später auch wieder in erzstiftischem Besitze war[3]); nicht unmöglich ist es, daſs Poppo es gleichfalls zerstörte, wenigstens hören wir, daſs Erzbischof Bruno (1102—1124) die lange vernachlässigte und verlassene Burg wiederherstellte[4]). Wir sehen also, die Berechtigung der *vita Meinverci*, cap. 142 (S. 135), hier von *bona hereditaria* Adalberos zu sprechen, ist recht zweifelhaft, und es ist Schötter[5]) nicht beizustimmen, wenn er auf grund unsrer Urkunde die Burgen Bernkastel, Saarburg, Sierck und Roussy für luxemburgischen Hausbesitz hält.

2.) Unter den an St. Mattheis überlassenen Gütern befindet sich ein Ort Lampaida (Lampaden). Die früheste Beurkundung dieser Schenkung ist vom 12. November 1036 datiert, doch passen Indiktion und Ordinationsjahr besser zu 1035. Nun befindet sich aber auch unter den Gütern, deren Restitution Poppo am 13. November 1036 an St. Mattheis beurkundete[6]), derselbe Ort Lampaden. Es müſste also das am 12. November 1036 dem Kloster von Adalbero geschenkte Lampaden diesem noch an demselben Tage entrissen, schon am nächsten Tage wieder gewonnen und die Restitution beglaubigt worden sein. Da aber die Restitutionsurkunde Poppos formell unverdächtig und inhaltlich durch die *gesta Trev.* bestätigt ist[7]), so wird durch diesen Umstand nur das Miſstrauen gegen Adalberos Schenkung verstärkt.

3.) Adalbero schenkt gleichfalls an St. Mattheis *villa mea Helefelt* (Helfant, Kreis Saarburg). Und doch besaſs dies Kloster hier schon längst beträchtlichen Besitz. Der ursprüngliche Inhaber Liutfried hatte erst 13, dann 924 noch 3 Laſshufen und 4 Morgen Ackerland nebst Weide und Zubehör daselbst durch Erzbischof Rotger an St. Mattheis gegeben und dafür während seiner, seiner Gattin und seines Sohnes Lebzeiten einen Teil davon als

---

[1]) Beyer I, no. 278 (bei verdächtigem Datum dem Inhalte nach wohl echt).

[2]) Ann., I, S. 506: *occupata ab Adalberone Lutzelenburgio episcopatum ambiente novis tectis atque munitionibus est exculta.*

[3]) Vgl. S. 75, Anm. 1.

[4]) Brower, ann., I, S. 506: *hoc castrum a dño. Adelberone . . . eccläc traditum et postea per multa tempora neglectum et desertum, tandem a Brunone Tr. D. Gra. Archiepo., reaedificatum est.*

[5]) A. a. O., S. 34.

[6]) Beyer I, no. 310; über die Datierung s. S. 29, Anm. 3.

[7]) Vgl. S. 29, Anm. 3.

Prekarie empfangen[1]). Wie kommt also Adalbero dazu, über Helfant zu verfügen?

4.) In der zweiten Ausstellung des Testamentes befindet sich die Schenkung von *villa mea Emmelde* (Oberemmel, Landkreis Trier) an St. Maximin, *cum omnibus pertinentiis suis*. Aber schon 893 wurde dieser Ort von König Arnulf dem Kloster verliehen[2]) und ihm später oft genug bestätigt, zuletzt noch 1023 von Heinrich II. bei der grofsen Beraubung und 1026 von Konrad II.[3]).

5.) In derselben Ausstellung vergiebt Adalbero *villa mea Occheuen* (Ockfen, Kreis Saarburg) an das von ihm so sehr geschädigte St. Martin. Der Ort *Occava* befand sich indessen schon 975 in dem Besitz dieses Klosters; denn in diesem Jahre wurde er ihm durch Otto II. bestätigt[4]). Man könnte daher wohl daran denken, Ockfen wäre St. Martin durch Adalbero entrissen worden; allein wir kommen durch eine andere Kombination zu andrem Resultate. In der Bestätigungsurkunde Ottos II. wird *Occava* neben *Bessilich*, *Huncuuilichent* und *Gersta* genannt; diese Orte aber sind es, die nach Eberwins Zeugnis Meingaud von Trier an Udilbert von Stalle und Ravenger von Madelberg verlieh[5]). Wenn sich nun in Eberwins Handschrift hinter diesen drei Ortsnamen eine Lücke (oder eine unleserliche Stelle; aus dem Druck bei Kraus ist dies nicht ersichtlich) befindet, so liegt es nahe, hier ein *Occava* oder *Occheuen* zu ergänzen. Damit stimmt denn, dafs in dem Bestätigungsprivileg Hillins für St. Martin Ockfen nicht unter dem Klosterbesitz erscheint[6]).

Allerdings finden sich nun in den späteren Urkunden des Matthiasklosters die Schenkungen Adalberos unter dem Besitztum entweder vollständig oder teilweise aufgeführt[7]), ja es wird zuweilen auf das angebliche Testament des Propstes von St. Paulin ausdrücklich Bezug genommen[8]); aber alle diese Urkunden sind mindestens der Form nach verdächtig. Wenn wir dazu in Erwägung ziehen, dafs auch der Brief Poppos an den Papst Benedikt IX. und des letzteren Antwort, welche beide in die *gesta Treverorum*, additamentum, cap. 3, aufgenommen sind, wie Brefslau schlagend nachgewiesen hat, Fälschungen aus dem 12. Jahrhundert sind[9]), doch wahrscheinlich in dem Ausgangsort der *gesta*, dem Matthiaskloster, entstanden, so eröffnet sich uns eine weite Perspektive auf die Thätigkeit dieses Klosters nach dieser Richtung hin. Hierdurch wird eine eingehende Prüfung aller Urkunden für

---

[1]) Beyer I, no. 164, S. 228.
[2]) Beyer I, no. 142, S. 207.
[3]) Beyer I, no. 156. 175. 300. 301.
[4]) Beyer I, Nachtrag, no. 1, S. 715.
[5]) Vgl. S. 51, Anm. 2.
[6]) Beyer I, no. 653, S. 709.
[7]) Beyer I, no. 545. 616; no. 353. 410. 598. II, no. 27. 207.
[8]) Beyer II, no. 27, S. 66. no. 207, S. 244.
[9]) Vgl. S. 40, Anm. 4.

St. Mattheis auf ihren Zusammenhang mit einander notwendig; eine solche ist aber nur möglich bei Einsicht in die gröfstenteils erhaltenen Originale, die mir nicht zugänglich geworden sind. —

Die Zeugenliste in dem angeblichen Testamente ist wohl einer echten, nicht mehr erhaltenen Urkunde entnommen; ein solches Verfahren ist auch sonst gerade im Matthiaskloster nachweisbar [1]).

[1]) So ist z. B. die Zeugenliste in dem angeblichen Original B e y e r I, no. 353, nebs Datum, der unverdächtigen, gleichfalls für St. Mattheis ausgestellten no. 252 entnommen; die Namen sind nach gleichen Rubriken geordnet; nur in der zweiten sind der dritte und vierte mit einander vertauscht.

Anhang II.

Zur Datierung von Poppos Reise ins Heilige Land.

Poppos Wallfahrt nach Jerusalem, von der er den heiligen Simeon nach Trier mitbrachte, ist hinlänglich bezeugt. Aufser den *gesta Treverorum*, addit., cap. 3, berichten davon die von Eberwin verfafste *vita Simeonis*, cap. 3, und nach einem alten Kalender Brower, *annales*, I, S. 516. Sagenhaft entstellt ist der Bericht der *passio s. Cholomanni*, cap. 13 (SS. IV, 678) von der Heimkehr Poppos und seinen Erlebnissen in Ungarn, den das aus dem Ende des 12. Jahrhunderts stammende *breve chronicon Austriae Mellicense* (SS. XXIV, 71) übernahm. Über die Zeit dieser Wallfahrt wissen wir mit Bestimmtheit nur anzugeben, dafs sie vor 1035 beendet sein mufs, da in diesem Jahre, am 1. Juni, nach dem unanfechtbaren Zeugnis Eberwins[1] der heilige Simeon in Trier gestorben ist. Die chronologischen Angaben der *gesta* stehen mit einander in Widerspruch, und die *passio s. Cholomanni* verdient noch geringeren Glauben, da sie Poppos Aufenthalt in Ungarn bei seiner Rückkehr in die Zeit König Peters setzt, der erst 1038 den Thron bestieg. Vor dem Jahre 1035 entzieht sich Poppo überhaupt nur zweimal auf längere Zeit unseren Blicken, zwischen 1027 und 1030, und zwischen 1031 und 1035: nur in einen von diesen beiden Zeiträumen dürfen wir seine Reise nach Jerusalem setzen. Harttung, dem das Verdienst unbestritten bleibt, auf die Schwierigkeiten dieser Frage hingewiesen zu haben, entscheidet sich in seinen „Bemerkungen über Erzbischof Poppo", S. 507 ff. für die Jahre 1032 und 1033. Aber einmal ist er dazu gezwungen, weil er den Brief Poppos an den Papst Benedikt IX. und dessen Antwortschreiben für authentisch hält, andrerseits ist die Begründung seiner Annahme eine zu gekünstelte, seine Interpretation der Quellen eine zu gewaltsame, als dafs man ihm ohne

---

[1] Die von Harttung, a. a. O., S. 507 ff. gegen 1035 als Todesjahr Simeons geltend gemachten Gründe und die gewaltsame Erklärung der Angabe Eberwins als absichtliche Fälschung zu Erbauungszwecken sind um so weniger stichhaltig, als sie sich auf den in der Chronologie recht unzuverläss. Hugo von Flavigny (vgl. Hirsch III, 251, Anm. 1) stützen.

weiteres folgen kann. Harttung weifs Poppos Pilgerfahrt nicht anders zu motivieren, als dafs die „furchtbaren" Jahre 1031 und 1032, in denen die Welt „aus ihrer Bahn wanken zu wollen" schien, den Erzbischof, der „älter und stiller geworden, manche Enttäuschungen erfahren" hatte, zum Wanderstabe greifen liefsen, um nach Jerusalem zu gehen; denn „das Grab des Heilands verhiefs ja jeder Seele, die da mühselig und beladen war, Erlösung von dem Übel". Was waren denn nun die schrecklichen Ereignisse, welche die Welt in ihren Fugen erbeben liefsen? Eine Mondfinsternis, ein Komet, Regengüsse und Hagelschauer, infolgedessen partielle Hungersnot, alles Dinge, die wir in den Annalen des Mittelalters so oft verzeichnet finden, dafs wir kaum mehr darauf achten; dafs die in diesen Jahren dadurch erzeugten Schäden besonders furchtbare waren, ist durch nichts zu erweisen. Auch dafs die Sterblichkeit damals eine gröfsere war als sonst, oder dafs mehr berühmte Leute damals abschieden als sonst, kann nicht behauptet werden. Es ist aber geradezu lächerlich, zu meinen, dafs der Tod König Roberts von Frankreich und Rudolfs von Burgund, die Poppo gar nichts angingen, von denen des ersteren Bündnis mit Heinrich II. sogar erkältend auf Poppos Beziehungen zu seinem kaiserlichen Herrn wirkte (s. S. 67), sowie Thronzwistigkeiten und Aufstände der Grofsen in Frankreich unsern Erzbischof ins heilige Land getrieben haben sollen. Dazu kommt, dafs bei Harttungs Annahme das Bild von Poppos politischer Thätigkeit nicht frei von Widersprüchen bleibt. Schmollend zieht sich der Erzbischof von 1027 an von den Reichsgeschäften zurück, dann macht er, wir wissen nicht warum, seinen Frieden mit Konrad II., der ihm 1031 die Grafschaft Marfels verleiht; allein jetzt, wo er so gut eine Rolle hätte spielen können, treiben ihn Mifsernten und Todesfälle nach Jerusalem. Als ob Poppo der Mann war, sich aus Unzufriedenheit über persönliche Zurücksetzungen seinen Pflichten gegen das Reich zu entziehen, — denn als Nichterfüllung einer solchen Pflicht hätten wir sein Fernbleiben von der Synode zu Frankfurt 1027 anzusehen, — und sich durch Naturereignisse schrecken zu lassen. Viel natürlicher erklärt sich die Wallfahrt aus politischer Verstimmtheit, wie sie sich Poppo 1027 ergeben konnte, nicht aber 1031, nachdem er in äufserlich bessere Beziehungen zu Konrad II. getreten war; da überdies, wie wir sahen, auch andre Momente für die Verlegung der Fahrt in die Zeit zwischen 1027 und 1030 sprechen (s. S. 42 und S. 70), so werden auch wir hier sie in diese Zeit setzen [1]).

---

[1]) In diese Zeit setzen Poppos Wallfahrt Brower, ann., I, S. 514; Hontheim, *prodromus*, I, S. XV; A. Görz, Regesten der Erzbischöfe zu Trier (Trier 1861), S. 8; Ladewig, a. a. O., S. 56, Anm. 2.

Druck von Otto Dornblüth in Bernburg.

Konrad von Hostaden

Erzbischof von Köln
(1238—61).

Von

Dᴿ· HERMANN CARDAUNS.

KÖLN, 1880.

Druck und Commissions-Verlag von J. P. Bachem.

Sr. Erzbischöflichen Gnaden

dem

Hochwürdigsten Herrn Erzbischof von Köln

Dr. Paulus Melchers,

des heiligen Apostolischen Stuhles zu Rom geborener Legat,
Hausprälat und Thronassistent Sr. Päpstlichen Heiligkeit,

zur Vollendung seiner Kathedrale

die

Görres-Gesellschaft.

Konrad von Hostaden

Erzbischof von Köln

(1238—61).

Von

Dr. Hermann Cardauns.

Inhalt.

Vierter Theil.

Die Kirche, das geistige Leben und die Kunst.

Vorbericht.

Die Geschichte des gewaltigen Mannes, welcher vor 632 Jahren den Grundstein zu dem nunmehr fast vollendeten schönsten Denkmal deutscher Baukunst legte, ist schon häufig eingehend behandelt worden. Bereits 1771 erschien eine kleine Monographie des Kölner Juristen Hamm (de Conrado ab Hochstaden), bei dem dürftigen Material und der schroffen Parteistellung des Verfassers wenig befriedigend. Ein Aufsatz v. Sybel's (Erzbischof Konrad von Hochstaden und die Bürgerschaft von Köln, in Lersch's Niederrheinischem Jahrbuch 1, 120) beschränkte sich auf Behandlung einzelner Punkte in aphoristischer Form. Das bekannte Buch Burckhardt's (Konrad von Hochstaden, Erzbischof von Köln, 1843) konnte seine Aufgabe nur unvollkommen lösen, da ein sehr beträchtlicher Theil der chronikalischen und urkundlichen Quellen noch ungedruckt war, ein Umstand, den Burckhardt selbst sich durchaus nicht verhehlte. Bei Seibertz (Landes- und Rechts-Geschichte des Herzogthums Westfalen, 3, 80 — 137; erschien 1864) waltete der westfälische, bei Ennen (Geschichte der Stadt Köln 2, 77 — 157; erschien 1865) der städtische Gesichtspunkt vor, und die kleine Dissertation Decker's (Konrad von Hochstaden, Erzbischof von Köln. Freiburger Diss. 1870, gedruckt in Bonn) konnte bei ihrer Kürze den Gegenstand unmöglich erschöpfen, zumal sie nur naheliegende Urkundenwerke benutzte und Quellen wie die Annalen von St. Pantaleon und das Regestum Innocentii übersehen hatte.

Eine neue Monographie war unter diesen Umständen eine lockende Aufgabe. Die ersten Vorarbeiten entstanden bereits vor mehr als einem Jahrzehnt; dass andere Publicationen und später persönliche Verhältnisse den Verfasser an der Ausführung eines Lieblingsgedankens lange verhindert haben, ist, so hoffe ich wenigstens, dem Buche zu Gute gekommen. Die siebenziger Jahre brachten zahlreiche Erscheinungen, aus welchen sich weitere Ausbeute gewinnen liess. Als die hauptsächlichsten seien genannt die neuesten Bände der Monumenta, Potthast's Regesta pontificum, der dritte Band des Mittelrheinischen Urkundenbuches (1875), Hegel's Verfassungsgeschichte von Köln im Mittelalter (1877) [1]), Schirrmacher's Schrift über Albert von Possemünster (1871), die Arbeiten Busson's [2]) und Weizsäcker's [3]) über den Rheinischen Bund u. s. w. Der Verfasser selbst konnte mittlerweile die beiden wichtigsten chronikalischen Quellen neu herausgeben und commentiren [4]), einzelne Controversen in kleinen Aufsätzen erledigen, und Konrad's Regesten als die eigentliche Grundlage des Ganzen vervollständigen [5]). So ergab sich die willkommene Möglichkeit, den Apparat dieses Buches auf ein bescheidenes Maass zurückzuführen und die leidige Nothwendigkeit polemischer Auseinandersetzungen auf verhältnissmässig seltene Fälle zu beschränken. An ungedrucktem Material stand mir, abgesehen von wenigen, aber wichtigen Briefen der Päpste Gregor und Innocenz, die ich der gütigen Mittheilung des Hrn. Prof. Ficker verdanke, fast nur eine allerdings nicht unerhebliche Zahl kölnischer Urkunden zu Gebote, die meistens bereits in den Regesten Erwähnung gefunden haben [6]). Die wichtigsten sind im Anhang zum Abdruck gebracht.

Aussichtslos schien der Versuch, dieses in den verschiedensten Richtungen so ereignissvolle und mächtig eingreifende Pontificat nach der zeitlichen Reihenfolge darzustellen. Statt dessen ergab sich als, wie mir scheint,

---

[1]) Separat-Abdruck aus den Chroniken der Stadt Köln Bd. 1 u. 3 (Chroniken der deutschen Städte 12 u. 14).

[2]) Zur Geschichte des grossen Landfriedensbundes deutscher Städte. 1874.

[3]) Der Rheinische Bund. 1879.

[4]) Annales Monasterii S. Pantaleonis Mon. Germ. SS. 22. Dazu die Erläuterungsschrift im Archiv für die Geschichte des Niederrheins 7, 197. Hagen's Reimchronik in den Chroniken der Stadt Köln 1.

[5]) Annalen des hist. Vereins für den Niederrhein Heft 35. Auch in Separat-Abdruck erschienen (Köln. 1880). Im Folgenden citirt R mit Ordnungsnummer. Gewöhnlich in abgekürzter Form sind citirt: Annalen des hist. Vereins für den Niederrhein (Annalen); Archiv für die Geschichte des Niederrheins (Archiv); Lacomblet, Urkundenbuch für die Geschichte des Niederrheins (Lacomblet); Quellen zur Geschichte der Stadt Köln (Quellen); Seibertz, Urkundenbuch zur Landes- und Rechtsgeschichte des Herzogthums Westfalen (Seibertz); Urkundenbuch zur Geschichte der mittelrheinischen Territorien (Mittelrhein. Urk.). Für Kaiser-Urkunden und Papstbriefe citire ich meistens nur Böhmer bezw. Potthast mit Ordnungsnummer; natürlich beruht die Darstellung, abgesehen von wenigen Fällen, auf den Urkunden selbst.

[6]) Vgl. die Vorbemerkung zu den Regesten. Die dort angedeuteten Citat-Abkürzungen sind gewöhnlich auch im Folgenden beibehalten.

selbstverständlicher Eintheilungsgrund: Konrad zu schildern als Fürsten des
Reiches, als Landesfürsten, als Fürsten der Stadt Köln und als Fürsten der
Kirche. Sein Wirken von weitern Gesichtspunkten aus zu betrachten, ihn
zu schildern im Rahmen seiner Zeit, fühlte ich mich nicht berufen. Manchem
mag es scheinen, ich sei den weltbewegenden Fragen des 13. Jahrhunderts
zu sehr aus dem Wege gegangen. Aber die Erörterung derselben war in
einer provincial-historischen Arbeit nicht unumgänglich geboten, und dem
Reichs- und Kirchenhistoriker der Zukunft Bausteine geliefert zu haben,
schien mir wünschenswerther, als die Aufstellung vielleicht irriger und bei
dem gegenwärtigen Stande der Forschung jedenfalls bestrittener Ansichten
über den verhängnissvollsten Zusammenstoss zwischen Sacerdotium und
Imperium, den das Mittelalter gesehen hat.

Lücken und Fehler wird der aufmerksame Leser ohne Zweifel zahlreich entdecken, und ich fühle das Bedürfniss, hier ein persönliches Moment
zu berühren, welches wohl freundliche Berücksichtigung beanspruchen darf.
Die folgenden Blätter sind die oft mühsam erkämpfte Frucht der wenigen
freien Stunden, welche eine zerstreuende, die Ruhe der Forschung immer
wieder störende Berufsthätigkeit dem Verfasser übrig liess; schwerlich hätte
er sie der Oeffentlichkeit schon jetzt übergeben, hätte nicht eine bestimmte
Veranlassung ihr Erscheinen gefördert. Sie sollen erscheinen in dem Jahre,
welches die Thürme mit der Kreuzblume schmückt, in welchem die Gründung Konrad's, der Stolz meiner Vaterstadt, der herrlichste Gottestempel auf
deutscher Erde, im Glanze der Vollendung steht; als ein Zeichen der Verehrung und der Treue für den Nachfolger Konrad's von Hostaden, und
dann auch als Zeichen herzlichen Dankes für die Gesellschaft, durch deren
Vermittelung es mir gestattet ist, dem für das Recht und die Freiheit
der Kirche leidenden Oberhirten diese Gabe zu widmen.

Erster Theil.

Die Reichspolitik Konrad's.

Erstes Capitel.
Die ersten Kämpfe gegen die kaiserliche Partei.

Der Anfang des 13. Jahrhunderts war für das Erzstift Köln eine schwere Zeit. Der Bürgerkrieg, den Erzbischof Adolf von Altena durch die unselige Wahl Otto's von Poitou heraufbeschworen, machte besonders die gesegneten Fluren am untern Rhein zum Schauplatz arger Greuel, und der Jammer wuchs, als Adolf die welfische Partei verliess und diese Bruno von Sayn zum Gegenbischof erkor. Der unerwartete Triumph Otto's durch die Ermordung Philipp's von Schwaben brachte eine kurze Zeit der Ruhe; nur wenige Jahre, und wieder hat das Stift zwei Prätendenten wie das Reich: dort Dietrich von Hengebach [1] und Adolf von Altena, hier Otto und Friedrich II. Verschleuderung der Stiftseinkünfte, Verwüstung des Landes, allgemeine Verwilderung waren die Früchte; während des welfisch-staufischen Thronstreites ist am Niederrhein jenes Geschlecht adeliger Tyrannen herangezogen worden, welches in den Erzählungen des Cäsarius von Heisterbach eine so unerfreuliche Rolle spielt. Dann kamen bessere Tage unter Engelbert's von Berg kraftvoller Herrschaft. Den Besitz der väterlichen Grafschaft mit den kölnischen Besitzungen am Rhein und in Westfalen vereinigend, Doppelherzog vom Rhein bis zur Maas und Weser, Lehnsoberhaupt zahl-

---

[1] Seine Abstammung aus dem Heimbach'schen Hause (Hengebach nach der Schreibung des 13. Jahrh.) ist jedenfalls wahrscheinlicher als die gewöhnliche Bezeichnung Dietrich von Heinsberg. Vgl. Ficker, Engelbert der Heilige 216. 1190 erscheint er (Lacomblet 1, 367) als Vormund des Knaben Th. von Hengebach.

reicher Fürsten, Grafen und Herren, hat er im nordwestlichen Deutschland eine kaum bestrittene Machtstellung eingenommen. Mag auch sein Charakter nicht fleckenlos gewesen sein, wie dies sein Biograph bei aller Liebe und Bewunderung durchblicken lässt, mag ihn sein hoher Geist und das Gefühl seiner Kraft zu einem Eingreifen veranlasst haben, dessen Strenge nicht immer unbedingt geboten war, mochte auch in seinen letzten Jahren die traditionelle Hinneigung der Erzbischöfe von Köln zu England ihn zu einer mit den Interessen des Reiches oder wenigstens mit den Plänen des Kaisers nicht immer vereinbaren Politik verleiten: trotzdem bleiben die neun Jahre, während welcher er als Schirmer des Friedens, als Wiederhersteller kirchlicher Zucht, als treuer Pfleger des jungen Königs Heinrich und Verweser des Reichs, ein echter Fürst und ein wahrer Priester, Mitra und Herzogshut getragen hat, eines der besten Blätter unserer Geschichte, und ein Schrei der Entrüstung und des Schmerzes erscholl durch ganz Deutschland, als am 7. November 1225 die Hand Friedrich's von Isenburg diesem edeln Leben ein allzufrühes Ende bereitete.

Nur zu bald sollte sich zeigen, wie viel Kirche und Vaterland, wie viel vor allem das Erzstift an dem „edeln Fürsten von Köln" verloren hatten. Wohl war Manchem sein jäher Tod ein willkommenes Ereigniss. An Neid und Anfeindung, den steten Begleitern wahrer Grösse, hatte es ihm wahrlich nicht gefehlt: mancher der wilden Herren am Niederrhein mochte jubeln, dass endlich der strenge Zuchtmeister, der starke Beschützer der Klöster und Stifter gegen die Uebergriffe der Laienvögte, hinweggenommen sei; aufathmete die Stadt Köln, deren Selbständigkeitsgelüste sich widerwillig hatten beugen müssen unter seiner eisernen Faust. Aber in den Wirren der nächsten Jahre musste die Erinnerung an vereinzelte Härten schwinden, und nichts blieb, als das Andenken an seine Grösse, seine Tugenden, seinen um der Gerechtigkeit willen erlittenen Tod.

So recht geeignet, Engelbert den Heiligen in glänzendem Licht erscheinen zu lassen, ist das schwächliche Regiment seines Nachfolgers Heinrich von Molenark (1225—38). Kaum jemals hat eine weniger bedeutende Figur auf dem Kölner Stuhle gesessen. „Viel Bemerkenswerthes ist unter ihm geschehen," fügt ein Zeitgenosse dem kurzen Bericht über sein Pontificat hinzu, „aber wegen seiner allzu grossen Einfalt wurde es nicht auf Rechnung seiner Tüchtigkeit gesetzt" [1]). „Er war die reine Null, deshalb nannte man ihn Leinehose," heisst es anderswo [2]), und auf die Lobreden eines vereinzelten Panegyrikers [3]) wird man kein Gewicht zu legen haben, wenn unsere allerdings sparsamen Nachrichten seine Regierung als eine selten unterbrochene Kette von Niederlagen und Verlegenheiten erscheinen lassen. Selten begegnet er uns in den Angelegenheiten des Reiches, und wenig galt sein Name in Stift

---

[1]) Zusatz zum Bischofs-Katalog des (Cäsarius Monum. Germ. SS. 24, 347).
[2]) Ebend. 344. — [3]) Ebend. 366.

und Hauptstadt, wo sein Vorgänger als wahrer Herrscher gewaltet. Bei seiner Wahl hatte er die feierliche Verpflichtung übernommen, Engelbert's Tod zu rächen: er hat dieses Ziel eifrig aber unglücklich verfolgt. Friedrich von Isenburg und seine Spiessgesellen ereilte zwar die verdiente Strafe, aber gegen die grossen Herren, als deren Handlanger der Graf galt, richtete Heinrich wenig aus. Er scheint seiner Sache ziemlich gewiss gewesen zu sein, als er sich mit dem Bischof von Osnabrück über die Theilung der Grafschaft Tecklenburg einigte; aber Graf Otto sorgte dafür, dass der Vertrag nicht zur Ausführung gelangte, und was von den Isenburgischen Spolien nicht der Sohn des Mörders behauptete, kam der Grafschaft Mark zu Gute, die sich seitdem gefährlich zwischen dem rheinischen und westfälischen Stiftstheil ausdehnt. Zudem war durch den Tod Engelbert's die Grafschaft Berg an das feindliche Herzogshaus von Limburg gefallen, und mehr als einmal hat sich in den nächsten Jahren gezeigt, wie ernst diese Vereinigung das schmale Band des rheinischen Stiftsgebietes bedrohte [1].

Aus dem Knäuel der rheinisch-westfälischen Fehden Vortheil zu ziehen, war Heinrich wohl schon durch seine stete Geldnoth verhindert. Mehrmals liessen sich die Kölner Bürger durch König Heinrich und Kaiser Friedrich [2] verbriefen, Niemand solle sich wegen erzbischöflicher Schulden oder Versprechungen an sie halten dürfen, und ebenso schützte sich das Domcapitel durch eine päpstliche Verfügung gegen die Gefahr, wegen der von Heinrich aufgenommenen Anleihen in Mitleidenschaft gezogen zu werden [3]. Ueberhaupt war sein Verhältniss zum Capitel ein schlechtes; 1231 brach offener Zwiespalt aus, „der vieler Uebel Same war" [4]); das Capitel klagte beim Papst. mehrfach seien seine Mitglieder von Heinrich ohne vorhergehende Mahnung und Ladung gebannt worden, worauf Gregor IX. ein solches Verfahren verbot [5]. Um dieselbe Zeit schwebte gegen ihn die Untersuchung wegen eines schweren sittlichen Vergehens [6]. Heinrich führte seine Sache in Rom persönlich und erwirkte seine vollständige Freisprechung [7]), stürzte sich aber in neue Geldverlegenheiten. Noch nach Jahren war die Forderung des römischen Bürgers Juvenal Mannetti unbefriedigt, so dass Gregor IX. den

---

[1]) Ueber diese Folgen der Ermordung Engelbert's vgl. Ficker. Eng. d. Heilige 187 ff.
[2]) Lacomblet 2, 87. 107.
[3]) Lacomblet 2, 92.
[4]) Annal. Col. max. Mon. Germ. SS. 17. 842.
[5]) Am 3. Febr. 1232. Copiar des Domstifts (Stadtarchiv). Anlagen 2.
[6]) Annal Col. max a. a. O. 843 Schreiben Gregor's IX. 1232 Juli 16. Potthast 8971. Schon früher war Heinrich den Censuren päpstlicher Bevollmächtigter verfallen. 1229 Febr. 5 aber erkennt Gregor an, seine Delegirten hätten ihre Gewalt missbraucht. und ähnliche Sentenzen solle nur ein legatus a latere verhängen dürfen. Potthast 8333.
[7]) Vgl. das Fragment Mon. Germ. SS. 24. 366 nebst den Anmerkungen, ausserdem das merkwürdige Gedicht auf den Erzbischof, welches Winkelmann in Pick's Monatsschr. für die Gesch. West-Deutschlands 4, 310 herausgegeben und ebend. 337 erklärt hat.

1*

Erzbischof von Mainz auffordern konnte, zur Deckung der Schuld nöthigenfalls die erzbischöflichen Tafeleinkünfte anzugreifen [1]).

Die reichsfürstliche Thätigkeit Heinrich's ist wenig bedeutend. Ziemlich oft finden wir ihn in der Umgebung König Heinrich's VII., aber immer nur auf ganz kurze Zeit. Mehrfach gebrauchte ihn Kaiser Friedrich zu Verhandlungen mit England; an den freilich erfolglosen Bündnissverhandlungen von 1227 scheint er einen erheblichen Antheil gehabt zu haben [2]), und dass er der Heirath Kaiser Friedrich's mit der englischen Isabella nahe stand, beweist schon der Umstand, dass ihm die Einholung der kaiserlichen Braut übertragen wurde. Um so mehr mochte er sich der Gunst seines Herrn freuen, als er bei der kopflosen Empörung des jungen Heinrich vielleicht betheiligt gewesen ist [3]). Noch auf der Bopparder Versammlung im September 1234 finden wir den Erzbischof bei ihm, der also erst im letzten Augenblick das sinkende Schiff verlassen zu haben scheint. Jetzt war die Gefahr vorüber, und als Isabella unter glänzenden Festlichkeiten in Köln verweilte, als er mit ihr rheinaufwärts zog zum Kaiser und Theil nahm am Mainzer Hoftag, wo der alte Zwist zwischen Staufern und Welfen begraben ward, wo zum letzten Mal für lange, lange Zeit ganz Deutschland zusammenströmte, äusserlich geeinigt und kraftvoll, wie man es seit des Rothbarts Tagen nicht mehr gesehen, da hat vielleicht auch Erzbischof Heinrich freudig in die Zukunft geblickt, hoffend auf eine Zeit der Ruhe und des Friedens. Es sollte anders kommen. Gerade rechtzeitig ist er gestorben, um nicht mehr den Anfang einer Periode zu erleben, in der es nur galt, Hammer zu sein oder Amboss.

Denn in verhängnissvoller Weise hatte sich seit dem Mainzer Fest die Lage verändert. Zunächst freilich hatte der Kaiser noch weitere grosse Erfolge erzielt. Als er mit Unterstützung des Papstes Gregor, mit dem er einmal in offener Feindschaft und nie in sicherm Frieden gelebt, die Rebellion seines Sohnes niederwarf, war als sein einziger Gegner in Deutschland noch Herzog Friedrich der Streitbare von Oesterreich übrig; aber mit leichter Mühe brachte er gegen den leidenschaftlichen Jüngling eine Coalition der Nachbarfürsten in die Waffen, und als er Ende 1236 nach glücklichen Kämpfen in der Lombardei Oesterreich besuchte, fand er den Herzog fast seines ganzen Landes beraubt. Elf bei ihm in Wien anwesende Fürsten wählten seinen erst elfjährigen Sohn Konrad zum König, andere traten auf einem Speierer Hoftage bei. Dann zog der Kaiser — es war das letzte Mal, dass er Deutschland betrat [4]) — zum Entscheidungskampf über den Brenner, und

---

[1]) Potthast 10146.

[2]) Schreiben Heinrich's v. England 1227 April 13. Böhmer, Regesten Reichssachen.

[3]) Vgl. hierüber Winkelmann, Kaiser Friedrich 1, 457 Anm. 2.

[4]) Wenigstens steht die Annahme eines heimlichen Besuches in Deutschland 1241 auf schwachen Füssen. Anknüpfend an die von mir (Forschungen 12, 452) veröffentlichte Urk. Friedrich's hat Ficker die Frage nochmals untersucht im Decemberheft 1871 der Wiener Akad. der Wissensch.

im November 1237 erlag ihm die vereinigte Macht des Lombardenbundes bei Cortenuova. Das uralte Ziel der Staufer, die Vernichtung der oberitalienischen Städtefreiheit, schien erreicht; nur wenige Städte verharrten noch im Widerstande und auch sie boten Unterwerfung an auf harte Bedingungen. Friedrich wies sie ab, der Rumpf des Bundes setzte den Krieg fort mit der ganzen wilden Energie italienischer Republiken, und nun erstand ihm ein starker Bundesgenosse: Papst Gregor trat in den Kampf ein.

Die Spannung zwischen den beiden höchsten Gewalten der Christenheit war auch durch den Frieden von San Germano nicht beseitigt worden, und namentlich durch die päpstliche Vermittlerrolle in der lombardischen Frage erhielt sie stets neue Nahrung. Als in der Schlacht von Cortenuova die beste Schutzwehr des Papstes gegen die Uebermacht des Kaisers zusammenbrach, werden sich beide nur noch schwache Hoffnungen gemacht haben, den Zusammenstoss zu vermeiden. Lag auch der Hauptschauplatz desselben südlich der Alpen, so musste doch die Stellung der deutschen Fürsten von grösster Bedeutung sein. Grosse Hoffnungen hat Gregor IX. wahrscheinlich auf die Wendung in Süddeutschland gesetzt, wo Herzog Friedrich der Streitbare seine Länder wiedergewann und, unter Vermittelung des Herzogs von Baiern und der baierischen Bischöfe, sich mit dem König von Böhmen vertrug (März 1238). Allem Anschein nach war der Papst, vielleicht auch sein delegirter Richter, der Passauer Archidiakon Albert, gewöhnlich der Böhme [1]) genannt, an diesem Friedenswerk betheiligt, und gewiss hat dann der Gedanke an die Bildung einer süddeutschen Fürsten-Opposition mitgespielt. Bitter sind nachmals diese Erwartungen getäuscht worden; um so werthvoller aber hat sich ein Ereigniss erwiesen, welches sich gerade um dieselbe Zeit im Nordwesten des Reiches zutrug: am 26. März starb Erzbischof Heinrich von Köln, im folgenden Monat — Niemand hat näher über Zeit und Umstände berichtet — wurde der Kölner Propst Konrad von Hostaden zu seinem Nachfolger gewählt (R 16).

Die Grafen von Hostaden — über Familie und Grafschaft wird an anderer Stelle gehandelt werden — waren ein staufisch gesinntes Geschlecht. Mehrere Glieder ihres Hauses hatten sich der besondern Gunst des Kaisers Heinrich VI. erfreut. Nach dem Tode des grossen Erzbischofs Philipp von Köln war der Bonner Propst Lothar von Hostaden gewählt worden, hatte aber, vermuthlich durch die Drohungen der bergischen Partei eingeschüchtert, auf Annahme der Wahl verzichtet. Bald darauf drängte ihn Heinrich VI. in rücksichtslosester Form den Lüttichern als Bischof auf, ein Gewaltact, der freilich von Rom cassirt wurde und für den Kaiser sehr ernste Folgen hatte. [2]) Beim Ausbruch des Thronstreites stand Graf Lothar, Konrad's

---

[1]) Ich halte mich an die herkömmliche Bezeichnung. Auf die grosse Controverse zwischen Schirrmacher und Ratzinger (vgl. besonders die Aufsätze des Letztern Hist.-polit. Bl. 84, 565 ff.) hier einzugehen, liegt kein Grund vor.

[2]) Vgl. hierüber Toeche, Kaiser Heinrich 217. 223.

Vater, allerdings auf Seiten Otto's, trat aber Ende 1204 mit den meisten niederrheinischen Herren zu Philipp über. Im folgenden Jahre belagerte Otto die an der Erft gelegene Burg Hostaden und erzwang Stellung von Geisseln; trotzdem zog der Graf im August mit dem ebenfalls zu Philipp übergetretenen Erzbischof Adolf von Köln, dem Grafen von Jülich und andern Herren gegen den Herzog von Limburg, Otto's Verbündeten, zu Felde, worauf der Gegenbischof Bruno von Sayn schon im nächsten Monat mit einem verwüstenden Zuge durch's Ahrthal und einer Belagerung des Hostaden'schen Schlosses Hart antwortete [1]. Jedoch blieb Lothar der staufischen Partei treu, und nahm hervorragenden Antheil an der Schlacht bei Wassenberg [2], welche König Otto's Macht gebrochen hat. Auch bei der Erneuerung des Thronstreites scheint er sich sehr früh Friedrich II. angeschlossen zu haben [3]. Bald darauf ist er gestorben [4], überlebt von seiner Gattin Mathilde von Vianden, die später mit Heinrich von Loos eine zweite Ehe schloss, und zahlreichen Kindern. Sein gleichnamiger Sohn erbte die Grafschaft.

Der Mann, dessen stürmischem Leben diese Blätter gewidmet sind, erscheint zuerst in Urkunden von 1210 und 1213 (R 1. 2). Vermuthlich war er damals noch ein Kind [5]; wann der grösste Staatsmann des Interregnums geboren wurde, hat Niemand uns überliefert. 1216 übertrug ihm sein Bruder Graf Lothar die Pfarrei Wevelinghoven, und als sein Collaturrecht auf Widerspruch stiess, bestätigte Erzbischof Engelbert die Verleihung (R 3). Zehn Jahre darauf finden wir ihn als Domcanonicus zu Köln [6]. Wenig später kam er mit der vom Hostaden'schen Hause vielfach begünstigten Benedictiner-Abtei Knechtsteden in Streit wegen des Patronatsrechtes über einige Pfarrkirchen, fügte sich jedoch, als der Spruch päpstlicher Commissarien zu seinen Ungunsten ausfiel (R 6. 7).

In Händel der schlimmsten Art verwickelte ihn seine Erhebung zum Kölner Dompropst. Nach den bezüglichen Schreiben des Papstes Gregor [7], unserer einzigen Quelle über diese scandalösen Vorgänge, stritten sich der Propst Konrad von St. Maria ad gradus zu Köln und ein anderer Konrad um die Dompropstei. Schon Ende 1234 weist Papst Gregor den Erzbischof

---

[1] Annal. Col. max., Mon. Germ. SS. 17, 820. Chronica regia ebend. 24, 9 (Auszug aus letzterer in den sogen. Annal. minimi ebend. 17, 851).

[2] Chron. regia a. a O. 11.

[3] Vgl. zu der betr. Stelle des Reiner von Lüttich die Bemerkungen Winkelmann's Kaiser Friedrich 1, 36 Note 3.

[4] Anfang 1214 (wahrscheinlich 1215 neuen Stils) lebt er noch, Lac. 2, 24. Dagegen erscheint 1216 (R 3) bereits sein Sohn als Graf.

[5] Darauf weist wohl der Ausdruck cum prole nostra in der Urk. seines Vaters von 1213 (R 2) hin.

[6] Ob er auch ein Canonicat zu Lüttich besass, ist mindestens zweifelhaft. Vgl. meine Bemerkungen zu R 4.

[7] Potthast 9800. 10439.

von Mainz an, den Letztern während der Dauer des Processes mit Mitteln aus den Propsteigütern zu versehen. Jahrelang schleppte sich seitdem der Streit fort. Der Propst von St. Marien erwirkte ein günstiges Schreiben des Papstes und liess seinen Gegner sogar excommuniciren; als aber dieser persönlich nach Rom ging, wurde der Bann für ungültig erklärt und der Process wieder aufgenommen. Durch tolle Hitze machte sich der Propst von St. Marien vollends unmöglich. Als er den päpstlichen Mandaten offenen Widerstand entgegensetzte, wurde er nach Rom geladen, liess den Termin verstreichen, und päpstliche Bevollmächtigte führten den Canonicus Konrad von Büren als Procurator des andern Bewerbers in die Propstei ein; nun aber griff der Propst von St. Marien zur Gewalt, zog den Procurator an den Haaren aus der Kirche, plünderte, desshalb mit dem Banne belegt, sein Haus und setzte ihn gefangen. Da beauftragte Gregor drei Mainzer Dechanten, ihn feierlich zu excommuniciren — über den weitern Verlauf ist nichts überliefert, und es lässt sich nicht einmal mit Sicherheit feststellen, ob Konrad in diesem wüsten Handel der Verfolger oder der Verfolgte gewesen ist [1]).

„Von unserer Jugend an hat es uns gepflegt wie sein Reis, und pflanzend liess es uns gleichwie zu einem Baume emporwachsen zu dem, was wir sind, und überdies nahm es uns trotz unserer Unwürdigkeit durch Gottes Güte an zum Amt der Hirtensorge, zum Erzbischof und Lenker seiner Seelen." In diesen schwungvollen Wendungen hat Konrad einige Jahre später (R 86) dem Domcapitel den Dank für seine Wahl ausgesprochen. Welche Einflüsse und Erwägungen dieselbe zu Stande gebracht haben, ist gänzlich unbekannt. Dass sie dem Kaiser in hohem Grade erwünscht kam, ist wahrscheinlich; gerade angesichts des Conflictes mit dem h. Stuhl musste es ihm lieb sein, auf dem Kölner Erzstuhl den Sprossen eines in früheren Wirren seinem Hause treu ergebenen Geschlechtes zu wissen, den er im Mai 1236 (R 11) zu Coblenz in seiner Umgebung gesehen, dessen hervorragende Fähigkeiten ihm schwerlich entgangen waren.

Die nächsten Monate — allerdings auch nur diese — haben seine Erwartungen nicht getäuscht [2]). Am 2. Mai 1238 starb der Kölner Suffragan-

---

[1]) Hegel (Chroniken der Stadt Köln 1, 443 und 3, Einl. 247) nimmt Ersteres an. Auffallend ist allerdings, dass Konrad v. Hostaden zwei Mal in Kölner Bischofs-Katalogen (Mon. Germ. SS. 24, 354. 356) als Propst von St. Marien bezeichnet wird, während erst spätere Chroniken ihn als Dompropst bezeichnen; wenn er sich selbst in Urkunden von 1236 und 1237 (R 11. 13. 14) Dompropst nennt, so ist daraus kein sicherer Schluss zu ziehen, weil um diese Zeit der Streit (das letzte Schreiben des Papstes ist von 1237 Aug. 31) noch schwebte. Wichtiger ist, dass schon eine Urkunde der Elisa von Heimbach von 1234 Apr. 25 (R 5) von C. prepositus Coloniensis (ohne Zusatz, also doch wohl Dompropst) besiegelt ist; Elisa aber ist Schwester Konrad's v. Hostaden. Zu voller Sicherheit freilich ist nicht zu gelangen.

[2]) Hauptquelle der Darstellung bis 1249 sind die Annalen von St Pantaleon (Mon. Germ. SS. 22, 530). Ich verweise hier im Allgemeinen auf die dort beigefügten Noten und auf meine Abhandlung im Archiv f. d. Gesch. d. Niederrheins 7, 197 ff.

bischof Johann von Lüttich, und das Ergebniss wiederholter Capitelver-
sammlungen war eine zwiespältige Wahl. Der eine Candidat, Wilhelm von
Savoyen, erwählter Bischof von Valence, Oheim der Königin von Frankreich,
Bruder des Grafen Thomas von Maurienne und Flandern, ein Günstling des
Papstes, befand sich damals in Italien, wo er dem Kaiser im Lombarden-
krieg gute Dienste leistete. Trotzdem neigte Friedrich II. dem Gegencan-
didaten, dem Propst Otto von Aachen, zu, und hierbei wurde er von Konrad
unterstützt. Von Mainz aus, wo auch der ebenfalls für Otto gesinnte Herzog
Heinrich von Brabant und der Graf von Geldern sich einfanden [1]), reisten
die beiden Erwählten über die Alpen. Im August (R 21) finden wir sie
im kaiserlichen Lager vor Brescia. Hier wurden sie mit den Regalien
belehnt und kehrten dann sofort nach Deutschland zurück, ohne den päpstlichen Hof zu besuchen. Schon am 20. September (R 22) war Konrad
wieder in Köln.

Ohne wichtige Ereignisse — es war die Ruhe vor dem Sturm —
verlief am Niederrhein der Rest des Jahres. Differenzen mit dem rheinischen
Pfalzgrafen glich Konrad unter Vermittelung des Herzogs von Brabant durch
einen Vertrag vom 15. Oct. (R 23) aus. Scharf ging er (R 24) gegen den
Grafen von Arnsberg vor, dessen Leute zu Berwick blutige Händel ange-
fangen hatten. Mit 300 Rittern, versprach der Graf, werde er in Köln
einreiten und einen Fussfall thun, um den Erzbischof zur Annahme der
Sühnebedingungen zu bewegen; auch werde er ihm auf sein Ansuchen
Hülfe leisten mit 200 gepanzerten Rossen. Trefflich benutzte Konrad die
unsichere Friedenszeit, um sich der Treue seiner Hauptstadt zu versichern;
ein Privileg drängte das andere, und gleich zu Anfang des nächsten Jahres
zeigten sich die Früchte: als der Graf von Sayn mit ihm in Fehde lag und
bei Bonn den Rheinübergang wehrte, erschien eine starke städtische Flotte
und zwang den Grafen zum Frieden.

Mittlerweile war der Bruch zwischen Kaiser und Papst unheilbar
geworden, und am 20. März 1239 verhängte Gregor über Friedrich den
Bann. Um dieselbe Zeit (R 32) hat Konrad sich entschlossen, auf die Seite
des Papstes zu treten. In tiefem Geheimniss verliess er Köln und eilte
nach Rom, wo er mit Wilhelm von Valence zusammentraf. Erst als er
sich herbeiliess, dessen Ansprüche auf den Lütticher Stuhl anzuerkennen,
erhielt er selbst die Bestätigung des Papstes; im Juni trat er die Rückreise
an. Es war der entscheidendste Schritt seines Lebens. In einem Augenblick, wo der jähe Sturz des staufischen Hauses gewiss nicht zu den wahrscheinlichen Dingen gehörte, hatte er sich von der kaiserlichen Sache, wenn
auch noch nicht öffentlich, getrennt; an der Niederlage des Papstthums hat
er Theil genommen wie kein zweiter deutscher Fürst, aber je mehr dann
die kaiserlichen Sterne erblichen, desto glänzender stieg sein Stern empor.

---

[1]) Reimchronik des Philippe Mouskés (Collect. des chron. Belges inéd.) v. 29828.

Noch allerdings lag die Erhebung der deutschen Fürstenopposition, welche Gregor erwartete, in weiter Ferne, und Konrad durfte an eine thätige Unterstützung des Papstes um so weniger denken, als er selbst daheim übergenug zu thun fand. Kaum war er wieder in Köln, als ihm — über die Veranlassung besitzen wir keinerlei Nachricht — zunächst in dem Luxemburger Heinrich Herzog von Limburg, durch seine Heirath mit der Erbtochter Irmgardis auch Graf von Berg, ein unverächtlicher Gegner erwuchs. Auch diesmal standen die Bürger zu ihm, und rasch wurde mit ihrer Hülfe der erste Erfolg errungen: es gelang dem Erzbischof, vermittels zweier mit Thürmen und Sturmbrücken versehener Schiffe das bergische Castell Deutz, gegenüber Köln, zu erobern, und schleunigst wurde die halb verfallene Burg durch neue Werke gesichert. Zwar rückte der Herzog heran, aber als Konrad vor Deutz ihm entgegentrat, wagte er keinen Angriff und verstand sich nach einem Zuge des Erzbischofs durch die Grafschaften Berg und Sayn zu einem Frieden, welchen der Herzog von Brabant vermittelte.

Die Waffenruhe war von kurzer Dauer. Der Brabanter, der sich mit Konrad wegen dessen veränderter Stellung in der Lütticher Bisthumsfrage überworfen hatte, gab vor, der Erzbischof habe den Frieden gebrochen, und trat nun selbst in den Kampf ein. Ihm schlossen sich der Herzog von Limburg und dessen Bruder Walram von Montjoie an, Graf Arnold von Loos und Chiny versprach seinen Beistand, im weitern Verlauf des Krieges traten noch der Herzog von Oberlothringen, die Grafen von Jülich und Geldern, sowie Friedrich Herr von Bedburg und Reifferscheid auf seine Seite[1]. Konrad's Hauptstütze war sein Neffe Dietrich Graf von Hostaden, auch von dem Erzbischof Sifrit von Mainz[2], von den Bischöfen von Münster und Osnabrück durfte er Zuzug erwarten: so war ein grosser Theil des nördlichen und mittlern Deutschland in die Fehde verwickelt.

Mit einem Heere von angeblich 80,000 Mann fiel der Brabanter in das Erzstift ein und zog an Neuss vorbei vor Köln[3], ohne jedoch einen Angriff gegen die feste Stadt zu unternehmen. Unter argen Verwüstungen marschirte er nach Bonn, der Platz wurde in Brand gesteckt, auch die schöne Münsterkirche ging in Flammen auf, dann schritt er zur Belagerung von Lechenich. Unterdessen hatte aber auch Konrad ein starkes Heer auf die Beine gebracht, und ohne weiteren Kampf kehrte der durch Hunger bedrängte Herzog heim. Jetzt übte sein Gegner Vergeltung. Mit

---

[1] Ausser den Annalen von St. Pantaleon sind für die Grafen v. Loos und Geldern noch die Urk. bei Luenig, Cod. Germ. dipl. 2, 1099 und Butkens, Trophées de Brabant 1, preuves 82 zu vergleichen.

[2] 1239 Mai 17 verspricht dieser dem Herzog v. Braunschweig Hülfe, nimmt aber das Reich und den Erzbischof von Köln aus. Gudenus, Cod. dipl. 1, 550.

[3] Die Belege Archiv 7, 208 ff. Für die ebend. 210 erwähnte verwirrte Erzählung bei Butkens ist noch der Zusatz zum Katalog des Cäsarius von Heisterbach (Mon. Germ. SS. 24, 347) zu vergleichen.

zahlreichen Hülfsmannschaften, namentlich der drei genannten Bischöfe, legte er sich vor Jülich; der Ort wurde verbrannt, während die Burg sich hielt. Weiter ging der Rachezug nach Westen. Schloss Berge wurde zerstört, das limburgische Herzogenrath in Brand gesteckt, auf dem Rückzug die Jülicher Burg Bergheim genommen. Dann entliess Konrad sein Heer, und nun begann wieder das alte Spiel. Zum zweiten Mal überschritt Heinrich von Brabant im Herbst die Maas, zerstörte die Burg Randerath, deren Besitzer den Sohn seines Verbündeten, des Grafen von Loos, gefangen hielt, brach Heerlen, nordwestlich von Aachen, und zwang nach zehnwöchentlicher Belagerung die Hostaden'sche Veste Dalhem zwischen Lüttich und Mastricht zur Uebergabe. Ein Streifzug, welchen Konrad, mittlerweile vom Bischof von Münster zum Priester und Bischof geweiht (Oct. 28, R 38), gegen Walram von Montjoie unternahm, hatte kein Resultat, als neue Verheerung des unglücklichen Landes.

So kam das zweite Jahr des Krieges. Unverzagt setzte Konrad den Kampf fort. Mit städtischen Hülfstruppen bestürmte er Zülpich, der Graf von Jülich rückte mit andern Herren zum Entsatz herbei, ein Waffenstillstand wurde gleich gebrochen. Schon lag Konrad wieder vor Schloss Broich bei Mülheim an der Ruhr [1]), als der junge König Konrad am Niederrhein erschien und den Parteien Ruhe gebot. Von Lüttich her, wo er das Ansehen des kaiserlichen Bischofs Otto festigte — sein Gegner Wilhelm war bereits im vorhergehenden Jahre in Italien gestorben —, kam er am 8. April nach Köln und vermittelte einen Stillstand bis Pfingsten; dann wolle er, falls er keine gütliche Einigung erziele, Rechtstag zu Frankfurt halten. Als der Erzbischof nicht dort erschien und sich nur durch Bevollmächtigte zu verantworten suchte, stellte der König sich offen auf Seite seiner Gegner, und wieder begann das Ringen. Vom Herzog von Oberlothringen, von Aachener Bürgern und kaiserlichen Völkern unterstützt, warf der Brabanter sich zum dritten Mal auf das Erzstift und berannte Lechenich. Gleichzeitig wurde Mettmann östlich von Düsseldorf, welches der Erzbischof kurz vorher als Zwingburg für die Grafschaft Berg befestigt hatte, durch einen Handstreich der Bergischen gewonnen. Bald gegen diesen, bald gegen den andern Gegner musste Konrad sich wenden. Mit geringer Begleitung ging er auf die bergische Veste Bensberg los; die umliegenden Dörfer wurden angezündet, da brach die Besatzung hervor: mit einer Handvoll Leute wurde der Erzbischof umringt und am Kinn verwundet; aber er wehrte sich, bis die Seinigen ihn nicht ohne Verlust heraushieben. Rasch eilte er über den Rhein zurück und lieferte beim Schlosse Bedburg ein glückliches Treffen; tödtlich verwundet fiel der Schlossherr Friedrich von Reifferscheid in die Hände des Siegers. Im Sommer hat er sich endlich zum Frieden entschlossen,

---

[1]) Nicht Imgenbroich an der Roer, wie Mon. Germ. SS. 22, 534 das castrum Bruch super Ruram fluvium erklärt wird.

ohne die Ankunft der zum Entsatz von Lechenich herbeieilenden westfälischen Hülfstruppen abzuwarten [1]). Adolf, der Sohn des Herzogs von
Limburg, bekam des Erzbischofs Schwester Margaretha zur Ehe und erhielt
die Hälfte von Deutz als kölnisches Lehen; sein Oheim Walram von Montjoie
bekam 700 Mark, wofür er Allod in Lehen verwandelte; Dalhem, über
welches eine Einigung nicht erzielt wurde [2]), blieb vorläufig in den Händen
des Herzogs von Brabant.

Wahrscheinlich hat sich Konrad zur Nachgiebigkeit bequemt, weil die
veränderte Stellung der Stadt Köln ihm keine Wahl mehr liess, welche ihm
wiederholt ihre Unterstützung versagte und im Sommer 1240 beim Kaiser
und seinem Sohne in grosser Gunst stand. Der Abfall der mächtigen Stadt
hat vielleicht zum grossen Theil den schlimmen Ausgang des Krieges
verschuldet, und sie sollte dem Erzbischof dafür büssen. Aber die Bürger
sahen sich vor, und Konrad liess es nicht zum Aeussersten kommen. Bedurfte
doch auch er nach den furchtbaren Anstrengungen und Verlusten der letzten
Jahre der Ruhe, um seine Kräfte zu sammeln für neue, bereits drohende
Kämpfe.

Wir sahen bereits, wie in die vermuthlich aus localen Ursachen
erwachsenen niederrheinischen Händel auch der grosse Kampf zwischen
Kaiser und Papst hineinspielte; aber hier wie anderswo in Deutschland hat
man es lange sorgfältig vermieden, offen Farbe zu bekennen. Noch immer
versuchte die Mehrzahl der Fürsten eine Mittelstellung zu wahren: Weder
gelang Gregor die Bildung einer geschlossenen Partei, die sich zu einer
Erhebung gegen den Kaiser hätte bereit finden lassen, noch vermochte
Letzterer eine grosse allgemeine Kundgebung zu seinen Gunsten herbeizuführen, und deutlich zeigt der grosse Vermittelungsversuch vom Frühjahr
1240 die Zerfahrenheit des Fürstenstandes. Gemeinsam ist den zum Theil
identischen Schreiben, welche eine grosse Zahl von Reichsfürsten im April
und Mai theils einzeln, theils mehrere zusammen an den Papst richteten [3]),
die dringende Bitte um Versöhnung mit dem Kaiser und die Bezeichnung
des Deutschmeisters Konrad als Unterhändler. Aber darauf beschränkt sich
auch die Uebereinstimmung, und im Uebrigen sondern sich die Briefe in
drei scharf geschiedene Gruppen. Vollkommen neutral halten sich der Erzbischof von Mainz, der Bischof von Augsburg, die Herzoge von Braunschweig
und Sachsen und die beiden Markgrafen von Brandenburg; der Landgraf
von Thüringen dagegen, die Herzoge von Oberlothringen, Brabant, Limburg
und des Letzteren Bruder Walram von Montjoie, die Grafen von Geldern,

---

[1]) Das Aufgebot der westfälischen Ministerialen (R 57) ist offenbar eine blosse
Stilübung.

[2]) Quod castrum de Daelem est exclusum a forma pacis factae inter Conrardum
archiepiscopum et Henricum ducem. Urk. Otto's v. Geldern 1240 Aug. 31 bei Butkens,
Trophées 1, preuves 82; Sloet, Oorkondenb. der graafsch. Gelre en Zutfen 624.

[3]) Mon. Germ. Legg. 2, 334 ff.

Loos, Jülich, Sayn und Luxemburg lassen bei allen Ergebenheitsversicherungen doch deutlich durchblicken, wie wenig sie sich auf die Seite des Papstes stellen: man sieht, die ganze Coalition, mit welcher Konrad es damals zu thun hatte, ist kaiserlich gesinnt. Umgekehrt gelobt Letzterer mit den Bischöfen von Münster, Osnabrück und Worms in einem Schreiben vom 8. April (R 44) — an demselben Tage weilte König Konrad in Köln — dem Papst seinen Beistand, falls der Kaiser nicht zur Einigung bewogen werden könne, und der Erzbischof von Trier mit sechs weitern Prälaten äusserte sich in gleichem Sinne. Es war nicht gelungen, wie 1230 vor dem Frieden von San Germano, eine geschlossene Partei der Vermittelung zu bilden; viele Fürsten haben sich, so weit unsere Kenntniss reicht, überhaupt nicht betheiligt. So blieb das Friedenswerk ohne Erfolg, der Deutschmeister starb bald nach seiner Ankunft in Italien, und von weitern Versuchen hören wir nichts. Mehr und mehr sah sich Gregor IX., in Italien hart durch die kaiserlichen Waffen bedrängt, in Deutschland auch auf diplomatischem Gebiete überflügelt. Die Versuche, einen Gegenkönig aufzustellen, waren kläglich gescheitert; schon Ende 1239 hatte der Herzog von Oesterreich seinen Frieden mit den Kaiserlichen gemacht, jetzt schickte sich auch der König von Böhmen an, in das gleiche Lager überzugehen, selbst Herzog Otto von Baiern wurde schwankend, da der süddeutsche Episkopat fast ausnahmslos kaiserlich gesinnt war. Die zahlreichen Bannsprüche, welche Albert der Böhme, der eifrige Bevollmächtigte des Papstes, gegen die Widerstrebenden schleuderte, blieben ohne nachhaltigen Eindruck; im August 1240 drang er auf Entsendung eines Cardinallegaten als letztes Mittel der Rettung, im folgenden Jahre wurde er aus Baiern vertrieben und entging kaum den Nachstellungen seiner erbitterten Feinde. Die päpstliche Partei in Süddeutschland war vernichtet.

Furchtbare Ereignisse haben dann noch einmal jeden Gedanken an den Bürgerkrieg auf kurze Zeit zurückgedrängt. Unheilvolle Kunde kam von der Ostmark des Reiches: wie das wilde Mongolenvolk im März 1241 über die ungarische Grenze gebrochen und der König von Ungarn ihnen erlegen sei, wie Herzog Heinrich von Schlesien bei Liegnitz den Heldentod gefunden. Als unwiderstehlich der Zug der tartarischen Horden weiterging, Polen, Schlesien und Mähren grauenhaft verwüstend, liess die gemeinsame Noth noch einmal Deutschland die Eintracht finden. Boten gingen von Hof zu Hof, mächtig erscholl die Kreuzpredigt gegen die Feinde der Christenheit, ein Fürstentag zu Merseburg beschloss allgemeine Bewaffnung, König Konrad und zahlreiche Fürsten — auch der Kölner war unter ihnen — nahmen das Kreuz. Aber als das Wetter vorüberzog, als die Mongolen eben so rasch und unerwartet, wie sie gekommen, zurückflutheten, da erlosch das Strohfeuer einer kurzen Begeisterung, die Kreuzzugsgelder wanderten in die Taschen der Fürsten, und wiederum regte sich der kaum vergessene Hader.

Während man in Deutschland noch rüstete gegen die Tartarennoth, marschirte Kaiser Friedrich auf Rom. Gregor schien verloren. Die nächste Umgegend Rom's wurde verheert; in der Stadt selbst hatte sich ein kaiserlich gesinnter Cardinal verschanzt. Es war ein ähnlicher Augenblick, wie 1167, wo der Grossvater des Kaisers seines Triumphes über Alexander III. schon sicher zu sein glaubte. Diesmal hatte kein jäher Glückswechsel, wie einst der Ausbruch der Pest im deutschen Heere, stattgefunden. Gregor war schon lange leidend. Unglück über Unglück war in den letzten Monaten über den unbeugsamen Greis hereingebrochen: der Fall des heldenmüthig vertheidigten Faenza, der Mongolensturm, die Verhinderung des römischen Concils durch die Niederlage der genuesischen Flotte bei Meloria, das siegreiche Vordringen des Kaisers im Kirchenstaat. Die Fieberluft des römischen Hochsommers gab dem fast Hundertjährigen den letzten Stoss: am 21. August 1241 ist er gestorben. Der grösste Gegner des Kaisers, der gewaltige Mann, dem er so oft die Schuld des Kampfes aufgebürdet, war dahin — wer wollte länger am Siege der kaiserlichen Sache zweifeln?

Und gerade jetzt griff die deutsche Opposition zu den Waffen. Wie es dazu gekommen, wie es vor allem möglich war, dass Sifrit von Mainz, noch vor wenigen Jahren Verweser des Reichs, noch beim Friedensversuch von 1240 der Führer der Neutralen, jetzt als päpstlicher Legat die Führung der Kriegspartei übernahm, ist ein Räthsel; keine Feder hat über die Wandlungen der Politik am Rheine berichtet, während über die süddeutschen Parteischwankungen zuweilen die Correspondenz Albert's des Böhmen scharfe Schlaglichter wirft. Nur das Resultat ist uns bekannt: am 10. September traf Sifrit mit Konrad in Westfalen zusammen und versprach (R 66), in der Streitsache zwischen Kaiser und Papst dasselbe Verfahren zu beobachten wie der Erzbischof von Köln, der ohne Zweifel die gleiche Zusicherung zurückgab [1]. Es war ein tollkühnes Unternehmen, und nur der Unthätigkeit der Gegner hatten die beiden Prälaten es zu verdanken, dass der Verlauf nicht noch schlimmer wurde, als er geworden ist. Zwar richteten auf kaiserlichen Befehl mehrere niederrheinische Herren ein Schreiben an die Bürger von Köln, worin sie dieselben zu ausdauerndem Widerstand gegen die Umtriebe des Erzbischofs aufforderten, ihnen Schutz versprachen und sie der gleichen Gesinnung des Herzogs von Brabant versicherten. Es waren Worte ohne Thaten; nur der Graf von Jülich verband sich mit der Stadt Aachen zur Aufrechterhaltung des kaiserlichen Ansehens, welches am Mittelrhein hauptsächlich Gerhard von Sinzig, der Burggraf von Landskron, vertrat [2]. So nahm die Empörung, an der auch die Grafen von Nassau und Isenburg sich betheiligten, anfangs einen glücklichen Fortgang. Offen verkündeten die

---

[1] Am 16. Sept. finden wir die beiden Erzbischöfe zusammen in Soest. R 67. Bereits August 9 stellt Sifrit zu Paderborn eine Urk. aus. Schaten, Annal. Paderb. zu 1241.

[2] Die Aufforderungen König Konrad's 1241 Sept. 11 und 15 sind neuerdings wieder Mittelrhein. Urk. 3, 544 gedruckt.

Erzbischöfe den gegen Friedrich ausgesprochenen Bann; ihr Manifest schilderte die Bedrückungen, welche die Kirche durch den Kaiser erdulde, wie die Papstwahl verhindert werde und sie als getreue Söhne der römischen Kirche deren Vertheidigung übernommen hätten. Dann rückten sie in die Wetterau ein und verwüsteten die dortigen Reichsgüter.

Bald aber änderte sich das Glück. Anfang 1242 drang Wilhelm von Jülich in das Erzstift und rückte, von Aachener Truppen begleitet, bis nach Bonn vor. Auf dem Rückzug stiess er bei Brühl, zwischen Bonn und Köln, auf einen rasch zusammengerafften Heerhaufen des Erzbischofs. Um Zeit zu gewinnen legte er sich auf's Unterhandeln, suchte aber bei Einbruch der Nacht das Weite, die Aachener hinter ihm her; das Gepäck und einige Gefangene fielen in die Hände Konrad's. Diesen kleinen Vortheil auszunutzen, zog der Erzbischof dem Jülicher nach. Wiederum fand der Graf eifrige Unterstützung durch kaiserliche Leute; bei Lechenich kam es gegen Anfang Februar 1242 zu einem hitzigen Treffen, nach langem Widerstande wurde der Erzbischof mit einigen Rittern gefangen und nach der Burg Nideggen an der Roer gebracht.

Jetzt zeigte sich, wie festen Fuss Konrad in den wenigen Jahren seines Pontificates bereits gefasst hatte. Der Krieg gegen Jülich wurde fortgesetzt, unerschütterlich hielten die Prälaten und die Ritterschaft des Stiftes zu ihrem Herrn, und als König Konrad, oder wie ein Chronist jener Zeit ihn geringschätzig nennt, der „Knabe Konrad, den einige für den König hielten" [1], wenige Tage nach dem Lechenicher Treffen nach Trier kam, wurde er dringend angegangen, die Freilassung des Erzbischofs zu verfügen. Natürlich weigerte er sich, suchte vielmehr aus dem Erfolg seiner Parteigänger möglichst grossen Vortheil zu ziehen und seinen gefährlichen Gegner auf die Dauer unschädlich zu machen. Aber vergeblich forderte er zu Aachen den Grafen Wilhelm auf, ihm den Erzbischof zu übergeben [2]; der Graf machte Ansprüche, für welche seine kleinen Mittel nicht ausreichten. Ebenso scheiterte sein Versuch, die erzbischöflichen Einkünfte mit Beschlag zu belegen, an dem Widerstande der geistlichen und weltlichen Herren; soll man doch sogar den verwegenen Plan gefasst haben, als Pfand für die Freilassung des Erzbischofs den König selbst gefangen zu setzen [3]. Unfähig, sich zum Herrn der Lage zu machen, ging dieser nach dem Süden zurück [4].

---

[1] Gesta Treverorum, Mon. Germ. SS. 24, 403.

[2] Den Ort der Verhandlung kennen wir erst aus der ursprünglichen Fassung des betr. Theils der Gesta Trev. a. a. O. 405. „Obgleich er," heisst es dort sehr euphemistisch, „dem Grafen Vieles anbot, so bekam er doch seinen Willen nicht; denn der Graf folgte besserm Rathe und wollte seinen Herrn, dessen Getreuer er war, nicht so grausam für Geld überantworten". Am Schluss freilich kommt das eigentliche Motiv zur Geltung: „Später entliess er (der Graf) ihn (den Erzbischof) zu seinem grössern Nutzen."

[3] So die Kölner Reim-Chronik bei Waitz, Chronica regia Colon. 307.

[4] Urk. des Königs Frankfurt 1242 April, Anlagen 4.

Und dieser ersten Enttäuschung sollte bald eine zweite noch schlimmere folgen. Der Graf hatte durch seine Weigerung deutlich gezeigt, wie gering sein Eifer für die kaiserliche Sache sei; in seinen Augen war der gefangene Kirchenfürst in erster Linie ein Unterpfand für reellere Dinge, als die Gunst König Konrad's ihm zu bieten vermochte. Das haben die Freunde des Gefangenen, „die Getreuen der Kirche", sich wohl zu Nutze gemacht. Verhandlungen sehr eigenthümlicher Natur müssen damals auf Schloss Nideggen gespielt haben; wir hören, dass Johanna Gräfin von Flandern und ihre Schwester und Nachfolgerin Margaretha sich für Konrad verwendeten; auch der Edelherr Arnold von Diest scheint bei dem Loskaufgeschäft betheiligt gewesen zu sein, und schliesslich gelang es dem Erzbischof nicht nur, sich mit seinem Kerkermeister abzufinden, sondern ihn auch der staufischen Sache zu entfremden. Denn das ist doch der Sinn des Vertrages, durch welchen er am 2. Nov. 1242 (R 77) nach neunmonatlicher Haft seine Freiheit erwirkte. Allerdings sind die Bedingungen, welche sich auf das Verhältniss des Grafen zum Erzstift beziehen — wir werden in anderm Zusammenhang darauf zurückkommen —, in hohem Grade drückend, desto auffallender aber sind die sonstigen Klauseln. Der Erzbischof verpflichtete sich, den Grafen und sein Land von Bann und Interdict zu lösen und nach Wiederbesetzung des heiligen Stuhles durch eigene Boten die Bestätigung der Absolution in Rom zu veranlassen; auf Ersuchen des Grafen werde er nach dessen Rathe mit Kaiser, König und Reich Frieden machen, aber vorbehaltlich seines Lebens, der Würde seines Erzbisthums, des Gehorsams gegen die römische Kirche und der Integrität seines Stiftes, womit natürlich der ganze Artikel hinfällig wurde; falls dem Jülicher aus der Gefangennahme oder Freilassung Konrad's Ungelegenheiten erwachsen, hat dieser ihm auf Ersuchen treulich beizustehen, „und nicht wird der Graf ohne uns Frieden machen dürfen mit dem Reich oder dem König, bevor wir mit ihm und für ihn Gnade gefunden haben gegenüber dem Reich und dem König, und nicht werden wir und der Graf uns von einander trennen, sondern jeder von uns soll dem anderen mit Rath und allen Kräften beistehen;" ja Konrad entband den Grafen von dem „unerlaubten Eide, den er dem König und dem Reichsrath geleistet" — vermuthlich war der Graf eine eidliche Verpflichtung bezüglich der Freilassung des Erzbischofs eingegangen — und versprach, eine Erklärung des römischen Stuhles zu erwirken, dass jener Eid von vornherein nichtig gewesen sei. Wohl sind diese Bestimmungen auf Schrauben gestellt, aber der, wenn auch verdeckte Abfall des Grafen von seinen bisherigen Freunden ist doch klar genug ausgeprägt. Mit gebundenen Händen hatte der Erzbischof der kaiserlichen Partei eine schwere Wunde geschlagen. König Konrad hatte einen klugen Feind und einen unzuverlässigen Anhänger hinter sich gelassen; jetzt erntete er die Früchte.

Ungebeugt ging der Erzbischof aus der schweren Krisis hervor. Seine grossen Geld-Verluste wusste er bald zu ersetzen, theils durch eine umfassende Besteuerung der Diöcesangeistlichkeit, theils durch eine Summe, welche die Stadt ihm für Schleifung der sie stets bedrohenden Deutzer Festungswerke bezahlte. Es fehlte nicht an gewichtigen Stimmen, welche ihn vor dem Handel warnten, und später hat er schwerlich ohne Reue daran zurückgedacht, aber der Mitbesitz des Herzogs von Limburg war für ihn zu lästig. Auch ein glücklicher Zug gegen den Grafen von Cleve war vielleicht zum Theil im Interesse des städtischen Handels unternommen, da der Graf sich zur Abstellung der neu errichteten Zollstätte bei Orsoy bequemen musste. Mit Sifrit von Mainz, seinem alten Bundesgenossen, blieb er in enger, für die Zukunft sehr bedeutsamer Verbindung. Am 27. März 1243 (R 92) brachte er eine Einigung zwischen Sifrit einer-, dem Rheingrafen, dem Raugrafen und Graf Simon von Sponheim anderseits zu Stande. Es wird um dieselbe Zeit gewesen sein, dass die beiden Prälaten einen Feldzug gegen die Kaiserlichen am Oberrhein unternahmen; besonders die Stadt Worms, König Konrad's getreueste Stütze, hatte viel von ihnen zu leiden [1]. Am 16. Mai (R 93) finden wir die Erzbischöfe zusammen in Lüttich.

Am Niederrhein herrschte im ersten Jahr nach Konrad's Befreiung verhältnissmässige Ruhe; kleine Fehden wie die clevische, in der gesetzlosen Zeit allerwärts an der Tagesordnung, scheinen wenigstens rasche Erledigung gefunden zu haben. Die Freundschaft mit Heinrich von Limburg-Berg war von kurzer Dauer. Wodurch die Streitigkeiten veranlasst wurden und wie sie verliefen, ist unbekannt; wir wissen nur, dass am 2. November 1243 der Herzog, anscheinend ohne Bedingungen, zu Gnaden angenommen wurde, während seine Helfer, die Grafen von Mark und Arnsberg, Genugthuung leisten mussten (R 99). Einen Monat später kam auch der alte Zwist mit dem rheinischen Pfalzgrafen zu Ende. Der auf kurze Zeit abgeschlossene Waffenstillstand vom 15. October 1238 war zwar vermuthlich verlängert worden, aber zur Einigung über die streitigen Burgen und Güter an Rhein und Mosel kam es erst jetzt. Der Erzbischof verzichtete auf den Mitbesitz an Thurant, dagegen erkannte der Pfalzgraf den Lehnsverband der Schlösser Stahlberg, Stahleck und Fürstenberg an und gab die unter Erzbischof Heinrich verpfändeten Stiftsgüter zu Bacharach, Rheindiebach und Heimbach heraus (R 101).

Bald darauf sah sich Konrad in neue, räthselhafte Händel verwickelt. Wie vorhin erwähnt, war 1240 das Hostaden'sche Schloss Dalhem im Besitz des Lehnsherrn, des Herzogs von Brabant, geblieben, ohne dass eine förmliche Abmachung stattgefunden hätte; ausdrücklich hatte der Graf von Geldern erklärt, Dalhem sei vom Frieden ausgeschlossen, und die Wirren der folgenden Jahre waren nicht geeignet, den Herzog für die Herausgabe günstiger zu stimmen. Vermuthlich zur Regelung dieser nun schon über drei Jahre schwebenden Angelegenheit kam der Herzog Ende 1243 oder Anfang des folgenden Jahres an den Rhein. Als er in Begleitung des Grafen von

---

[1] Wormser Annalen, Mon. Germ. SS. 17, 48.

Geldern an der Abtei Gladbach vorbeiritt, wurde er von Wilhelm von
Jülich überfallen und entging nur durch einen glücklichen Zufall der Gefangenschaft. Die Veranlassung zu dieser Gewaltthat, welche dem Erzbischof, in
dessen Geleitsbezirk sie verübt wurde, zu grossem Nachtheile gereichte [1]),
liegt völlig im Dunkeln; dass der Herzog den Erzbischof in Verdacht gehabt
haben sollte [2]), er stehe dem Streich nicht fern, ist nicht unmöglich, aber
bestimmte Anhaltspunkte dafür liegen nicht vor, und wegen der Dalhemer
Sache haben die Herren sich bald vertragen. Auf einem Fürstentag zu
Roermonde, wo auch der Herzog von Limburg und die Grafen von Sayn
und Geldern sich einfanden, verzichtete am 24. Febr. 1244 Graf Dietrich
von Hostaden unter Zustimmung seiner Oheime Konrad und Friedrich auf
Dalhem nebst allem Zubehör, wofür der Brabanter ihm 2000 Mark zahlte
und ausserdem 100 Mark jährlicher Einkünfte zu Lehen gab (R 105).
Am gleichen Tage hielt Konrad als Herzog von Ripuarien Fürstengericht
über den Grafen von Jülich. Der Spruch desselben fiel zu Ungunsten des
Geleitsbrechers aus, und der Herzog von Brabant versprach, den Erzbischof
bei Execution des Urtheils nach Kräften zu unterstützen, nicht ohne ihn
mit Wilhelm Frieden zu schliessen und ihm beizustehen gegen diejenigen,
welche Rechte und Güter der Kölner Kirche widerrechtlich zurückhielten
(R 106). Der Graf von Jülich widersetzte sich und fand Beistand seitens
der Grafen von Mark und Arnsberg, sowie von Dietrich von Isenburg.
Ueber den Verlauf der Fehde sind wir nur so weit sie Westfalen berührt,
einigermassen unterrichtet. Dort sah es mit dem Landfrieden wieder übel
aus. Als der Erzbischof Anfang 1244 nach Westfalen kam und als Herzog
scharf gegen das Unwesen einschritt, kam es in Herford zu wilden Auftritten.
Die Bürger kamen mit seinen Begleitern in Streit und drangen wüthend
auf Konrad ein; mit Mühe gelang es, sie zu besänftigen. Durch die Jülicher
Fehde erhielt die Verwirrung in Westfalen neue Nahrung. Des Erzbischofs
Stadt Werl wurde von seinen Gegnern erobert, aber im Juni kehrte er
zurück und gewann das neu erbaute Schloss Isenburg bei Essen. Bald
darauf bequemte sich Wilhelm von Jülich zu einem Stillstand auf sechs
Monate (R 114), gab seine westfälischen Bundesgenossen preis und versprach
Schadenersatz. Auf erzbischöflichen Schiedsspruch hat er dem Herzog von
Brabant Genugthuung geleistet und sich mit Konrad wegen sonstiger Streit-
punkte im April 1245 vertragen (R 124).

--- -

[1]) In ipsius archiepiscopi non modicum detrimentum. Urk. des Herzogs bei
Lacomblet 2, 147.

[2]) An anderer Stelle (Archiv 7, 219) habe ich diese Vermuthung bestimmt ausgesprochen, halte aber die Begründung jetzt selbst für nicht vollkommen zutreffend. Die
Worte der Annalen von St. Pantaleon: qui tandem ad ducis gratiam est admissus,
scheinen mir doch auf den Grafen von Jülich, nicht auf den Erzbischof bezogen werden
zu müssen; für Letztern wäre der Ausdruck sehr unpassend, da er Lehnsherr des Herzogs
von Brabant war.

Zweites Capitel.

Die Gegenkönige Heinrich von Thüringen und Wilhelm von Holland.

Schon seit mehrern Jahren war die Politik des Erzbischofs auf engere Kreise beschränkt geblieben. Die kleinen Fehden mit den benachbarten Fürsten hatte er gewöhnlich mit Glück zu Ende geführt, der schwere Schlag von 1242 war wieder gut gemacht, und die Stellung eines Schiedsrichters, welche er wiederholt einnahm, sowie zahlreiche Lehnsauftragungen zeigen zur Genüge, dass seine Macht gewachsen, sein Ansehen gekräftigt war. Aber von einer über das Rheinland hinausgehenden Thätigkeit wird uns nur selten berichtet. Wie hätte es bei der damaligen Lage der Dinge in Deutschland auch anders sein können? Selten ja -- die schlimmsten Zeiten des Interregnums etwa abgerechnet — tritt die völlige Zerfahrenheit, der gänzliche Mangel an politischen Gedanken, welche über die nächstliegenden Interessen hinausreichen, so erschreckend zu Tage, wie in der ersten Hälfte der vierziger Jahre. Während der Kampf gegen die Curie den Kaiser unter blutigen Kämpfen jenseits der Alpen festhielt, besass der Jüngling, der in Deutschland seine Stelle vertrat, vom König wenig mehr als den Namen; einige Reichsstädte waren fast seine einzige feste Stütze, von den Fürsten kümmerten selbst die staufisch gesinnten sich um ihn nicht mehr, als ihnen gerade passte. Es war ein Zustand trostloser Gleichgültigkeit; in engherziger Neutralität wartete man den Lauf der Dinge ab, nicht einmal wurde, wie noch 1240, der Versuch gemacht, durch eine Fürsten-Intervention die Beilegung des Kirchenstreites herbeizuführen. Kaum ein deutscher Fürst ist in jenen Jahren über die Alpen gezogen, um persönlich durch Rath oder That zur Entscheidung der Fragen mitzuwirken, an denen gleicherweise das Wohl der Kirche wie des Reiches hing.

Allerdings wurde der Kampf in Italien nicht mehr mit der frühern Erbitterung geführt; er ermattete, als Gregor IX. die Augen geschlossen hatte und man von einem neuen Papst den Frieden erhoffte. Aber Cölestin IV. starb nach wenigen Tagen, es folgte eine zwanzigmonatliche Sedisvacanz, und so lange die Zeit der Erwartung, der Ungewissheit über die nächste Zukunft dauerte, musste Friedensliebe oder Berechnung Viele von entscheidenden Schritten zurückhalten. Als dann Friedrich II. die bei Meloria gefangenen Cardinäle freigab und so eines der Hindernisse für die Wiederbesetzung des päpstlichen Stuhles wegräumte, als Sinibald Fieschi unter dem Namen Innocenz IV. zum Papst gewählt wurde (1243 Juni 25), da schien es einen Augenblick, als habe die Vorsicht der Neutralen sich nicht getäuscht. Der Gewählte galt als Freund des Kaisers oder wenigstens als ein Mann von versöhnlicher Gesinnung; er trat sofort mit Friedrich in Unterhandlungen ein, das Friedensgeschäft nahm erwünschten Fortgang, und am 31. März 1244 beschworen kaiserliche Bevollmächtigte die Präliminar-Artikel. Aber zu lange schon hatte der Hader gedauert, zu breit war der Riss geworden, und der wirkliche Hauptstreitpunkt, jene Frage, die seit vielen Jahren das Verhältniss zwischen Kaiser und Papst so recht eigentlich vergiftet hatte, war in den Präliminarien nicht einmal berührt: von dem Verhältniss des Lombardenbundes zum Reich sagten sie kein Wort. Kaum sind vier Wochen vorbei, und schon beschuldigt Innocenz den Kaiser, er verweigere die Ausführung des Vertrages. Noch vergingen zwei Monate in nutzlosen Verhandlungen, dann entwich der Papst heimlich aus Italien, erreichte auf dem Seewege seine Vaterstadt Genua und traf, durch schwere Krankheit aufgehalten, Anfang December 1244 in Lyon ein.

„Unsere Seele ist entronnen, wie ein Vogel dem Stricke eines Voglers; der Strick ist zerrissen und wir sind frei." Diese Worte des Psalmisten, die beim Einzuge des Papstes in Genua gefallen sein sollen, bezeichnen treffend das von jetzt ab eingeschlagene Verfahren. Die Brücke war abgebrochen, beseitigt jede Rücksicht, welche dem Papst bisher der Aufenthalt in dem unruhigen Italien, in der Nähe seines Gegners, welche ihm der allgemeine sehnsüchtige Wunsch nach Frieden und auch — nur der Hass kann das Gegentheil mit Sicherheit behaupten — die eigene Friedenshoffnung auferlegten. Festen Schrittes geht er jetzt vorwärts auf seiner gefährlichen Bahn, in Kühnheit, Willensstärke und Consequenz so recht der Nachfolger des gewaltigen Mannes, dessen Namen er sich beigelegt hatte. Zwei grosse Ziele hatte Gregor IX. in seiner letzten Lebenszeit verfolgt: Ein allgemeines Concil sollte das moralische·Ansehen des h. Stuhles befestigen, eine Empörung in Deutschland oder gar die Erhebung eines Gegenkönigs der materiellen Macht Friedrich's den Todesstoss geben. So unglücklich sein Beginnen ausschlug, so glücklich hat Innocenz IV. den Doppelplan zur Ausführung gebracht. Vergeblich hatte Gregor die deutschen Fürsten zu den Waffen gerufen; als sein Wunsch endlich in Erfüllung ging, war er schon nicht mehr unter den Lebenden, und den einen der beiden Empörer brachte sein Wagniss in den Kerker. Innocenz fand die Verhältnisse günstiger. Zwar dauerte es noch lange, ehe eine grössere Zahl von Fürsten sich zu einer päpstlichen Partei zusammenschaarte, aber einen festen Kern fand er vor; die beiden Prälaten, die schon einmal den Waffengang mit den Kaiserlichen gewagt, boten bereitwillig ihre Dienste an. Kaum hatte Innocenz am 27. December 1244 ein allgemeines Concil auf St. Johannistag des folgenden Jahres nach Lyon berufen, als Konrad von Köln und Sifrit von Mainz zu ihm eilten. Sie verpflichteten sich, falls Innocenz zur förmlichen Absetzung des Kaisers schreite, für schleunige Wahl eines Gegenkönigs zu sorgen; ja,

2*

auf ihr Drängen soll der Papst am Gründonnerstag den Bann gegen Friedrich erneuert haben. Ohne die Eröffnung des Concils abzuwarten, kehrten sie gegen Ostern in ihre Diöcesen zurück.

Der Bildung einer ergebenen Partei in Deutschland sicher, ging Innocenz jetzt rasch auf sein Ziel los. Am 26. Juni eröffnete er die Kirchenversammlung von Lyon, schnell wurden die übrigen Berathungsgegenstände erledigt; am 17. Juli sprach er die Absetzung des Kaisers aus, löste die ihm geleisteten Eide und forderte diejenigen, welchen die Königswahl zustehe, zur Neuwahl auf. Unmittelbar danach schickte er den Bischof Philipp von Ferrara nach Deutschland. In Köln traf derselbe mit Konrad zusammen, dann ging er über Würzburg, wo wir ihn am 1. September finden, zum Landgrafen Heinrich von Thüringen, den der Papst zum Gegenkönig ausersehen hatte.

Der Schwager der h. Elisabeth hatte bisher dem h. Stuhl wenig Beweise vertrauenerweckender Gesinnung gegeben. Als sein Bruder, der Deutschmeister Konrad, 1240 als Friedensbote der Fürsten nach Italien ging, stand er in den Reihen jener, die zwar Ergebenheit gegen den Papst zur Schau trugen, aber auch ihre Hingebung für die kaiserlichen Rechte betheuerten. Seine weitere Stellung ist dunkel; eine wenig glaubwürdige Nachricht lässt ihn vorübergehend auf die päpstliche Seite neigen, aber durch eine persönliche Zusammenkunft mit dem Kaiser wieder abgezogen werden [1]); sicher stand er 1242, wo wir ihn als Procurator der deutschen Lande finden, bei Friedrich in Gunst. Als am 30. April 1244 Innocenz ihm in einem freundlichen Schreiben [2]) berichtete, der Kaiser zögere, die kurz vorher übernommenen Verpflichtungen auszuführen, war er vermuthlich schon schwankend geworden, und als Philipp von Ferrara mit directen Anerbietungen zu ihm kam, empfing er ihn ehrenvoll und zeigte sich bereit, eine auf ihn fallende Wahl anzunehmen.

Ehe es dazu kam, haben natürlich Berathungen unter den Fürsten stattgefunden, und eine Zusammenkunft der drei rheinischen Erzbischöfe zu Trier am 28. Juni 1245 (R 127) hatte jedenfalls diesen Zweck. Wie sehr Konrad, wenn nicht die Seele, so doch neben seinem Mainzer Collegen der Führer der Bewegung war, beweisen ausser seiner Reise nach Lyon und dem Besuch des Legaten die zahlreichen Gunstbezeugungen, mit welchen um diese Zeit Innocenz ihn und seine Kirche überschüttete. Schon bald nach seiner Wahl hatte der Papst ihm das Pallium geschickt, mit welchem er am Pfingsttage (Mai 31) 1244 zum ersten Mal in feierlicher Procession erschien. Noch früher, am 28. Januar, erging eine Weisung des Papstes an den Erzbischof von Mainz, er solle Konrad, der mannhaft für die Kirche eintrete, von dem Banne lösen, welchen delegirte päpstliche Richter wegen

---

[1]) Vgl. Schirrmacher in den Forschungen z. d. Gesch. 11, 337. Vgl. oben S. 4.
[2]) Potthast 11359.

nicht bezahlter Schulden seines Vorgängers über ihn verhängt, und bis zur gänzlichen Abtragung sollten die Gläubiger mit einer jährlichen Abschlagszahlung von 1000 Mark zufrieden sein [1]. Am 14. Juli 1245 ergingen scharfe Mandate gegen die Barone und Edeln der Kölner Diöcese, die sich als Kirchenvögte den Rottzehnten anmassten oder ihre Untergebenen hinderten, vor dem geistlichen Gericht des Erzbischofs Recht zu nehmen [2]. Am 31. Juli verlieh er Ablass denjenigen, welche den Dom zu Köln am Einweihungstage besuchten [3]; am gleichen Tage befreite er Erzbischof und Capitel unter dankbarer Anerkennung ihrer Treue von der Verpflichtung, Canonicate oder sonstige Pfründen auf päpstliche Empfehlung zu verleihen, falls nicht ein specielles Mandat des apostolischen Stuhles vorliege [4]. An den Erzbischof erging ein päpstlicher Befehl zum Vorgehen gegen dessen widerspenstigen Suffragan, den Bischof von Osnabrück [5], und an Innocenz wendet sich 1246 Febr. 15 (R 137) der Erzbischof mit der Bitte, er möge die Ansprüche seines Suffragans, des Bischofs von Lüttich, auf die unmittelbare Herrschaft über Hennegau unterstützen, da dieses nach dem kinderlosen Tode der Gräfin von Flandern gemäss Reichsrecht an den Bischof zurückfallen müsse. Zur Bestreitung der Bedürfnisse des Kampfes gegen die Kaiserlichen wurden Konrad und der Erzbischof von Mainz zu Erhebung einer Kirchensteuer ermächtigt. Dagegen jedoch erhob sich heftiger Widerspruch; nur die Bischöfe von Lüttich und Osnabrück, so hören wir, zeigten sich willfährig, während der Erzbischof von Bremen, die Bischöfe von Utrecht und Münster und andere Kirchenfürsten sich entschieden weigerten und beim Papst beschwerten. Dieser vermied es, direct einzugreifen, und schliesslich gaben sich Konrad und Sifrit mit einer freiwilligen Beisteuer zufrieden [6].

Bis zum Frühjahr 1246 dauerte es, bevor Innocenz mit dem Candidaten für das Gegenkönigthum offen hervortrat. Ein Schreiben vom 21. April 1246 theilte den deutschen Wahlfürsten mit, der Landgraf habe sich zur Annahme der Krone bereit erklärt; in besondern Schreiben wurden, freilich mit geringem Erfolg, die wichtigsten weltlichen Fürsten um schleunige

---

[1] Sammlung der Mon. Germ. aus den päpstlichen Regesten. Mittheilung von Ficker.

[2] Potthast 11723. — [3] Ebend. 11762, vgl. Annalen des hist. Ver. Doppelheft 21 u. 22, 286.

[4] Annalen a. a. O. 284. Einige Monate nach der Wahl Heinrich's ertheilte der Papst Konrad und dem Kölner Capitel wichtige Privilegien bezüglich entfremdeter Güter. Ebend. 285. — [5] Vgl. unten 2. Theil 5. Cap.

[6] Ich finde diese wichtigen Vorgänge nur bei Menco (Mon. Germ. SS. 23, 537), der sie nach der Verlegung des päpstlichen Hofes nach Lyon erzählt. Hier ist von einem Fünftel sämmtlicher kirchlichen Einkünfte die Rede, jedoch wird eher an den Zehnten zu denken sein. 1245 Aug. 1 fordert Innocenz die beiden Erzbischöfe auf. nöthigenfalls den Erzbischof von Bremen und dessen Suffragane zur Zahlung des Zehnten an den demnächst zu wählenden König anzuhalten (Potthast 26328). Vielleicht beziehen beide Nachrichten sich auf dieselbe Steuer.

Vornahme der Wahl ersucht; andere Briefe beauftragten den Legaten sowie Minoriten und Dominicaner, Geistliche wie Weltliche unter Androhung des Bannes zu Anerkennung des Gewählten zu zwingen [1]). So war der Wahlact selbst eine Form. Im folgenden Monat predigte Konrad — der Erzbischof von Mainz und andere Bischöfe waren ihm darin bereits zuvorgekommen — gegen Kaiser Friedrich das Kreuz; dann zog er nach Würzburg, und am 22. Mai wurde in dem nahe gelegenen Veitshöchheim von bescheidener Versammlung Landgraf Heinrich als König erwählt. Mit Sicherheit lassen sich als anwesend nur die Erzbischöfe von Mainz und Köln, der Erwählte von Speier und eine Anzahl Grafen nachweisen, obwohl der Anhang Heinrich's ohne Zweifel von vorn herein weit grösser war [2]).

Von der Wahlversammlung, wo ein Reichstag nach Frankfurt auf den 25. Juli angesagt wurde, ging der neue König nach Thüringen, Konrad nach dem Rhein. Am 20. Juli (R 153) noch weilte er in Köln und verband sich mit seinem Schwager Adolf, dem ältesten Sohne des Herzogs von Limburg-Berg, gegen Kaiser Friedrich und dessen Sohn Konrad. Ob es mit den Kaiserlichen am Niederrhein, als deren Führer bald wieder Wilhelm von Jülich erscheint [3]), zu Kämpfen gekommen ist, wissen wir nicht; keinesfalls waren sie erheblich genug, um den Erzbischof vom Zuge nach Frankfurt abzuhalten, wo auch Sifrit von Mainz und Arnold von Trier nebst vielen andern Bischöfen im Lager Heinrich's von Thüringen sich einstellten. Einige Tage standen die beiden Könige sich kampfbereit gegenüber; am 5. August kam es zum Treffen, in welchem Heinrich, durch Verrath begünstigt, glänzend siegte; über 400 Ritter König Konrad's wurden gefangen, viele derselben führte der Kölner mit sich fort. Daran schloss sich der Frankfurter Reichstag, auf welchem König Konrad des Herzogthums Schwaben

---

[1]) Potthast 12071 ff.

[2]) Die gänzliche Werthlosigkeit des oft citirten Zeugenverzeichnisses in der Urk. Heinrich's bei Falke, cod. tradit. Corbei. 404 ist überzeugend nachgewiesen bei Reuss, die Wahl Heinrich Raspe's (Progr. der höhern Bürgerschule zu Lüdenscheid 1878) 5 ff. Schirrmacher hat bereits früher, allerdings ohne die Echtheit der Urk. zu bestreiten, sich gegen die Anwesenheit der Herzoge von Brabant und Sachsen ausgesprochen. Neuerdings (Entstehung des Kurfürsten-Collegiums 63) wiederholt er diesen Einspruch, führt aber sonderbarer Weise unter den Wählern zahlreiche Bischöfe an, deren Anwesenheit nur durch dasselbe gefälschte Zeugenverzeichniss bezeugt ist, in welchem auch die beiden Herzoge figuriren. Die Anwesenheit des Erzbischofs von Trier ist mir sehr zweifelhaft. Die Gesta Trev., auf welche Schirrmacher sich beruft, schreiben ihm nur einen Antheil an der Wahl zu. Den Herzog von Brabant wird man (gegen Reuss 6) zu Heinrich's Anhängern rechnen dürfen. Er war dessen Schwager, vielleicht schon damals in einer Eheangelegenheit auf den Papst angewiesen, und spielte im nächsten Jahre bei der Wahl Wilhelm's eine Hauptrolle (vgl. unten 23, 24). Dasselbe gilt, trotz des von Schirrmacher angeführten Schreibens des Legaten vom 13. August 1246, von Erzbischof Gerold von Bremen, einem alten Anhänger des Papstes.

[3]) 1246 Dec. 12 erhält er Düren vom Reich verpfändet. Böhmer Reg Conrads 86.

und seiner deutschen Güter entsetzt und bestimmt wurde, Kirchenlehen, deren Inhaber kinderlos sterben, sollten der betr. Kirche anheimfallen: eine Gefälligkeit für die geistlichen Fürsten, welche vermuthlich durch die schon früher von Erzbischof Konrad unterstützten Lütticher Ansprüche auf den Hennegau veranlasst war).

Der unglückliche Tag von Frankfurt war für die kaiserliche Partei gewiss ein harter Schlag, aber eigentlich entschieden hat er nichts. Wenige Wochen später wurde König Konrad der Schwiegersohn des ehemals der päpstlichen Sache so wohlgeneigten Herzogs Otto von Baiern, und wenn er wenig opferwillige Anhänger fand, so ging es seinem Gegner nicht besser. Im Januar 1247 war er nach Schwaben gezogen, um den jungen Staufer in seinem Stammlande zu vernichten. Ein Theil der Schwaben fiel ihm zu, mit ihrer Hülfe belagerte er Ulm ohne Erfolg. Krank kehrte er in die Heimath zurück; in der Nähe der Wartburg that er einen Sturz vom Pferde und starb am 17. Februar. Nach noch nicht siebenmonatlicher Dauer hatte das erste Gegenkönigthum sein Ende gefunden.

Wahrscheinlich unmittelbar nachdem die Kunde dieser Ereignisse nach Köln gedrungen war, hat Konrad sich zum zweiten Mal nach Lyon zum Papste begeben (R 163). Als Zweck der Reise wird genannt die Besetzung des (seit 1246 Oct. 16) durch den Tod des Franzosen Robert von Torote erledigten Bisthums Lüttich, fast sicher aber war auch die Wahl eines neuen Gegenkönigs Gegenstand der Besprechung. Der spätere Verlauf der Wahlangelegenheit lässt ja kaum einen Zweifel, dass Konrad die Seele derselben war, mehr als der Cardinal Peter Capocci ²), welchen Innocenz schon am 15. März als Legaten für Deutschland und die Nachbarländer bestimmte ³). Am 23. des gleichen Monats war Konrad wieder in Köln und konnte dem einflussreichsten unter den niederrheinischen Fürsten, Heinrich von Brabant, durch den Tod seines Schwagers auch Landgraf von Thüringen ⁴), die Mittheilung machen: nach einer in Folge päpstlichen Auftrages angestellten Untersuchung erkläre er die Ehe zwischen des Herzogs Schwester Elisabeth und Gerhard von Wassenberg für ungültig (R 164). Auch dieser Punkt mag in Lyon zur Sprache gekommen sein, und eine weitere Folge der Anwesenheit Konrad's daselbst war ein Gnadenbrief des Papstes vom 27. März, welcher für die Dauer der Verfolgung der Kirche dem Erzbischof und dem Capitel von Köln das Privileg ertheilt: nur dann sollten sie durch

---

¹) Vgl. oben S. 21.

²) Notizen über ihn hat neuerdings zusammengestellt v. Reumont in der Zeitschrift des Aachener Geschichts-Vereins 1, 206.

³) Potthast 12452. 26377. Eine Urk. des Legaten Koblenz 1247 Aug. 25 Mittelrhein. Urk. 3, 680.

⁴) Mit beiden Titeln erscheint er in der Lehnsurk. des Grafen Adolf von Berg 1247 Mai 13. Butkens, Trophees 1, preuves 89.

päpstliche Briefe ausserhalb der Diöcese vorgeladen werden dürfen, wenn in ihnen dieses Privileg ausdrücklich erwähnt werde [1].

Ueber die folgenden Wahlverhandlungen wissen wir nichts, man müsste denn der aus etwas späterer Zeit stammenden Notiz Glauben schenken, die Krone sei vergeblich dem Herzog von Brabant, dem Grafen von Geldern und Richard von Cornwallis angeboten worden. Jedenfalls war die Entscheidung über die Candidatenfrage bereits getroffen, als der Legat und der Erzbischof von Mainz eine Versammlung nach Köln ausschrieben [2]. In der Stadt selbst konnte dieselbe nicht gehalten werden, da die Bürger noch auf staufischer Seite standen und ihre Thore geschlossen hielten; so sammelten sich die Theilnehmer bei Worringen [3], in der Mitte der weiten Rheinebene zwischen Köln und Neuss. Sehr stark war der Episkopat vertreten: die drei rheinischen Metropoliten und Erzbischof Gerold von Bremen, die sämmtlichen Kölner Suffragane mit Ausnahme Otto's von Utrecht, also Johann von Minden, der früher so widerspenstige Engelbert von Osnabrück, Otto der Erwählte von Münster und Heinrich, Bruder des Grafen von Geldern, der unmittelbar vorher auf Betreiben des Legaten zum Bischof von Lüttich erhoben worden war, ferner Hermann von Hildesheim, Simon von Paderborn, Rutger von Toul, Albert von Regensburg und endlich Arnold von Semgallen [4], einer der vielen Titularbischöfe von der Ostsee, welche im 13. Jahrhundert in der Rheingegend bischöfliche Functionen ausüben. Von Weltlichen waren ausser Heinrich von Brabant viele Grafen anwesend, einzeln genannt aber werden nur Otto von Geldern und Johann von Holstein [5], der von dem neuen Könige den Ritterschlag empfing; wahrscheinlich ist noch der Graf von Loos beizufügen, da er neben den Bischöfen von Strassburg, Würzburg und Speier unter jenen erscheint, an welche Innocenz Belobigungsschreiben [6] schickte. So war es wieder eine, wenn auch stattliche Versammlung von überwiegend geistlichem Charakter, welche am 3. Oct. den jungen Grafen Wilhelm von Holland, einen Neffen des Herzogs von Brabant und Vetter der geldrischen Brüder, zum König wählte.

Selbst im nordwestlichen Deutschland war die Anerkennung Wilhelm's noch lange nicht allgemein, aber bis zum Schluss des nächsten Jahres hat er dort überall den Widerstand gebrochen. Schon wenige Tage nach der Wahl hielt er seinen Einzug in Köln, dessen Bürger er unter wenig könig-

---

[1] Annalen Doppelheft 21 u. 22, 283. Vom gleichen Tage ist die Ablassurk. des Papstes für Besuch des Kölner Domes am Dreikönigentag. Quellen 2, 258, Berichtigung des Datums Annalen a. a. O. 287.

[2] Schreiben des Bischofs Simon von Paderborn 1247 Sept. 25. Schaten, Annal. Paderborn (Ausg. von 1775) 2, 41.

[3] Die Belege für Worringen als Wahlort Archiv 7, 230. Schirrmacher, Kurfürsten-Collegium 64 nennt zwar im Text noch Neuss, entscheidet sich aber 65 Note ebenfalls für Worringen.

[4] Quellen 2, 267. — [5] Albert v. Stade Mon. Germ. SS. 16, 371.

[6] 1247 Nov. 19. Zuletzt bei Sloet 685.

lichen Bedingungen zum Treueid bewogen hatte: versprach er ihnen doch, abgesehen von Bestätigung sämmtlicher Privilegien und Zollfreiheit zu Boppard und Kaiserswerth, nur mit einer Leibwache werde er bei ihnen einreiten, weder ein Heer in die Stadt führen noch Hoftag dort abhalten, keine Unterstützung von ihnen erzwingen, keine Evocation der Bürger gestatten und beim heiligen Stuhle ein Nonevocationsprivileg erwirken, in der Kölner Diöcese weder eine ihnen nachtheilige Befestigung bauen, noch die Errichtung einer solchen gestatten[1]). Theuer genug ist der ehrenvolle Empfang Wilhelm's erkauft worden, für welchen am 19. Nov.[2]) Papst Innocenz der „so berühmten Stadt Köln" seinen Dank ausspricht. Wahrscheinlich gleich bei seinem ersten Besuch in Köln hat König Wilhelm jene Thätigkeit begonnen, welche wohl die achtungswertheste Seite seiner Regierung bildet: in feierlicher Versammlung liess er die Fürsten den Landfrieden beschwören und Abstellung der neu errichteten Zölle versprechen[3]).

Zunächst ging es freilich am Niederrhein nicht friedlich her: eine nach der andern mussten die staufischen Festungen genommen werden. Nymwegen wurde durch den Grafen von Geldern erobert, und am 13. Dec. begann Wilhelm selbst die Belagerung von Kaiserswerth[4]), dessen Burggraf Gernand sich erst nach langer Vertheidigung ergab. Die Hauptburg der Staufischen aber war die Reichsstadt Aachen. Schon im Januar 1248 predigte der Legat, der mit dem König nach Holland reiste[5]), das Kreuz, um zur Belagerung ein grosses Heer zusammenzubringen. In Utrecht kam es aus nicht näher bekannten Gründen zu einem Tumult, welcher Beide zu rascher Entfernung nöthigte. Dann wendete Peter Capocci sich nach Köln, wo er in nachdrücklichster Form zur Theilnahme am Kampf gegen Aachen aufforderte und sogar Geistliche, welche sich nicht mit dem Kreuze bezeichnen wollten, mit dem Bann belegte. Auf Zureden des Erzbischofs jedoch entschloss er sich, die Sentenz aufzuheben und „Jeden seinem Gewissen zu überlassen, mit Ausnahme derer, welche durch die Gnade des Papstes Beneficien erhalten hätten oder zu erhalten wünschten"[6]). Uebrigens hatte die Kreuzpredigt, welcher sich besonders die Minoriten unterzogen, guten Erfolg in der Rhein- und Maas-Gegend, und gegen Ende April konnte die Belagerung beginnen[7]). Der König lag damals noch vor Kaiserswerth, wo auch Konrad, anscheinend auf der Rückkehr von einem Aufenthalte in

---

[1]) Zwei Urk. vom 9. Oct. Lacomblet 2, 166.

[2]) Potthast 12757.

[3]) Regis principio Wilhelmi. Fragment der Kölner Reim-Chronik bei Waitz, Chronica regia Colon. 312. Auch in dem Privileg für Köln vom 9. Oct. ist schon von sofortiger Abschaffung der ungerechten Zölle die Rede.

[4]) Annalen v. St. Pantaleon 542.

[5]) Jan. 21 ist der Legat in Lüttich. Lacomblet 2, 264 Note. Uebrigens vgl. für das Itinerar Archiv 7, 231.

[6]) Annal. v. St. Pantal. 542. — [7]) Quellen-Citate Archiv 7, 231.

Westfalen, mit ihm zusammentraf (R 195). Erst am 7. Mai finden wir
Wilhelm vor Aachen, welches jetzt auf's engste eingeschlossen und fast ein
halbes Jahr hindurch heftig berannt wurde. Konrad hatte an der Belagerung
bedeutenden Antheil; er war es auch, auf dessen Vermittelung die Stadt
sich dem Könige unterwarf. Wahrscheinlich am 18. Oct. erfolgte die Uebergabe; am folgenden Tage zog Wilhelm ein, am 1. Nov. empfing er im Dome
Karl's des Grossen die Krone. Der eigentliche Krönungsact wurde wahrscheinlich von den beiden anwesenden Cardinälen, Peter Capocci und
Wilhelm von Sabina, vollzogen, während Konrad die Weihe vornahm.

Kurze Zeit vorher fällt eine Waffenthat des Erzbischofs, welche auch
für die Stellung Wilhelm's von Bedeutung war. Schon seit zwei Jahren
belagerte Erzbischof Arnold von Trier das feste Schloss Thurant an der
Mosel [1]). Auf diesem „Räubernest" hauste als gefürchteter Pfleger des den
Staufern ergebenen Pfalzgrafen Otto von Baiern der Marschall Zorno.
Endlich war die Besatzung durch Hunger der Uebergabe nahe gebracht,
als ein beträchtliches Entsatzheer aus dem Oberlande heranrückte. Da eilte
auch Konrad zur Mosel, bewog einen Theil der Führer zu Aufgebung der
Fehde, der Rest zog nach Hause, und am 30. Sept. übergab Zorno die Burg
den beiden Erzbischöfen, welche sie durch eine Zwischenmauer theilten.
Trotz einer Clausel, welche die Rückgabe an den Pfalzgrafen in Aussicht
nahm, ist sie lange Zeit im gemeinsamen Besitz von Köln und Trier
geblieben. Im folgenden Jahre wurde der Marschall, der eine wahre Land-
plage gewesen sein muss, von dem Sohne des Pfalzgrafen durch List
gefangen und in den Kerker geworfen [2]).

Der Schluss des Jahres 1248 fand Wilhelm in fast unbestrittenem
Besitz der Länder nördlich der Mosel und westlich des Rheines, und auch
auf dem rechten Rheinufer war er vielfach anerkannt. Sein Oheim Heinrich
von Brabant war am 22. Januar gestorben, ohne dass dies jedoch die
Stellung des Herzogthums wesentlich veränderte; im April machte auch der
Herzog von Oberlothringen mit dem Papst und Wilhelm seinen Frieden.
Wenn der Graf von Jülich überhaupt Widerstand versuchte, so hat er denselben bald aufgegeben, vermuthlich schon im Nov. 1247, wo der Papst dem
Legaten schreibt, er solle zwischen Walram, des Grafen Bruder, und Erzbischof Konrad nach dem Rathe des Königs vermitteln [3]), jedenfalls im März
des folgenden Jahres, wo er mit Konrad in Westfalen weilt (R 191). Bei
unbekannter Gelegenheit brachte Konrad auch einen der zähesten staufischen
Anhänger am Mittelrhein in seine Gewalt, Gerhard von Sinzig und Lands-

---

[1]) Belegstellen Archiv 7, 223. Von den Gesta Trever. ist seitdem die ursprüngliche
(an dieser Stelle ausführlichere) Fassung bekannt geworden. Monum. Germ. SS. 24, 408.
Eine Urk. des Erzb. Arnold in obsidione Thurun 1247 Apr. 13 Mittelrhein. Urk. 3, 674. —
1248 Juli 29 verspricht Emich der Jüngere v. Leiningen dem Pfalzgrafen. Thurant mit
Lebensmitteln zu versehen Ebend. 718.

[2]) Archiv 7, 234. — [3]) Potthast 12754.

kron. Selbst als der Erzbischof ihn 1248 Juni 13 (R 201) aus der Gefangenschaft entliess, behielt Gerhard nebst seinen Brüdern Dietrich und Luffried sich vor, dem Kaiser Friedrich und dessen Sohne Hülfe leisten zu dürfen, wenn dieselben persönlich erschienen. Gegen Mitte December ergab sich endlich nach etwa einjähriger Belagerung Kaiserswerth [1]), und am 15. des gleichen Monats erklärte sich das mächtige Dortmund in einem Schreiben an den Erzbischof bereit, König Wilhelm den Eid der Treue zu leisten [2]). Konrad hatte die Unterwerfung vermittelt, ihm wurde auch einige Tage später die wichtige Stadt mit den benachbarten Reichshöfen von Wilhelm für 1200 Mark verpfändet.

Anfang 1249 zog der König nach dem Oberrhein, vor Boppard, welches Stillstand erhielt, nach Mainz, dann vor Ingelheim. In die Zeit der Belagerung — die Burg ergab sich am 28. März — fällt ein Ereigniss, in Folge dessen Konrad's Einfluss seinen Höhepunkt erreichte: am 9. März starb Erzbischof Sifrit von Mainz. Kurz vor seinem Ende war Sifrit, mit Konrad seit einer Reihe von Jahren die Hauptsäule der päpstlichen Partei, von Innocenz zum apostolischen Legaten [3]) für Deutschland, jedoch mit Ausschluss der Kölner Kirchenprovinz [4]), ernannt worden: schon fünf Tage nach dem Tode des Mainzers übertrug Innocenz das Amt auf Konrad (R 226), von dessen Jurisdiction jedoch später die Trierer Kirchenprovinz ausgenommen wurde [5]). Und vorübergehend bot sich die Aussicht, die hierdurch gewonnene Machtfülle noch gewaltig zu steigern. „Ihres Hirten beraubt in stürmischer Zeit," berichtet eine gleichzeitige Chronik [6]), deren Erzählung auch von anderer Seite im Wesentlichen bestätigt wird [7]), „wandten Geistlichkeit und Volk von Mainz schnellen und klugen Entschlusses ihre Augen auf den Erzbischof von Köln und forderten denselben einstimmig und einträchtig zu ihrem Erzbischof. Dieser, trauernd über den Tod des Erzbischofs von Mainz, reiste zum König und wurde von Geistlichkeit und Volk zu Mainz mit unglaublicher Freude und Ehrerbietung wie der ersehnte Vertheidiger des Vaterlandes aufgenommen. Freundlich dankte er Allen und Jeden; jedoch neigte sich der standhafte und vorsichtige Mann weder

---

[1]) Archiv 7, 233. — [2]) Kindlinger, Beiträge 3, 178. Lacomblet 2, 176 Note.
[3]) Der Bericht der Erfurter Annalen (Böhmer Fontes 2, 269; Mon. Germ. SS. 16, 36) lässt vermuthen, dass Sifrit nur ganz kurze Zeit im Besitz dieser Würde war. Die Datirungen des Regestum Innocentii (Bibl. des lit. Vereins 16, 161 ff, wiederholt bei Potthast) sind leider offenbar in Unordnung. Alle in demselben aufgeführten päpstlichen Schreiben sollen zwischen 1248 Juni 28 und 1249 Juni 28 erlassen, und die Ernennung Sifrit's Febr. 25 erfolgt sein (Nr. 411). Nun aber enthält das Regestum mehrere Nummern, deren Datum vor Febr. 25 fällt, die aber trotzdem an Sifrit als Legaten gerichtet sind (Nr. 324. 352. 367. 413), so dass es gerathen erscheint, ein früheres Datum der Ernennung anzunehmen. In Nr. 399 ist statt 6. Kal. Maii wohl einfach Martii zu setzen, da sonst das Schreiben lange nach Sifrit's Tod und Konrad's Ernennung fallen würde.
[4]) Regestum Innoc. Nr. 413. — [5]) Gesta Trev. Mon. Germ. SS. 24, 410.
[6]) Annal. v. St. Pantal. 545. — [7]) Christian v. Mainz bei Böhmer, Fontes 2, 269.

nach der einen noch nach der andern Seite, sondern die angebotene Ehre weder annehmend noch ablehnend urtheilte er, darüber sei die Ansicht des Papstes einzuholen." Die Vorsicht war wohl begründet. Man kann schon annehmen, dass der Wunsch der Mainzer ein aufrichtiger war; das Erzstift hatte in den Kriegsstürmen der vierziger Jahre genug gelitten, um über der Hoffnung, es werde unter der starken Hand des mächtigsten deutschen Fürsten zur Ruhe kommen, andere Rücksichten zu vergessen. Aber der Papst? Selbst wenn er — was man seinem oft bewährten Scharfblick kaum zutrauen darf — die bedenklichen Seiten in Konrad's Charakter noch nicht wenigstens geahnt haben sollte, konnte er unmöglich einer in Deutschland beispiellosen kirchenrechtlichen Ungeheuerlichkeit zustimmen, welche die Länder von der unteren Elbe bis zum St. Gotthard und von der Scheldemündung bis nahe zur böhmischen Grenze einem einzigen, zudem bereits mit der Legatengewalt bekleideten Metropoliten unterstellte. Am 4. Mai erging die Antwort [1] an Dechant und Capitel zu Mainz, freundlich und nicht ohne eine verbindliche Wendung für Konrad, den „rastlosen Vorkämpfer der Kirche", aber ablehnend in bestimmtester Form: „Gänzlich ungewohnt sei es, dass zwei so hervorragende und ehrwürdige Metropolitankirchen der Leitung eines Einzigen übergeben würden, und wenn es vielleicht geschähe, so würde es ganz unpassend erscheinen." Binnen Monatsfrist, nachdem der Bischof von Strassburg sie dazu aufgefordert, sollten sie mit dessen Rath und Zustimmung zur canonischen Besetzung des erledigten Stuhles schreiten, widrigenfalls der Bischof selbst kraft päpstlicher Vollmacht die Ernennung vornehmen werde. Die kurz vorher [2] ergangene Bestimmung, welche für alle deutschen Kathedralkirchen die freie Bischofswahl ohne besondere päpstliche Genehmigung aufhob, war hier in ihrer schroffen Form nicht erwähnt; aber indem Innocenz den Wahlkörper an Rath und Zustimmung des Bischofs von Strassburg band, war thatsächlich die freie Wahl ausgeschlossen: hat er doch gleichzeitig den Strassburger angewiesen, entweder die Wahl des Speierer Bischofs Heinrich von Leiningen durchzusetzen, oder aber, falls das Capitel sich weigere, denselben zu ernennen. Dazu jedoch kam es nicht. Am 29. Juni wählte das Capitel den Mainzer Dompropst Christian, und noch an demselben Tage soll derselbe von Konrad in seiner Eigenschaft als Legat bestätigt und von König Wilhelm investirt worden sein. Ob der Papst bereits vorher die Candidatur des Bischofs von Speyer aufgegeben hatte, ob er sich erst später der Thatsache fügte, ist nicht bekannt. So viel

---

[1] Regestum Innoc. Nr. 491. vgl. 490. Bei Matthaeus Paris Hist. Maior ed. Wats 664 findet sich eine confuse Erzählung, der Papst habe Konrad Mainz und die reichste Abtei Deutschlands, „Wolsa", übergeben; Konrad habe beide Kirchen schändlich geplündert und für seine Kriege von den armen Leuten seines Erzbisthums unermessliches Geld erpresst. Aehnliche Fabeleien, zum Theil wörtlich übereinstimmend, in der Hist. minor ed. Maddens 3, 53.

[2] Reg. Innoc. Nr. 367 vom 11. Febr.

ist sicher, eine weniger geeignete Persönlichkeit, um den kraftvollen Sifrit zu ersetzen, hätte man kaum finden können. Christian war ein friedliebender Mann, im Herzen vielleicht sogar staufisch gesinnt, und schon 1251 musste er den Mainzer Stuhl verlassen.

Trotz dieses Ausganges der Mainzer Wahlangelegenheit war und blieb Konrad unbedingt der erste Fürst Deutschlands, mehr neben als unter dem Jüngling stehend, welchem er die Krone verschafft hatte. Durch die Legation erhielt er eine Reihe der wichtigsten Vollmachten. Am 20. April schärfte ihm der Papst ein, in seinem Namen allen Kathedralkirchen die Wahl, Postulation und Benennung bei eintretenden Vacanzen ohne päpstliche Erlaubniss zu untersagen und die Beobachtung dieses Verbotes zu überwachen [1]. Wie ein auf einer Legation befindlicher römischer Cardinal konnte er Beneficien verleihen [2]), und eine mächtige Waffe bot ihm die Befugniss, besondere Vergünstigungen des apostolischen Stuhles zurückzunehmen, falls er die Träger derselben als undankbar erfinde [3]). Einmal [4]) erhält er Auftrag, dem päpstlichen Caplan Gebhard Grafen von Freiburg ein deutsches Bisthum zu übertragen. Eine Reihe von Ehedispensen für hochstehende Personen ging durch seine Hand, so für eine Verwandte des Grafen von Hoya, für den Ritter Balduin von Visé in der Lütticher Gegend, für Siboto und Ulrich von Minzenberg und für Balduin de Dei custodia(?) [5]). Und er hat sein Legatenamt nicht nur als Würde aufgefasst. Noch sind fast 40 Urkunden vorhanden [6]), in welchen er den Legatentitel führt, die meisten für Klöster, Stifter und Kirchen der Kölner Diöcese oder der Suffragan-Bisthümer, so mehrere Gnadenbriefe für St. Trond (Bisthum Lüttich, R 249—253) [7]), eine Erlaubniss für den Grafen von Geldern, die Pfarrkirche zu Nymwegen (Utrecht) abzubrechen und eine neue zu errichten (R 256), ein Auftrag an den Propst von Varlar (Münster R 243), der Behinderung der Oblationen in der Domkirche zu Osnabrück ein Ende zu machen; weiter ein Vidimus für das Kloster Flechtdorf (Paderborn R 244), ein Schutzbrief für das Hospital zu Andernach (Trier R 264), eine Güterbestätigung für St. Georgenberg bei Frankenberg (Mainz R 245. 246), eine Incorporationsurkunde für das Stift zu Heiligenstadt (Mainz R 258), Ablassbriefe für Otterberg (Mainz R 263), für die Dominicaner zu Würzburg (R 260) und Frankfurt (Mainz R 262), endlich sogar die Bestätigung einer Schenkung an den Bischof von Seckau (R 270). Der Inhalt ist allerdings wenig bedeutend; zuweilen begegnet der Titel in Urkunden, deren Bestimmungen mit der Legatengewalt nichts zu schaffen haben, sogar in Urkunden rein weltlichen

---

[1]) Reg. Innoc. Nr. 466. — [2]) Ebend. 489, vgl. 399. — [3]) Ebend. 487, vgl. 412.
[4]) Potthast 13284. 13285. — [5]) Reg. Innoc. 511. 477. 521. 523. 522.
[6]) Einen Theil derselben habe ich bereits Forschungen 14,379 zusammengestellt.
[7]) Schon vorher fallen mehrere päpstliche Gunstbriefe für St. Trond. Potthast 13314. 13316. 13318. 13358. 13374.

Charakters; nur einmal kommt es vor, dass er für einen Kölner Canonicus eine Pfründe fordert (R 234). Aber ganz abgesehen von seinen Urkunden und von den zahlreichen Aufträgen des Papstes besitzen wir merkwürdige Belege, einen wie ernsthaften Gebrauch er von seiner Legation machte.

An drei weit von einander entlegenen Punkten Deutschlands stossen wir auf Stellvertreter Konrad's, welche gleichzeitig eine Legationssteuer (procuratio) einzusammeln hatten. Für die ostrheinischen Suffragan-Bisthümer war der Franziscaner Dietrich Bischof von Wirland bestimmt, sehr gegen seinen Willen, wie er selbst versichert, und keinesfalls ein Vertreter, wie Konrad ihn wünschte. Im Frühjahr 1249 ladet er die Geistlichkeit von Osnabrück in einem kläglichen Schreiben ein, Vertreter entweder am 17. Mai nach Dortmund oder am 27. Mai nach Soest zu schicken [1]): „Dort wollen wir es mit deren Rathe fügen, dass der Herr Legat zufriedengestellt und die arme Geistlichkeit, die schon vielfältig schwere Schatzungen und Provisionen erduldet hat, nicht allzu sehr beschwert werde. Gott ist mein Zeuge: dem Papst selbst habe ich es von Mund zu Mund gesagt, dass ich an den Procurationen und Zwanzigsten nie Gefallen hatte." Ob die Besprechung zu Stande gekommen ist und die Osnabrücker sich zur Zahlung eines Zwanzigsten verstanden haben, wie ihre Kölner Amtsbrüder, wissen wir nicht.

Die schlechteste Aufnahme fand ein Agent Konrad's in Baiern. „Von den baierischen Bischöfen," schreibt er [2]), „zu welchen ihr mich behufs Ueberreichung der apostolischen Mandate geschickt hattet, haben die von Salzburg und Regensburg die Mandate nicht angenommen, ja sie wollten dieselben nicht einmal sehen. Der Freisinger hörte sie zwar an, aber er spottete darüber. Und was noch schlimmer und unschicklicher ist, sie haben, zur Schmähung euerer Gerichtsbarkeit und eueres Namens, gegen mich thörichte Worte geschleudert, welche sie ihre Sentenzen nennen, sogar die Sentenz der Excommunication. Der Regensburger hatte seine Geistlichkeit zum Capitel berufen; auf demselben sprach er nur von euch und behauptete, ihr seiet ein Blutmensch, nicht nur kein Legat, sondern baldigst auch der bischöflichen Würde zu entsetzen. Ich aber habe gegen sie den Bann ausgesprochen und den Regensburger, welcher schlimmer ist als die andern, von seiner Pfründe suspendirt und sein Land mit dem Interdict belegt;

---

[1]) Mittheilungen aus dem Gebiete der Geschichte Liv-, Esth- u. Kurlands 9, 30.

[2]) Den Versuch Schirrmacher's (Albert v. Possemünster 120), dieses Schreiben Ende 1241 oder Anfang 1242 zu setzen, habe ich Forschungen 14, 377 besprochen. Gegen Schirrmacher, zum Theil mit denselben Gründen, auch Ratzinger in den Hist.-polit. Bl. 84, 739. Der Briefsteller nennt sich magister H. dictus portarius Spirensis, nuncius et clericus vester, wobei Schirrmacher auf einen Herimannus portarius in einer Speierer Urk. von 1239 hinweist. Wegen der Wendung dominus meus bezüglich des Bischofs von Passau braucht er nicht zu diesem in einem besondern Verhältniss gestanden zu haben: es ist die übliche Bezeichnung von Standespersonen.

seinen Bruder, den Vicedominus von Regensburg, welcher Quelle und Ursprung aller euerer Unbill in Baiern ist, habe ich gemäss euerer Weisung seiner Würde beraubt. Ich bitte euch, ihr wollet nicht meinetwillen, sondern euer selbst willen diese Sentenzen bestätigen und dem Bischof von Eichstädt auftragen, sie als bestätigt zu verkünden. Ihr könnt versichert sein: hätten die genannten Bischöfe es zugelassen, leicht und ohne Aergerniss hätte ich in ihren Diöcesen 1300 Mark Silber als Procuration für euch gesammelt. Angelegentlich empfehle ich euch die Sache des Bischofs von Passau, welcher allein mich sehr gut behandelt hat zur Ehre eueres Namens, und alle seine Hoffnung auf euere Güte setzt". Fast meint man einen leisen Hohn aus diesem Jammerbrief herausklingen zu hören. Später hat sich die Lage in Baiern noch verschlimmert, denn Konrad's einziger bischöflicher Freund, Rüdiger von Passau, wurde abgesetzt und eben jener Vicedominus Berthold von Sigmaringen, welchen der Agent als den eigentlichen Führer der baierischen Opposition bezeichnet, trat an seine Stelle [1]).

Auf heftigen Widerstand stiess auch ein dritter Bevollmächtigter des Legaten, Konrad von Steinach, Propst von St. Guido zu Speier und Canonicus zu Mainz, ein damals vielgenannter Mann, welchem Papst Innocenz Anfang 1249 unter grossen Lobsprüchen ein Bisthum zuwenden wollte [2]). Am 1. November des gleichen Jahres verliess er Speier, um in Konrad's Auftrag nach Oesterreich zu gehen [3]). Im März 1250 weilte er zu Wien, wo er als apostolischer Legat einen Gunstbrief für die Dominicaner zu Pettau ausstellt [4]), am 19. April verbietet er von Neustadt aus die Cumulation von Pfründen [5]). Dann aber schritt Albert der Böhme gegen ihn ein. Am 25. Juli schickte er von Donaustauf durch den Abt Gerhoh von Wormbach Weisungen an den Abt des Wiener Schottenklosters, er solle die Legation des Konrad von Steinach für ungültig erklären, ihm die gesammelten Gelder abnehmen und ihn im Falle der Widersetzlichkeit durch die weltliche Obrigkeit einsperren lassen [6]). Nochmals begegnet er uns am 2. August im steierischen Marburg, von wo er den Dominicanern zu Pettau wegen Absetzung eines staufisch gesinnten Pfarrers schreibt [7]), dann ist er aus Oesterreich verschwunden.

---

[1]) Vgl. Forschungen 14, 378.

[2]) Regestum Innoc. Nr. 352. Im März 1252 finden wir ihn in der Umgebung des Königs Wilhelm. Böhmer Wilh. 123.

[3]) Speierer Annalen Mon. Germ. SS. 17, 84. Nochmals nennen ihn dieselben 1257 und erwähnen 1258 seinen Tod.

[4]) Böhmer Reg. 2. Ergänzungsheft Reichssachen. In einer Urk. von März 23 (R 270) erwähnt ihn Erzbischof Konrad; in ihr liegt der Beweis gegen Ratzinger's Annahme (Hist.-polit. Bl. 84, 747), Konrad von Steinach sei nicht Bevollmächtigter, sondern Nachfolger des Erzbischofs von Köln im Legatenamte gewesen. Später (a. a. O. 85, 214) hat Ratzinger diese Ansicht zurückgenommen.

[5]) Schirrmacher, Albert v. Possemünster 160. — [6]) Conceptbuch Albert's, Bibl. d. liter. Ver. 16, 137. — [7]) Böhmer 2. Ergänz. Reichss.

Die Legation des Erzbischofs — zuletzt bedient er sich im April 1250 des Legatentitels (R 274) [1] — hatte schon Monate vorher ihr Ende erreicht; weshalb, ist in Dunkel gehüllt, und vermuthen könnte man allenfalls, die Unzufriedenheit des Papstes mit seiner Haltung in der Passauer Bisthumsfrage habe dazu den Anlass geboten [2]. 1250 März 11 bestätigte Innocenz die Absetzung Rüdiger's durch den neuen für Deutschland ernannten Legaten Petrus Bischof von Albano [3], und im Frühjahr traf dieser mit König Wilhelm in Lüttich zusammen [4], wo auch Konrad sich einfand [5].

Wie selbstbewusst Konrad 1249 seine Stellung auffasste, zeigt der Vertrag, den er am 18. April (R 230), also bald nach seiner Ernennung zum Legaten, mit dem Burggrafen Gernand von Kaiserswerth abschloss. „Da die göttliche Güte," heisst es zu Eingang dieser merkwürdigen Urkunde, „uns auf eine solche Höhe der Würde gestellt hat, dass wir als eines der wichtigern Glieder des Reiches erachtet werden, so sind wir gehalten, solches anzustreben, was dem Reiche zum Vortheil ist, und solchen beizustehen mit Rath und That, welche wir dem Reiche treu und hold erfinden." Derselbe staufische Parteigänger, der erst wenige Monate vorher das hartnäckig vertheidigte Kaiserswerth überliefert hatte, er hat nach dem Ausdruck der Urkunde „bisher solch' reine Treue für Bewahrung der Ehre des Reichs bewiesen, dass er dankbare Vergeltung davon tragen muss für seine Verdienste"; er stellt sich selbst und sein Eigenthum und die Burg — das Eigenthum des Reiches — unter den Schirm des Erzbischofs, und Beide versprechen einander Hülfe zu leisten gegen Jedermann mit Ausnahme des Königs Wilhelm — „mit dem Beifügen," heisst es weiter, „dass, falls Herr Wilhelm sterben oder freiwillig abdanken sollte, der Burggraf nebst der Burg derselben Person sich zuwende, welcher wir (der Erzbischof) uns zuwenden werden. Und falls Herr Friedrich (II.), was wir nicht glauben, sich mit der Kirche vertragen sollte, so werden wir nicht mit ihm Frieden noch Vertrag machen, wenn nicht der Burggraf mit uns in demselben Vertrage eingeschlossen ist, derart, dass er die Burg Kaiserswerth in demselben Recht

---

[1] Abgesehen von zwei vereinzelten Urk. (R 295. 296).

[2] Seine Verwickelung in diese Angelegenheit ist durch das Schreiben des H. portarius bezeugt. Auch sonst führen manche Fäden von Köln nach Baiern. Wir hören von einem Besuch Albert's des Böhmen in Köln, von einer Candidatur des zum Utrechter Bischof gewählten Kölner Propstes Heinrich von Vianden für das Bisthum Passau (vgl. Schirrmacher 155. 159). Ein einigermassen klares Bild aber lässt sich auf Grund der trümmerhaften Ueberlieferung nicht herstellen.

[3] Potthast 13930. Im Juni fordert der Legat zum Gehorsam gegen Berthold von Sigmaringen auf. Böhmer Reg. Reichss. 1. Erg.-Heft.

[4] Potthast 26452. Böhmer Reg. Wilh. zu 1250 Mai 1.

[5] R 276. 277. Die bezügl. Nachricht bei Hoesemius ist keinesfalls in allen Einzelheiten richtig. Vgl. Böhmer a. a. O. Das früher Urban III. zugeschriebene Einladungsschreiben bei Hartzheim Concil. Germ. 3, 435 rührt von Innocenz her und ist an Konrad gerichtet. Vgl. Winkelmann in den Forschungen 15, 382.

und Besitz behält, wie er und sein Vater sie besessen haben." Tod und
Abdankung Wilhelm's, Wiederanerkennung Friedrich's II.! Das sind die
Möglichkeiten, die Konrad schon im Frühjahr 1249; wenn auch in vorsichtiger
Vorclausulirung, in Rechnung bringt. Das ist der erste Vorbote jener Zeit,
wo Wilhelm gegen den offenen Verrath des Erzbischofs anzukämpfen hatte.

Für die nächsten Jahre allerdings fehlt jedes Anzeichen, dass die
Eintracht getrübt worden wäre. Anfang Juli [1]) zog Konrad mit stattlichem
Heer zum König nach Mainz und begleitete ihn auf seinem verwüstenden
Zuge gegen das staufisch gesinnte Frankfurt. Sachsenhausen wurde genommen
und niedergebrannt, aber der Brückenkopf hielt sich, und der König zog ab.
Schon vor Ende des Monats (R 238) war Konrad wieder in Köln, wo er
sich, abgesehen von einer kurzen Reise nach Westfalen im August (R 241),
bis tief in das nächste Jahr hinein fast ununterbrochen aufgehalten zu haben
scheint (R 241—275). Am 1. October begann Wilhelm die Belagerung von
Boppard, gab sie aber wieder auf, als Philipp von Hohenfels mit andern
Anhängern Friedrich's zum Entsatz heranrückte. Ob Konrad sich persönlich
oder nur durch Hülfstruppen betheiligte, steht nicht fest [2]). Im Sommer
1250 begleitete er den König, mit welchem er Anfang Mai (R 276. 277.) in
Lüttich zusammentraf, auf seinem dritten Zuge nach dem Oberrhein. Am
25. Juli kam Wilhelm, bei ihm die Erzbischöfe von Mainz, Trier und Köln,
die Bischöfe von Speyer und Worms nebst zahlreichen mittelrheinischen
Grafen nach Bechtolsheim (zwischen Odernheim und Worms) und verheerte
die Besitzungen Philipp's von Hohenfels, des Retters von Boppard. König
Konrad wagte nicht, Oppenheim zu verlassen: erst als Wilhelm nach Mainz
zurückgegangen war und die Truppen entlassen hatte, nahm er Rache an
seinem Dränger, bis unter die Mauern von Mainz vordringend. Zum Kampfe
kam es auch diesmal nicht, zwecklose Verwüstung hüben und drüben [3]).
Der Erzbischof hatte sich gleich nach dem Rückzug vom König getrennt:
am 10. August finden wir ihn schon wieder in Köln (R 284), und abgesehen
von einer Reise nach Westfalen im November (R 287) hat er unseres
Wissens fast zwei Jahre hindurch das rheinische Stiftsgebiet oder dessen
allernächste Umgebung nicht verlassen.

Noch vor Schluss des Jahres 1250 fällt ein Ereigniss, welches die
Sache Wilhelm's wirksamer unterstützte, als eine gewonnene Schlacht: der
Tod Kaiser Friedrich's. Sogleich fasste Papst Innocenz die wenig später
auch ausgeführte Rückkehr nach Italien in's Auge, zunächst jedoch lud er
Wilhelm zu einer Zusammenkunft in Lyon ein. Auch an Konrad erging
eine dringende Einladung [4]). Am 18. Februar 1251 dankt ihm der Papst
wegen der bisher bewiesenen vorzüglichen Sorge für das Wohl der Kirche

---

[1]) Annal. v. St. Pantal. 545; vgl. R 235.
[2]) Annal. v. St. Pantal. 546. — [3]) Wormser Annalen Mon. Germ. SS. 17. 51.
[4]) Potthast 14201.

und des Königs. Jetzt gelte es, die durch Friedrich's Tod gebotene Gelegenheit auszunutzen: „Wir wollen und befehlen, dass du mit Hintansetzung aller andern Dinge persönlich zu uns zu kommen sorgest, um mit uns nützlichen Rath zu pflegen". Konrad ist diesem Gebot nicht gefolgt; er überliess es dem Erzbischof Arnold von Trier, den König nach Lyon zu begleiten [1]. Es kann kaum ein Zufall sein, dass für lange Zeit jede Spur eines Verkehrs zwischen Konrad und dem Könige verschwindet, dass nicht einmal in den Urkunden, welche Wilhelm während seines Aufenthaltes zu Köln Ende 1251 und Anfang 1252 ausstellte, der Name des Erzbischofs begegnet. Die Zahl der Anhänger des jungen Herrschers oder doch derjenigen, welche ihn äusserlich anerkannten, war erheblich gewachsen, namentlich seit sein Nebenbuhler Ende 1251 Deutschland verliess, um von seinem sicilianischen Erbreich Besitz zu ergreifen. Aber der Mann, welchem er hauptsächlich die Krone verdankte, war ihm bereits damals entfremdet; er fehlte auch, als Wilhelm im Januar 1252 zum ersten Mal das Rheingebiet verliess, um sich in Braunschweig mit der Herzogstochter Elisabeth zu vermählen und die Huldigung norddeutscher Fürsten entgegen zu nehmen. Die Sache ist um so auffallender, als Konrad mit dem päpstlichen Legaten Hugo von Sabina in gutem Vernehmen gestanden zu haben scheint. Mehrere Monate lang weilte Hugo in Köln, und als er von der Braunschweiger Hochzeit zurückkam, hat er die erste kurze Fehde zwischen dem Erzbischof und den Kölner Bürgern geschlichtet [2]. Erst im Juni, als auch Wilhelm, aus Sachsen zurückkehrend, nach Köln kam, finden wir den Erzbischof wieder in seiner Umgebung (R 321); möglich, dass der Legat die Annäherung angebahnt hatte.

Längere Zeit wurde seitdem wenigstens äusserlich das Einvernehmen bewahrt. Im Juli erschien Konrad auf dem Hoftage bei Frankfurt [3]. Hier urtheilt er im Namen der versammelten Fürsten (R 322): alle Reichslehen,

---

[1] Gesta Trever. Mon. Germ. SS. 24, 412.

[2] 1251 Juli 7 und 14 ist der Legat noch in Mainz (Mittelrhein. Urk. 3, 823. Gudenus, cod. dipl. Mogunt. 3, 865), Juli 30 in Koblenz (Mittelrhein. Urk. 3, 825). In Köln ausgestellte Urkunden finde ich folgende: Sept. 17 für Welver mit Intervention Konrad's (Seibertz, Westfäl. Urkundenb. 3, 450); Sept. 26 für Marsberg (Schaten, Annal. Paderborn., irrig zu 1252); Oct. 2 für Gross St. Martin zu Köln (Kessel, Monum. eccl. S. Martini 269); Oct 5 für die Kölner Beghinen (Quellen 2, 306); Nov. 10 für St. Cunibert zu Köln (Kreuser, Dombriefe 377); Dec. 6 für die Minoriten zu Andernach (Gelenii Farrag. 11. 531); 1252 Jan. 9 Ablassbrief (Gudenus 3, 958); Jan 13 zwei Urk für St. Georg zu Köln (Alfter'sche Sammlung in der Bibl. der kathol. Gymnasien zu Köln 9, 79 und 22, 79). März 13 ist er in Hildesheim (Spilcker, Beiträge 3, 91 mit irrigem Datum), März 25 in Braunschweig (Schaten Annal. Paderborn. zu 1252). Der von ihm vermittelte Friedensvertrag zwischen Konrad und der Stadt trägt nur das Monats-Datum April (R 318), doch bestimmt sich die Zeit etwas genauer durch den Umstand, dass der Legat bereits April 22 eine Urk. in Lüttich ausstellt (Quix, cod. dipl. Aquensis). Spätere Urkunden des Legaten von 1252 Juli 25 (mehrere Kölner Urk sind im November 1252 ausgestellt) bis 1253 Aug. 6 Mittelrhein. Urk. 3, 861. 870. 871. 883. 885. 886.

[3] Erfurter Chronik (Mon. Germ. SS. 16. 39).

deren Träger nicht rechtzeitig die Belehnung von König Wilhelm nachgesucht, seien verwirkt; dem Johann von Avesnes, welchem Wilhelm die bisher von seiner Mutter, der Gräfin Margaretha von Flandern, besessenen Reichslehen übertragen, sollten nunmehr auch die dazu gehörigen Städte, Burgen und sonstigen Besitzungen gehorchen. Im März des folgenden Jahres (1253) tritt Konrad noch zwei Mal (R 332. 335) als Zeuge in Urkunden Wilhelm's auf und erhält von diesem das eidliche Versprechen (R 333), er wolle dem Erzbischof gegen dessen Feinde, insbesondere mit Hülfe von Aachen, Dortmund und Kaiserswerth und andern ihm gehörigen Städten beistehen und jede dem Erzbischof zugefügte Beleidigung als eine ihm selbst zugefügte betrachten. Wahrscheinlich bildete dieses Versprechen nur den Abschluss eines neuen Zerwürfnisses. Seit dieser Zeit haben sich die beiden Männer unseres Wissens nur noch ein einziges Mal, und zwar als Todfeinde wiedergesehen.

Die flandrischen Beziehungen [1]) spielten in dem bittern Streit zwischen König und Erzbischof eine bedeutungsvolle Rolle. Der alte Zwist zwischen Flandern und Holland wegen der Lehnshoheit über die Grafschaft Seeland war durch den Tod des Grafen Wilhelm von Flandern (1251), des ältesten Sohnes der Gräfin Margaretha aus ihrer zweiten Ehe mit Wilhelm von Dampierre, in ein neues Stadium eingetreten. Die Gräfin begünstigte die beiden echten Brüder des Verstorbenen, Guido und Johann von Dampierre; König Wilhelm dagegen stellte sich auf die Seite der ältern Stiefbrüder, seines Schwagers Johann von Avesnes, Grafen von Hennegau, und dessen Bruders Balduin. Mit dem Frankfurter Hoftag waren die Verhandlungen abgebrochen und im nächsten Jahre kam es zum offenen Krieg. Ein flandrisch-französisches Heer landete auf der seeländischen Insel Walcheren, wurde aber 1253 Juli 4 bis zur Vernichtung geschlagen und die beiden Dampierres gefangen. Ihre letzte Hoffnung richtete die Gräfin Margaretha auf Karl von Anjou, den Bruder Ludwig's des Heiligen. Sie übertrug ihm die Grafschaft Hennegau, der Krieg wurde fortgesetzt, und ein Feldzug, den König Wilhelm nach dem Hennegau unternahm, blieb ohne entscheidendes Resultat, so dass er 1254 Juli 26 zu Le Quesnoy mit Margaretha und ihrem Verbündeten einen Waffenstillstand bis Oct. 15 abschloss.

Gerade um dieselbe Zeit tritt Konrad in die flandrischen Wirren ein: im August 1254 (R 367) schloss er mit Karl und Margaretha ein Bündniss, angeblich gegen Johann und Balduin von Avesnes, ohne den König zu nennen, aber auch ohne ihn von der Fehde auszunehmen. Als Motiv gibt er an Dankbarkeit für die Dienste, welche ihm die Gräfin bei seiner Gefangenschaft durch den Grafen von Jülich, also vor zwölf Jahren, geleistet habe: seltsame Worte in dem Munde eines Mannes, der zwei Jahre vorher

---

[1]) Vgl. hierüber Sattler, die flandrisch-holländischen Verwickelungen unter Wilhelm von Holland. Göttingen 1872.

zu Frankfurt der Gräfin ihre Reichslehen aberkannt hatte. Man wird in diesem schroffen Parteiwechsel nicht etwa die Ursache der tödtlichen Feindschaft zwischen Wilhelm und Konrad, sondern umgekehrt die Wirkung eines bereits bestehenden Zerwürfnisses zu finden haben; ältere Spuren eines solchen begegneten uns ja bereits. Wie es entstand, darüber haben wir nur Vermuthungen. Der jugendliche Wilhelm war nicht mehr der kleine Rheinlandskönig, wie in seinen ersten Jahren; er mag, namentlich seitdem er in Norddeutschland Anerkennung gefunden hatte, verrathen haben, dass er sich nicht als das Geschöpf, sondern als den Herrscher seiner rheinischen Anhänger betrachte, wie denn überhaupt sein Königthum durchaus nicht so· kläglich war, als man es oft geschildert findet. Dass er bei der Ausbildung eines derartigen Gegensatzes am leichtesten mit dem mächtigen, selbständigen Konrad aneinander gerathen konnte, versteht sich von selbst, und eine unsichere Hypothese [1]), der König habe sich bei der zwischen Köln und Sachsen herrschenden Eifersucht bezüglich Ausübung der herzoglichen Rechte in Westfalen auf die Seite Albert's von Sachsen gestellt, gewinnt einigermassen Halt, wenn wir lesen, dass Wilhelm schon 1252 Nov. 26 die Bürger von Soest, der kölnischen Stadt, „ihre Personen und Güter, aus dem Herzogthum in seinen und des Reiches besondern Schutz und Schirm" nimmt.

Schon im Juli 1254 war Konrad zur Empörung entschlossen. Am 6. Juli (R 362) liess er sich von seinen Verwandten Johann und Kunzo von Nürburg Hülfe versprechen auch gegen König und Reich, im folgenden Monat trat er, wie erwähnt, mit Wilhelm's schlimmster Feindin in Bündniss, und wohl nur der Waffenstillstand verzögerte den Ausbruch der förmlichen Empörung. Das letzte Ziel einer solchen aber musste fast zweifellos etwas ganz anderes sein, als die Behauptung der Lehnshoheit Flanderns über Seeland, die Verdrängung Johann's von Avesnes aus dem Hennegau durch den Franzosen Karl oder die Stärkung der kölnischen Herzogsgewalt in Westfalen: im Hintergrunde lag Wilhelm's Entthronung, lag die Verwirklichung eines Gedankens, der sich schon 1249 in Konrad's Vertrag mit dem Burggrafen von Kaiserswerth schüchtern hervorgewagt hatte. Wir wissen durch eine Sammlung allerdings apokrypher Briefe, dass Margaretha von Flandern den Plan betrieben hat, Ottokar von Böhmen die deutsche Krone zu übertragen [2]). Diese Stilübungen sind durchaus nicht das grundlose Erzeugniss einer müssigen Stunde; der Plan hat bestanden, und sehr ernstlich hat man an die Ausführung gedacht. Im Sommer 1255 ist Alexander IV., Innocenz' Nachfolger, in einem scharfen Schreiben gegen diese Intrigue eingeschritten, und wenn bei dieser Gelegenheit Konrad mit einem besondern, nicht übermässig höflichen Briefe bedacht wurde, in welchem von der

---

[1]) Grauert, die Herzogsgewalt in Westfalen seit dem Sturze Heinrich's des Löwen. (Paderborn 1877) S. 115.

[2]) Vgl. den Aufsatz Busson's im Archiv für Kunde österreich. Geschichtsquellen 40, 12 ff.

Theilnahme „vornehmlich geistlicher Fürsten" die Rede ist [1]), wenn wir seine Stellung zu Wilhelm und sein nachmals hervortretendes Verhältniss zu Ottokar von Böhmen berücksichtigen, so muss seine Betheiligung an einer auf den Sturz Wilhelm's gerichteten Fürstenverschwörung für nahezu erwiesen gelten. Neben ihm wird man an Gerhard von Mainz zu denken haben, welcher 1251 an die Stelle Christian's getreten war und jetzt ebenfalls mit dem König in Unfrieden stand [2]), sowie an Arnold von Trier. Mit Letzterm hatte Wilhelm schon vor längerer Zeit in heftigstem Streit gelegen. Als er im October 1252 [3]) rheinabwärts fuhr und Coblenz passiren wollte, forderte der dortige Trierische Schultheiss — angeblich in Abwesenheit des Erzbischofs und ohne zu wissen, dass er es mit dem König zu thun habe — den üblichen Zoll. Darüber kam es zum Kampf, bei welchem Wilhelm eine schimpfliche Niederlage erlitt. Arnold bedauerte, wie ein ihm wohlwollender Berichterstatter [4]) versichert, schmerzlich diesen Vorfall; der König dagegen nahm denselben sehr ernst, liess Arnold durch den Legaten Hugo nach Köln entbieten und drängte heftig auf seine Absetzung. Auch am päpstlichen Hofe fasste man die Sache von der schlimmsten Seite auf. Angeblich auf Eingebung des Erzbischofs, schrieb 1252 Dec. 12 Papst Innocenz an den Legaten [5]), sei der Schultheiss über den König und seine Begleiter hergefallen. Der Legat solle die Sache untersuchen; sei Arnold schuldig, so solle er vollständige Genugthuung leisten oder binnen zwei Monaten sich bei der Curie zur Verantwortung stellen; weigere er sich, so möge der Legat seine Unterthanen des Eides entbinden. Das Capitel von Trier, schrieb der Papst gleichzeitig an den Legaten, solle Vertreter zur Curie mit der Vollmacht schicken, entweder vor dem Papste eine Neuwahl vorzunehmen oder einen von diesem ernannten Erzbischof anzuerkennen. Als diese Weisungen ankamen, war der Streit wahrscheinlich schon beglichen. Arnold war in Köln erschienen, der Legat, Erzbischof Konrad, die Prioren und Bürger von Köln legten Fürsprache ein, und Wilhelm liess sich zur Versöhnung bereit finden [6]). Im nächsten Jahre finden wir Arnold auch mit dem h. Stuhl wieder auf besserm Fusse [7]), aber ein Stachel mag doch zurück geblieben sein, und unter diesen Umständen darf man vielleicht Gewicht auf den Umstand legen, dass Konrad im Mai 1254 (R 357) als Intervenient einer von Arnold zu Koblenz ausgestellten Urkunde begegnet.

---

[1]) Die Briefe stehen im Baumgartenberger Formelbuch, herausg. von Bärwald in Fontes rer. Austriac. 25, 186 ff. Dem undatirten Brief an den Erzbischof von Köln das Datum des Circulars (Aug. 28) zu geben, scheint mir unbedenklich. Potthast 16003. 16004.

[2]) Vgl. die Schreiben des Papstes Innocenz an Gerhard und König Wilhelm 1254 Juli 23 und 26 bei Gudenus, cod. dipl. Mogunt. 1, 644. Potthast 15466. 15472.

[3]) Die Zeit ergibt sich zweifellos aus dem Itinerar Wilhelm's (1252 Oct. 10 Frankfurt, Oct. 25 Köln) verbunden mit den päpstlichen Schreiben in dieser Angelegenheit.

[4]) Erste Recension der Gesta Trev. Mon. Germ. SS. 24. 412.

[5]) Potthast 14807. 14808. — [6]) Gesta Trev. a. a. O. — [7]) Potthast 15056.

In Norddeutschland jedenfalls gährte es von der Schelde bis zur Weser. Wie Konrad mit Karl von Anjou und der flandrischen Gräfin, so stand mit Johann von Avesnes des Erzbischofs Erbfeind Graf Wilhelm von Jülich im Bunde, und wie Konrad versprach, er werde die Brüder von Avesnes, falls er sie in seine Gewalt bekäme, nicht loslassen ohne Zustimmung seiner Bundesgenossen, so erhielt er von diesen die gleiche Zusage bezüglich des Grafen von Jülich und seines Bruders Walram, mit welchen er besonders wegen der Hostaden'schen Erbschaft in Streit lag. Anderseits aber war der Jülicher auch wieder verbündet mit den westfälischen Gegnern Konrad's, an deren Spitze die Bischöfe Simon von Paderborn und Otto von Münster, sowie der Herr zur Lippe standen [1]). So bilden Konrad auf der einen, Graf Wilhelm auf der andern Seite die Brücke zwischen den niederländischen und den westfälischen Parteien, und in ihrer Verbindung, in der Bedeutung ferner, welche sie für das Verhältniss des Königs zu seinem mächtigsten und gefährlichsten Unterthan besitzen, erheben sich diese Wirren hoch über den Rang der zahlreichen Localfehden jener Zeit.

Kein zeitgenössischer Chronist — so recht bezeichnend für den damaligen Stand der Geschichtschreibung im nordwestlichen Deutschland — hat uns auch nur eine Silbe über die Kämpfe im Sommer 1254 überliefert; nur einige Urkunden ermöglichen es uns, den Gang der Dinge mit leidlicher Deutlichkeit zu erkennen. Konrad selbst wendete sich gegen den nächsten und gefährlichsten seiner Gegner, Wilhelm von Jülich. Dass er im Vortheil blieb, beweisen die Bedingungen des Friedens, welchen er Oct. 15, an demselben Tage, an welchem der flandrische Waffenstillstand ablief, im Lager vor Blatzheim dem Jülicher gewährte (R 371). Der Graf versprach, für die Kriegsschäden denjenigen Ersatz zu leisten, welchen ihm Graf Heinrich von Luxemburg und Dietrich der Erstgeborene von Cleve auferlegen würden. Die Entscheidung seiner Streitigkeiten mit dem Erzbischof blieb einem Schiedsgericht überlassen. Er wie sein Bruder mussten den Erzbischof als Vermittler anerkennen wegen Ersatz des Schadens, den sie Kölner Kirchen und geistlichen Personen zugefügt. Wegen der Hostaden'schen Erbschaft unterwarf sich Walram einfach des Erzbischofs Gnade; für den Fall, dass er sich mit dem freiwillig Gegebenen nicht begnüge, schworen seine Verwandten Herzog Walram von Limburg und dessen Bruder Graf Adolf von Berg, Graf Heinrich von Luxemburg und dessen Bruder Gerhard, der Graf von Kessel, die Herren von Montjoie, Blankenheim und Reifferscheid, sie würden ihm keinen Beistand durch Rath oder That leisten. Wohl war es der Form nach nur ein Separatfrieden in beschränkten Grenzen: ausdrücklich behielt Wilhelm sich vor, sowohl Johann von Avesnes als jenseits des Rheines seine westfälischen Bundesgenossen zu unterstützen, ja der Erzbischof versprach sogar, ihn frei passiren zu lassen, wenn er zu diesem Zweck über den Rhein

---

[1]) Lacomblet 2, 217.

zieho; aber es war ein leeres Wort, ein Ehrenvorbehalt des Jülichers, denn seine Freunde und Verwandten sagten dem Erzbischof eidlich ihre Hülfe in Westfalen zu.

Sie ist nicht nöthig gewesen, denn in denselben Tagen, in welchen Konrad den Grafen von Jülich zur Ruhe brachte, fiel auch in Westfalen die Entscheidung [1]). Viel wissen spätere Chroniken zu erzählen von einer grossen Schlacht in der Nähe von Dortmund, wo die Bischöfe von Paderborn und Osnabrück [2]) nebst dem Herzog Albert von Sachsen geschlagen worden seien und ein König von Schottland den Tod gefunden habe. Fest steht nur, dass im Sommer 1254 in Westfalen eine schwere Fehde entbrannte und dass in einem grössern Treffen, wahrscheinlich einige Tage nach dem 9. Oct., der Bischof von Paderborn von Konrad's westfälischen Anhängern, unter welchen besonders die Grafen von Arnsberg, Altena und Mark zu nennen sind, gefangen genommen wurde. Die Ueberlieferung, der Kampf habe in der Nähe von Dortmund stattgefunden, zu bezweifeln liegt kein Grund vor [3]).

Der Doppelsieg Konrad's war der erste· schwere Schlag für König Wilhelm, der Wendepunkt seiner bisher im Aufsteigen begriffenen Regentenlaufbahn. Der Triumph des Kölners hat seinem Ansehen in Norddeutschland den Todesstoss gegeben. Man hat wohl keinen weitern Erklärungsgrund nöthig, weshalb er die flandrische Fehde nicht wieder erneuerte, und der Einladung des Papstes, er möge gegen Weihnachten nach Rom zur Kaiser-

---

[1]) Die (sämmtlich aus späterer Zeit stammenden) chronikalischen Berichte über die Schlacht von Dortmund sind gesammelt und gesichtet bei· Grauert, die Herzogsgewalt in Westfalen 92 ff. Besondern Werth möchte ich legen auf die Notiz (Grauert 100), die Schlacht habe 1252 ipso die Dionysii (Oct. 9) stattgefunden. Zwar ist das Jahr zweifellos falsch, der Tag aber, wenn nicht alles täuscht, annähernd richtig. Der im Februar 1255 (Grauert 93) verfasste Bericht der westfälischen Anhänger Konrads an den Papst (Seibertz Urkundenb. I, 349) setzt den förmlichen Beginn der Fehde (nicht den entscheidenden Kampf) in estate preterita. Das Treffen, in welchem Simon von Paderborn gefangen genommen wurde, war am 15. Oct. westlich des Rheines schwerlich schon bekannt, sonst könnte in dem von jenem Tage datirten Vertrag zwischen Konrad und dem Grafen von Jülich doch nicht gut von einer dem Bischof von Paderborn zu gewährenden Hülfe die Rede sein. So liegt es nahe, nicht St. Dionys selbst, aber einen der nächstfolgenden Tage als Tag der Schlacht anzunehmen, man müsste sich denn zu der Annahme entschliessen, im Vertrag werde die Gefangennehmung Simon's absichtlich ignorirt. Dann läge also der Vermuthung nahe, dass der Jülicher habe sich gerade in Folge der Niederlage seiner westfälischen Bundesgenossen zum Frieden entschlossen. Bemerkenswerth ist der Umstand, dass Sept. 20, also wenige Wochen vor St. Dionys, der westfälische Marschall Albert von Störmede, welcher an dem Siege über Simon theilnahm, mit andern westfälischen Edeln in Köln anwesend ist (R 370).

[2]) Wohl Verwechselung mit dem Bischof von Münster, der ja wirklich zu Konrad's Gegnern gehörte.

[3]) Eine der ältesten Erwähnungen des Schlachtfeldes findet sich im Bestand des Schultenamtes zu Soest (1275—1332) bei Seibertz, Urkundenb. 1, 454: a tempore conflictus in Wluerkeskampe.

krönung kommen [1]), nicht Folge leistete. Sein Versuch vollends, Konrad zum Einlenken zu bewegen, hat nur zu einer ganz offenen und schimpflichen Niederlage des Königthums geführt. Anfang Januar 1255 traf er, von dem im April 1254 ernannten deutschen Legaten Petrus von Albano [2]) begleitet, in Neuss mit Konrad zusammen. Der Kölner wurde aufgefordert, Simon von Paderborn freizulassen, weigerte sich aber. Nach heftigem Streit kam es zur Gewalt; das Haus, in dem der König und der Legat sich befanden, wurde in Brand gesteckt, mit genauer Noth entrannen sie dem Flammentode [3]).

Es lässt sich heute nicht mehr feststellen, ob es sich in Neuss nur um einen nicht beabsichtigten, lediglich in der Hitze des Streites entbrannten Excess, an dem der Erzbischof allenfalls noch unschuldig sein könnte, gehandelt hat, oder um ein förmliches Attentat auf seinen königlichen Herrn und den Vertreter des Papstes, wie ein vereinzelter Zeitgenosse, Albert von Stade, behauptet. Jedenfalls war es eine tiefe Erniedrigung des Königthums, und sie ist nicht gesühnt worden. Wenn Wilhelm überhaupt die Reichsacht verhängte, so blieb sie ohne Wirkung. Wohl belegte der Legat Konrad mit dem Bann, wohl ergriff der kurz vorher zum Papst gewählte Alexander IV.

---

[1]) Potthast 15475. — [2]) Potthast 15335.

[3]) Albert von Stade Mon. Germ. (SS. 16, 373) setzt das Neusser Attentat 1254. Wörtlich wiederholt wird seine kurze Erzählung in den Hamburger Annalen (ebend. 383), welche den Namen des Legaten und die Veranlassung des Streites (Weigerung des Erzbischofs, Simon von Paderborn freizugeben) beifügen. Dazu kommt die wichtige Notiz in der Citation Papst Urban's IV. an König Richard (Rymer Foedera Ausg. von 1739, 1, 2, 77): Praesertim cum Coloniensis archiepiscopus, pro eo quod in Petrum diaconum cardinalem, tunc legatum in Alemanniae partibus, manus iniecerat ac Padebornensem episcopum detineret captivum, propter quod per eundem etiam legatum excommunicatus extitit. Viel bestritten ist die Zeit des Neusser Vorganges, worüber zuletzt Sattler (die flandrisch-holländischen Verwickelungen 93) gehandelt hat. Die Ansetzungen bei Meerman (Juni 1254) und Schirrmacher (November 1253) werden hier richtig zurückgewiesen, unzutreffend dagegen ist die Polemik gegen Burckhardt's (Konrad von Hochstaden 99) richtigen Ausgangspunkt: „dass vor dem Spätherbst 1254 der König noch nicht um Simon's Freilassung hätte bitten können". Sattler übersieht, dass der Bericht der westfälischen Edeln über die Schlacht von Dortmund (Seibertz 1, 349) nicht Februar 1254, sondern 1255 neuern Stils abgefasst wurde. Im Uebrigen schlägt Sattler den richtigen Weg ein, indem er untersucht, wann die betheiligten Personen zusammen in Neuss gewesen sein können. Nun stellt aber der Legat wirklich 1255 Jan. 5 in Neuss eine Urkunde aus, und der gleichzeitigen Anwesenheit Wilhelm's steht dessen Itinerar durchaus nicht im Wege. Ich füge bei, dass ein Vertrag des Grafen Otto von Geldern mit Konrad Neuss 1255 Jan. 7 datirt ist (R 375). Gegenüber diesem Zusammentreffen sehe ich keinen Grund, mit Ennen (Gesch. der Stadt Köln 2, 121) als eine Veranlassung des Attentats den Umstand zu betrachten, der König habe März 1255 den Erzbischof bei der Ernennung eines Statthalters übergangen; die daraus sich ergebende spätere Datirung des Attentats stände freilich schon wieder mit Ennen's Ansicht in Widerspruch, Konrad sei in Folge desselben durch Innocenz IV. mit dem Banne belegt worden, welcher bereits 1254 Dec. 7 stirbt: dies beruht übrigens nur auf einer Verwechslung mit dem Bann des Legaten. Die bezügliche Stelle im Schreiben Urban's IV. ist bereits angeführt. Durch das gleiche Missverständniss lässt sich Decker (Konrad von Hochstaden 47) verleiten, das Attentat vor den Tod des Papstes zu setzen. Die schon von Burckhardt abgewiesene Ansetzung Kremer's (Winter 1253 auf 1254) erledigt sich nach dem Gesagten von selbst.

die Partei Simon's von Paderborn [1]), wohl durchschaute er die Intriguen, die Konrad gegen den König spann [2]), aber wir hören nicht, dass er auch nur die Sentenz des Legaten bestätigt hätte.

Zwischen König und Erzbischof war jetzt Alles aus. Es ist gewiss nicht pure Loyalität, sondern die directe Wirkung der unmittelbar vorausgegangenen Neusser Vorgänge, wenn die Stadt Köln eine besondere 1255 Jan. 14 datirte Urkunde über ihren Beitritt zum Bunde der rheinischen Fürsten und Städte ausfertigen liess, obwohl sie bereits vor Monaten beigetreten war, und darin ausdrücklich sowohl Wilhelm als Konrad ausnimmt [3]). Offenbar wurde ein Zusammenstoss erwartet, und die Aufmerksamkeit, welche der König gerade von jetzt ab dem Bunde widmet, ging vielleicht zum grossen Theile aus der Hoffnung hervor, mit Hülfe des Bundes den trotzigen Erzbischof niederwerfen zu können, welcher demselben wahrscheinlich schon seit seiner Gründung im Juli 1254 angehörte. Direct nach der Gründung hatte man ja die königliche Bestätigung nachgesucht, die Beschlüsse des Wormser Bundestages vom Oct. 1254 waren gefasst „zur Ehre des heiligen Reichs, welchem gegenwärtig unser erlauchtester Herr Wilhelm vorsteht". Im Februar 1255 waren zu Worms zahlreiche Bundesglieder um den König versammelt und beschworen den Bund, den er am 10. März bestätigte. Schritt für Schritt hat er seitdem theils direct, theils durch den wenige Tage später zum Hofrichter ernannten Grafen Adolf von Waldeck grössern Einfluss auf den Bund gewonnen. Auf der Oppenheimer Versammlung (Nov. 10) erscheint diese aus freiem Entschluss der rheinischen Herren und Städte erwachsene, binnen Jahresfrist weit über die Grenzen des eigentlichen Rheinlandes ausgedehnte Einigung in voller Unterordnung unter den König. Wie nahe lag es, diese vielleicht nur vorübergehende Machtstellung gegen den schlimmsten Vertreter des Fürstentrotzes auszunutzen? Aber wir wissen nicht, ob Wilhelm auch nur den Versuch gemacht hat. Zwei Mal hat er im Laufe des Jahres 1255 Köln besucht; der Erzbischof wird ihm aus dem Wege gegangen sein. Zuletzt weilte Wilhelm im December in der Stadt, vor deren Thoren ihn acht Jahre zuvor Konrad zum Könige gewählt, wo er den Friedenseid der rheinischen Erzbischöfe entgegengenommen hatte. Dann zog er gegen die Friesen, wenige Wochen darauf (1256 Jan. 28) war er erschlagen.

---

[1]) Vgl. unten 2. Theil 5. Cap. — [2]) Vgl. oben 36.

[3]) Auf den wahrscheinlichen Zusammenhang dieser Urkunde mit dem Zerwürfniss zwischen Wilhelm und dem Erzbischof hat schon Weizsäcker, der rheinische Bund 61 hingedeutet, auf dessen Darstellung ich auch für die folgenden Daten verweise. Zu dem hier und bei Busson verwendeten Material kann ich noch einen kleinen, meines Wissens ungedruckten Nachtrag geben: die Bundesurkunde Duisburg's für Köln 1255 März 5 (Anlagen 11). Eine gewisse Bedeutung besitzt dieselbe als die erste Beitrittserklärung einer niederrheinischen Stadt (abgesehen von Köln) und durch den Umstand, dass sie nicht nach dem sonst stehenden Formular abgefasst ist.

Drittes Capitel.

Die Doppelwahl.

Anderthalb Monate nach Wilhelm's unglücklichem Ende tagten die Städte des rheinischen Bundes in Mainz und beschlossen [1]): „Da wir des Königs entbehren, so soll jede Stadt nach Kräften rüsten. Auch versprechen wir, das Königsgut, so lange das Reich kein Oberhaupt hat, mit aller Kraft zu schirmen. Eidlich ferner versprechen wir zum Heil des gesammten Volkes und Landes: Sollten die Fürsten, welchen die Königswahl zusteht, etwa mehr als Einen wählen, so werden wir keinem von ihnen beitreten mit Rath oder That, keinen Dienst ihm leisten heimlich oder offenbar, ihm nicht leihen oder ihn einlassen in eine Stadt, oder ihm den Treueid leisten." Die Befürchtung hat sich bestätigt, und dann haben die Städte nicht Wort gehalten. Fast ein Jahr lang ist der Thron erledigt geblieben [2]). Ein erster auf den 23. Juni nach Frankfurt ausgeschriebener Wahltag blieb ohne Erfolg. Am 5 August trat in Wolmirstädt eine Anzahl norddeutscher Fürsten zusammen, Herzog Albert von Sachsen, die Markgrafen Johann und Otto von Brandenburg sowie Herzog Albert von Braunschweig, in dessen Gewalt sich der Erzbischof Gerhard von Mainz als Gefangener befand. Man einigte sich, den Markgrafen Otto zu wählen und sich am 8. September in Frankfurt zur Wahl einzufinden, aber es scheint bei der Absicht geblieben zu sein [3]). Ob ernstlich an den kleinen Konradin gedacht wurde — am 28. Juli hat Papst Alexander in Briefen an die drei rheinischen Erzbischöfe seine Wahl auf's strengste untersagt [4]) — oder an König Ottokar von Böhmen, mag dahingestellt bleiben. Schliesslich scheidet sich die kleine Zahl der bei der Wahl bevorrechteten Fürsten [5]) in zwei Parteien, deren jede einen Ausländer auf den Schild erhebt: die eine König Alfons den Weisen von Castilien, die andere den Grafen Richard von Cornwallis, den Bruder König Heinrich's III. von England.

---

[1]) Städtetag 1256 März 16, zuletzt bei Weizsäcker, der rhein. Bund 31.

[2]) Für die Wahlverhandlungen verweise ich im Allgemeinen auf Busson, die Doppelwahl des Jahres 1257 und das römische Königthum Alfons' X. von Castilien. Vgl. auch Schröer, de studiis Anglicis in regno Siciliae et Alemanniae adipiscendo collocatis (Bonner Dissert. 1867). Schirmacher, die Entstehung des Kurfürsten-Collegiums.

[3]) Die Schreiben der Wolmirstädter Fürsten an Mainz, Köln u. s. w. zuletzt wieder bei Weizsäcker 33. — [4]) Potthast 16506.

[5]) Auf die Kurfürstenfrage und die grosse Literatur, welche in letzter Zeit über sie erschienen ist, kann hier nicht eingegangen werden. Die letzte grössere Untersuchung bietet Schirmacher, Kurfürsten-Collegium.

Die englische Politik nahm damals einen hohen Schwung. Schon war Heinrich mit Papst Alexander übereingekommen, im Königreich Sicilien an Stelle Manfred's seinen Sohn Edmund zu setzen; jetzt winkte ihm die lockende Aussicht, diesen Zukunftsthron durch Richard's römisches König- thum zu stützen. Dass Alexander von vornherein den Plan begünstigte, ist freilich nicht bezeugt, aber auch nicht unwahrscheinlich, da er sich nach der Wahl entschieden auf Richard's Seite stellte [1]. Ueberhaupt steht nicht fest, von welcher Seite eigentlich der Gedanke ausgegangen ist. Wahrscheinlich von König Heinrich, der schon bald nach Wilhelm's Tod [2] den Papst ersuchen liess, er möge darauf hinwirken, dass ein der Kirche ergebener und dem König nicht feindlicher Mann gewählt werde. Erst im Juni beglaubigte er als Gesandte an die deutschen Fürsten den Grafen von Glocester und Robert Walerand; in nicht officieller Stellung begleitete sie Johann Mansel, der später als Agent Richard's erscheint. Ueber den Verlauf ihrer Sendung verlautet im Einzelnen nichts; der Erfolg aber war günstig, und mit den Vorschlägen der englischen Partei ging Johann von Avesnes, der frühere Gegner Konrad's, über den Canal [3].

„Du bist gewissermassen die Hauptgrundlage und Säule seiner Erhebung gewesen," schrieb Papst Alexander einige Jahre später in dem Briefe, in welchem er Konrad die eifrige Unterstützung Richard's an's Herz legt [4], und wir haben keinen Grund, an der Richtigkeit dieser Worte zu zweifeln, wenn auch der förmliche Abschluss der Verhandlungen Konrad's mit dem eng- lischen Grafen ziemlich spät erfolgte. An ihn werden sich zunächst die englischen Gesandten gewendet haben, und mit diesen Besprechungen dürfte die Reise in Verbindung stehen, welche er im Sommer nach Böhmen unternahm. Am 17. Juli traf er in Prag ein, in seiner Begleitung Propst Heinrich von Zyfflich, ferner Philipp von Falkenstein, Werner von Bolanden, Heinrich von Virneburg [5], Dietrich von Milendonk und sonstige Herren, sowie sein Notar Gotfrid. Mancherlei weiss der Prager Chronist [6] von seinem bis zum 10. August dauernden Aufenthalt zu melden: er habe seine Wohnung im Kloster auf dem Sionsberge genommen, dort die Bruderschaft gewonnen, Ablass für Besuch der Kirche an bestimmten Tagen ertheilt; er habe sich geweigert, in die Prager Domkirche in feierlicher Procession einzuziehen, demüthig und in weltlicher Kleidung sei er gekommen, um

---

[1] Schreiben des Papstes an Konrad 1259 April 30. Potthast 17750.

[2] Ueber die Zeit vgl. Busson 11.

[3] Die Reihenfolge der Gesandtschaften ist allerdings sehr zweifelhaft. Während Lipkau (de Richardo comite Cornubiae, Königsb. Dissert. 1865) 18 ff. und Busson vgl. besonders 118) die obige Darstellung geben, nimmt Schröer 34 an, die Initiative sei von den deutschen Fürsten ausgegangen und die Sendung Johann's von Avesnes nach Eng- land gehe der Sendung der englischen Unterhändler nach Deutschland voraus.

[4] Potthast 17750. — [5] An den Burggrafen von Nürnberg ist nicht zu denken. Vgl. Chroniken der Stadt Köln 1, 4 Note 4.

[6] Forts. des Cosmas von Prag, Mon. Germ. SS. 9. 175. 176.

dort den Martyrern seine Verehrung zu bezeugen; köstlich habe ihn König
Ottokar empfangen, die Kosten seines Aufenthalts getragen und ihm mit
mancherlei Gastgeschenken entlassen; aber neben all' diesen Aeusserlichkeiten
berichtet er über den Zweck des Besuches nur: „Er wollte, wie ich glaube,
mit dem Fürsten Böhmen's über das Reich unterhandeln." Ob er dem
Böhmen selbst die Krone antrug [1]), der ja schon bei der Verschwörung von
1254 an Stelle Wilhelm's in Aussicht genommen worden war [2]), ob er nur
versuchte, ihn für die Candidatur Richard's zu gewinnen, wird vielleicht
niemals mit Sicherheit ermittelt werden.

Gegen Ende des Jahres schlossen die Gesandten Richard's das Geschäft
mit den gewonnenen Wählern ab. Pfalzgraf Ludwig erhielt 12000 Mark
Sterling und das Versprechen, er solle eine englische Prinzessin heirathen;
die Stimme des Erzbischofs von Mainz wurde mit 8000 Mark erkauft, von
denen 5000 als Lösegeld an den Herzog von Braunschweig gekommen sind.
Zuletzt hat sich am 15. December Konrad zu Zündorf [3]), am rechten Rheinufer zwischen Köln und Bonn, mit den englischen Unterhändlern, dem
Bischof von Cambray und Johann von Avesnes, seinem frühern Gegner,
geeinigt. Abgesehen von dem Schutz der Güter seiner Kirche liess sich
der Erzbischof zunächst versprechen, Richard werde bis zu Pfingsten den
Zwist beilegen, welchen Konrad mit dem Cardinal Pietro Capocci oder mit
dem römischen Hofe habe; thut er es nicht, so bezahlt er 2000 Mark, darf
aber den Erzbischof nicht verlassen, so lange der Zwist dauert, und wenn
Konrad zur Beilegung desselben die 2000 Mark gebraucht, so wird Richard
sie ihm ersetzen. Amtleute und Richter zwischen der Mosel, Aachen und
Dortmund wird Richard nach Rath und Zustimmung Konrad's einsetzen; will
er Edle, Ritter oder Bürger zu seiner Hülfe gewinnen, so wird er es mit
Willen und Rath des Erzbischofs und des Johann von Avesnes thun. Für
seine vielfachen Mühen und Auslagen erhält der Erzbischof bis zum 13.
Januar 8000 Mark Sterling; 1000 werden bis Weihnachten in Köln deponirt
und für 2000 weitere Bürgen gestellt; wenn nun Richard bis zum 13.
Januar die Annahme der Wahl ablehnt oder mit den Wahlstimmen der Erzbischöfe von Mainz und Köln sowie des Pfalzgrafen nicht zufrieden ist, so
sind jene 3000 Mark verfallen; andernfalls gehen sie von den 8000 ab.
Eine Menge Sicherheitsclauseln sowie ein Trinkgeld von 400 Mark für den
erzbischöflichen Rath bilden den Schluss dieses Actenstücks, welches in
seiner nüchtern geschäftlichen Form vortrefflich die Manier darstellt, mit
welcher diese Königswahl gemacht worden ist. Am 26. Dec. hat Richard
den Vertrag bestätigt, nur für die Aussöhnung Konrad's mit dem Cardinal
Capocci behielt er sich einen längern Termin, bis zum 15. August,

---

[1]) Dafür noch Schirrmacher, Kurfürsten-Collegium 73. — [2]) Vgl. oben 36.
[3]) Dass dies die richtige Erklärung des Ortes Zudendorp in der Urk. bei Lacomblet
2, 232 ist, unterliegt keinem Zweifel. Vgl. ebend. 30 und 487. Schon im 10. Jahrh.
kommt der Ort in der Form Ciudenthor vor. Annalen d. hist. Ver. Doppelheft 26 u. 27, 341.

vor. Die versprochene Bestätigung mit dem königlichen Siegel ist am 3. Juni erfolgt.

Der Rest war Komödie. Zu Weihnachten erschienen in London Walram, der Bruder des Grafen Wilhelm von Jülich, Friedrich von Schleiden und Meister Dietrich Scholaster von Bonn — es ist nicht schwer, in der Auswahl der Boten die Hand Konrad's zu entdecken —, um Richard die Krone anzutragen. Ein englischer Chronist [1]), welcher seine unwürdig gefärbte Darstellung der Wahl erst mit diesem Punkte beginnt, lässt die von der Gesandtschaft überbrachten Briefe der Wahlfürsten versichern, niemals sei eine Wahl so einstimmig und ohne allen Widerspruch erfolgt: eine Behauptung von so überraschender Kühnheit, dass man sich nur schwer entschliessen kann, zu glauben, sie sei wirklich erhoben worden. Sehr erbaulich weiss dann unser Engländer zu erzählen, wie die Versammlung schwankt, wie zuerst der König in seinen Bruder dringt, „die vom Himmel und von den Menschen ihm angetragene Ehre nicht zurückzuweisen"; von allen Seiten bestürmt, gibt Richard mit einigen schönen Reden nach. Viele brechen in Thränen aus, hocherfreut aber sind die deutschen Gesandten. Mit dem Versprechen, den Fürsten binnen zwanzig Tagen nach Weihnachten den Bescheid zu melden, reisten sie ab; nur neunzehn Tage hat die englische Partei gebraucht, um das Spiel zu Ende zu führen.

Schon der 13. Januar 1257 brachte die trostlose Entscheidung, welche auf lange Jahre jede Hoffnung beseitigte, dem deutschen Reichselend ein Ende zu machen. Erzbischof Arnold von Trier, das Haupt der castilianischen Partei, war seinen Gegnern zuvorgekommen und hatte sich mit dem Herzog Albert von Sachsen in Frankfurt festgesetzt; vor den Thoren lagerten Konrad, der auch die Mainzer Stimme führte, der Pfalzgraf und Herzog Heinrich von Niederbaiern. Von ihnen wurde Richard als römischer König proclamirt, wenige Tage später sind auch die Boten Ottokar's von Böhmen beigetreten. Die Castilianer haben vorläufig gar keine Wahl vorgenommen. Erst am 1. April erschien Arnold von Trier zum zweiten Mal in Frankfurt und wählte Alfons von Castilien mit Vollmacht von Sachsen, Brandenburg und Böhmen! Derselbe Ottokar, dessen Boten einige Monate zuvor für den Engländer gestimmt, gab jetzt, wie versichert wird, seinen Namen für den Spanier her: er hätte dann das Verdienst, den Gedanken der Doppelwahl am reinsten zum Ausdruck gebracht zu haben [2]).

Es war nicht das erste Mal, dass bei der Erhebung eines deutschen Königs unlautere Mittel im Spiele waren, aber in dieser Weise war das Handwerk doch noch nicht getrieben worden, und wenn in spätern Fällen — wir erinnern nur an die Doppelwahl von 1314 — die Sache einen ähnlichen Verlauf nahm, so ist der Schacher um die Krone doch anscheinend nicht so allgemein bekannt geworden. Die Abmachungen dagegen, welche

---

[1]) Matthäus Paris ed. Wats 807.
[2]) Im Einzelnen vgl. Busson 33 ff.

dem 13. Januar vorausgingen, waren ein ganz offenkundiger Scandal, und wie dürftig auch die deutschen Chroniken jener Zeit sein mögen, so wissen sie doch zahlreich zu melden, wie in Frankfurt das Geld den König gemacht. „Den Erzbischöfen von Köln und Mainz," berichtet später eine Strassburger Chronik [1]), „gab Richard viel Geld, und desgleichen den andern Bischöfen Deutschlands und den Edeln des Landes." Unmuthig trug der Hamburger Annalist [2]) in sein Jahrbuch die Worte ein: „Wie Wasser goss Richard das Geld vor den Füssen der Fürsten aus. Unglaubliche Dinge verlauteten von seinem Gelde. Wahrlich, das Salböl, das über sein Haupt gegossen wurde, hätte er in seinem Vaterlande billiger kaufen können. Thörichtes England, welches so vielen Geldes freiwillig sich beraubte! Thörichte Fürsten Deutschlands, welche für Geld ihr edeles Recht verkauften!" „Für unzählbares Geld, nicht aus Eifer für die Gerechtigkeit, hat Erzbischof Konrad von Köln den Engländer zum König gewählt," klagt die Bisthumsgeschichte von Trier [3]), um auf diesem dunkeln Hintergrund die Uneigennützigkeit des Trierischen Kirchenfürsten glänzend hervortreten zu lassen: „Erzbischof Arnold dagegen und der Herzog von Sachsen, welcher im Auftrage des Königs von Böhmen und des Markgrafen von Brandenburg zu ihm geschickt wurde, wollten in heilsamer und weiser Erwägung der schuldigen Treue gegen das Reich keineswegs für Geld einen fremdgeborenen Mann wählen; 15000 Mark Sterling wurden dem Erzbischof angeboten, aber nicht vermochten sie seinen Sinn zu beugen. Ob dieser Standhaftigkeit übertrugen ihm die genannten Kurfürsten ihre Stimme, und er wählte den herrlichen König Alfons von Spanien, den Vetter des Königs von Böhmen und des Herzogs von Brabant. An diesem Wahltage ward die Ehre des Stuhles von Trier in unschätzbarer Weise erhöht." Prächtige Worte, wäre nur nicht — worüber der Chronist mit naiver Unverschämtheit hinweggeschlüpft — der Spanier eben so gut wie sein englischer Nebenbuhler trotz der böhmisch-brabantischen Vetterschaft „ein fremdgeborener Mann" gewesen, stände es nur nicht fest, dass Alfons so gut wie Richard die Wahl sich schweres Geld kosten liess. Mit dürren Worten versichert ein im Allgemeinen gut unterrichteter Engländer [4]), der Erzbischof von Trier habe jedem der drei übrigen Wahlfürsten der castilianischen Partei 20,000 Mark geboten, und erst nach voller Zahlung hätten sie Alfons ihre Stimme gegeben. Dass dem Vetter von Brabant diese Summe zugesichert wurde, steht urkundlich fest, und bei Brandenburg hat allem Anschein nach eine Eheberedung gute Dienste geleistet [5]). Es mag übertrieben sein, die unsaubere Doppelwahl von 1257 lediglich als ein Rechenexempel darzustellen; gewiss spielen politische Momente hinein, die Gegensätze zwischen den Wahlfürsten, die

---

[1]) Mon. Germ. SS. 17, 122. — [2]) Ebend. 16, 384.
[3]) Mon. Germ. SS. 24, 412. — [4]) Thomas Wikes bei Böhmer, Fontes 2, 452.
[5]) Im Einzelnen vgl. wieder Busson 31.

alte Hinneigung Köln's zu England, die Verwandtschaft des Spaniers mit dem staufischen Hause, aber ausnahmslos stellen alle Berichte, welche von den Motiven der Wahl sprechen, die Geldfrage in den Vordergrund: selbst der englische Hofchronist [1] faselt zuerst zwar von der Verwandtschaft zwischen Engländern und Deutschen und lässt Richard's Tugenden in die Waagschale fallen, nennt aber schliesslich doch als bestimmenden Grund seinen reichen Schatz und fügt einen Spottvers bei.

Konrad, dem eigentlichen Königsmacher der englischen Partei, fiel nach dem Frankfurter Unheilstag auch die Einholung des Gewählten zu. Am 6. Februar stellte er nebst den Unterhändlern des Wahlgeschäfts, dem Grafen von Glocester, Johann Mansel und Johann von Avesnes, eine Urkunde aus, König Richard werde dem Grafen Otto von Geldern die Verpfändung der Reichsburg Nymwegen bestätigen (R 429), was auch geschehen ist. Gegen Mittfasten (März 18) erschien er auf dem grossen Londoner Parlament, bei ihm seine beiden Suffragane Heinrich von Lüttich und Heinrich von Utrecht, Graf Florenz von Holland [2], der Bruder des unglücklichen Königs Wilhelm, und andere deutsche Grossen. Sie leisteten Richard den Lehnseid und erhielten ausser sonstigen reichen Geschenken 500 Mark zum Ersatz für die Reisekosten. Konrad wurde durch Ueberreichung einer kostbaren Mitra ausgezeichnet: er soll sie sofort aufgesetzt und dabei gesagt haben: Graf Richard hat mich mit einer Mitra geschmückt, ich werde ihn mit einer Krone schmücken. Gegen Ostern fuhr er von London die Themse hinunter und dann nach Hause.

Richard verliess die Hauptstadt erst am Osterdinstag (Apr. 10), segelte am 29. April von Yarmouth mit einer Flotte von 48 grossen und zwei kleinen Schiffen ab und betrat am 1. Mai zu Dortrecht den Boden des deutschen Reiches [3]. Am 11. Mai erreichte er Aachen, wo er festlich empfangen wurde. Seit zweihundert Jahren, schrieb er freudig in seine Heimath, habe kein König so ohne jeden Widerstand die Kaiserstadt betreten. Sechs Tage darauf, am Tage Christi Himmelfahrt, empfing er die deutsche Krone aus Konrad's Hand. Erzbischof Gerhard von Mainz, durch englisches Geld aus seiner Gefangenschaft befreit, war zwar anwesend, aber im Banne und deshalb von der directen Theilnahme an den Krönungs-Ceremonien ausgeschlossen [4]. Mit Richard empfing seine Gemahlin Sanzia die Krone, am folgenden Tage ertheilte er seinem Sohne Heinrich den Ritterschlag.

In Aachen hielt das junge Königthum eine glänzende Flitterwoche. Wohlgefällig bezieht sich ein englischer Chronist [5] auf das Zeugniss der

---

[1] Matthäus Paris 808.

[2] Diese Namen bei Thomas Wikes a. a. O. 452. Im Uebrigen vgl. Matthäus Paris 813, bei dem noch quidam dux erscheint; vielleicht ist Florenz von Holland gemeint.

[3] Die Datirungen nach dem Schreiben Richard's vom 18. Mai (Böhmer 3). Wenn bei Thomas Wikes der 5. Mai als Tag der Landung angegeben ist. so liegt wohl nur der Fehler eines Abschreibers vor. wie schon Gebauer, Leben Herrn Richards 124 bemerkt.

[4] So wenigstens Th. Wikes 453. — [5] Thomas Wikes 453.

anwesenden Fürsten, kein Fest jener Zeit könne sich mit Richard's Krönungs-
mahl vergleichen, und mit Genugthuung schrieb dieser selbst in die Heimath,
zwei Erzbischöfe, zehn Bischöfe, 30 Herzoge und Grafen seien zugegen
gewesen. Durch die Urkunden wird dies annähernd bestätigt. Als er am
22. Mai die Privilegien von Aachen bestätigte, begegnen als Zeugen die
Erzbischöfe von Mainz und Köln, die Bischöfe von Cambray, Utrecht,
Lüttich, Münster und Paderborn, der Abt von Cornelimünster, der Herzog
Walram von Limburg, die Grafen von Geldern, Holland, Cleve, Avesnes,
Loos, Jülich, Berg, Neuenahr, der Wildgraf, die Grafen von Zweibrücken,
Sponheim und Bar; wenige Tage später finden wir in seiner Umgebung
den Bischof von Osnabrück — mithin sämmtliche Kölner Suffragane mit
Ausnahme des Bischofs von Minden —, den Raugrafen, die Grafen von
Schauenburg und Sayn, den Abt von Werden und zahlreiche Edele. Auch
die Grafen Otto von Eberstein und Burchard von Waldenberg finden wir
um diese Zeit am Rheine [1]). Es war eine stattliche Versammlung, aber
auch hier fällt wieder die fast vollständige Abwesenheit des weltlichen
Fürstenstandes auf, nicht einmal der Pfalzgraf war erschienen. Im Wesentlichen war es wieder das nordwestliche Deutschland, welches auf Richard's
Seite stand. Nach Süden ging sein Machtbereich kaum weiter, als der
König Wilhelm's zu Ende des Jahres 1248, wenn wir vom Pfalzgrafen
absehen, dafür hielten aber der Erzbischof von Trier sowie die Herzoge von
Brabant und Oberlothringen zu Alfons, welchem auch der Graf von Flandern
gegen ein Jahrgeld huldigte.

Das Pfingstfest (Mai 27) feierte Richard in Köln, wo er mindestens
Mai 24 bis Juni 16 verweilte. Am Pfingstsonntag hat er die Privilegien
der Stadt bestätigt [2]); es war fast genau die Wiederholung der ausschweifen-
den Concessionen, welche König Wilhelm nach seiner Wahl den Bürgern
gemacht hatte, nur dass hier ihr Nonevocationsrecht in der denkbar schärfsten
Weise betont und ihnen zugestanden wird, wegen Schulden oder Versprechungen eines Erzbischofs von Köln oder irgend eines Andern dürften
sie in keinerlei Weise belästigt werden. Dann zog er südwärts, „um seine
Widersacher zu demüthigen und namentlich die erhobenen Hörner des Erzbischofs von Trier zu brechen" [3]). Bereits am 6. Mai hatte Letzterer bei
der Belagerung der Burg von Boppard durch den Erzbischof von Mainz
eine Schlappe erlitten; arg muss sie nicht gewesen sein, wenigstens blieb die
Stadt in seinen Händen und König Richard liegt im Juli „vor Boppard im
Lager". Konrad hat ihn begleitet und erscheint in einer Urkunde vom 15.
Juli (R 442) als Zeuge: es ist das letzte Mal, wo die beiden Männer nach-

---

[1]) Sie sind Zeugen einer vigilia Pentecostes (Mai 26) zu Köln im Hause des
Domcantors Ulrich ausgestellten Urkunde, in welcher Erzb. Gerhard von Mainz einen
Streit zwischen seinen Leuten und dem Kölner St. Ursulastift entscheidet. Acta SS.
Oct. 9, 160.

[2]) Lac. 2, 239. Quellen 2, 369. — [3]) Böhmer 3.

weislich beisammen waren, wenn auch anzunehmen ist, dass sie sich bei Richard's Anwesenheit in den untern Rheingegenden (Ende 1257 und Anfang 1258) nochmals getroffen haben. Man könnte versucht sein, an ein Zerwürfniss zu denken und das Schreiben des Papstes Alexander vom 30. April 1259, welches Konrad dringend zur Unterstützung Richard's auffordert [1]), als einen Aussöhnungsversuch aufzufassen, läge nicht ein Beleg vor, dass der Engländer auch noch, als er im Herbst 1260 zum zweiten Male in die Heimath zurückkehrte, dem Erzbischof seine Gunst bewahrte: er hat ihm die Vermittelung der Investitur der Bischöfe übertragen. Nur ein einziger Chronist hat in ein paar Worten dieses Actes gedacht [2]), und nur eine einzige urkundliche Bestätigung der Nachricht liegt uns vor [3]).

So sind wir denn genöthigt, die Schilderung der reichsfürstlichen Thätigkeit Konrad's mehrere Jahre vor seinem Tode abzubrechen. Der Landfriedensbund, welchen er 1259 Nov. 14 (R 489) mit zahlreichen Fürsten und Städten „zu Ehren des Königs Richard" beschwor, wird zum Theil auf Richard zurückzuführen sein, der sich im Verein mit dem h. Stuhle, auf die Dauer freilich ohne Erfolg, für den Schutz des Landfriedens bemüht hat [4]). Ob dagegen Konrad's Antheil an den Streitigkeiten zwischen Cleve und Geldern [5]), ob sein Bündniss mit Erzbischof Gerhard von Mainz von 1258 Febr. 27 (R 450) und der Bund von 1260 Mai 30 (R 504) mit dem Herzog von Sachsen und dem Abt von Corvey zur Reichspolitik in Beziehung stehen, wird sich im günstigsten Falle dann erst ermitteln lassen, wenn die Geschichte des Doppelkönigthums im Zusammenhange, so weit ein solcher sich überhaupt herstellen lässt, geschrieben sein wird. Bis jetzt sind ja die Reichshistoriker ängstlich um jene traurigen Jahre herumgegangen; Niemand hat es gewagt, die Lücke zwischen dem entsetzlichen Untergang des staufischen Hauses und den Anfängen Rudolf's von Habsburg auszufüllen: es schien wohl ein aussichtsloses Unternehmen, die Reichsgeschichte einer Epoche zu schreiben, in welcher von einer Reichspolitik kaum die Rede sein kann. Zwar mag in Richard's Augen die Krone mehr gewesen sein,

---

[1]) Potthast 17550.

[2]) Hamburger Annalen Mon. Germ. SS. 16, 384) zu 1260: Richardus rediit et investituram episcoporum archiepiscopo Coloniensi commisit.

[3]) Bei Wuerdtwein, Nova Subs. dipl. 5, 1 ff. ist eine Reihe von Briefen des Abtes Heinrich von Fulda über den Verkauf von Hameln an den Bischof von Minden gedruckt, vier derselben von 1259 sind aus Köln datirt. Aus Fulda Juni 23 (jedenfalls 1260 oder 1261) schreibt der Abt an Konrad: Supplicamus, quatinus dictum dominum episcopum et ecclesiam Mindensem in hiis que regalia sunt (bei dem Verkauf von Hameln) a domino rege investiri procuretis cum effectu.

[4]) Köln. Reimchronik bei Waitz, Chronica regia Colon. 313.

[5]) Die beiden Dietrich von Cleve schreiben 12'8 Sept. 22 (Sloet, Oorkondenboeck 792, vgl. 776) dem Herzog von Brabant, falls Konrad und der Bischof von Utrecht am bestimmten Tage nicht zu Nymwegen erschienen, solle er die Entscheidung zwischen ihnen und Geldern treffen. Erst 1260 Mai 13 (Lac. 2, 272) finden wir einen Schiedsspruch des Herzogs.

als — nach Böhmer's hartem Ausdruck — ein blosser „Luxusbesitz, mit dem er von Zeit zu Zeit Schaugepränge trieb". Er wollte König sein, aber beim Wollen ist es auch geblieben. Der grosse Kampf mit der castilianischen Partei, von dem er wohl träumte, blieb ihm erspart. Wohl ernannte Alfons den Bischof von Speyer zum Reichskanzler, den Herzog von Brabant zum Reichsvicar in den untern Rheinlanden, den Herzog von Oberlothringen zu seinem Grossseneschall, in's Reich ist er niemals gekommen. Kaum wird sein Name noch in deutschen Jahrbüchern genannt, seine Anhänger gaben die hoffnungslose Sache des Fürsten jenseits der Pyrenäen auf, welcher sich römischer König nannte, mancher von ihnen hat seinen Frieden mit Richard gemacht, der da „kam mit ungeheuerm Schatz und mehr durch Geld als durch Gewalt die Fürsten und Landesherren bewog, ihm zu dienen" [1]. Aber noch mehr wie Wilhelm ist er ein Rheinlandskönig geblieben; bald weilt er diesseits, bald jenseits des Canals, und während seines dritten Aufenthaltes in England, wo er die Einmischung in die innern Wirren mit längerer Gefangenschaft büsste, ist der „Mehrer des Reiches" im Reiche fast vergessen worden.

So wurde Deutschland zum Chaos. Die Nation hatte im 13. Jahrhundert den Höhepunkt ihrer mittelalterlichen Entwickelung erreicht. Nicht als ein entnervtes, durch langes Elend gebrochenes Geschlecht trat sie in das Interregnum ein, sondern als ein Volk, reich an Geistescultur und materiellen Mitteln, stolz auf seine Vergangenheit und kriegerische Kraft. Zu politischer Bedeutungslosigkeit verurtheilt, der wohlthätigen Ableitung entbehrend, welche sonst die Römerzüge und die Fahrten nach dem heiligen Lande boten, nicht im Zaume gehalten durch eine Herrscherfaust, kehrte Deutschland seine Waffen gegen sich selbst. Keine einigende Kraft, kein gemeinsames Ziel verbindet die Glieder der Nation. Fast bis auf das letzte Dorf gehen die kümmerlichen Reste des Reichsguts verloren; Fürsten stehen gegen Fürsten, der Adel gegen das Bürgerthum, jahrelang wüthen Erbfolgekriege in den einzelnen Territorien, innerhalb der Städte ringen Geschlechterparteien um das Stadtregiment oder vertheidigen den Alleinbesitz desselben gegen die aufstrebenden Zünfte. Ist auch die Wehrkraft und der Wohlstand unseres Vaterlandes selbst in der kaiserlosen Zeit nicht gebrochen worden, seine staatliche Consistenz ging damals endgültig zu Grunde. Nicht Einzelnen soll man die Schuld aufbürden, dass es so kam; das ganze Volk hat mitgewirkt an seinem traurigen Geschick, am meisten aber seine fürstlichen Führer, und unter diesen nicht zum wenigsten Konrad von Köln.

---

[1] Kurze Wormser Annalen Mon. Germ. SS. 17, 76.

Zweiter Theil.

Konrad als Landesfürst.

Erstes Capitel.

Territorium, Herzogsgewalt und Lehnsverband.

Der gewaltige, von keinem der fürstlichen Zeitgenossen erreichte Einfluss, welchen Konrad auf die Geschicke Deutschlands namentlich in der zweiten Hälfte seines Pontificates übte, erklärt sich nur zum Theil aus der allgemeinen politischen Lage, aus seinen persönlichen Eigenschaften und seiner Doppelstellung als Fürst des Reiches und der Kirche. Ein gutes Stück der Erklärung ist vielmehr zu suchen in den Verhältnissen, in welche er als Landesfürst eintrat, und in der Meisterschaft, mit welcher er dieselben verwerthete.

Es würde heute nur schwer möglich sein, eine ganz genaue Specialkarte des Kölner Stiftsgebietes im Jahre 1238 zu entwerfen, insoweit man überhaupt bei der noch nicht abgeschlossenen Entwickelung des Begriffs der Territorialhoheit von einem Gebiete reden darf. Zu einem abgerundeten Fürstenthum, wie beispielsweise die westfälischen Suffragane, haben es die Kölner Erzbischöfe niemals gebracht, und im 13. Jahrhundert fehlte noch manche Erwerbung, welche später die Länderfetzen einigermasen verband. Die Summe kleiner Gebietstheilchen, welche im Laufe der Zeiten auf verschiedene Art, durch Schenkung, Kauf oder Eroberung zum „Erbe des h. Petrus" gekommen waren, zerfällt in zwei Hauptgruppen: die rheinische und die westfälische. Jene ist an Umfang kleiner, durch Lage, Bodenbeschaffenheit, Wehrhaftigkeit und Bevölkerung aber der Haupttheil. Ein langer, nur selten zu mehrstündiger Breite sich ausdehnender Streifen, an

der Ahrmündung durch Reichsland, unterhalb Köln durch die Grafschaft
Meurs [1]) und die Sayn'sche, dann Heinsbergische Herrschaft Hülchrath [2])
unterbrochen, zieht sich das rheinische Stiftsgebiet von Andernach bis
Rees etwa fünfzig Stunden weit den Strom entlang: ein Ländchen von
wenigen Dutzend Quadratmeilen, aber üppig fruchtbar, voll Korn und Wein,
wimmelnd von festen Städten, Burgen und Klöstern, Dorf an Dorf. Da
finden wir Andernach mit seinem prächtigen vierthürmigen Münster, den
alten Reichshof, den einst Friedrich I. dem Reichskanzler Rainald geschenkt,
Rheineck auf schroffem Berge, das Philipp von Heinsberg gewonnen hatte;
auf steilen Felsspitzen des rechten Ufers thronen die Schlösser Drachenfels
und Wolkenburg, gegenüber Rolandseck und der kleine Kegel des Godesberg, wo vor einem Menschenalter Erzbischof Dietrich, angeblich aus dem
Lösegeld eines gefangenen Juden, eine feste Burg errichtete. Wo die Ebene
sich ausbreitet, liegt Bonn, damals noch ein wenig bedeutender Ort, später
die zweite Stadt des rheinischen Stifts: zwei Stunden von Köln das starke
Lechenich, weiter abwärts noch Neuss, Rheinberg, Xanten und Rees. Endlich
eine Enclave im Westen am Fusse der Eifel: Zülpich, die Vormauer gegen
die Grafen von Jülich. In weitem, nach Westen geöffnetem Bogen umzieht
der westfälische Stiftstheil, zuerst längs des Haarstrang durch die Ebene
verlaufend, dann südwärts tief einschneidend in die waldreichen Berge des
Sauerlandes, die Grafschaft Arnsberg, die erst nach langen Kämpfen im 14.
Jahrhundert mit Köln vereinigt worden ist. Das mächtige Soest, um dessen
Besitz zweihundert Jahre später Dietrich II. den schwersten Kampf unglücklich unternahm, den jemals ein Erzbischof von Köln durchgefochten hat,
ist hier die einzige grössere Stadt; kleinere Städte begegnen in ziemlicher
Zahl, so Werl mit seinen Salzwerken, Brilon, Schmalenberg, Attendorn,
Rüthen, Geseke, Medebach [3]), westlich Recklinghausen und Dorsten.

Sehr häufig finden wir in jener Zeit, theils durch Konrad geschaffen,
theils von seinen Vorgängern überkommen, gemeinsamen Besitz, oft mit
Lehnsgerechtigkeiten verbunden. So erhielt er (R 60) vom Abt von
Helmarshausen die Hälfte von Krückeberg; die Hälfte von Vreden überliess
er an Münster (R 326); Geseke und Salzkotten besass er seit 1256
(R 412) gemeinsam mit Paderborn; von den Herren von Pyrmont erwarb
er (R 396) die Hälfte der Stadt Lütte; von dem Schloss Osen an der
Weser besass er (R 491) die eine Hälfte als Eigenthum, während der Graf
von Eberstein die andere Hälfte zu Lehen trug, ähnlich wie der Graf von
Berg (R 47) für die Hälfte von Deutz kölnischer Lehnsmann war. Die
Stadt Siegen erscheint schon 1224 [4]) als gemeinsames Eigenthum des Erzbischofs Engelbert und des Grafen von Nassau; Konrad verpfändete 1253

---

[1]) Ueber das erste Vorkommen des Grafen-Namens vgl. Lacomblet 2, Einl. 35.
[2]) Vgl. Mittelrhein. Urk. 3, 725. Lacombl. 2, 199.
[3]) Ueber die kölnischen Städte in Westfalen vgl. Seibertz, Landesgesch. 3, 162 ff.
[4]) Lac. 2, 65.

(R 334. 336) dem Grafen einen Theil seiner dortigen Einkünfte. 1259 (R 487) finden wir ihn in Mitbesitz an Stadt und Schloss. Das pfälzische Schloss Thurant an der Mosel hatte Engelbert der Heilige erworben und durch einen Thurm verstärkt [1]. 1243 verzichtete Konrad auf jedes Recht (R 101), aber fünf Jahre später half er nach langer Belagerung dem Erzbischof von Trier die Burg erobern. Die beiden Prälaten theilten dieselbe durch eine Zwischenmauer, rissen den Thurm Engelbert's nieder und befestigten jeder seinen Theil [2]. Die Vertragsclausel, welche den Rückfall Thurant's an den Pfalzgrafen vorbehielt, blieb wirkungslos, noch 1275 versprach Erzbischof Heinrich von Trier, ohne Zustimmung seines Kölner Collegen seinen Theil nicht zu veräussern [3].

Abgesehen von den grossen Erwerbungen aus der Sayn'schen und Hostaden'schen Erbschaft, welche an eigener Stelle behandelt werden sollen, sind noch folgende Vergrösserungen des Erzstifts durch Konrad zu verzeichnen. Zu seinen Gunsten verzichtete Adolf von Waldeck auf die Vogtei des Klosters Flechtdorf (R 241). Die Burg Holten (nördlich von Ruhrort) erwarb er durch Kauf [4], um daraus einen Vorposten gegen Cleve zu machen. Vielleicht hat er auch die Burg Ringsheim bei Rheinbach erworben, deren Zerstörung durch Konrad 1249 erwähnt wird [5]. Sehr bemerkenswerth sind Konrad's Versuche, sich in niederrheinischen Reichsstädten festzusetzen. Als er die Aussöhnung der Bürger von Dortmund mit König Wilhelm vermittelte, trat die Stadt zu ihm in eine Art von Schutzverhältniss. „Da wir," schreibt die Stadt an ihn, „nicht wünschen, dass irgend ein Fürst oder Landesherr als Ihr bei unsern Besprechungen und Berathungen den Vorsitz führt oder daran theilnimmt, so bitten wir inständig, Ihr wollet uns so beistehen (patrocinari) mit Rath und That, wie wir von Euerer Ehrenhaftigkeit (discretio) allezeit zweifellos es erwarten" [6]. Die Dankesäusserungen dieses Schreibens treten in ein seltsames Licht durch die Thatsache, dass König Wilhelm acht Tage später Dortmund nebst den benachbarten Reichshöfen für 1200 Mark an den Erzbischof verpfändete: Der zu Dortmund geübte Judenschutz (R 271) mag Ausfluss der herzoglichen Rechte Konrad's gewesen sein. An anderer Stelle wurde das enge Verhältniss zu dem Burggrafen von Kaiserswerth erwähnt [7], und selbst auf das mächtige Aachen hat er wahrscheinlich seinen Blick geworfen, als er sich von Wilhelm eidlich dessen

---

[1] Annal. Col. max. Mon. Germ. SS. 17, 839. 847. — [2] Vgl. oben 26.
[3] Lacomblet 2, 396.
[4] Annal. v. St. Pantal. 538.
[5] Annal. v. St. Pantal. 545. Irrig nannte ich die Burg Archiv 7, 225 Reimersheim und verlegte sie nach Westfalen. In Urk. von 1249 und 1251 (Lac. 2. 186. 199; letztere erwähnt die Belagerung) heisst sie Rymezheim oder Rimitzheim, der 1278 (Lac. 2, 420) begegnende Adolf von Rimezheim ist aber offenbar ein rheinischer Edler. In Urk. 1249 Aug. 28 (R 243) heisst sie Reinheim, doch ist dieselbe schlecht überliefert. Vgl. übrigens Lacomblet im Archiv 5, 402.
[6] Vgl. oben 27. — [7] Vgl. oben 32.

Beistand, besonders mit Hülfe von Aachen, Dortmund und Kaiserswerth, versprechen liess (R 333). Zwanzig Jahre später übergab König Rudolf dem Erzbischof Engelbert Kaiserswerth auf Lebenszeit und die Stadt Dortmund mit Zubehör zu gleichem Recht, wie Konrad sie besessen [1]. So hat Letzterer den Grund gelegt zu der Erwerbung von Kaiserswerth, während die Absichten auf Dortmund und vollends auf Aachen scheiterten.

Zwischen die weithin gedehnten und zersplitterten Theile des Stiftsterritoriums schieben sich im buntesten Wechsel die Gebiete zahlreicher geistlicher und weltlicher Herren ein, und selbst wenn wir die vielen kleinen Territorien unberücksichtigt lassen, bilden die nächsten Nachbarn des Stifts eine stattliche Zahl. Da finden wir, um nur die wichtigsten zu nennen, linksrheinisch den Erzbischof von Trier sowie den Pfalzgrafen und Herzog von Baiern, die Grafen von Hostaden-Altenahr, Jülich, Geldern, Cleve, drüben den Bischof von Paderborn, den Grafen von Berg, der in den ersten Jahren Konrad's gleichzeitig Herzog von Belgisch-Limburg ist, die Grafen von Sayn, Mark und Arnsberg. Aus diesem Gewirr vielverschlungener Eigenthumsverhältnisse entsteht eine Manchfaltigkeit freundlicher wie feindseliger Beziehungen, welche sich besser in Regestenform verzeichnen als nach bestimmten Gesichtspunkten zu klarer Anschauung bringen lassen. Immerhin aber ist eine Uebersicht des nordwestdeutschen Territorialismus noch verhältnissmäsig am leichtesten zu gewinnen, wenn man den Erzbischof von Köln als Mittelpunkt nimmt, der in seiner Stellung als oberster Kirchenfürst und Doppelherzog die Spitze der Lehnshierarchie jener Länder bildet.

Schon seine Metropolitenwürde bot Gelegenheit zu politischer Beeinflussung der Suffragane, also der über nicht unbedeutende Gebiete als Landesfürsten herrschenden Bischöfe von Utrecht, Lüttich, Münster, Minden und Osnabrück. Mehrmals lässt sich ein erfolgreiches Eingreifen Konrad's bei der Besetzung dieser Bisthümer wenigstens vermuthen. Als Robert von Torote starb, der letzte einer Reihe wälscher Bischöfe zu Lüttich, hat sich Konrad mit dem Papst über seinen Nachfolger besprochen, und ihm wird Heinrich III., früher als Propst von Xanten [2] Archidiakon der Kölner Kirche, ein Spross des mit Konrad in guten Beziehungen stehenden geldrischen Grafenhauses, zum grossen Theil seine Erhebung verdankt haben. Bei der Erledigung des Utrechter Stuhles (1249) schwankte die Entscheidung zwischen zwei Kölner Prälaten: dem Propst Heinrich von Vianden, einem Verwandten Konrad's von mütterlicher Seite [3]), und dem Domdechanten [4] Goswin von Randerath, welcher ebenfalls mit dem Erzbischof verwandt war. Ersterer behielt die Oberhand. Bei den westfälischen Suffraganen sind derartige Einflüsse nicht nachzuweisen. Mit Engelbert von Isenburg, dem Bischof

---

[1]) Lac. 2, 373. — [2]) Binterim, Erzdiöcese 1, 121. Vgl. oben 23. — [3]) Lac. 2, 212. [4]) Als solcher erscheint er 1247 (Lac. 2, 163) und 1260 (R 498. 517), an letzterer Stelle auch als consanguineus Konrad's. Vgl. übrigens zur Utrechter Wahl Archiv 7, 224.

von Osnabrück, lag Konrad 1245 in Fehde[1]), und Otto von der Lippe, der 1248 zum Bischof von Münster erhobene Bruder Simon's von Paderborn, hat sich an dessen Kampf gegen den Erzbischof betheiligt[2]). Sonst hören wir von einer Störung des Einvernehmens mit den Suffraganen nichts, bei den Königswahlen stehen sie gewöhnlich auf Konrad's Seite[3]), und das Bündniss, welches er 1248 mit Engelbert von Osnabrück abschloss, wurde später von Balduin erneuert[4]). Auf eine Empfehlung Konrad's ist es möglicherweise zurückzuführen, wenn Anfang 1253 Innocenz IV. den Legaten Heinrich beauftragt, er möge dem Eberhard von Diest, Propst von St. Georg zu Köln, ein Bisthum verschaffen[5]).

Seit dem Sturze Heinrich's des Löwen besassen die Kölner Erzbischöfe ausser der Herzogsgewalt im Ripuarierlande zwischen Rhein und Maas[6]) auch herzogliche Gewalt in Westfalen zwischen Rhein und Weser[7]). Ihnen gehören innerhalb der Grenzen des Herzogthums alle Juden, auch wenn sie unter andern Herren sitzen[8]), ihnen gebührt das Geleit, der Schirm des Landfriedens, das Recht, gegen die Friedensbrecher die westfälischen Gografen aufzubieten und allerwärts ihren Richterstuhl zu setzen[9]). Zufällig besitzen wir Zeugnisse, dass Konrad von seinen herzoglichen Befugnissen gerade an den äussersten Grenzen seines Gerichtsbezirks Gebrauch gemacht hat. Als der Herzog von Brabant durch den Grafen von Jülich bei München-Gladbach, also auf ripuarischem Boden und in des Erzbischofs Geleit, überfallen wird, klagt er beim Erzbischof, und dieser hält Gerichtstag zu Roermonde am rechten Ufer der Maas; der Herzog von Limburg und andere pares curiae weisen das Urtheil, und schliesslich leistet der Graf Genugthuung[10]). Um dieselbe Zeit bricht zu Herford auf dem linken Ufer der Weser gegen Konrad ein Aufstand los, als er „ganz Westfalen von Räubern und Verbrechern reinigt, mit Rechtsspruch vorgehend"[11]). Für die Länder zwischen Rhein und Weser wird das Hülfsbündniss mit Osnabrück abgeschlossen, und dass die Herzogsgewalt in diesen weiten Gebieten mehr war als ein blosser Titel, beweist ausser den bereits angeführten Vorgängen der merk-

---

[1]) Vgl. unten 2. Theil 5. Cap. — [2]) Vgl. oben 38. — [3]) Vgl. oben 24. 48.
[4]) Lac. 2, 169.
[5]) Potthast 14828. An eine Identität mit dem erst 1275—1301 regierenden gleichnamigen Bischof von Münster ist wohl nicht zu denken.
[6]) Belegstellen für den ducatus Ripuariae Archiv 7, 219. Der dort angeführte Katalog des Cäsarius jetzt Mon. Germ. 24, 345.
[7]) Die alte Streitfrage über die Erstreckung des Kölner Herzogthums ist zuletzt untersucht worden durch Grauert, die Herzogsgewalt in Westfalen seit dem Sturze Heinrich's des Löwen (1877). Vgl. noch Hegel in Chroniken der Stadt Köln 3, Einl. 248.
[8]) Für Ripuarien vgl. den Schiedsspruch von 1255 (Lac. 2, 221); für Westfalen lässt sich vielleicht das Schreiben von 1250 (R 271) bezüglich der Juden zu Dortmund anführen, vgl. oben 53.
[9]) Vgl. das interessante Verzeichniss der redditus opidorum et officiorum des Marschallamtes Westfalen bei Seibertz, Urkundenb. 1, 598.
[10]) Vgl. oben 17. — [11]) Annal. v. St. Pantal. 539.

würdige Vertrag Konrad's mit dem Herzog von Braunschweig 1260 (R 504) und der hartnäckige Kampf, in welchem er seine Ansprüche gegen Simon von Paderborn siegreich durchsetzte [1]). Nicht bloss prunkende Worte sind es, wenn Konrad in einer Urk. von 1259 (R 478) sagt: „Da aus der Förderung des zeitlichen Friedens auf Erden uns und allen Eiferern für dieses hohe Gut der Ewigkeit Frieden zu hoffen steht: so erkennen wir uns dieser Pflicht um so mehr schuldig, als wir durch Gottes Zulassung und Gunst mit höherer Macht denn Andere bekleidet sind; denn mit dem Stab der Hirtensorge haben wir auch inne Stärke und Schwert weltlicher Gewalt wegen der beiden Herzogthümer unserer Kirche. Stab und Schwert aber vermeinen wir recht zu gebrauchen, wenn wir sorgen für Nahe und Ferne, Einheimische und Fremdlinge, auf dass sie das Ihre besitzen in Ruhe und Frieden und weder diese noch jene hinausgehen über ihre Grenzen."

Zwischen Maas und Weser sitzen, abgesehen von den nördlichsten Landschaften, nur wenige Laienherren, die dem Kölner Erzbischof nicht als Lehnsmannen verbunden sind. In einer kurz nach Konrad's Tode ausgestellten Urkunde [2]) werden als „edele man" des Erzbischofs bezeichnet der Herzog von Limburg, die Grafen von Luxemburg, Neuenahr, Kessel, Meurs, Cleve, Jülich, Berg, Mark, Sayn und Nassau, sowie die Herren von Montjoie, Heinsberg, Falkenburg und Born. Damit ist aber nur ein Theil der grössern Vasallen genannt, und lediglich aus Konrad's Urkunden lässt sich dass Verzeichniss bedeutend erweitern [3]). Als Getreuer bekennt sich Heinrich Herzog von Lothringen und Brabant [4]). Heinrich Herzog von Belgisch-Limburg und Graf von Berg wurde 1240 (R 47) mit der Hälfte von Deutz belehnt für sich und seine Nachfolger in der bergischen Grafschaft; um dieselbe Zeit (R 48) versprach sein Sohn Walram, Allode in Kölner Lehen zu verwandeln, und als Herzog von Limburg hat er sich ausdrücklich als Lehnsmann bekannt (R 231). In dem Vertrag von 1243 (R 101) erkannte Pfalzgraf Otto die Kölner Lehnshoheit über die Schlösser Stahleck, Stahlberg und Fürstenberg an und gab die ihm verpfändeten Kölner Besitzungen bei Bacharach, Heimbach und Diebach wieder heraus. Bei dieser Gelegenheit erfahren wir, dass der Herzog von Limburg und die Grafen von Sayn, Nassau, Sponheim, Jülich und Hostaden sowohl von Köln als von Pfalz Lehen trugen. 1240 (R 50) belehnte Konrad seine Nichte, die Gemahlin des Grafen Simon von Sponheim, mit den Kölner Lehnsgütern seiner Schwester Elisa von Hengebach. Als Getreue oder „edele man" des Erzbischofs erscheinen ferner die Grafen von Geldern (R 105. 256), Cleve (R 298) und Nassau (R 334), der Markgraf von Luxemburg und Arlon, der 1246 (R 147) seine

---

[1]) Näheres unten 2. Theil 5. Cap. — [2]) Quellen 2, 490.
[3]) Für das Folgende vgl. die Aufsätze Lacomblet's über den kurkölnischen Lehnshof im Archiv 4, 331 (die Dynasten ebend. 379) und 5, 323 (die rheinische Ritterschaft).
[4]) Lac. 2, 147.

Allode Contz und Habscheid von Konrad gegen 1000 Mark zu Lehen nahm, die Grafen von Arnsberg (R 24) und Mark (R 240), auch Kölner Lehen des Grafen von Ravensberg werden in einer allerdings verdächtigen Urkunde (R 72) genannt. Sogar auf dem rechten Ufer der Weser trug der Graf von Eberstein die Hälfte des Schlosses Osen von Köln zu Lehen (R 491), und 1260 (R 504) erkannten der Herzog von Braunschweig und seine Brüder die Lehnshoheit des Erzbischofs über ihre im Herzogthum Westfalen gelegenen Güter an. Von Lehnsträgern aus dem Stande der Edelherren und Ritter seien genannt: Gerhard von Sinzig und Landskron, der staufische Parteigänger (R 201), die Ritter von Waldeck, welche 1243 (R 90) gegen 200 Mark ihre Burg von Köln zu Lehen nahmen, Sueder von Ringenberg, der 1247 sein gleichnamiges Schloss auftrug (R 179), Gottfried von Eppenstein, dem Konrad 1249 (R 236) die Belehnung mit Burg Olbrück an der Brohl nebst einem Burglehen zu Altenahr ertheilt, Mathias von Kalmunt, dem er im gleichen Jahre (R 257. 259) für die Niederlegung seines Schlosses Ecka bei Altenahr 200 Mark verspricht, Johann und Kunzo von Nürburg in der Eifel (R 362), die Edelherren Walbodo und Ernst von Virnenburg, welche 1256 (R 405) für den Burgberg bei Puderbach an der Holzwied und für das auf demselben zu errichtende Schloss (Reichenstein) den Lehnseid leisteten, Hermann Schenk von Altenahr, der 1259 (R 492) sein neu erbautes Schloss Kuchenheim von der Kölner Kirche zu Lehen nahm, die westfälischen Herren von Limburg an der Lenne, Berthold von Büren und Dietrich von Billstein [1]) und die Herren von Pyrmont (R 396). Erwähnt sei noch, dass Konrad 1250 (R 287) der Regelind, Tochter des Schultheissen Heinrich von Soest, die Erbfolge in allen Lehen ihres Vaters zusichert, und dass vereinzelt der Tausch einer Ministerialin und die Zuweisung von Personen zu Lehen begegnet (R 473. 481).

Zweites Capitel.

Die Hostaden'sche Erbschaft.

Das lose Band der Lehnsabhängigkeit, trotz dessen offener Krieg zwischen dem Lehnsherrn und seinen „lieben Getreuen" zu den gewöhnlichen Dingen gehört, finden wir unter Konrad's Pontificat vielfach enger geknüpft durch verwandtschaftliche Beziehungen, auf welche hier schon wegen der

[1]) Seibertz, Urkundenb. I, 349.

Erwerbung der Grafschaft Hostaden für das Erzstift Köln näher eingegangen werden muss [1]).

Konrad's Mutter, Mathilde, die Schwester Heinrich's [2]), des Grafen von Vianden (im heutigen Grossherzogthum Luxemburg), hatte aus zwei Ehen, so viel wir wissen, neun Kinder. Nach dem Tode Lothar's des Aeltern von Hostaden heirathete sie einen Bruder des Grafen von Loos, Heinrich, der früher Propst zu Utrecht gewesen war [3]), und schenkte ihm eine Tochter Imagina, welche in verschiedenen Frauenklöstern als Aebtissin waltete und wegen ihrer Weisheit und Frömmigkeit sehr gelobt wird. Die übrigen Kinder stammten wahrscheinlich alle aus erster Ehe. Von den Söhnen [4]) erbte Lothar die Grafschaft, Konrad und Friedrich widmeten sich dem geistlichen Stande. Letzterer war zu Anfang 1229 Canonicus von St. Andreas zu Köln [5]), 1238 Propst von St. Maria ad gradus daselbst [6]), 1250 Propst von Xanten; als solcher erscheint er zuletzt 1265, kurz darauf scheint er gestorben zu sein [7]).

[1]) Die recht verwickelten Verwandtschaftsverhältnisse sind schon oft mit mehr oder weniger Glück untersucht worden, so bei Berthollet, Histoire de Luxembourg; Butkens, Trophées de Brabant; Ritz, Versuch über die Grafen von Hochstaden, Aar und Daelem (in v. Ledebur's „Neues Allgem. Archiv“ 3, 97 ff.); Burckhardt, Konrad v. Hochstaden; Weidenbach, die Grafen von Are, Hochstaden, Nurburg und Neuenare (Bonn 1845). Mehr oder minder fehlerhafte Stammtafeln bei Butkens 2, 320; Burckhardt 11; Decker, Konrad von Hochstaden 67.

[2]) Berthollet 3, liste généal. 43 nennt den Bruder Friedrich. Vgl. d. folgende Note.

[3]) Alberich von Neufmoustier (Mon. Germ. SS. 23, 943): Conradus, natus de sorore comitis Henrici Viennensis. Hanc postea habuit uxorem Henricus frater comitis Loscusis, quondam praepositus Traiectensis, genuitque ex ea Ymainam abbatissam de Salesines (Salzines bei Namur). Aus dem Umstand, dass Alberich diese Notiz gerade 1238 einfügt, braucht natürlich nicht mit Ritz a. a. O. 3, 104 geschlossen zu werden, die zweite Ehe falle gerade in dieses Jahr. Berthollet a. a. O. nennt den zweiten Gemahl Henri comte de Duraz, fils de Gérard comte de Los und bezeichnet Imagina als abbesse de Salzines et puis de Flines. Als Aebtissin von Flines erscheint sie 1261 (R 526). Auch im Leben der h. Juliana (Acta Sanct. 5. Apr. 470) heisst sie domus de Salesinnes prope Namurcum abbatissa, multae sapientiae et gratiae titulis insignita. In einer Urk. von 1256 (Acta Sanct. Oct. 9, 177) erscheint sie als Col. archiepiscopi uterina, abbatissa vallis S. Georgii ord. Cist.

[4]) Aus der Zeugenanführung in einer Urk. von 1217 (Lac. 2, 31): Lothario quoque comite de Hoynstadin, filio etiam comite de Viandin, schliesst Lacomblet im Personenverzeichniss des 2. Bandes, der Graf von Vianden sei ein Sohn Lothar's gewesen; vermuthlich ist aber comitis de Viandin zu lesen. Vgl. Urk. 1242 (Lac. 2, 140): Th. comitem Hoistadensem, filium comitis Viannie, filium domini de novo castro. Gegen die Ansicht Burckhardt's 11, Konrad sei ein Sohn des Grafen von Duraz und sein Stiefvater sei Dietrich von Hostaden, hat sich mit ausreichenden Gründen schon Weidenbach 75 ausgesprochen.

[5]) Lac. 2, 83.

[6]) Lac. 2, 123. Noch mehrmals in den folgenden Jahren bis 1247 (ebend. 130. 148. 152. 168). Der 1261 begegnende Propst Friedrich (ebend. 283) ist wohl ein anderer.

[7]) 1250 Juni 7 verspricht er, als Propst von Xanten mit den Einkünften seines Vorgängers Heinrich, jetzt Bischof zu Lüttich (seit 1247), zufrieden zu sein (Binterim, Erzdiöcese 1, 243). Als Propst von Xanten finden wir ihn noch mehrmals (Binterim

Von den Schwestern ging eine, Alcidis, in's Kloster und wurde Aeb-tissin von St. Walburg zu Eichstädt[1]), die übrigen heiratheten. Als die älteste wird Elisabeth zu betrachten sein, welche 1234 [2]) als Gemahlin des Edelherrn Eberhard von Hengebach begegnet. Ihre Tochter Margaretha finden wir 1240 als Frau des Grafen Simon von Sponheim[3]). Noch 1256 lebte Elisabeth zu Köln[4]). Zwei Schwestern Konrad's führten den Namen Mathilde. Eine derselben heirathete den Edelherrn Konrad von Molenark bei Jülich, und zwar, als ihr Bruder bereits Erzbischof war; wir hören näm-lich, dass sie bei der Eheschliessung von ihm mit Schloss Molenark belehnt wurde[5]). Anfang 1249 war sie ohne Zweifel bereits gestorben, denn in dem Vertrage, welchen damals Konrad mit Walram von Jülich, dem Verlobten ihrer gleichnamigen Tochter schloss, wird der Mutter mit keinem Worte ge-

---

252. 262. 270. 287. 288. 305) bis 1265. Dagegen erscheint Januar 1266 (ebend. 306) ein Propst Otto. — Viel Kopfbrechen hat der Umstand verursacht, dass in einer ein-zigen Urk. von 1246 (Lac. 2, 156) Konrad sein frater uterinus genannt wird. Ueber die Bedeutung des Wortes (Stiefbruder von gleicher Mutter, aber anderm Vater) kann kein Zweifel sein (vgl. z. B. Matthäus Paris ed. Wats 762 zu 1254 und Annal. Marchian. Mon. Germ. SS. 16, 616), und so hat man denn bald Friedrich, bald Konrad zum Sohn der Mathilde aus zweiter Ehe gemacht. Aber schon Ernst, Hist. de Limbourg (publ. par Laveleye 5, 221) meint: Il ne faut pas sans doute prendre le mot à la rigueur, und später hat sich Weidenbach 75 ff. gegen die Stiefbruderschaft mit guten Gründen ausge-sprochen. Dass Konrad ein Sohn zweiter Ehe gewesen sein könnte, ist schon durch einen Blick auf seine Regesten (vgl. R 1. 2. 3. 5. 6) ausgeschlossen, und wäre Friedrich ein Sohn des Grafen von Duraz, so wäre nicht abzusehen, was er überhaupt mit der Ho-staden'schen Erbschaft zu thun haben sollte. Beide Brüder haben Erbansprüche geltend gemacht, und der Conflict ist nur dadurch gelöst worden, dass Friedrich sich den Ver-zicht zu Gunsten der Kölner Kirche gefallen liess. Die Annalen von St. Pantaleon 541 nennen ihn einfach den Nachfolger in der Grafschaft, er selbst bezeichnet sich bei der Schenkung als verus heres et comes de (oder in) Hostaden und wird auch von Konrad als solcher bezeichnet (Lac. 2, 155 und Note). In einer Urk. Erzb. Sifrits von 1289 heisst es von der Schenkung: ex collatione et donatione libera quondam Friderici comitis in Hostaden fratris germani dicti Lotharii, accedente ad hoc consensu et auctoritate quondam domini Conradi archiepiscopi, fratris germani eorundem Lotharii et Friderici (Lac. 2, 516 Note). Dagegen versichert Konrad 1260 (R 506). er habe die Grafschaft der Kölner Kirche übertragen; das lässt sich allenfalls auf seine Zustimmung be-ziehen, aber noch deutlicher wird in einer Urk. Erzb. Wikbold's (Günther, codex dipl. Rheno-Mosell. 2, 522) gesagt: Conradus filius et heres legitimus ac proximior comitis de Hostaden, Friderico preposito Xanthensi, fratre suo et coherede ex utroque parente in hoc consentiente et ratum habente comitatum Hostadensem transtulerit in ecclesiam Coloniensem. Wo Konrad Friedrich nicht einfach frater nennt, gebraucht er wiederholt die Bezeichnung frater germanus oder germanus (Lac. 2. 281; Binterim 1, 239). Kurz, der ein einziges Mal begegnende Ausdruck frater uterinus steht mit allen sonstigen Zeugnissen in einem Widerspruch, den ich nach der gegenwärtigen Kenntniss nur durch die Annahme zu lösen vermag. dass ein Versehen oder eine Fälschung vorliegt.

[1]) Vita S. Julianae a. a. O. — [2]) Lac. 2, 102.

[3]) R 50. 51. Einmal (R 481) nennt Konrad auffallender Weise den Grafen seinen Schwager.

[4]) Domblatt 1856 Nr. 140. — [5]) Schiedsspruch von 1279 bei Lac. 2. 431.

dacht. Die Braut war zu dieser Zeit noch ein Kind [1]), und erst 1254 begegnet sie, soweit ich sehe, zum ersten Mal als Walram's Gattin [2]). Die andere Mathilde, heirathete Herrn Heinrich von Isenburg (am Saynbach, nicht zu verwechseln mit Isenburg an der Ruhr). 1246 begegnen uns die Gatten mit einem Sohne Namens Gerlach [3]), welcher 1259 als Herr von Arenfels am Rhein und Schwager des Grafen Gotfrid von Sayn erscheint [4]). Er wie seine Mutter kommen noch in einer Urkunde Konrad's von 1261 vor (R 522). Ein politisch sehr bedeutungsvolles Ehebündniss endlich schloss Konrad's Schwester Margaretha. Ihre Heirath mit Adolf, dem Sohne des Herzogs Heinrich von Limburg und Grafen von Berg, bildete das Siegel des Friedensschlusses von 1240 [5]). Nach Heinrich's Tode war Konrad der Schiedsrichter zwischen seiner Wittwe Irmgard und dem ältern Sohne Adolf, seinem Schwager (R 171); diesem fiel die Grafschaft Berg zu, während sein Bruder Walram IV. als Herzog von Limburg folgte. Dass Konrad mit Beiden in gutem Vernehmen blieb, dass nicht mehr, wie zu Anfang seines Pontificates, die vereinigte bergisch-limburgische Macht im Bunde mit sonstigen Gegnern Köln's den Versuch machte, gleichzeitig von der rechten und linken Seite des Stromes aus das rheinische Erzstift zu erdrücken, ist eine der glücklichsten Fügungen seiner Regierung gewesen [6]).

[1]) Postquam sponsa pervenerit ad duodecim annos, Lac. 2, 179. Als seine Nichte bezeichnet sie auch Friedrich von Hostaden 1246, ebend. 155.

[2]) Lac. 2, 217.

[3]) Mittelrhein. Urk. 3, 660. In zwei andern Urk. (R 224. 293) nennt Konrad Heinrich v. Is. seinen Schwestermann.

[4]) Lac. 2, 265.

[5]) Vgl. Annal. v. St. Pantal. 534. Als Schwester bezeichnet sie Konrad 1259 (R 484).

[6]) Dass mit Konrad und Friedrich der Mannesstamm des Hostaden'schen Hauses ausstarb, unterliegt keinem Zweifel, und erst nach langer Unterbrechung ist der Hostaden'sche Grafentitel wieder aufgelebt. Einer gütigen Mittheilung des Hrn. Grafen W. v. Mirbach-Harff entnehme ich folgende Sätze: „Der Pfarrer von Frimmersdorf sagte mir, es werde beim sonntäglichen Hochamte noch immer an erster Stelle für die Grafen von Hochsteden dort gebetet. Nun dürfte doch ein Zweifel erlaubt sein, ob der Gebrauch noch von des Erzbischofs Konrad Zeiten, etwa durch eine Stiftung, sich herschreibt. In Frimmersdorf erwarben um 1600 die Herren von Kinzweiler ein adeliges Gut; dieses kam 1613 in Folge der Vermählung Mariens von Kinzweiler an deren Mann Johann Werner v. Hochsteden zu Niederzier, dessen Familie nach meiner Ansicht von den dapiferi in Hochsteden abstammt. Am Ende des 17. Jahrh. bewohnte das Gut in Frimmersdorf Josina Margaretha von Hochsteden. Sie war kinderlos und der Besitz kam auf ihre Hochsteden'schen Neffen, die 1714 das Gut verkauften. Wie leicht kann eine der genannten Personen eine Stiftung gemacht haben wegen Ablesung der Namen im Hochamt. Die Hochsteden zu Niederzier wurden c. 1746 Grafen, also betete man dann für die Familie der Grafen von Hochsteden." Ein Sprössling dieses jüngern Grafengeschlechts war die Gräfin Francisca v. H., geboren auf Schloss Niederzier 1770, gestorben zu Düsseldorf 1854 (laut mir vorliegendem Todtenzettel). Als Curiosum sei endlich die Inschrift eines Grabsteines auf dem Kölner Kirchhof erwähnt: „Ruhestätte der Frau Amalia Gräfin von Hochsteden, verwittwete Freifrau C. H. von Zandt, geb. 8. Februar 1779, hingeschieden 12. April 1863, Tochter des letzten Grafen von Hochsteden, entsprossen in directer Linie von Lothar Graf von Hochsteden, dem Bruder des Erzbischofs von Köln Konrad Graf von Hochsteden, dem Erbauer des Domes zu Köln. Friede ihrer Asche!"

Als entferntere Verwandte (consanguinei) des Erzbischofs ist noch eine lange Reihe von Personen zu verzeichnen: Erzbischof Sifrit von Mainz (R 66), Heinrich von Vianden, Propst zu Köln und dann Bischof von Utrecht (R 351), die Aebte Gotfrid von Prüm (R 169) und Hermann von Corvey (R 194), der Propst von Zyfflich (R 378), der Domdechant Goswin von Randerath (R 190. 517), Propst Werner von St. Gereon (R 517), der Domthesaurar Philipp (R 190), der Bonner Canonicus Albert von Dollendorf (R 517), die Grafen: Heinrich von Sayn (R 216) nebst seiner Gemahlin Mathilde (R 162), Dietrich von Cleve (R 170), Walram und Otto von Nassau (R 334), endlich mehrere Herren von Wickerath, Nürburg in der Eifel und Kobern an der Mosel (R 39. 111. 362), der Kölner Burggraf Gerhard von Arberg (R 327), Dietrich von Limburg an der Lenne (R 190. 194), Heinrich von Heinsberg (R 320) und Dietrich von Milendunk (R 404).

Als Graf Lothar der Jüngere von Hostaden Ende der dreissiger oder Anfang der vierziger Jahre starb [1]), hinterliess er eine Wittwe Margaretha und zwei Söhne Namens Dietrich und Gerhard. Letzterer wird 1242 zum letzten Male genannt [2]); ersterer war vermählt mit Bertha von Montjoie und starb Januar 1246 kinderlos in jugendlichem Alter [3]). Allem Anschein nach war der nächste Erbberechtigte [4]) sein Oheim Friedrich, Propst von St. Maria ad gradus zu Köln, aber in kurzer Frist gelang es Konrad, den Bruder zum Verzicht zu bewegen und die Grafschaft mit dem Erzstift zu vereinigen. Schon am 12. Januar einigte er sich (R 135) unter Vermittelung des Herzogs von Limburg mit Bertha von Montjoie und ihren Verwandten. Als Leibzucht behielt sie die Burg Hart bei Münstereifel als kölnisches Lehen nebst andern zu ihrer Mitgift gehörigen Gütern. Graf Friedrich liess sich den Treueid leisten, aber schon am 16. April waren die Verhandlungen mit seinem Bruder zum Abschluss gediehen. Die ganze Grafschaft, die Burgen Hostaden, Altenahr und Hart, mit allen Allodien und Lehnsgütern, Vasallen und Ministerialen übergab er unter Lösung der ihm geleisteten Eide „dem h. Petrus und der Kölner Kirche" unter der Bedingung, dass weder Konrad noch einer seiner Nachfolger die Grafschaft oder Theile derselben in irgend einer Weise veräussern dürfe. Sich selbst behielt der Schenkgeber nur eine Jahresrente von 60 Mark aus, welche nach seinem Tode als Memorienstiftung für die Mitglieder des Hostaden'schen Hauses dem Domcapitel zufallen sollte, ferner den Niessbrauch eines Hofes zu Wevelinghoven nach dem Tode seiner Schwägerin Margaretha, und endlich den ihm zukommenden Theil der Forderungen des verstorbenen Grafen Dietrich an den Herzog von Brabant. Vierzehn Tage später wiederholte er diese Schenkung in meistens übereinstimmenden Ausdrücken, jedoch unter Weglassung einiger Clauseln, in

---

[1]) Eine Urk. von ihm 1237 Juli bei Lac. 4. 799.
[2]) Urk. der Margaretha Lac. 2. 141.
[3]) Annal. v. St. Pantal. 541: Juvenis moritur.
[4]) Vgl. oben 59 Note.

grosser Versammlung von Geistlichen und Laien im Kölner Dom vor dem Altare des h. Petrus[1]).

Es war ein nicht unbedeutendes, zur Abrundung und zur Vertheidigung nach Westen wohlgelegenes Gebiet, welches im Frühjahr 1246 dem Erzstift zufiel, weit verstreut von der untern Erft bis jenseits der Ahr. Das Stammschloss Hostaden lag südlich von Neuss an der Erft, nicht weit von Frimmersdorf[2]); ausser ihm waren das von Köln lehn-

---

[1]) Lac. 2, 155 Note setzt irrig diese zweite Urk. auf den 30. März und glaubt, sie sei nicht zum Vollzug gekommen, da an ihr wie an der gleichen Tags· (in die b. Quirini) ausgestellten Bestätigungs-Urkunde Konrad's das Siegel Friedrich's fehle; dadurch sei die andere Urk. vom 16. April nöthig geworden. Das Fehlen des Siegels ist allerdings auffallend, an der oben angenommenen Reihenfolge der beiden Urk. jedoch nicht zu zweifeln. Vgl. meine Ausführungen in Annal. d. hist. Ver. Doppelheft 21 u. 22, 277.

[2]) Nach den Annal. v. St. Pantal. 546 lag das durch Konrad errichtete neue Schloss Hostaden nicht weit von dem alten, ferme ad duo stadia super fluvium Arlephe in loco munitiori; das neue Schloss aber sollte nach einer Urk. Konrad's (R 300) vollständig zur Pfarrei Frimmersdorf gehören. Gewöhnlich wird nun (vgl. Brewer's Vaterländ. Chronik 1825, 363 ff. 1826, 226 ff. 689 ff.) angenommen, den Namen bewahre das Dorf Hoisten bei Neuss. Nun aber ist auf Grund der obigen Zeugnisse die Möglichkeit ausgeschlossen, dass eine der beiden Burgen bei dem weit von Frimmersdorf entfernten Hoisten gestanden haben könnte, vielmehr ist als Ort der einen ohne Zweifel der sog. „Husterknupp" bei Frimmersdorf anzunehmen, und die andere in geringer Entfernung davon zu suchen. Einigen Briefen des Hrn. Grafen W. v. Mirbach-Harff entnehme ich über diesen Punkt Folgendes: Etwa 1200 Schritt (nach späterer genauerer Messung etwa 1300, vgl. unten) von dem Huster-Knupp liegt noch ein anderer solcher Trümmerhaufen. ganz nahe bei Frimmersdorf; darauf soll auch ein Schloss gestanden haben. Beim Volke heisst er die „Knutschenburg", ein Name, der auch anderwärts an der Erft vorkommt und vielleicht nur auf „Knutschelen" (wilde Dörner, Stachelbeeren) zurückzuführen ist, welche auf den Schlosstrümmern wachsen. In alten Urkunden habe ich nie eine „Knutschenburg" gefunden. Dr. Schaffrath hat 1861 im Bergheimer Kreisblatte einen „grünen Weg" vom Husterknupp fast ganz gerade nach Köln führend nachgewiesen; auf der andern Seite der Erft geht der sog. Burgweg vom Husterknupp ganz gerade bis nach Wanlo. Wenn man die Lage des Husterknupps kennt und namentlich die eines dabei gelegenen Campes, der ganz in das Territorium von Morken einschneidet, so begreift man, dass es einer besondern Bestimmung des Erzbischofs bedurfte: „das neue Schloss solle ganz nach Frimmersdorf gehören". Ich will noch hinzufügen, dass gemäss einer Urkunde des Klosters Kamp und zweier Urkunden hiesigen (Harff'schen) Archivs (15. Jahrh.) zwischen Morken und Frimmersdorf im 13. oder 14. Jahrhundert ein Dörfchen oder Weiler Hochsteden bestanden haben muss. — Hoisten hiess allerdings im 16. Jahrhundert Hoesteden, aber es gab noch andere Orte mit ähnlichen Namen. Wäre Hoisten ein alter Hauptsitz der Grafschaft, so sollte man meinen, müsste es doch zu Kurköln wenigstens im 13. und 14. Jahrhundert gehört haben. Für das 13. Jahrh. habe ich freilich kein Zeugniss, zu welchem Lande es zählte; 1396 gehörte es dem Herrn von Blankenheim (Bärsch 2, 2, 319; Fahne, Salm 2, 196 u. S. 190); 1415 kauft der Herzog von Jülich es von Blankenheim (Knapp's Collectaneen). — Die Entfernung zwischen der Knutschenburg und dem Husterknupp beträgt etwa 1300 Schritt, ferme duo stadia! Nun fragt es sich: Baute Konrad die Burg auf dem Husterknupp oder auf der Knutschenburg? Ich glaube, auf ersterem. Denn die Knutschenburg liegt eben am Ende des Dorfes Frimmersdorf; zu welcher Pfarre sie gehören sollte, hätte wohl keiner besondern Bestimmung bedurft. Anders beim Husterknupp, der 1000 Schritte vom Dorfe auf Morken

rührige [1]) Hart bei Münstereifel und das Felsennest Altenahr die wichtigsten Burgen. Schon unter Rainald kölnisches Offenhaus [2]), seit 1193 kölnisches Lehn [3]), blieb Altenahr bis in's 13. Jahrhundert hinein gemeinsames Eigenthum der Grafen von Are und Hostaden. Noch 1202 finden wir Gerhard von Are und Nürburg nebst Lothar von Hostaden als Eigenthümer [4]), aber drei Jahre später [5]) setzte sich Letzterer gewaltsam in den Alleinbesitz der auf schroffem Felsen angeklebten Festung, um sie nicht wieder herauszugeben. Das limburgische Lehnsschloss Dalhem ging im grossen Kriege 1239 an Limburg verloren und wurde 1244 förmlich abgetreten [6]). Von der Abtei Prüm besassen die Grafen Lehen zu Münstereifel, Rheinbach, Ahrweiler und Wichterich [7]) sowie Leute zu Ahrweiler, Altenahr und Kesseling [8]); dazu kamen pfälzische [9]) und limburgische [10]) Lehen, sowie ein Reichslehen zu Kaiserswerth [11]). Im Einzelnen seien noch erwähnt bedeutende Einkünfte zu Heerlen bei Aachen [12]), die Dörfer Kreuzberg an der Ahr, Brück, Denn, Liers und Obliers [13]), ein Allod zu Walporzheim [14]) und ein Hof zu Wevelinghoven [15]).

Die Verzettelung der Grafschaftsgüter und die Verzweigung der Hostaden'schen Sippe machte die Abfindung der verschiedenen Ansprüche zu einem verwickelten Geschäft, und es hat lange gedauert, ehe Konrad sich im unangefochtenen Besitz der reichen Erwerbung sah. Schon zwischen die erste und zweite Schenkung Friedrich's, nämlich 1246 April 23, fällt ein erstes Abkommen wegen der Prüm'schen Lehen; Erzbischof Arnold von Trier gestattete nämlich, dass Friedrich, welcher auch hier als „wahrer Erbe“ erscheint, die Lehen wegen einer auf der Grafschaft ruhenden Schuld von 3000 Mark der Kölner Kirche verpfände [16]). Im nächsten Jahre (R 169) kam Konrad mit Prüm in's Reine: Abt Gotfrid verzichtete auf seine lehnsherrlichen Rechte an einem Theil der Grafschaftsgüter und übertrug die betreffenden Besitzungen der Kölner Kirche zu vollem Recht. Man kann sich kaum zu der Annahme entschliessen, dass ein von Konrad ertheiltes Schutzversprechen die einzige Gegenleistung gewesen sein sollte, indessen liegt nichts Weiteres vor, und erst mehr als ein halbes Jahrhundert später stossen wir auf ein neues

---

zu liegt. Locus munitior war für eine Wasserburg auch unzweifelhaft der Husterknupp. Die Tradition in der Gegend spricht ebenfalls für ihn; man erzählt sich noch heute, auf dem Knupp habe des Erzbischofs Konrad, der den Dom gegründet, Burg gestanden.

[1]) Vgl. oben 61. — [2]) Lac. 4, 780. — [3]) Ebend. 1, 376. — [4]) Ebend. 4, 791.
[5]) Kölner Königschronik zu 1205, Monum. Germ. SS. 24, 9. Im Excerpt der sogen. Annales Colon. minimi fehlte diese Stelle. In einer Urk. von 1213 (v. Ledebur, Allgem. Archiv 3, 138) führt Lothar den Titel comes de Are.
[6]) Vgl. oben 10. 16. In Urkk. von 1225 und 1231 nennt sich Lothar von Hostaden Graf von Dalhem. Ledebur a. a. O. 148. 150.
[7]) Günther, Codex dipl. 2, 215. — [8]) Lac. 2, 326. — [9]) Ebend. — [10]) Ebend. 179.
[11]) Ebend. — [12]) Ebend. — [13]) Ebend. 326. — [14]) Lac. 2, 156. — [15]) Ebend. 155.
[16]) Mittelrhein. Urk. 3, 646.

Abkommen zwischen Prüm und Erzbischof Wikbold [1]). Mit seinem Isenburgischen Schwager hatte sich Konrad (R 158) bereits 1246 November 10
geeinigt. Derselbe verzichtete auf jeden Anspruch an die Erbschaft gegen
500 Mark zur Erwerbung von Lehen oder gegen ein Jahreslehen von 50 Mark
bis zur Zahlung der Hauptsumme.

Weniger glatt kam der Erzbischof mit Walram von Jülich, dem Bräu-
tigam seiner kleinen Nichte Mathilde von Molenark, dem Bruder des Grafen
Wilhelm, seines ruhelosen Gegners, auseinander. Aller Wahrscheinlichkeit
nach war Walram schon 1246 mit dem Kinde verlobt, denn in der Schen-
kungsurkunde vom 16. April spricht Graf Friedrich bereits von einer Beisteuer zur Verheirathung Mathildens. Bei der Jugend der Braut lag zunächst
nicht einmal die Möglichkeit vor, durch einen Ehevertrag der Sache ein
Ende zu machen, und die Regelung schleppte sich um so länger hinaus, als
bei der meistens feindseligen Stellung Konrad's zu den Jülichern beiderseitig
nicht viel guter Wille vorhanden sein konnte. Im November 1247 schrieb
Papst Innocenz dem Legaten Petrus, er möge zwischen dem Erzbischof und
Walram vermitteln [2]), aber erst im Januar 1249 kam es zu einem für Letztern überaus günstigen Vertrag (R 223). Konrad übergab ihm die Hostaden-
schen Einkünfte zu Heerlen bis zur Zahlung von 500 Mark als Pfand, zahlte
ihm weitere 400 Mark baar in drei Terminen, verzichtete zu Walram's
Gunsten auf die Hostaden'schen Forderungen an Brabant und Geldern (erstere
im Betrag von 1000 Mark baar und 100 Mark Renten), und stellte ihm
für die Forderung an Brabant eine Reihe von Gefällen als Sicherheit. Weiter
gab er seine Zustimmung, dass Walram die von Limburg rührigen Lehen
der Grafschaft, sowie ein Reichslehen von 60 Mark zu Kaiserswerth erhalte.
Ueber die Prüm'schen Lehen wurde eine Uebereinkunft vorbehalten, und
schliesslich die Rechtsbeständigkeit des ganzen Vertrages wieder in Frage
gestellt durch die Clausel, nach der Heirath Walram's mit Mathilde von
Molenark solle es dem Ehepaar freistehen, entweder den Vertrag zu genehmigen oder aber den Rechtsweg zu betreten. Die sorgfältige Verclausulirung
des Ganzen und die Menge der gestellten Bürgen lässt errathen, wie wenig
man überzeugt war, damit die Frage erledigt zu haben. Vorläufig indessen
ging die Abwickelung friedlich von Statten. Im März 1250 quittirte Walram
über vom Erzbischof erhaltene 400 Mark (R 268), im Mai gleichen Jahres
einigte er sich mit dem Herzog von Brabant über die Hostaden'schen Forderungen und bestimmte die Mitgift seiner Braut in Gütern zu Stommeln
und Pulheim, beides unter Mitwirkung des Erzbischofs (R 277. 279). Seine
Heirath aber hat das Verhältniss zu seinem erzbischöflichen Oheim nicht verbessert, und den hartnäckigen Streitigkeiten seines Bruders mit dem Erzstift
in den fünfziger Jahren hat er nicht fern gestanden. In diese Zeit wird eine
Beschwerde des Kölnischen Klerus an den Papst Innocenz zu setzen sein,

---

[1]) Günther 2, 522. — [2]) Vgl. oben 26.

worin Klage erhoben wird, Walram habe trotz der Einigung mit Konrad
diesen beim päpstlichen Stuhle angeschwärzt und sich zum Kriege gegen
das Erzstift verbündet [1]). Diesmal aber zog der Jülicher entschieden den
Kürzern. Im Blatzheimer Vertrag von 1254 Oct. 15 (R 371) [2]) erklärte
er unter Eid, „dass er sich wegen der Erbschaft einfach und unbedingt der
Gnade des Erzbischofs unterwerfe; welche Gnade auch immer derselbe ihm
erweisen werde, damit wolle er zufrieden sein;" seine Verwandten und
Freunde aber leisteten einen Eid, falls Walram sich trotzdem nicht zufrieden
gebe, so würden sie ihn weder mit Rath noch mit That unterstützen. Seitdem ist, so lange Konrad lebt, von der Hostaden'schen Erbschaft nicht mehr
die Rede, aber bald nach seinem Tode ist Walram wieder mit seinen Ansprüchen hervorgetreten [3]).

Drittes Capitel.

Die Sayn'schen Erwerbungen.

Die zweite grosse Erwerbung Konrad's knüpft sich an den Tod des
Grafen Heinrich von Sayn. Ende 1246 lag der „gewaltige und überaus reiche"
Mann [4]), der in Konrad's ersten Jahren wiederholt dessen gefährlicher Gegner
gewesen war [5]), auf dem Sterbebett. In letztwilliger Verfügung [6]) vermachte
er seiner Gemahlin [7]), falls sie noch Nachkommenschaft erhalte, seine gesammte
Hinterlassenschaft; bleibe sie kinderlos, so solle ihr auf Lebenszeit der Niess-
brauch bleiben. Für den Fall ihres Todes sollte ein Theil des Allodialbesitzes
an die Kinder seiner Schwester Gräfin Agnes von Bliescastel übergehen.
Haupterben aber waren die Söhne der andern Schwester Aleydis. Aus
ihrer ersten Ehe mit dem Grafen Gotfrid von Sponheim waren drei
Söhne vorhanden: Graf Johann von Sponheim, Heinrich Herr von
Heinsberg und Simon von Sponheim; aus der zweiten Ehe mit dem
Grafen Eberhard von Eberstein ein Sohn gleichen Namens [8]). Am 1.

[1]) Lac. 2, 181 Note. — [2]) Vgl. oben 38. — [3]) Lac. 2, 325.
[4]) Annal. v. St. Pantal. 542. — [5]) Vgl. oben S. 9.
[6]) Mittelrhein. Urk. 3, 606. Die sonstigen Testaments-Urkunden ebend. 664 ff.
[7]) Dass sie eine Tochter des Markgrafen Dietrich von Landsberg und der Jutta von
Thüringen gewesen sei, nimmt neuerdings wieder an Hermes, die Neuerburg an der Wied
und ihre ersten Besitzer (Neuwied 1879).
[8]) Vgl. das Personenverzeichniss zu Mittelrhein. Urk. 3 sub Grafen Eberstein,
Sponheim, Sayn.

Januar 1247 [1]) schloss Heinrich die Augen, die Hoffnung auf Nachkommenschaft bestätigte sich nicht, und die zahlreichen Neffen werden keine besondere Lust gehabt haben, auf den Nachlass bis zum Tode der Wittwe zu warten. So erklärt es sich leicht, dass Letztere den Schutz des Erzbischofs, ihres Verwandten und Lehnsherrn, aufsuchte und dessen Unterstützung bei den manchfachen auf sie eindringenden Ansprüchen durch weitgehende Concessionen zu gewinnen sich herbeiliess. Noch nicht drei Wochen waren seit dem Tode des Grafen verflossen, als Konrad (R 162) bereits der Gräfin Schutz zusagte gegen jeden rechtlosen Angriff, seine Vermittelung gegenüber allen Ansprüchen und nöthigenfalls seine Vertretung bei Beschreiten des Rechtsweges. In einer langen Reihe von Verträgen hat er dieses Versprechen erfüllt, dabei aber den Vortheil seiner Kirche nicht vergessen. Die ihn zunächst berührende Frage der Kölnischen Lehnsgüter wurde an erster Stelle erledigt. Auch an ihnen hatte die Gräfin durch das Testament ihres Mannes den Niessbrauch erhalten, aber schon bald wurden ihr, wie wenigstens die bezügliche Urkunde (R 174) sich ausdrückt, „die daraus erwachsenden Mühen zu gross"; sie verzichtete auf die Nutzniessung und Konrad übergab die Kölnischen Lehen an Heinrich von Heinsberg, Simon von Sponheim und deren Neffen Gotfrid, den Sohn des Sponheimer Grafen Johann. Nicht unverkürzt; vielmehr verzichteten sie auf einige Gefälle der ihnen zustehenden Vogtei zu Bonn [2]), sowie auf ihre allenfallsigen Rechte an dem Schloss Neu-Isenburg an der Ruhr [3]) und an der früher Isenburgischen Vogtei über das Stift Essen. Zwei Tage darauf, 1247 Aug. 29, fand sich die Gräfin mit den Sponheimern ab [4]): Graf Johann, Heinrich von Heinsberg, Simon und ihr Halbbruder Eberhard von Eberstein erhielten reiche Besitzungen, namentlich an der Sieg und im Westerwald, die Städte und Schlösser Blankenberg und Hachenburg, die Schlösser Freusburg, Sayn, Saffenburg an der Ahr, und Hülchrath am Niederrhein, die Grafschaft Hadamar und die Vogtei zu Bonn, letztere natürlich abzüglich der bereits an Konrad abgetretenen Gerechtsame. Um alle Weiterungen abzuschneiden, mussten die Sponheimer sogar die Clausel genehmigen, bei Verletzung der ihrerseits übernommenen Verpflichtungen solle der jeweilige Erzbischof von Köln das Recht haben, sie ohne Citation zu

---

[1]) Dass die Angabe der Annal. v. St. Pantaleon 542 (Aug. 14) irrig sei, habe ich Archiv 7, 222 gezeigt. Das richtige Datum Harless, die Grafen von Bonn 8 (Bonner Jubelschrift von 1868).

[2]) Cetera vero iura ad eandem advocatiam pertinentia sibi retinuerunt, heisst es ausdrücklich von den Sponheimern. Es ist also nicht genau, wenn die Annal. von St. Pantal. schlechthin von der Erwerbung der Bonner Vogtei durch Konrad sprechen.

[3]) In der Urk. steht allerdings Nuenseyne, aber im Zusammenhang mit der Essener Vogtei kann eigentlich nur an Isenburg gedacht werden. Beide kamen zusammen unter Konrad nach dem Tode Heinrich's von Sayn — sollte dieser die Burg vorübergehend Neusayn genannt haben? — an Köln zurück (Annal. v. St. Pantal. 541) und werden wieder zusammen in Konrad's Vertrag mit Dietrich von Limburg (R 190) genannt.

[4]) Mittelrhein. Urk. 3, 681.

bannen und ihr Land mit dem Interdict zu belegen, falls die Gräfin dies verlange. Im folgenden Jahre haben sich dann Heinrich von Heinsberg und Simon über ihre Antheile an dieser Erwerbung in einem besondern Vertrage [1]) auseinandergesetzt.

Aus der erwähnten Excommunications-Clausel lässt sich schon errathen, wie stark der Erzbischof bei diesem Vertrage betheiligt war, und zu Anfang des folgenden Jahres zeigte die Gräfin sich erkenntlich. Am 19. Januar 1248 verkaufte sie ihm das Schloss Waldenburg [2]) bei Attendorn, ihre Güter zu Meinerzhagen und Drolshagen, sowie den Ebbewald (R 187), ein zur Abrundung der südwestfälischen Besitzungen Köln's trefflich geeignetes Gebiet [3]). Zwar behielt die Gräfin fremde Rechte und den Rückfall vor, falls der Erzbischof den Kaufpreis von 2000 Mark nicht pünktlich bezahle, aber Waldenburg, welches sofort an den Kölner Burggrafen Heinrich von Arberg übergeben wurde, ist seitdem als Sitz eines kölnischen Amtes Jahrhunderte lang mit geringer Unterbrechung beim Erzstift verblieben [4]).

Konrad beeilte sich ferner, den Vertrag vom 27. August 1247 durch weitere Abmachungen zu sichern. Am 22. Februar 1248 (R 190) gab er dem Edelherrn Dietrich von Limburg an der Lenne, dem Sohne jenes Grafen Friedrich von Isenburg, welcher den edeln Erzbischof Engelbert erschlagen hatte, die kölnischen Lehen seines Vaters zurück, unter der Bedingung, dass er jedem Anspruch auf das (neue) Schloss Isenburg und auf die Vogtei über das Essener Damenstift entsage. Auch der Abt von Werden (R 215) erkannte das Eigenthumsrecht Köln's auf die Isenburg an und behielt sich nur einige bescheidene Rechte vor.

Fortwährend finden wir Konrad als Vermittler oder Schiedsrichter in der Sayn'schen Erbschaftsangelegenheit thätig. Er besiegelt die Urkunde (R 198), durch welche Mathilde Herrn Friedrich von Blankenberg 1248 Mai 1 als Ersatz für nicht erfüllbare Erbansprüche eine Rente anwies und für einen Vertragspunkt Konrad als eventuellen Schiedsrichter bestellte. Wiederholt begegnet uns 1254 (R 352. 353. 361) in Urkunden der Gräfin seine Zustimmung oder Besiegelung. Er überlässt 1250 März 21 (R 269) Herrn Gerhard von Wildenburg und dem Kölner Burggrafen Heinrich von Arberg die Ministerialen zu Wied und Rosbach, welche sie früher gemeinsam mit der Gräfin Mathilde besessen hatten. Mehrmals vermittelte er zwischen der Gräfin und seinen Isenburgischen Verwandten. 1249 Febr. 19 (R 224) verzichtete sein Schwager Heinrich auf Güter zu Nister, Burghartenfels,

---

[1]) Ebend. 725.

[2]) Vgl. über dasselbe Brunabend, Attendorn, Schnellenberg, Waldenburg und Ewich (Münster 1878) 188.

[3]) Eine besondere Urk. des Domcapitels über den Kaufvertrag erwähnt Lac. 2. 161 Note.

[4]) Unbekannt ist mir, worauf sich die 1249 Apr. 28 an Mathilde gerichtete Mahnung des Papstes (Potthast 13322) bezieht, sie möge von der Entfremdung ihrer Güter als der künftigen Erbschaft des Grafen Dietrich von Cleve abstehen.

Hirschbach, Metternich, Leubsdorf und Dattenberg, wogegen Mathilde 200
Mark als Entschädigung zahlte. 1258 Sept. 13 (R 461) [1]) verglich er die
Gräfin mit seinem Schwager, dessen Sohn Gerlach und dem Grafen Gotfrid
von Sayn wegen Anlage von Befestigungswerken. 1259 August 6 (R 483)
übernahm er Bürgschaft dafür, dass sein Neffe Gerlach von Schloss Arenfels
aus ihr keinen Schaden zufügen werde, und noch wenige Monate vor seinem
Tode, 1261 Juni 21 (R 522) traf er eine Einigung zwischen ihr und Ludwig
dem Walpoden von der Neuerburg.

Alle diese untergeordneten Verträge treten zurück vor dem wichtigen
Vertrag, welchen Konrad 1250 Mai 1 (R 275) mit Mathilde abschloss.
Gegen eine Baarsumme von 600 Mark und eine lebenslängliche Jahresrente
von 170 Mark, Schutz ihrer Person und der von ihr sowie von ihrem
verstorbenen Manne gestifteten Klöster, Vertretung in Rechtshändeln u. s. w.
trat sie, den lebenslänglichen Besitz sich vorbehaltend, an das Erzstift eine
Menge von Besitzungen ab, welche, abgesehen von den Dörfern Gielsdorf
und Sechtem bei Bonn, sämmtlich dicht bei einander auf dem rechten Rheinufer lagen: die vier Burgen Rennenberg, Alt-Wied, Neuerburg und Windeck,
die am Strome liegenden Orte Linz, Leubsdorf und Rheinbreitbach, die
landeinwärts belegenen Dörfer Rosbach, Asbach, Neustadt, Windhagen und
Waldbreitbach. Ein Blick auf die Karte zeigt den Werth dieser Erwerbung.
Bisher hatte das Erzstift auf dem rechten Stromufer nur einige starke
Felsnester des Siebengebirges besessen, jetzt schloss sich ein stundenweit
gedehnter, in seinem vorderen Theile üppig fruchtbarer, von starken Vesten
geschützter Landstrich an.

So ist denn die Sayn'sche Erbschaftsfrage auf friedlichem Wege gelöst
worden, unter hervorragender Betheiligung Konrad's und zum grossen
Vortheil seines Landes. Zwar warb 1247 Aug. 10 der Graf von Berg Herrn
Gerhard von Wildenburg als Lehnsmann und Helfer gegen die Sponheimer,
seine neuen Nachbarn an der Sieg, sowie gegen Jedermann mit Ausnahme
des Erzbischofs und der Gräfin Mathilde [2]), aber von einer Fehde verlautet
nichts. Später ist Konrad wiederholt im Zusammenhang mit der Erbschaftsangelegenheit [3]) mit Heinrich von Heinsberg aneinander gerathen, zunächst
1251 anscheinend wegen der Kölner Lehnsrechte über die an Jülich
verpfändete Herrschaft Hülchrath [4]), dann nochmals im folgenden Jahre.
Unterrichtet sind wir darüber nur durch eine Urkunde von 1252 Juni 22
(R 320), wodurch Konrad den Heinsberger in denjenigen Besitz einsetzt,

---

[1]) Anlagen 12.
[2]) Lac. 2, 164.
[3]) In dem Vertrag von 1248 Oct. 13 (Mittelrhein. Urk. 3, 725) sprechen Heinrich
von Heinsberg und sein Bruder Simon von „unrechtmässig entfremdeten Gütern" und
nennen darunter auch Waldenburg, welches die Gräfin von Sayn kurz vorher an Konrad
abgetreten hatte.
[4]) Lac. 2, 200.

in welchem er sich beim Tode Heinrich's von Sayn befand, und ihm ein Darlehen von 300 Mark macht, wogegen dieser den erzbischöflichen Ministerialen Heinrich von Honnef freigab und sich wegen eines von demselben errichteten Burgbaues einem Schiedsgericht unterwarf.

Viertes Capitel.

Wilhelm von Jülich.

Wiederholt wurde in der voraufgehenden Darstellung der Bedeutung gedacht, welche für die Politik Konrad's das westliche Nachbarterritorium [1] besass. Das Jülicher Grafenhaus war Jahre lang die Säule der kaiserlichen Partei am Niederrhein, fast ein Jahrzehnt hindurch hat es die Regelung der Hostaden'schen Frage verzögert. Andere Gründe kamen hinzu, um es zu dem kölnischen Lehnsherrn in einen fast ununterbrochenen Gegensatz zu stellen, und die daraus entstehenden Conflicte gestalteten sich um so gefährlicher, als das Haupt der Familie eine Persönlichkeit von ruhelosem Thatendrang, vielleicht der grösste unter den niederrheinischen Landesherrn des 13. Jahrhunderts war, eine kühne, entschlossene und doch auch wieder kalt berechnende Natur. Fast 60 Jahre lang hat Wilhelm IV. die Herrschaft geführt [2], mit vier Erzbischöfen von Köln hat der trotzige Vasall, der die Burg Nideggen von der Kölner Kirche zu Lehen trug [3], gerungen, zwei derselben hat er auf seinem Bergschloss an der Roer als Gefangene gesehen; ihm ist es grossentheils zuzuschreiben, dass die Stadt Köln gegen Konrad und Engelbert II. ihre Unabhängigkeit errang und behauptete, und schliesslich hat nicht das Schwert des Lehnsherrn, sondern die Faust eines Handwerkers diesem wilden Leben ein Ende gemacht, als er in einer Märznacht des Jahres 1278 die Kaiserstadt Aachen überrumpelte.

Am 2. November 1207 [4] war Graf Wilhelm II. gestorben, welcher als grausamer, sittenloser Mensch den schlimmsten Ruf hinterliess [5]. Von

---

[1] Sehr genaue Nachweisungen enthält die wissenschaftl. Beilage zum Progr. der Rheinischen Ritterakademie von 1874: Zur Territorialgeschichte des Herzogth. Jülich von W. Grafen von Mirbach (Düren).

[2] Vgl. Arnim di Miranda, Wilhelm IV. von Jülich (Leipzig 1875), ein nicht unverdienstliches, wenn auch in mehr als einer Beziehung wunderliches und für die folgende Darstellung nahezu werthloses Schriftchen.

[3] Seit Erzb. Philipp von Heinsberg. Vgl. Lacomblet im Archiv 4, 381.

[4] Der Todestag ist meines Wissens erst durch die Kölner Königschronik (Mon. Germ. SS. 24, 13) festgestellt.

[5] Eine schreckliche Schilderung entwirft Cäsarius von Heisterbach im Dial. mirac. 12, 5. Eine arge Schandthat von ihm berichtet auch die Kölner Königschronik 11.

seinem Nachfolger Wilhelm III., dem Ahnherrn der Hengebach'schen Seiten-
linie, ist wenig bekannt. Als er 1219 auf der ägyptischen Kreuzfahrt den
Tod fand, war sein gleichnamiger Sohn noch ein Knabe. Er stand zunächst
unter dem Einfluss seines mütterlichen Grossvaters Herzogs Walram von Limburg
und seiner Söhne, des Herzogs Heinrich und Walram's von Montjoie [1]).
Schon mit Erzbischof Heinrich von Köln hatte er Händel und belagerte
1234 das Schloss Molenark [2]). Bereits an anderer Stelle wurde erzählt [3]),
wie er zu Beginn der Regierung Konrad's am limburgisch-brabantischen
Kriege sich betheiligte, als Führer der Kaiserlichen den Erzbischof gefangen
nahm und nach neunmonatlicher Haft zu dem Vertrage vom 2. Nov. 1242
(R 77) nöthigte. Abgesehen von den seltsamen Bestimmungen über sein
Verhältniss zum Kaiser, von der Aufhebung der kirchlichen Sentenzen und
der Zahlung von 4000 Mark musste Konrad versprechen: „Wir werden
unter unserm und des Kölner Domcapitels Siegel erneuern und dem Grafen
einhändigen lassen alle Briefe, welche er über die vier Aemter an unserm
Hofe hat, sowie über alle Einkünfte und Gerechtsame, welche seine Vorgänger
von der Kölner Kirche besassen oder besitzen mussten, und werden den
Grafen in den wahren Besitz alles dessen setzen lassen, was jene Briefe
besagen; wenn ferner der Graf durch Vorzeigung rechtmässiger Briefe oder
durch Zeugniss seiner Standesgenossen (comparium) beweisen kann, dass er
irgend welche Einkünfte oder sonstige Rechte an unserm Hofe haben oder
in anderer Weise von unserer Kirche besitzen muss, so werden wir ihn in
Besitz alles dessen setzen lassen, was er in solcher Weise beweist." In
ihrer allgemeinen Fassung forderte diese Clausel weitere Ansprüche förmlich
heraus, und dasselbe gilt von dem Versprechen: „Weder wir noch unsere
Freunde oder Helfer dürfen in Zukunft eine Befestigung errichten oder eine
zerstörte wieder aufbauen, welche dem Grafen oder seinen Freunden oder
der Grafschaft zum Schaden oder zur Beschwerde gereicht." Ausserdem
verpflichtete sich Konrad noch, zu erwirken, dass der Graf von der Mark
dem Jülicher seine Erbschaft herausgebe und Schadenersatz leiste — worum
es sich handelte, darüber sind wir nicht näher unterrichtet —, nöthigenfalls
ihn auch gegen den Grafen von der Mark zu unterstützen.

Der kecke Ueberfall des Grafen gegen den Herzog von Brabant bot
den Ausgangspunkt eines neuen Zwistes [4]). 1244 Juli 20 schlossen der
Herzog von Limburg, Graf Otto von Geldern und Gerhard von Wassenberg
zwischen Konrad und Wilhelm Waffenstillstand (R 114) und 1245 April 26
(R 124) kam es zu einem für den Grafen nicht ungünstigen Vertrag.
Konrad zahlte ihm 1500 Mark, erkannte an, dass die kölnischen Höfe
Petternich und Rödingen für 450 bezw. 600 Mark an den Grafen verpfändet

---

[1]) Sie erscheinen häufig mit ihm zusammen in Urkunden. Vgl. Lac. 2, 61. 75.
95. 103. 112.
[2]) Annal. Col. max. Mon. Germ. 17, 814. — [3]) Vgl. oben 9. 13 ff.
[4]) Vgl. oben 16.

seien und verzichtete darauf, von päpstlichen Mandaten gegen Wilhelm Gebrauch zu machen. Dafür entsagte Wilhelm allen weitern Geldansprüchen und gab die noch in seinen Händen befindlichen Verschreibungen heraus [1]. Die Frage, ob auch der Hof Hollig an Jülich verpfändet sei, wurde einer besondern Entscheidung vorbehalten.

Im folgenden Jahre hat die Hostaden'sche Erbfolgefrage einen neuen Keim der Zwietracht gegeben, deren Ausbruch aber vorläufig durch gütliche Einigung Konrad's mit des Grafen Bruder Walram verzögert wurde. Dagegen haben die sechs Schiedsrichter mit dem Grafen von Berg als Obmann, welche Wilhelm und der Erzbischof „behufs Vermeidung jeglicher Zwietracht" 1250 Sept. 10 (R 286) bestellten, nicht lange geholfen: Gerade ein Jahr darauf war (R 306) schon wieder ein umfangreicher Vertrag über ein Knäuel von Beschwerden nöthig, der zur Vorsicht in lateinischer und deutscher Sprache abgefasst wurde, und zwar in einer einzigen Urkunde, „auf dass das Latein nicht anders erklärt werde, als das darunter geschriebene Deutsch lautet". Allerhand Kriegswirren müssen diesem Abkommen vorausgegangen sein, von welchen uns aber anderweitig fast nur die Eroberung der Burg Ringsheim bei Rheinbach durch den Erzbischof (1249) bekannt ist [2]. Ausserdem erfahren wir aus diesem Actenstück, dass Fehde gewesen war zwischen dem Erzbischof und Konrad von Molenark; dass es bei der Belagerung von Tomberg (bei Meckenheim) zur Sühne kam, später aber neue Anstände sich erhoben; dass Wilhelm von Saffenburg seinen Sohn Gerlach aus der Saffenburg an der Ahr vertrieben hatte; dass Zwietracht bestand zwischen Konrad und Herrn Johann von Reifferscheid; dass des Erzbischofs Truchsess in dem neu erworbenen Waldenburg, Johann von Hürth, Leute des Herrn von Heinsberg gefangen genommen hatte. Abgesehen von zahlreichen Bestimmungen über Schadenersatz, setzte der im Lager bei Neuss [3] vom Cardinallegaten Hugo von Sabina, vom Herzog Walram von Limburg und Graf Adolf von Berg besiegelte Schiedsspruch hauptsächlich fest: der Herr von Heinsberg solle bis Martini die Herrschaft Hülchrath von Jülich einlösen; erweist sich, dass die vom Grafen Wilhelm gekauften Güter zu Wanlo kölnische Vasallengüter sind, so darf er sie nicht gegen des Erzbischofs Willen inne haben; zu Zülpich behalten Erzbischof wie Graf dieselben Rechte, wie sie unter des Erstern Vorgängern Engelbert und Heinrich bestanden, und der alte Rechtszustand wird durch

---

[1] Man hat bisher die Worte der Urk. bei Lac. 2, 151: Ne idem comes ullam in moneta nostra habeat actionem von Ansprüchen auf die „Kölnische Münze" verstanden. So lange kein sonstiger Beleg vorliegt, dass der Graf von Jülich Ansprüche auf eines der wichtigsten erzbischöllichen Gerechtsame besass, wird man doch besser thun, einfach an Geldforderungen zu denken, um so mehr, als es später heisst: actioni, quam se habere dicebat in moneta nostra, et debitis etc.

[2] Annal. v. St. Pantal. 515. Vgl. oben 53 Note 5.

[3] Nussie sagt der Schiedsspruch selbst. apud Nussiam in castris heisst es genauer in einer spätern Einigung (Lac. 2, 208).

den Spruch der Zülpicher Schöffen bestimmt; über die Anstände zwischen dem Erzbischof und Konrad von Molenark sollen, unter Aufrechterhaltung der frühern Sühne, der Herzog von Limburg und der Graf von Berg entscheiden, über die Vertreibung Gerlach's durch seinen Vater der päpstliche Legat; Johann von Reifferscheid hat dem Erzbischof Genugthuung zu geben, weigert er sich, so hat der Jülicher gegen ihn dem Erzbischof Lehnspflicht zu leisten.

Wenige Wochen vor der Neusser Sühne, am 23. August [1]), hatte der Graf, so weit ich sehe, zum ersten Mal, eine folgenschwere Verbindung angeknüpft: Er schloss mit den Bürgern von Köln einen Vertrag, welcher hüben und drüben Schutz der Personen, der Sachen und des Rechtsganges sowie ein Schiedsgericht für allenfalls auftauchende Zwistigkeiten bestimmte. Mitten in der lateinischen Urkunde stehen die deutschen Worte: „Ausserdem sollen der Graf und die Seinen der Stadt und den Bürgern thun, was ihnen gut und förderlich ist, ohne irgend welche Arglist, und desgleichen dem Grafen und den Seinen die Stadt." Vielleicht hat nur der Abschluss der Neusser Sühne verhindert, dass schon bald diese allgemeine Wendung einen bedeutungsvollen Inhalt erhielt, denn dass die Spitze des Vertrages gegen den Erzbischof gerichtet war, kann kaum einem Zweifel unterliegen, und als Anfang 1252 die erste offene Fehde zwischen Konrad und den Bürgern ausbrach, wurde in einem Vertrag vom 1. März [2]) der Commentar zu jenem anscheinend so harmlosen deutschen Sätzchen geschrieben: der Graf „empfand Betrübniss ob der Unbill, welche der Erzbischof begeht durch die neue Münze, zum Nachtheil der Kölner Kirche, ihrer Vasallen und der Stadt Köln," desshalb verband er sich mit der letztern und traf genaue Absprache, wie es mit der Theilung der Beute zu halten sei. Wie üblich versprach man sich von beiden Seiten, nicht ohne den andern Theil Frieden oder Waffenstillstand mit dem Erzbischof zu schliessen; aber in der Sühne, welche die Bürger schon im April mit Konrad schlossen, ist von dem Grafen mit keiner Silbe die Rede, und erst nach mehr als einem Jahr, am 7. Mai 1253 (R 339), kam es zu einem Ausspruch des Bischofs von Lüttich, nach welchem der Neusser Vertrag bestätigt wurde, der Graf dem Erzbischof für gewisse „Beleidigungen, Unbilden und Schäden" nach Bestimmung des Bischofs Genugthuung leisten, zwischen den beiderseitigen Helfern aber ein besonderes Schiedsgericht Einigung treffen sollte.

Wenn auf Grund dieser Urkunde überhaupt ein Friede zu Stande gebracht wurde, so hat er nicht lange gedauert. Bereits im nächsten Jahre lag Konrad wieder mit dem Grafen und seinem Bruder Walram in Fehde und nöthigte ihn zum Blatzheimer Vertrag vom 15. Oct. 1254 (R 371), ein Instrument, zu welchem sich Wilhelm unmöglich anders als in schwerer Bedrängniss hat entschliessen können [3]). Dies geht schon aus dem Umstande

— . . —

[1]) Quellen 2, 302. — [2]) Quellen 2, 308. — [3]) Vgl. oben 38. 65.

hervor, dass Walram sich wegen der Hostaden'schen Erbschaft einfach der Gnade des Erzbischofs unterwerfen musste, aber auch Graf Wilhelm ging die härtesten Bedingungen ein. Nur zum Schein behielt er sich die Unterstützung der flandrischen und westfälischen Gegner Konrad's vor, factisch gab er die für Köln ursprünglich so gefährlichen Bündnisse preis. Er versprach Genugthuung für das während der Fehde Geschehene nach Erkenntniss des Grafen von Luxemburg und Dietrich's, des ältern Sohnes des Grafen von Cleve. Ueber Raub, Brand und Schatzung, welche Wilhelm und sein Bruder während der Fehde gegen kölnische Geistliche und Kirchengüter verübt hatten, wurde bestimmt, der Erzbischof solle zu vermitteln suchen; bleibe der Versuch vergeblich, so solle er als gerechter Richter mit Kirchenstrafe und weltlichem Gericht vorgehen. Ueber die alten Streitigkeiten zwischen Erzbischof und Graf solle bis Mariä Lichtmess ein Schiedsgericht befinden, bestehend aus den Pröpsten von St. Severin und St. Aposteln zu Köln sowie dem Propst von Soest. Für den Fall, dass der Graf sich deren Spruch nicht füge, leisteten seine Verwandten einen Eid, sie würden gegen ihn dem Erzbischof beistehen; für den Fall dagegen, dass Letzterer den Spruch nicht erfülle, erhielt der Graf bloss von dem Bischof von Utrecht, den beiden Brüdern Dietrich von Cleve, Graf Heinrich von Virnenburg, den Herren von Isenburg, Molsberg, Schleiden und Milendonk das eidliche Versprechen, sie würden dem Erzbischof nicht beistehen. Den Herren Konrad von Molenark und Arnold von Wichterich wurden ihre gleichnamigen Burgen zurückgegeben. Ersterer hat sich nicht lange des Besitzes erfreut: gegen Anfang des folgenden Jahres wurde er durch seinen Bruder Gerhard, den erzbischöflichen Kanzler, aus dem Schlosse vertrieben. Gerhard, welcher gegen den Erzbischof offene Fehde führte, wurde von diesem als Eidbrüchiger mit dem Banne belegt (R 380).

Gerade vor dem festgesetzten Termine, 1255 Febr. 1 (R 377), wurde der Schiedsspruch gefällt. Dass er für ihn sehr ungünstig ausfallen würde, hat der Graf ohne Zweifel erwartet, da ja als Richter drei kölnische Prälaten bestellt waren; aber auf solche Bedingungen ist er doch schwerlich gefasst gewesen: Die Juden in der Kölner Diöcese und im Kölnischen Herzogthum gehören dem Erzbischof und seiner Kirche, während 1226 König Heinrich dem Grafen den Judenschutz in seinem Gebiete verbrieft hatte [1]. Kölnische Allode sind nicht bloss die Höfe Rödingen und Petternich, an welchen der Graf lediglich das Pfandrecht besitzt, Stadt und Schloss Zülpich, wo er auf die ihm durch Schöffenurtheil zuerkannten Gerechtsame beschränkt bleibt, Schloss Nideggen, das er von Köln zu Lehen trägt und die streitigen Güter zu Wanlo, sondern auch Schloss Heimbach sowie Schloss und Ortschaft Jülich; die Gerichtsbarkeit in der Ortschaft hat der Erzbischof, der Graf besitzt dort nur Pfandschaftsrechte, das Schloss besitzt er als Burggraf;

---

[1] Lac. 2, 75.

Nideggen und Jülich sind kölnische Offenhäuser; gegen den Grafen sind natürlich die allgemeinen Sätze gerichtet, dem Erzbischof und der ihm untergebenen Geistlichkeit stehe in der kölnischen Diöcese die geistliche Gerichtsbarkeit zu, und eine in Folge erzbischöflichen Urtheils geschleifte Befestigung dürfe nicht wiederhergestellt werden; schliesslich wird noch ausgesprochen, der Graf habe dem Erzbischof Unrecht gethan, indem er Geächtete in seinem Schlosse Heimbach aufnahm, den Johann von Aldendorp und seine Söhne.

Dem Erzbischof hat es gewiss keine Ueberwindung gekostet, als er diesen Spruch annahm. Am 12. Febr. machte er davon dem Grafen von Berg Mittheilung und verlangte dessen Hülfe, falls auf Adolf's Ersuchen — dies war bei Bestellung der Schiedsrichter vorgesehen — Wilhelm von Jülich die Annahme verweigere (R 381). Ob letzteres geschah, ist nicht bezeugt, und wahrscheinlich ist es nicht. Es kann kaum Zufall sein, dass wir in den sechs bis sieben Jahren, welche bis zu Konrad's Tode vergehen, nicht das leiseste Zeichen eines Zerwürfnisses zwischen Köln und Jülich finden. In einem päpstlichen Mandat gegen diejenigen, welche in der Kölner Diöcese sich den Rottzehnten anmassen [1]), wird des Grafen von Berg und Walram's, des Bruders Wilhelm's, gedacht, aber des Letztern nicht, obwohl der Schiedsspruch vom 1. Februar die Frage berührt und den Rottzehnten von Königshufen dem Erzbischof, von sonstigen Grundstücken den betreffenden Pfarrkirchen zugewiesen hatte; zudem hat Walram bald nachher, offenbar in Ausführung der Sühne vom 15. Oct. 1254, dem Kölner St. Ursulastift Schadenersatz versprochen, und zwar in einer vom Erzbischof bezeugten und in der Bischofspfalz ausgestellten Urkunde (R 398). So scheint es denn wirklich, dass dieses trotzige Brüderpaar sich ergab in das Unvermeidliche. Nicht einmal als die zweite Fehde Konrad's gegen die Stadt losbrach, hat Wilhelm die Fesseln abzuschütteln gewagt: wir finden ihn unter Konrad's Bundesgenossen (R 446). Wie anders würde sich die Geschichte des Erzstifts gestaltet haben, wenn diese tiefe Demüthigung des Jülicher Grafenhauses Bestand gehabt hätte! Konrad hat den Umschwung nicht mehr erlebt, aber nach seinem Tode ist dieser grosse Erfolg wie so mancher andere vernichtet worden, und in der viertehalbjährigen Haft des Erzbischofs Engelbert hat der Graf den Satz des Schiedsspruches vom 1. Februar 1255 illustrirt: Burg Nideggen sei Kölner Lehen und Offenhaus.

---

[1]) Potthast 15991.

Fünftes Capitel.

Simon von Paderborn.

Ein besonderes Blatt beanspruchen die westfälischen Verhältnisse; leider sind wir hier, wie überhaupt bei Schilderung der landesfürstlichen Wirksamkeit Konrad's, fast ausschliesslich auf Urkunden angewiesen, welche aber durch ihre lebendige, wenn auch einseitige Darstellung den Mangel sonstiger Berichte einigermassen vergessen lassen. Dass die grosse Fehde mit Brabant und Limburg-Berg (1239 und 1240) auch Westfalen nicht unberührt liess, versteht sich bei den vielen Fäden, welche das ost- und westrheinische Land verbinden, eigentlich von selbst. Dort waren die Kriegswirren seit der Ermordung Engelbert's des Heiligen überhaupt noch nicht zur Ruhe gekommen, und noch immer kämpfte Dietrich von Limburg, der Sohn des Isenburger Mörders, der Neffe des Herzogs Heinrich von Limburg, um das väterliche Erbe[1]). Wiederholt erhielt Konrad in jenen wilden Jahren Zuzug aus Westfalen[2]), auch von dem Isenburger Engelbert, dem Bruder des Mörders, welcher 1239 zum zweiten Mal den nach Engelbert's des Heiligen Tod verlorenen Bischofsstuhl von Osnabrück erhalten hatte. Nach dem Frieden von 1240 dürfte auch in Westfalen grössere Ruhe eingetreten sein, aber als sich neue Differenzen zwischen Köln und dem Herzog von Limburg erheben, finden wir einen Theil des westfälischen Adels auf des Letztern Seite. 1243 November 2 (R 99) mussten sich Graf Gotfrid von Arnsberg und Graf Adolf von der Mark, früher Köln's Bundesgenosse in den Isenburgischen Fehden[3]), des Erzbischofs Gnade unterwerfen und Genugthuung nach dem Ausspruch von Schiedsrichtern versprechen. Mit dem Arnsberger war Konrad schon im ersten Jahre seines Pontificates zusammengestossen, und nur durch demüthigende Bedingungen — u. a. muste er geloben, mit 300 Rittern dem Erzbischof in seiner Pfalz zu Köln einen Fussfall zu thun — hatte der Graf den Frieden erkauft (R 24). Es handelte sich damals hauptsächlich um seine vogteilichen Gerechtsame zu Soest, Menden und über zwei Güter des Klosters Grafschaft, Sümmern und Eisborn. Die beiden letztgenannten Vogteien wurden ihm 1255 (R 385) nochmals von Konrad ausdrücklich zugesprochen, vielleicht in Anerkennung der grossen Dienste, welche er kurz vorher gegen Simon von Paderborn geleistet hatte. Es ist überhaupt nicht bekannt, dass er nach der Sühne von 1243 noch einmal mit Köln in Fehde gelegen habe, wenn es auch nicht unmöglich ist, dass er bei den schweren westfälischen

---

[1]) Ueber diese verwickelten Verhältnisse vgl. besonders Ficker. Engelbert 188 ff.
[2]) Vgl. oben 9 ff. — [3]) Ficker a. a. O. 195.

Unruhen des folgenden Jahres betheiligt war. „Zu dieser Zeit," berichtet eine zeitgenössische Chronik. [1]) „säuberte der Erzbischof ganz Westfalen von Räubern und Verbrechern, mit Richterspruch vorgehend. Desshalb entstand in Herford Streit zwischen den Stadtleuten und des Erzbischofs Begleitern, und in wüthendem Anprall stürzten die ergrimmten Städter auf ihn ein. Da jedoch ein vornehmer und kluger Mann sich in's Mittel legte, so wurde der rasende Aufruhr gestillt. Die Bürger waren reuig über diese Ungebühr, noch mehr aber fürchteten sie ihn, und bittend kamen sie, unterwarfen sich völlig seiner Gnade und erhielten Verzeihung. Im selben Sommer, sammelte der Erzbischof ein Herr gegen einige Grafen und Tyrannen Westfalens, welche die Stadt Werl eingenommen hatten, belagerte das neue Schloss Isenburg bei Essen und erhielt es übergeben. Später überliess er dasselbe dem Grafen von Sayn, nachdem er die erwähnten Grafen und Tyrannen überwältigt hatte." Mit ziemlicher Bestimmtheit ist zu diesen ungenannten Gegnern Engelbert von Osnabrück zu zählen; denn 1245 Jan. 8 fordert Papst Innocenz [2]) den Erzbischof auf, er solle den Bischof zur Verantwortung zu ihm schicken, weil er der Sache der Kirche den Rücken gewendet, das Gebiet der Kirche von Köln angegriffen und verwüstet und auf demselben eine Burg für seinen Neffen Dietrich (von Limburg), den Sohn des Grafen Friedrich von Isenburg, errichtet habe [3]). Erst Anfang 1248 scheinen diese Streitigkeiten endgültig geschlichtet worden zu sein. Damals vertrug sich Konrad endlich mit Dietrich [4]), der nur kümmerliche Reste aus der Hinterlassenschaft seines unseligen Vaters rettete [5]), und schloss mit Engelbert von Osnabrück ein Bündniss zu gegenseitiger Hülfe zwischen Rhein und Weser (R 191).

In dieselbe Zeit fällt auch der erste Zusammenstoss mit dem gefährlichsten Gegner, welchen Konrad jemals in Westfalen gefunden hat. 1247, im gleichen Jahre, in welchem sein Bruder Otto den bischöflichen Stuhl zu Münster bestieg, war Simon, der Bruder des Herrn Bernhard von der Lippe und Neffe des Erzbischofs Gerhard von Bremen, ein schon früher in weltlichen Händeln vielgenannter Mann, Bischof zu Paderborn geworden [6]), als Nachfolger seines Oheims Bernhard IV. Im Herbst nahm er mit Konrad an der Wahl Wilhelm's von Holland Theil, aber noch kein Jahr war seit seiner Erhebung verflossen, als er von Konrad zu einem nachtheiligen Frieden .gezwungen wurde. Als Inhaber des westfälischen Herzogthums, zu welchem die Paderborner Diöcese gehörte, machte Konrad das Recht geltend, die Anlage von Befestigungen zu gestatten oder zu verweigern, wie er es auch im linksrheinischen Herzogthum that. Als Simon ohne Genehmigung die Orte Vilsen

---

[1]) Annal. v. St. Pantal. 539.
[2]) Gütige Mittheilung von Prof. Ficker aus der Sammlung der Monumenta Germaniae.
[3]) Wahrscheinlich ist die neue Isenburg gemeint.
[4]) Vgl. oben 67.
[5]) Dem Grafen von der Mark musste er 1243 schwere Opfer bringen. Lac. 2, 168 Note.
[6]) Vgl. über ihn Schaten, Annal. Paderborn. (Ausgabe von 1775) 2, 39 ff.

und Salzkotten mit festen Werken versah, griff Konrad, diesmal vom Grafen von Jülich unterstützt [1]), zur Gewalt. Im Lager vor Salzkotten wurde 1248 April 6 (R 193) die Sühne geschlossen. Simon willigte in die Zerstörung der Werke von Salzkotten und leistete das Versprechen, niemals mehr ohne des Erzbischofs Erlaubniss auf herzoglich-westfälischem Boden Befestigungen zu errichten, falls er nicht mit dem Abt von Corvey und andern westfälischen Edelen auf dem herzoglichen Botthing ein anderes Urtheil erwirken könne. Dagegen gestattete ihm Konrad, die Befestigung von Vilsen beizubehalten. Für die Erfüllung des Vertrages musste Simon fünfundzwanzig Bürgen stellen.

Es begreift sich leicht, dass der Kampf um die Befugnisse der herzoglichen Gewalt Köln's im Paderborner Bisthum von neuem losbrach, als Konrad im Jahre 1254, mit König Wilhelm zerfallen, von Wilhelm von Jülich bedroht, am Rande einer Katastrophe zu stehen schien. Aber einmüthig stand gegen die Lippe'schen Brüder der westfälische Adel zusammen, darunter auch alte Gegner Konrad's, wie die Grafen von Mark und Arnsberg und Dietrich von Limburg, und in der Schlacht bei Dortmund, wahrscheinlich im October 1254, fiel Bischof Simon in die Hände seiner Feinde [2]). Ueber Veranlassung und Verlauf dieser Kämpfe besitzen wir nur einseitige, im Kölnischen Interesse gefärbte Berichte. Gegen sein (im Vertrage von 1248 gegebenes) Versprechen, so schrieben zu Anfang des nächsten Jahres [3]) die Grafen von Arnsberg, Mark und Altena, die Edelherren von Limburg, Büren, Billstein, der westfälische Marschall Albert von Störmede und ihre Kampfgenossen an den Papst, habe Simon Salzkotten wieder aufgebaut, „um neue Räubereien gleichwie früher auszuüben". Vergebens habe man seine Bürgen zum vertragsmässigen Einlager (nach Soest) gefordert, vergebens von Tag zu Tag Besserung erwartet: „Nicht zufrieden mit den verübten Bosheiten, verband sich der Bischof mit dem Grafen von Jülich und andern Feinden der Kölnischen Kirche und drang mit grossem Heer im vorigen Sommer in unser Land ein, welches er allerwärts mit Brand und Raub verwüstete. Da haben wir, uns und unser Eigenthum zu vertheidigen, gegen ihn uns gerüstet und ihn, da er in der Schlachtreihe wüthend gegen uns focht, gewappnet gefangen; dies wusste der Erzbischof (von Köln) durchaus nicht, welcher fern jenseits des Rheines weilte. Unser Gefangener ist dieser Mann, und um Ersatz unseres Schadens zu erlangen, werden wir ihn gefangen halten und nicht freigeben ohne vorherige Genugthuung, selbst dann nicht, wenn der Herr Erzbischof seine Freilassung von uns fordern sollte." Später ist Simon sogar selbst gezwungen worden, den Hergang urkundlich in gleicher Weise zu erzählen und die Treue dieser Darstellung von dem Paderborner Capitel und seinem Bruder, dem Bischof von Münster, bescheinigen zu lassen. „Als sich," so heisst es in diesem seltsamen Actenstück, „der Erzbischof rüstete gegen den Grafen von Jülich, da sammelten sich ohne sein Wissen und Zuthun

[1]) Vgl. Lac. 2, 199. — [2]) Vgl. oben 39. — [3]) Seibertz, Urkundenb. 1, 349.

seine Leute auf dieser Seite des Rheines plötzlich zum Kampf und fingen uns und führten uns auf eine Burg, ohne dass der Erzbischof selbst es wusste. Als dieser aber von unserer Gefangenschaft Kunde erhielt, da fürchtete er, seine Leute möchten uns zu hart behandeln oder gar auf unsern Tod sinnen, und er erwirkte durch Geld und gute Worte, dass wir auf eine andere Burg geführt wurden. Dort übergaben sie uns seinen Freunden und Verwandten, die uns gar gütig behandelten. Wir bezeugen, dass der Erzbischof keine Schuld trägt an unserer Gefangennehmung und Festhaltung, sondern dass er gütig und väterlich, als hätten wir niemals ihm oder den Seinigen Schaden gethan, uns zum ersehnten Frieden aufgenommen hat."

Natürlicher Weise wurde diese idyllische Auffassung des zwischen dem Sieger und dem Besiegten bestehenden Verhältnisses nicht allerwärts getheilt, und es fehlte Simon nicht an einflussreicher Verwendung. So weit wir sehen, ohne jeden Erfolg. Die Einmischung König Wilhelm's und des päpstlichen Legaten führte zu der schmachvollen Scene von Neuss [1]); ob Innocenz IV., der im December 1254 starb, noch Schritte für den Gefangenen gethan hat, ist nicht bekannt, und sein Nachfolger Alexander IV. scheint sehr behutsam vorgegangen zu sein, obwohl der famose Bericht der westfälischen Edeln ihm bedenklich genug vorgekommen sein mag. Am 7. October 1255 beauftragte er den Cantor der Kirche von Osnabrück [2]), er möge mit Kirchenstrafen gegen diejenigen einschreiten, welche sich an den Gütern Simon's und seiner Kirche vergriffen: von Simon's Gefangenschaft, von Erzbischof Konrad kein Wort. Wenn Papst Alexander schon in der Hauptsache eingeschritten war oder später kräftigere Massregeln ergriff, so hat sich Konrad dadurch keinesfalls abhalten lassen, den besiegten Gegner auf's tiefste zu demüthigen. Gegen Anfang Mai 1256 schlug für diesen die Stunde der Befreiung, aber die Prälaten und Edeln von Paderborn mussten dem Erzbischof Ueberlieferung der Schlösser Iburg und Vilsen versprechen, falls Simon nicht bis zum 5. Juni entweder einen Friedensvertrag abschliesse oder in die Haft zurückkehre. Erst im August ist der Friede zu Stande gekommen. Nachdem die Städte Paderborn und Warburg sowie der Graf von Ziegenhain sich urkundlich verpflichtet hatten, dem Bischof bei Verletzung des Friedens keine Hülfe zu leisten, traten die Parteien zu Essen auf einem stark besuchten Herrentage zusammen. Ein vorläufiger Vertrag vom 20. August bestimmte, dass die Städte Salzkotten und Geseke gemeinsames Eigenthum von Köln und Paderborn sein, im Falle eines Angriffs des Bischofs von Paderborn gegen das Kölner Stift ohne Weiteres an das letztere fallen sollten. Im definitiven Vertrag vom 24. August bequemte sich Simon zu weitern Zugeständnissen: Vilsen solle zerstört, niemals mehr im westfälischen Herzogthum ohne Erlaub-

---

[1]) Vgl. oben 40.
[2]) Potthast 16040. Um dieselbe Zeit wird ein Ablass-Privileg an Bischof und Capitel zu Paderborn gerichtet. Potthast 16060.

niss des Erzbischofs eine Befestigung errichtet werden; bezüglich des Stiftes Essen, des Hochgerichts zu Erwitte und der Stadt Brilon solle der Erzbischof dieselben Rechte ausüben wie seine Vorgänger; niemals, versprach Simon weiter, wolle er gegen Köln Gewalt brauchen, sondern, falls er sich beschwert fühle, vor dem Erzbischof Recht suchen; niemals auch einem Gegner des Erzbischofs Beistand leisten, nur wurde unter einer Wolke von Clauseln der Fall vorgesehen, dass der Erzbischof ungerechter Weise die Stifter Paderborn und Münster, Herrn Bernhard von Lippe und den Grafen Konrad von Rietberg nebst ihren Söhnen angreife. In jeder möglichen Weise wurde diese Mediatisirung Paderborn's verclausulirt und mit allen erdenklichen Garantien umgeben. Namentlich unterliess Konrad nichts, um sich gegen den Papst zu decken. Auch für diesen wurde ein Exemplar der oben erwähnten unwürdigen Urkunde ausgefertigt, in welcher Simon seine Schuld bekannte und die „väterliche" Milde des Siegers pries.

Nun hat allerdings der h. Stuhl die August-Verträge nicht unangefochten gelassen. Am 16. März 1257 erklärte Alexander IV. unter heftigen Ausdrücken gegen Konrad die sämmtlichen Verträge als nichtig [1]); er bildete eine Commission, um die kölnischen Ansprüche auf Brilon zu untersuchen [2]), und am 30. Mai erhielt Simon auf vorhergehendes Ersuchen sogar die Erlaubniss, auf dem Gebiete seiner Kirche nach Belieben Befestigungen anzulegen [3]). Eine andere Frage aber ist, ob er nicht vorgezogen hat, vorläufig von dieser Ermächtigung keinen Gebrauch zu machen. Die Befestigung von Warburg (1260) wird man nicht ohne Weiteres als Verletzung der herzoglichen Befugnisse betrachten dürfen, da die Zustimmung des Erzbischofs zwar nicht erwähnt wird, aber auch nicht ausgeschlossen erscheint [4]). Das Bündniss, welches Simon gerade ein Jahr nach seiner Demüthigung [5]) mit dem Herzog Albert von Braunschweig abschloss, mag gegen Konrad gerichtet gewesen sein, aber wir hören nicht, dass es praktisch geworden wäre. Eine Anfang 1258 ausgestellte Urkunde [6]) lässt kaum an ein Verhältniss offener Feindseligkeit zwischen Köln und Paderborn denken, und der grosse Vertrag, welchen Konrad 1260 Mai 30 (R 504) mit dem Herzog Albert abschloss, lässt ein vorhergehendes ernstliches Zerwürfniss in keiner Weise vermuthen. Kein Anzeichen spricht dafür, dass zu Konrad's Lebzeiten die Abmachungen von 1256 zerrissen worden wären, und erst nach Jahrzehnten ist der Streit über Salzkotten und Geseke dahin ausgetragen worden, dass unter Wegfall des Gemeinbesitzes dieses an Köln und jenes an Paderborn fiel. Bei der Dürftigkeit des Materials ist es schwer, sichere Schlüsse zu ziehen, aber aller Wahrscheinlichkeit nach hat Konrad's Pontificat in Westfalen wie am Rhein mit einem vollständigen Triumph abgeschlossen.

---

[1]) Potthast 16784. — [2]) Ebend. 16799. — [3]) Ebend. 16854.
[4]) Schaten, Annal. Paderb. 2, 73.
[5]) Schaten 2, 68, wo doch wohl durch Druckfehler 1252 steht.
[6]) Fahne, Urkundenb. des Geschl. Meschede 19.

Sechstes Capitel.

. Hof und Verwaltung.

Es ist ein weiter Weg vom 13. Jahrhundert bis zu der ausgebildeten ständischen Verfassung des Erzstiftes Köln, und eine so kraftvolle und selbstbewusste Persönlichkeit wie Konrad hat gewiss ein im Wesentlichen persönliches Regiment geführt, aber die Antheilnahme der geistlichen und weltlichen Aristokratie tritt doch bei zahlreichen Gelegenheiten zu Tage, und überall ist die Befugniss des Fürsten durch verbriefte Rechte beschränkt. Den ersten Platz in der Umgebung des Erzbischofs nehmen die Prioren ein; zu ihnen gehören auch die Mitglieder des Kölner Domcapitels [1], obwohl in den Urkunden häufig Capitel und Prioren neben einander genannt werden. Das wichtigste Recht der Prioren ist die Wahl des Erzbischofs [2]. Zuerst werden sie als Wähler bei der Wahl von 1156 genannt [3], und bei der Wahl Sifrit's von Westerburg (1274) wird als Neuerung hervorgehoben [4], dieselbe sei vorgenommen worden „einzig von den Domherren, unter Ausschliessung der übrigen Prioren, nämlich der Pröpste, Aebte und Dechanten". Dazu stimmen die Prioren-Verzeichnisse der Urkunden, nur ist zu bemerken: Aebte und Dechanten können nur Prioren sein, wenn sie in Köln selbst wohnen, unter den Pröpsten des Collegiums dagegen befinden sich auch einige auswärtige Prälaten. Zu den Prioren sind mit Sicherheit zu rechnen [5]: das ganze Domcapitel, die Pröpste und Dechanten der städtischen Stifter, also von St. Gereon, St. Andreas, St. Cunibert, St. Aposteln, St. Maria ad gradus, St. Severin und St. Georg, die beiden Benedictiner-Aebte von St. Martin und St. Pantaleon, die Pröpste von Bonn, Xanten und Kerpen [6], höchst wahrscheinlich auch der Propst von Soest [7].

---

[1] Vgl. über dieses Hüffer, Forschungen auf dem Gebiete des französischen und des rheinischen Kirchenrechts, besonders 286 ff.

[2] Vgl. Hüffer 305. — [3] Mon. Germ. SS. 24, 342. — [4] Ebend. 363.

[5] Im Allgemeinen verweise ich auf die Urk. Engelbert's I. (Lac. 2, 31), Konrad's (ebend. 148 258) und Engelbert's II. (ebend. 302).

[6] Die drei letzteren erscheinen als Prioren in der Urk. bei Lac. 2, 31.

[7] Dies ist schon deshalb anzunehmen, weil er mit den Pröpsten vom Dom, von Bonn und Xanten zu den archidiaconi maiores der Kölner Kirche zählte. Ausdrücklich wird ein Soester Propst als Prior genannt in Urk. Lac. 2, 302. doch könnte man sagen, er sei als solcher nur in seiner Eigenschaft als Domcustos aufgeführt. Bestimmte Beweise über die Zugehörigkeit sonstiger ausserstädtischer Pröpste zum Prioren-Collegium finde ich nicht. Beachtenswerth ist das Protokoll über eine Sitzung im Kölner Capitel bei Lac. 4, 802: per sententiam priorum (später praelatorum) Coloniensium tunc apud Coloniam existentium. Als Vermittler werden dann an erster Stelle die Pröpste von St. Cunibert, Soest und Münstereifel genannt.

Eine lange Reihe von Urkunden Konrad's ist mit Zustimmung oder Beirath, unter Vermittelung, Bestätigung oder Besiegelung der Prioren oder des unter diesen einbegriffenen Domcapitels ausgestellt, und zwar finden wir diese geistlichen Würdenträger unterschiedlos bei Acten geistlichen wie weltlichen Charakters betheiligt. Einmal lässt Konrad sogar seine eigene Urkunde unter Zustimmung des Capitels neu ausfertigen, damit nicht aus dem Fehlen der Zustimmung in der ersten Ausfertigung ein Zweifel entstehen könne (R 208). Regelmässig stehen die Prioren in den Zeugen-Verzeichnissen an erster Stelle, und auch in den Chroniken erscheinen sie in höchst einflussreicher Rolle. „Zum Schmerz der Prioren" lässt Konrad die Festungswerke von Deutz zerstören [1]; sie sind es, welche bei König Konrad mit den Edeln und Grossen des Landes Fürsprache für den gefangenen Erzbischof einlegen und die Beschlagnahme der Stiftseinkünfte verhindern [2]; sie treten mit Konrad und dem päpstlichen Legaten für den Erzbischof Arnold von Trier ein, um ihn mit König Wilhelm auszusöhnen [3]. In dem grossen Schiedsspruch von 1258 beschwert sich der Erzbischof, die Kölner Stadtobrigkeit lege neue Steuern auf, ohne ihn oder die Prioren zu fragen [4].

Ein wichtiges Amt versah der erzbischöfliche Kepler oder Kanzler, welcher nach einer Bestimmung von 1219 stets aus den Mitgliedern des Domcapitels genommen werden musste [5]. Dies war auch der Fall bei Konrad von Molenark, der aber 1255 vom Erzbischof gebannt wurde, weil er seinen eigenen Bruder von der Burg Molenark (heute Mülenark) vertrieben hatte [6]. Später finden wir im Besitz dieses Amtes den Propst Werner von St. Gereon, einen Verwandten des Erzbischofs [7]. Die eigentlichen Kanzleigeschäfte besorgte ein Notar [8].

Nur vereinzelt wird neben dem Prälatenstand auch die niedere Geistlichkeit in Urkunden finanziellen Charakters als betheiligt erwähnt, so im Mai 1244, wo Prioren und Klerus der Stadt und Diöcese dem Erzbischof eine Steuer bewilligen (R 109), und in der besonders wichtigen Urkunde 1250 Mai 1 über die Sayn'schen Erwerbungen (R 275).

Niemals allein, sondern nur neben den Prioren und weniger oft, wird der weltliche Adel, die Getreuen und Ministerialen, als rathgebend, vermittelnd oder zustimmend aufgeführt. Kein einziges Mal erscheinen sie in solcher Rolle bei eigentlich geistlichen Angelegenheiten, man müsste denn dahin rechnen, dass der Erzbischof auf ihre Fürbitte die Kölner Schöffen vom Banne löst (R 239). Nur einmal begegnen in der erwähnten Eigenschaft Mitglieder des Grafenstandes: die Grafen von Sayn, Jülich und Hostaden (R 107) — um so häufiger Grafen und selbst Herzoge als Zeugen — sonst nur Edel-

---

[1] Annalen v. St. Pantaleon 537. — [2] Ebend. — [3] Vgl. oben 37.
[4] Punkt 22 der erzbischöflichen Beschwerden. Lac. 2, 245. — [5] Lac. 2, 44.
[6] Lac. 2, 221. — [7] Vgl. über ihn Chroniken der Stadt Köln 1, 209.
[8] Ueber Konrad's Notare und Kanzlei vgl. unten 4. Theil 3. Cap.

herren, Ritter und Stifsbeamte. Letztere sind nebst Mitgliedern des Prälatenstandes die gewöhnlichen Begleiter des Erzbischofs. Zunächst die Inhaber der Hofämter: die rheinischen Marschälle Goswin und Hermann von Alfter, die Schenken Hermann Fleck und Franco, die Truchsessen Dietrich von Münchhausen und Gerhard von Bernsau, die Kämmerer Gotfrid, Hermann von Bornheim und Ulrich Buch; der Küchenmeister Gerhard von Straburg, der Brodmeister Hermann von Forst[1]). Weiter die westfälischen Marschälle Albert von Störmede (R 373), Heinrich von Volmarstein (R 191), Hunold (R 504), Arnold (R 287) und Gotfrid (R 122); Heinrich von Arberg, der Burggraf zu Köln, und Gerhard sein Sohn, der Kölner Edelvogt Gerhard, Peter von Kranich, Zöllner zu Köln[2]), die Burggrafen Heinrich von Rheineck (R 158) und Gotfrid von Drachenfels (R 476), Hermann Schenk von Altenahr (R 370), die Schenken und Truchsessen von Hostaden, die Schultheissen von Andernach, Lechenich, Neuss und Soest. Häufig werden ferner genannt die Herren Friedrich von Schleiden (R 156. 224. 236. 304. 334. 385. 405. 479), Walter von Braunshorn (R 50. 69. 85. 90. 100. 107), Heinrich von Vittinghoff (R 61. 191. 326. 385. 405. 504), wiederholt auch Lothar (R 148. 174. 326) und Otto (R 334. 370. 405) von Wickrath, Dietrich von Milendonk (R 107. 304. 479), Gotfrid von Meschede (R 122. 370. 385), in spätern Jahren auch Gerhard von Landskron (R 488. 504), der so lange die Fahne der Staufer an der untern Ahr aufrecht erhalten hatte. Das waren die ritterlichen Männer, auf deren Rath der Erzbischof hörte, deren Arm seine Fehden ausfocht, und unter ihnen werden wir auch „die Amtleute und den Rath" zu suchen haben, welche neben den Prioren während seiner Romreise 1239 die Verwaltung des Erzstifts führten[3]). Verhältnissmässig oft stossen wir auf sie in Urkunden über städtische Verhältnisse. Privilegien für die Münzerhausgenossen werden in Gegenwart der Prioren, Edeln, Ministerialen und Bürger von Köln ausgestellt; sie sind anwesend, als die Hausgenossen ihrer Privilegien verlustig erklärt werden; Prioren und Getreue in grosser Zahl bilden das Gericht, auf dessen Spruch hin der Erzbischof die Schöffen zu Köln ihres Amtes entsetzt (R 475); mit Zustimmung der Prioren und Getreuen erlässt er die städtischen Statuten vom Mai 1259 (R 478), und zahlreich erscheinen sie als Zeugen der Urkunde, in welcher Konrad über die Häuser der vertriebenen Bürger verfügt (R 514).

Wenn die stürmische und nicht immer glückliche Regierung Konrad's mit dem vollständigen Siege über seine hartnäckigsten Gegner endete, so hat er dies grossentheils der kräftigen Unterstützung der geistlichen und weltlichen Stiftsaristocratie zu verdanken gehabt. Die häufige Erwähnung dieser Kreise lässt vermuthen, dass ihr Einfluss ein nicht unerheblicher war, aber

---

[1]) Vgl. R. 61. 84. 85. 90. 100. 107. 122. 326 u. s. w.
[2]) Vgl. R. 69. 174. 305. 326. 327. 479. 491. u. s. w.
[3]) Lac. 2, 123.

nie sind die Herren dem Herrscher über den Kopf gewachsen. Seine Kämpfe
galten der Reichsgewalt, den Nachbarfürsten und den grossen Vasallen, aber
auf seine Prälaten und Ritter konnte er sich verlassen, und namentlich über
die grosse Krisis seiner Gefangenschaft (1242) hat ihre Treue ihm hinüber-
geholfen. Als er später in bedrohlicher Zeit zu financiellen Mitteln bedenk-
licher Natur seine Zuflucht nahm, scheint er beim Domcapitel auf längern
Widerstand gestossen zu sein [1]), aber zu einer Auflehnung der Capitulare
wie unter seinem Vorgänger Heinrich kam es nicht, und Empörungen wie
die des Keplers Konrad von Molenark [2]) gehören zu den Seltenheiten.

Die Finanzen seines Stifts hat Konrad in trostlosem Zustande überkommen, aber auch, so weit wir sehen können, gründlich in Ordnung gebracht.
In seinen ersten Jahren, wo eine Fehde die andere schlug und der Jülicher
Krieg mit einer tiefen Demüthigung und drückenden pecuniären Verpflichtungen für den Erzbischof endete, konnte von einer dauernden Besserung
keine Rede sein, wohl aber griff er zu mehrern aussergewöhnlichen Mitteln.
Schon 1239 Mai 18 [3]) gestattete Papst Gregor dem persönlich bei ihm
erschienenen Erzbischof, zur Erleichterung der Schuldenlast seiner Kirche
8000 Mark von allen kirchlichen Einkünften seiner Diöcese auf sechs Jahre
zu erheben. Als wegen Schulden seines Vorgängers von delegirten päpstlichen Richtern über ihn der Bann verhängt wurde, ertheilte 1244 Januar 28
Papst Innocenz [4]) dem Erzbischof von Mainz Vollmacht, Konrad von der
Excommunication zu befreien; bis zur gänzlichen Abzahlung seiner Schulden
solle er seinen Gläubigern jährlich 1000 Mark abtragen. Im Mai 1244
schritt er zu einer grossartigen Besteuerung des gesammten Klerus in Stadt
und Diöcese. Von allen Pfründen erhielt er den Zehnten für das laufende,
den Zwanzigsten für das folgende Jahr, wogegen er den Inhabern ein Gnaden-
jahr bewilligte, d. h. die Befugniss, über die Pfründeneinkünfte für das erste
auf ihren Tod folgende Jahr zu verfügen (R 109). Im September 1246 folgte
dann das wichtige päpstliche Privilegium, Erzbischof, Capitel und Geistlichkeit „sollten nicht zu Abtragung irgend welcher Schulden der Kölner Kirche
verbunden sein, wenn nicht in gesetzmässiger Weise (legitime) bewiesen und
erzeigt sei, dass die betr. Darlehen zum Nutzen der Kirche verwendet wurden,"
sowie ein weiterer Gunstbrief über entfremdete geistliche Güter [5]). Als Konrad
von Mathilde von Sayn Schloss Waldenburg und sonstige Besitzungen erwarb,
brachte er die Kaufsumme durch eine Kirchensteuer auf. Er versprach
damals (R 188), keine weitern Anforderungen zu stellen, aber auch den
grossen Kauf der Grafschaft Wied hat er wieder mit geistlichem Gelde
bewerkstelligt [6]).

---

[1]) Vgl. unten 85. — [2]) Vgl. oben 81.

[3]) Freundliche Mittheilung von Prof. Ficker aus den Sammlungen der Monum.
Germaniae.

[4]) Mittheilung von Ficker aus d. Samml. d. Mon. Germ.

[5]) Annalen Doppelheft 21 u. 22, 282. 285. — [6]) Annalen von St. Pantal. 546.

Eine andere ausserordentliche Einnahmequelle fand er in seinem Verhältniss zur Stadt Köln. Schon bei seinem ersten Zerwürfniss mit den Bürgern liess er sich durch eine Geldsumme zur Versöhnung stimmen, auch den Abbruch der Deutzer Burg liess er sich von den Städtern bezahlen, und der Umsturz des Geschlechterregiments hat ihm vielleicht noch mehr eingetragen als Häuser und Mühlen der geächteten Bürger. Auf welchen Widerstand seine Legationssteuer stiess, wurde bereits erzählt. „Mehrere ungerechte Zölle und Wegegelder hat er allerwärts zu Wasser und zu Lande eingeführt", meldet ein ihm allerdings sehr feindselig gesinnter Chronist [1]), dessen Bericht aber auch von anderer Seite Bestätigung erfährt. „Ich weiss es," sagt ein zweiter [2]), „wie bei Beginn des Königs Wilhelm alle neuen Zölle abgeschworen wurden; ich sah, wie die drei Königsmacher (cesaris artifices) von Mainz, Köln und Trier, wie Magnaten und Vornehme einander den Raub abschworen; aber rasch ward der Eid vergessen." Aus den weitern schwer verständlichen Worten scheint hervorzugehen, dass der päpstliche Legat Hugo die drei rheinischen Erzbischöfe excommunicirt und erst auf ihr Versprechen der Besserung losgesprochen habe, und in der That ist für Gerhard von Mainz die Verhängung des Bannes „wegen Erpressung neuer Zölle" ausdrücklich bezeugt [3]). Im Kölner Schiedsspruch von 1252 (R 318) sagt der Legat Hugo mit dürren Worten: „Wir verordnen auch, dass alle Zölle zu Neuss oder anderswo, wo immer der Herr Erzbischof ungerechter Weise und entgegen den Privilegien der Kölner Bürger Zoll nimmt oder genommen hat oder in Zukunft nehmen könnte, abgeschafft sein sollen." Zwar schloss sich Konrad sofort dem rheinischen Bunde von 1254 an, der seine Entstehung im innersten Grunde dem Widerstand gegen die Zollplackereien und das mit ihnen in Verbindung stehende Raubwesen verdankte; aber schon im Januar 1255 (R 376) spricht er selbst von der Möglichkeit, es könne, wie schon mehrmals, die Errichtung neuer Zölle nothwendig werden. 1258 klagen die Kölner Bürger wieder, der Erzbischof lasse ungerechte Zölle erheben, und die geistlichen Schiedsrichter begnügen sich mit der Erklärung, das dürfe der Erzbischof nicht thun (R 457).

Nimmt man alle diese Momente zusammen, erinnert man sich ferner, dass Konrad an den päpstlichen Subsidien für Heinrich Raspe theilnahm [4]) und sich für die Wahl Richard's gut bezahlen liess, so versteht man, wie er Ausgaben bestreiten konnte, für welche die ordnungsmässigen Stiftseinkünfte gewiss nicht ausreichten, ohne dass man alle die schlimmen Dinge zu glauben braucht, welche die Bürger von Köln über seine Habsucht vorbrachten. Zudem hat er gute Wirthschaft geführt. Die sonst so beliebte

---

[1]) Mon. Germ. SS. 24, 353.
[2]) Kölner Reimchronik bei Waitz, Chronica regia Col. 312.
[3]) Gudenus, codex diplom. Mogunt. 1, 636.
[4]) Nach einer Verrechnung des Domcantors Hugo zu Erfurt erhält Konrad einmal von 19,300 Mark 3740. Knochenhauer-Menzel, Gesch. Thüringens 362.

mittelalterliche Praxis, für die Bedürfnisse des Augenblicks durch umfassende Verpfändungen Mittel zu suchen und dadurch dauernde Verlegenheiten zu schaffen, war nicht nach seinem Geschmack. Wenn er 1239 December 7 an den Grafen von Sayn die Höfe Zeltingen und Rachtig für 1000 Mark verpfändet (R 42), so findet dies in der Noth des grossen Krieges seine Erklärung. Später gibt er wiederholt Anweisungen auf bestimmte Erträge, gewöhnlich als zehnprocentige Zinsen bis zu Zahlung des entsprechenden Capitals, behufs Erwerbung von Lehen [1], aber erst 1255, wo seine Lage trotz der Siege des vorhergehenden Jahres noch immer eine sehr bedrohte war, entschloss er sich wieder zu Verpfändungen von mässigem Umfang. Dem Truchsess Arnold von Hostaden überliess er seine Güter zu Ingenfeld (R 386), den Brüdern von Pyrmont die gerade erworbene Hälfte des Städchens Lütte als Pfand für je 200 Mark (R 396); die Güter zu Rhense erhielt, gegen Erlegung der auf dieselben angewiesenen 530 Mark, Friedrich von Schonenburg (R 394); eine Forderung Dietrich's von Milendunk von 1000 Mark wurde Anfang 1256 durch eine Anweisung auf den Neusser Zoll abgefunden (R 404). Es handelte sich hier um einen aussergewöhnlichen Nothstand; gerade zu dieser Zeit und nur zu dieser erklärt das Kölner Domcapitel in derartigen Urkunden ausdrücklich, es wolle sich zu nichts verpflichten (R 386. 394. 404). Einmal findet sich eine solche Clausel sogar in einer Urkunde, durch welche Konrad lediglich seine Zustimmung zu einem Kaufvertrage ertheilt (R 427). Bereits Anfang 1256 haben übrigens diese Verpfändungen ihr Ende erreicht. Später (R 469) hat der Erzbischof nur noch einmal einen Rottzehnten vergeben, wobei er sich die Einlösung mit dem kleinen Betrage von 60 Mark vorbehielt. Gegen Ende seines Pontificates wird noch eine Schuld bei einem Pariser Bürger erwähnt (R 515).

Konrad war nichts weniger als ein Verschwender, und auch seine Freigebigkeit hat Niemand gerühmt. Er hat weder Prunkschlösser errichtet, noch in grossartiger Weise Kirchen und Klöster gebaut oder beschenkt, aber ebenso wenig todte Schätze gesammelt. Lehnsleute hat er geworben, Burgen und Dörfer gekauft, und keine Kosten gescheut, um das von Feinden umringte Erzstift wehrhafter zu machen. Auf den Bau des Schlosses zu Aspel verwendete er 500 Mark (R 100), in Westfalen wurden durch Konrad's Marschall Arnold von Hostaden die Städtchen Hallenberg und Winterberg gegründet [2], erhielt Schmalenberg Befestigung (R 122); Bonn, noch im brabantischen Krieg als offener Ort auf's schwerste heimgesucht, bekam Gräben und Mauern (R 107), und die Bürger errichteten hölzerne Brustwehren

---

[1] Eine Ausnahme bildet die Urk. von 1₂₄₃ (R 100), welche für aufgewendete Baukosten einen Antheil am Neusser Zoll verleiht.

[2] Nach dem „Bestand des Marschall-Amts in Westfalen" bei Seibertz. Urkundenb. 1, 608. 609.

über dem Graben und steinerne Thore [1]). Die Befestigung von Andernach wurde bedeutend verstärkt, Godesberg erhielt ausser sonstigen Werken einen starken Thurm, das alte Stammschloss des Hostaden'schen Grafenhauses wurde geschleift und in kurzer Entfernung von demselben das neue Schloss Hostaden errichtet [2]). Am nördlichen Thore von Neuss baute er eine neue Befestigung [3]), musste sich aber später verstehen, den Neussern den Abbruch derselben zu gestatten und das Versprechen geben, weder er noch seine Nachfolger würden innerhalb der Stadt und ihres Burgbannes ohne der Bürger Willen eine Befestigung herstellen (R 376). Damals wurde auch den Neussern erlaubt, nach Möglichkeit die Insel zwischen Rhein und Erft zu entfernen, deren Vergrösserung den Stromlauf von der Stadt abzudrängen drohte. Auch Dorsten wurde befestigt, jedoch erhielt der Graf von Cleve die Zusicherung, im Falle einer Fehde zwischen Köln und Cleve solle die Stadt neutral bleiben (R 298).

Mit der Befestigung war in mehrern Fällen die Ertheilung des Stadtrechts verbunden, so in Bonn und Dorsten. In Andernach erhielten die Schöffen bei persönlicher Steuerfreiheit das Recht, die Steuern umzulegen (R 400). 1259 bekam Neuss, dessen Freiheiten früher das Vorbild eines Privilegienbriefes für Rees abgegeben hatten (R 161), eine Reihe wichtiger Privilegien verbrieft. Neben dem erzbischöflichen Schultheissen finden wir ein sich selbst ergänzendes Schöffen-Colleg, 12 bis 14 vereidete Amtmänner, deren Zahl bei eintretender Vacanz durch freie Wahl der Uebriggebliebenen im Verein mit der Gesammtheit der Bürger vervollständigt wird. Schultheiss, Schöffen und Amtmänner können Statuten erlassen, deren Ertrag zu einem Drittel dem Schultheissen, zu zwei Dritteln den Schöffen, Amtmännern und Bürgern zufällt. Der Erzbischof selbst behielt sich nur eine Bede von 40 Mark und die Gerichtsbarkeit vor (R 479). Das mit der Hostaden'schen Erbschaft an Köln gefallene Ahrweiler erhielt Bestätigung seiner Freiheiten (R 202), Rheinberg Bestätigung der Freiheit vom Vogtsdienste (R 212), einen Schutzbrief für Zugezogene (R 228) und Zollfreiheit für eigene Güter u. s. w. (R 340), Brilon die Exemtion von der Vehme (R 313). Viel hat Konrad gethan, um die Selbständigkeit der kleinern Stiftsstädte zu heben; möglich, dass dabei die Absicht mitspielte, das Uebergewicht der stolzen Hauptstadt zu brechen. In spätern Zeiten haben diese Städte manchem seiner Nachfolger schwere Stunden bereitet, von Widersetzlichkeiten gegen Konrad selbst dagegen ist nichts bekannt.

---

[1]) Annal. v. St. Pantal. 546. — [2]) Ebend. Vgl. oben 62. — [3]) Ebend.

Dritter Theil.

Konrad und die Stadt Köln.

Erstes Capitel.

Die Stadt und ihre Verfassung.

Während Konrad in den kleinern Städten seines Stifts bürgerliches Leben förderte, und mehrere derselben auf ihn ihren Aufschwung zurückführen, hat er sich in seiner Hauptstadt einen schlimmen Namen gemacht. Unter ihm beginnt jener zwei Jahrzehnte umspannende Unabhängigkeits-Kampf der Stadt gegen die bischöfliche Fürstengewalt, welcher für letztere nach glänzenden Erfolgen mit einer vollständigen und endgültigen Niederlage abschloss.

Köln hatte damals schon seinen heutigen Umfang erreicht. Eine volle Stunde weit begleitete die Ostfronte den in sanfter Krümmung einherfliessenden Strom, und noch um die Hälfte weiter zog sich auf der Landseite der mächtige Graben, ein Werk des 12. Jahrhunderts, und der gewaltige Mauerring, dessen Errichtung die Bürger an der Wende des Jahrhunderts begonnen hatten, die sämmtlichen früher offenen Vorstädte einschliessend [1]. Mit ihren herrlichen Kirchen, den zahlreichen Thürmen und Thorburgen muss die Stadt schon einen ähnlich stolzen Anblick geboten haben wie in unsern Tagen, wenn auch der Hauptschmuck des neuen Domes noch fehlte.

Ueber die Bevölkerungsziffer haben wir nicht einmal Vermuthungen. Wir hören, dass der Kaiserin Isabella 1235 bei ihrer Brautfahrt 10,000

---

[1] Vgl. über die Befestigungsbauten Ennen, Gesch. d. St. Köln 1, 651 ff. Wesentlich dasselbe in Ennen's Aufsatz „die Festungswerke von Köln und Deutz", Annalen 33, 1 ff.

Bürger entgegenziehen [1]), dass 2000 Bürger an einer Eidesleistung Theil nehmen [2]), dass im 13. Jahrhundert mehr als 1000 Beghinen in Köln gelebt hätten [3]): Angaben, welche keine bestimmten Schlüsse erlauben, selbst wenn ihre Zuverlässigkeit ausser allem Zweifel stände. Auch mit der gelegentlichen Notiz, nach welcher zur Zeit Engelbert's des Heiligen eine einzige Kölner Pfarrei 9000 Seelen zählte [4]), ist wenig anzufangen, da der Umfang der Pfarrbezirke ein sehr verschiedener war [5]). So viel aber steht fest: eine Stadt, welche zu Anfang des 16. Jahrhunderts nur stark 7000 Häuser besass [6]) und bis in unsere Tage hinein weitgedehnte Gärten umschloss, kann unmöglich vor 600 Jahren jene 150,000 oder noch mehr Einwohner gezählt haben, mit welchen man sie freigebig beschenkte.

Nach dem Maassstab des Mittelalters freilich war Köln eine Grossstadt im vollen Sinne des Wortes. Man könnte an localpatriotische Uebertreibung denken, wenn es in den Kölner Annalen [7]) des 12. Jahrhunderts als „die blühendste Stadt von ganz Gallien und Germanien, hochberühmt auf dem ganzen Erdkreise" erscheint; aber auch Otto von Freising [8]) stellt es „über alle Städte von Gallien und Germanien, was Reichthum, Bauten, Grösse und Pracht betrifft". „Berühmt und herrlich" nennt Papst Innocenz IV. 1247 die Stadt, „gewissermassen einzig in deutschen Landen, wie sie durch Grösse, Adel und Macht andere Städte übertrifft" [9]) — Zeugnisse, die sich aus späterer Zeit leicht vermehren liessen. Als Sitz eines der ersten deutschen Kirchenfürsten und zahlreicher Stifter und Klöster, als oftmaliger Aufenthalt der Kaiser und Schauplatz glänzender Feste, als Hüterin weltberühmter Reliquienschätze, namentlich der ursulanischen Gebeine und der von Erzbischof Rainald überbrachten Häupter der h. drei Könige, endlich als Handelsplatz ersten Ranges [10]) war Köln die beste Perle im Diadem der rheinischen Bischofsstädte geworden.

Ob aber Köln eine wirkliche Bischofsstadt bleiben oder ob sich die geistliche Fürstengewalt zu einem wesenlosen Schatten verflüchtigen werde, das war die Frage, vor welche Konrad sich gestellt sah, und es ist in hohem Grade unbillig, kurzweg „Pfaffentrug" [11]) oder persönliche Herrschsucht als die Ursache von Kämpfen zu bezeichnen, die sich seit Menschenaltern vorbereitet hatten und deren Ausbruch über kurz oder lang kaum zu vermeiden gewesen wäre. Die Wirren des welfisch-staufischen Thronstreites, in welchen

---

[1]) Matth. Paris ed. Wats 416. — [2]) Kölner Annalen, Monum. Germ. SS. 17, 821.
[3]) Matth. Paris ed. Wats 696. — [4]) Thomas Cautiprat. liber apum 1, 9.
[5]) Vgl. die Angaben bei Ennen, Gesch. d. St. K. 1, 683 Note.
[6]) Ebend. — [7]) Monum. Germ. SS. 17, 749. — [8]) Ebend. 20, 253.
[9]) Quellen 2, 268.
[10]) Vgl. hierüber besonders Kaufmann, Cäsarius von Heisterbach (2. Aufl.) 33 ff.
[11]) Mit diesem Titel beliebte Ettmüller 1841 eine Paraphrase des betreffenden, durch und durch parteiischen Abschnittes der Koelhoff'schen Chronik zu schmücken. Bei der zweiten Auflage hat man es für besser erachtet, die Decoration wegzulassen.

Köln als starke Festung und Wohnplatz kriegsgeübter Bürgermassen wiederholt eine Hauptrolle spielte, verbunden mit einem zweimaligen Schisma bei Absetzung der Erzbischöfe Adolf und Dietrich hatten naturgemäss die Entwickelung Köln's zu einer freien Stadt befördert. Dann griff Engelbert der Heilige ein, hier wie stets mit fester Hand. Im Anfang seines Pontificates hat er die mit den Schöffen verfeindeten Zünfte gedemüthigt, aber auch eine Reform des Schöffengerichts vorgenommen und die Bildung eines Stadtraths rückgängig gemacht, in welchem nicht nur Schöffen, sondern auch gewählte, dem Erzbischof nicht durch Eid verpflichtete Bürger sassen [1]). Aus Eifer für die Gerechtigkeit, erzählt von ihm sein Biograph [2]), habe er in seinen Hauptstädten Köln und Soest eine Macht geübt, wie kein Bischof vor ihm. Um so gründlicher aber war der Rückschlag nach seinem plötzlichen Ende. Die Bürger schafften die ihnen missliebigen Statuten Engelbert's sofort ab, und im nächsten Jahre schloss der neue Erzbischof Heinrich mit ihnen einen höchst ungünstigen Vertrag [3]). Er stellte den Zustand her, wie er „bis zur Zeit der Wahl Engelbert's" — so wurde zwei Mal ausdrücklich bemerkt — bestanden habe; Streitigkeiten zwischen ihm und der Stadt sollten durch den Spruch der Schöffen entschieden werden; da nun diese die eigentlichen Vertreter der Stadt gegenüber dem Erzbischof zu sein pflegten, war ihr Spruch, der allerdings erst durch die Genehmigung des Erzbischofs Rechtskraft erhielt, nicht viel mehr als ein Urtheil in eigener Sache. Später freilich hat Heinrich eines der mächtigsten städtischen Geschlechter schwer seine Hand fühlen lassen. Als im Streit mit einigen Bürgern ein Ritter erschlagen wurde, lud er die Thäter, namentlich Dietrich den Weisen von der Mühlengasse und seine Sippe, ausserhalb der Stadt nach Buschbell vor sein Gericht. Sie erschienen nicht, wurden geächtet, ihre Häuser zerstört, und noch kurz vor seinem Tode sprach ihm ein Urtheil des Reichshofes ausdrücklich die bestrittene Gerichtsbarkeit innerhalb der Bannmeile, wenn auch ausserhalb der Mauern Köln's, zu. Aber die Geächteten appellirten an den Kaiser, wurden von diesem wieder in ihr Recht eingesetzt, und der Erzbischof musste widerstrebend sogar ihre Wiederzulassung zum Schöffenamte geschehen lassen [4]).

So fand denn Konrad einen Zustand vor, welcher einem kräftigen Fürsten die Rückkehr zu den Wegen Engelbert's förmlich aufdrängte [5]).

---

[1]) Die Belege hat Hegel (Chroniken der Stadt Köln 1. Einleitung 36) zusammengestellt.
[2]) Caesarii Vita S. Eng. 1. 4 (Böhmer Fontes 2. 299). — [3]) Quellen 2. 104.
[4]) Die Belege habe ich Monum. Germ. SS. 24. 366 zusammengestellt.
[5]) Die folgende Darstellung der Verfassungsverhältnisse beruht im Wesentlichen auf der schönen Untersuchung Hegel's in der Einleitung zum 3. Bde. der Chroniken der Stadt Köln, wo freilich noch Manches im Unklaren bleibt, was eben bei dem gegenwärtigen Stande der Quellen kaum vollständig aufzuklären sein dürfte. Auf die zahllosen einschlagenden Controversen glaubte ich nicht einmal hinweisen zu sollen; es handelt sich hier nur um eine Darlegung der allgemeinen Grundzüge der Verfassung, insoweit sie für das Verständniss der Kämpfe zwischen Konrad und der Stadt unentbehrlich war.

Wohl galt der Erzbischof von Köln theoretisch noch immer als Inhaber der „höchsten Gewalt in geistlichen und weltlichen Dingen" [1]), wohl konnte er die Bürger als seine „lieben Getreuen" bezeichnen [2]); wohl trug er Münze, Zoll und Gericht zu Köln vom Reiche zu Lehen [3]) — aber die Ausübung dieser Hoheitsrechte ist an Bedingungen gebunden, welche das Recht selbst fast illusorisch machen. Abgesehen von den äussern Formen der Unterthänigkeit stellt sich die Stadt dar als ein selbständiges Gemeinwesen, welches dem nominellen Stadtherrn weder zu Steuern noch zu Kriegshülfe verbunden ist. [4]).

Das Charakteristicum für Regierung und Verwaltung der Stadt ist der Vorrang einer Anzahl patricischer Geschlechter, welche eine schmeichlerische Tradition als Nachkommen edeler römischer Bürger bezeichnete, die Kaiser Trajanus in die Ubierstadt verpflanzt habe. Die „guten Leute", die „Besten von der Stadt", die „bessern Bürger", auch Bürger schlechthin genannt, sie, „die hergekommen sind von freier Art, seit Köln zuerst christlich wurde", stehen als bevorrechteter Stand der meist in Zünften oder Bruderschaften geschlossenen breiten Masse der Stadtbewohner, der „Gemeinde", den „Bürgern niederer Ordnung" gegenüber. Alle oder doch fast alle Angehörigen der „edeln Geschlechter" bilden als „Amtleute", d. h. als Mitglieder des „Amtes" (d. i. der Gilde, Gesellschaft) die „Richerzeche", die Genossenschaft der Reichen. Letztere verleiht das Bürgerrecht und die „Weinbruderschaft" (d. h. das Weinverkaufsrecht); sie errichtet neue Zünfte, setzt den Zünften ihre „Obermeister" und wählt die beiden Bürgermeister, auch Richter genannt, welche eine ausgedehnte Polizeigewalt üben und nach Ablauf ihrer Amtszeit „verdiente Amtleute" heissen, d. h. solche, die der Genossenschaft den „Dienst", die herkömmlichen Leistungen, entrichtet haben.

Die oberste Civil- und Criminal-Jurisdiction sowie ein Theil der freiwilligen Gerichtsbarkeit gehört zur Competenz einer abgeschlossenen patricischen Genossenschaft, des Schöffen-Collegiums. Dasselbe wählt seine Schöffenmeister, welche nach Ablauf ihrer Function den Titel „verdiente Schöffen" erhalten und „Schöffenbrüder" zu Beisitzern des Schöffengerichts ohne Stimme wählen. Aus den „Brüdern" ergänzt sich das Collegium. Die Mitgliedschaft ist lebenslänglich und vererbt sich thatsächlich in einem kleinen Kreise von Geschlechter-Familien. In seinen innern Angelegenheiten ist das Schöffen-Collegium also autonom, nicht dagegen steht ihm die Wahl derjenigen zu, welche bei seinen Gerichtssitzungen den Vorsitz führen.

---

[1]) So die Schiedsrichter von 1258. Quellen 2, 390.

[2]) Der Ausdruck „Unterthanen" kommt meines Wissens nur ein einziges Mal in einer Urk. des Erzb. Heinrich vor, ist aber in einer andern Ausfertigung derselben Urkunde, wahrscheinlich mit vollem Bewusstsein, vermieden. Vgl. Quellen 2, 104 Note.

[3]) Hagen's Reimchronik Vers 709 Chron. d. St. Köln 1, 42.

[4]) Dies ergibt sich aus Urk. der ersten Jahre Konrad's, die weiter unten erwähnt werden.

Darin concurriren der Burggraf und der Stadtvogt, letzterer identisch mit dem Edelvogt, dem Inhaber der Stiftsvogtei, einem Ministerialen. Das Burggrafenamt, die Fortsetzung des alten Kölner Grafenamtes, ist erblich in der Familie der freien Herren von Arberg, welche vom Erzbischof ein Burgthorlehen tragen. Zu Konrad's Zeit ist die Bedeutung des Burggrafen bereits tief gesunken, in den grossen Kämpfen des 13. Jahrhunderts tritt er fast gar nicht hervor, wichtige Gerechtsame sind verpfändet, und schon 1279 geht das Amt durch Kauf förmlich an den Erzbischof über [1]). In der Theorie besitzt er allerdings „mit dem Erzbischof den Gerichtsbann vom Reich", aber wie wenig von einer selbständigen Gerichtsbarkeit mehr die Rede sein kann, zeigt die Bestimmung des Schiedsspruches von 1258, der Erzbischof dürfe die Vertreter des Burggrafen und des Stadtvogtes, wenn letztere hierin ihre Pflicht vernachlässigen, im Falle der Unwürdigkeit absetzen. Diese Vertreter, Untergraf und Untervogt, auch einfach Graf und Vogt genannt, werden bezeichnender Weise nicht aus dem Herren- und Ministerialen-, sondern aus dem Bürgerstande entnommen.

Das Schöffen-Collegium ist von Alters her nicht nur das oberste Gericht, sondern zugleich die Stadtobrigkeit. Neben den Schöffen aber finden wir seit Anfang des 13. Jahrhunderts auch Rathsmänner (consules) erwähnt. Dass Engelbert die Entwickelung eines förmlichen Stadtrathes rückgängig machte, wurde bereits erzählt. Unter Konrad ist ein solcher — offenbar gleich nach Engelbert's Tode wieder eingeführt — neuerdings vorhanden: wiederholt nennt er ihn in seinen eigenen Urkunden, wenn er auch später über die Bildung desselben Klage führt. Wer diese Rathsmänner wählte, und ob sie nicht bloss aus den Geschlechtern, sondern auch aus der Gemeinde genommen werden konnten, lässt sich nicht klar erkennen. Letzteres ist nicht unwahrscheinlich, dann aber war jedenfalls dafür gesorgt, dass diese Gemeindevertretung von vielleicht mehr formellem Charakter dem patricischen Stadtregiment nicht über den Kopf wuchs. Nicht begründet dagegen scheint die Hypothese [2]), welche den erst im folgenden Jahrhundert mit Sicherheit nachweisbaren doppelten (engen und weiten) Rath als bereits zu Konrad's Zeiten bestehend voraussetzt.

---

[1]) Lac. 2, 426.

[2]) Sie wird aufgestellt von Hegel, Chroniken 3, Einl. 61. Die Thatsache oder doch die Wahrscheinlichkeit, dass eine gewisse Betheiligung auch anderer Bürgerklassen als der patricischen an dem Rath der Stadt vorhanden war, scheint mir für die Nothwendigkeit, zwei Räthe anzunehmen, nichts zu beweisen. Bis zum Eidbuch von 1321 ist nie von etwas anderm als vom consilium civitatis die Rede, und diesem constanten Ausdruck gegenüber ist es mindestens sehr gewagt, die ein einziges Mal, 1259, begegnende Wendung consiliis civitatis interesse auf eine Mehrheit von Stadträthen zu deuten. Die „Räthe der Parochien" (d. h. der die Gesammtgemeinde Köln's bildenden Einzelgemeinden) möchte ich darunter ebenso wenig wie Hegel verstehen. Darf man vielleicht consilia einfach mit „Berathungen" wiedergeben?

Wie die Gerichtsbarkeit, so trägt auch die Verwaltung der beiden andern dem Erzbischof zustehenden Regalien ein bürgerliches Gepräge. Die Einkünfte aus Münze und Zoll zu Köln fliessen allerdings an den Stiftskämmerer, den bischöflichen Hofbeamten, aber der Zöllner selbst ist wieder ein Bürger, wenn auch möglicherweise ritterlichen Standes, und das mit dem Monopol des Geldwechselgeschäfts verbundene Münzwesen liegt wieder in den Händen einer patricischen Corporation, der Münzerhausgenossen. Die Mitgliedschaft ging über von Vater auf Sohn, bei erblosem Todfall eines Mitgliedes hatte die Genossenschaft selbst das Ergänzungsrecht. Falls der Erzbischof überhaupt das Recht der Ernennung des Vorstehers (Münzmeisters) besass [1]), so hat schon Konrad auf die Ausübung desselben verzichtet. Auch die Rheinmühlen zu Köln waren im erblichen Besitz bestimmter Geschlechter, der Mühlenerben [2]).

Zweites Capitel.

Der Erzbischof und die Stadt bis zur Sühne von 1258.

Während seiner ersten Jahre hat Konrad die Stadt mit Gunstbezeugungen überhäuft, eine Politik, die sich bei seiner oft verzweifelten Lage als Nothwendigkeit ergab: Mitten im Gewirre der niederrheinischen Fehden wäre ja ein offener Abfall der waffentüchtigen Bürgerschaft, welche im Kirchenstreit der kaiserlichen Seite zuneigte, von unberechenbaren Folgen gewesen. Gleich die erste uns erhaltene Urkunde, welche Konrad nach seiner Wahl ausstellt (R 17), enthält das Versprechen, er wolle die Münzerhausgenossen niemals zu Aufnahme neuer Mitglieder zwingen. Noch im gleichen Monat (R 18) bestätigte er ihnen das Recht, die Stellen erblos verstorbener Mitglieder durch freie Wahl zu besetzen, und verhiess ihnen Schutz aller seit Erzbischof Rainald besessenen Privilegien; die Prüfung der Kölner Denare solle nur vom Münzprüfer im Münzhaus zu Köln vorgenommen werden, und bei Klagen des Erzbischofs in Münzsachen das Urtheil

---

[1]) Dies scheint mir aus dem in einer Urk. des Erzbischofs Philipp (vgl. Hegel a. a. O. 47) gebrauchten Ausdruck magistro monete ab archiepiscopo Coloniensi instituto durchaus nicht hervorzugehen. Eher wird an die Einsetzung (nicht Benennung) eines gewählten und dem Erzbischof präsentirten Münzmeisters zu denken sein.

[2]) Quellen 1, 323.

den Hausgenossen zustehen. Einige Jahre später (R 113) hat er diese Urkunde wiederholt und den Hausgenossen die beim Münzhaus belegenen Gaddemen zu erblichem Besitz überlassen. Ebenfalls noch im Mai 1238 (R 19) sicherte er den Bürgern zu, falls sie wegen der mit ihm verabredeten Biersteuer vom Kaiser oder sonst Jemanden angefochten würden, so werde er die Verantwortung auf sich nehmen. Allerdings liess er sich schon im August bei seinem Aufenthalte im Lager vor Brescia von Kaiser Friedrich die Ermächtigung zu alleiniger Erhebung der genannten Steuer ertheilen, aber zu Anfang des nächsten Jahres (R 29) verpflichtete er sich, trotzdem die Bierpfennige auf drei Jahre zu gleichen Theilen mit der Stadt empfangen zu wollen, und erklärte im März 1240 (R 43) die entgegenstehende Urkunde des Kaisers sowie etwaige künftige Verleihungen ausdrücklich für ungültig. Im Februar 1239 (R 31) bestätigte er der Stadt unter grossen Lobsprüchen „die alte und dem Rechte entsprechende Gewohnheit" — die freilich noch unter Erzbischof Heinrich durchbrochen worden war —, kein Bürger dürfe wegen eines innerhalb des Burgbannes verübten Verbrechens oder Vergehens ausserhalb der Stadt vor Gericht geladen werden. Kurz darauf (R 34) hat er ihr das Recht der Nonevocation, diesmal unter Zustimmung der Kölner Kirche und der Prioren, nochmals bestätigt.

Schon aber zeigte sich, dass der gute Wille der Bürger trotz aller Zugeständnisse seine Grenzen habe. Ihre Kriegsschiffe hatten ihn unterstützt, als ihm der Graf von Sayn den Rheinübergang bei Bonn wehrte, mit ihrer Hülfe hatte er Deutz besetzt und gegen den drohenden Angriff des Herzogs von Limburg geschirmt. Als aber der Herzog von Brabant seinen ersten Verwüstungszug durch das Erzstift unternahm und vor den Thoren Köln's stand, da sassen die Bürger still und liessen den Erzbischof allein machen. Das war wohl um dieselbe Zeit, wo Konrad in einer 1239 Juli 15 datirten Urkunde (R 33) der Stadt bezeugt, sie habe ihm sogar ausserhalb ihrer Mauern kräftigen Beistand geleistet, freiwillig, nicht pflichtmässig: es ist nicht schwer, hier zwischen den Zeilen zu lesen. Und im zweiten Jahr des Krieges wiederholt sich das Spiel. Kölner Mannschaften begleiteten den Erzbischof zur Belagerung von Zülpich, dann aber liessen sie ihn im Stich. Als die Fehde erlosch, warf er den Bürgern Treulosigkeit vor, weil sie ihm nicht bis zu Ende geholfen; schon rüsteten sie, aber gegen Geld und gute Worte gab er sich zufrieden. Das ist der Commentar zu der seltsamen Urkunde von 1240 Juli 27 (R 46): Im offenen Widerspruch mit den Thatsachen bescheinigt er den Bürgern, bis zum 25. Juli hätten sie ihm treulich Hülfe geleistet wider die Herzoge von Brabant und Limburg; weder wegen der Weinsteuer noch wegen irgend eines andern Punktes gebe er ihnen Schuld, sondern die ihm gewordene Unterstützung betrachte er als freiwillig geleistet [1]).

---

[1]) Vgl. oben S. 9. 11.

Noch nicht drei Wochen waren damals vorüber, seitdem der junge Konrad, der Sohn des gebannten Kaisers Friedrich, den „Richtern, Schöffen und Bürgern insgesammt zu Köln" gedankt hatte für ihre Treue und Anhänglichkeit zu ihm und seinem Vater, sie dem Schutz der Grafen von Sayn und Geldern empfahl und ihnen Hülfe verhiess gegen Jedermann, „er sei geistlich oder weltlich".[1]). Als dann (1241) der Erzbischof sich offen gegen den Kaiser empörte, erging in dessen Auftrag ein Schreiben seines Sohnes an die Kaiserlichen am Niederrhein, an Herzog Heinrich von Limburg-Berg, die Grafen von Loos und Jülich und den Herrn von Heinsberg: sie sollten sich der Kölner annehmen, deren Treue man versichert sei; und die Genannten fordern die Stadt auf, den Lockungen des Erzbischofs zu widerstehen, der sich schon gegen das Reich erhoben habe[2]). Nicht das leiseste Anzeichen deutet darauf hin, dass sie ihm bei seiner Empörung Vorschub geleistet habe, und als er gefangen zu Nideggen sass, liess sie sich von Friedrich das Nonevocationsprivileg von 1239 bestätigen[3]).

Ihre staufische Haltung behielt die Stadt bis zum Herbst 1247 bei. Als Wilhelm von Holland zu Worringen als König erkoren wurde, hielt sie ihre Thore geschlossen. Einige Tage später aber erkannte sie den Gegenkönig an gegen eine sehr weit gehende Freiheitsurkunde und das Versprechen, beim Papste ein Nonevocationsprivileg in geistlichen Processen zu erwirken[4]), welches freilich noch über fünf Jahre auf sich warten liess[5]). Der Erzbischof verpflichtete sich, dieses Gesuch bei Innocenz IV. zu unterstützen und erscheint in der Freiheitsurkunde als Zeuge.

Wiederholt schloss die Stadt zwischen ihrem Uebertritt zur staufischen Partei und der ersten offenen Fehde gegen den Erzbischof Verträge mit benachbarten Fürsten. Im September 1246 traf sie eine Einigung mit Irmgard, Herzogin von Limburg und Gräfin von Berg, sowie ihren Söhnen wegen Beschlagnahme von Gütern der Städte Gent und Köln[6]). Erst Ende 1249 fand diese Angelegenheit, in welche auch der Erzbischof verwickelt war, durch eine Sühne zwischen beiden Städten ihre Erledigung[7]). Im März 1250 kam ein Vertrag mit dem Grafen Adolf von Berg zu Stande[8]): Kölner Bürger im bergischen Gebiet und bergische Unterthanen zu Köln sollen Schutz geniessen für Personen und Eigenthum; erhebt sich eine Meinungsverschiedenheit, so tritt zunächst eine vierzigtägige Frist ein behufs gütlicher oder rechtlicher Austragung durch die von beiden Theilen bestellten Räthe; in Bagatellsachen aber, für welche man nicht stets die Räthe zusammentreten

---

[1]) Lac. 2, 127.
[2]) Wegen des letztern Ausdrucks wird das undatirte Schreiben (Quellen 2, 298) in die Zeit der offenen Empörung Konrad's, also Ende 1241 oder Anfang 1242, zu setzen sein. An genau dieselben und einige weitere Fürsten ist auch das Schreiben Friedrich's II. vom April 1241 (Huillard-Bréholles, Hist. dipl. 5, 1116) gerichtet.
[3]) Quellen 2, 226. — [4]) Vgl. oben 25. — [5]) Quellen 2, 326.
[6]) Quellen, 2, 253. — [7]) Ebend. 289. — [8]) Ebend. 294.

lassen kann, soll der eine Theil vom andern ohne Verzug vor den Schöffen Recht nehmen; dazu kam noch ein Artikel über die Behandlung anerkannter Schuldforderungen, sowie über dauernde Niederlassung beiderseitiger Leute im Gebiete des andern Theils, und am Schluss in deutscher Sprache das Versprechen, einander zu thun, „was gut und förderlich ist, ohne irgendwelche Arglist". Es ist ein Vertrag von Macht zu Macht zu gleichen Rechten, und des Erzbischofs wird mit keinem Worte gedacht. Im August 1251 wurde der gleiche Vertrag mit dem Grafen von Jülich abgeschlossen [1]. Im December des gleichen Jahres [2] sühnte sich der Herzog von Lothringen und Brabant unter Vermittelung des Grafen von Geldern mit der Stadt; man versprach sich gegenseitig Verkehrssicherheit und Rechtsschutz und fügte bei, falls sich Zwietracht zwischen dem Herzog und dem Erzbischof erheben sollte, so dürfe dies der Rechtsbeständigkeit des Vertrages keinen Eintrag thun.

Man wird annehmen dürfen, dass in der Gegenurkunde der Stadt eine entsprechende Clausel Aufnahme gefunden hat, welche die Möglichkeit eines Zwistes zwischen dem Erzbischof und den Bürgern in Aussicht nahm. Schon 1249 war es zu argen Misshelligkeiten gekommen. „Die Schöffen zu Köln," so berichtet eine Urkunde des Erzbischofs vom 9. August (R 239), „sollten in unrechtmässiger Weise eine Schöffenwahl veranstaltet, auch gewisse Briefe unterdrückt haben, in welchen die Rechte der Stadt Köln enthalten gewesen seien. Darob kamen wir mit ihnen zu Hader und Unwillen und verhängten über sie die Excommunication. Da jedoch die Schöffen sich als unschuldig dieser Dinge erwiesen haben, so haben wir auf Rath unserer Prioren und Getreuen allen Hader und Unwillen gegen sie fahren gelassen und den über sie verhängten Bann zurückgenommen und wollen die Schöffen schirmen bei ihrem bisher bei der Schöffenwahl besessenen Recht, sowie bei andern Freiheiten." Höchst wahrscheinlich waren auch Zerwürfnisse der Urkunde vom Juni 1248 (R 200) vorausgegangen, in welcher der Erzbischof verspricht, weder zu Neuss noch irgendwo sonst oberhalb und unterhalb Köln's werde er von den Bürgern Zoll nehmen; falls Jemand den Bürgern Unbill oder Gewalt zufüge, so werde er ihnen ein gerechter Richter sein und ihnen beistehen gegen Diejenigen, welche Gewalt geübt, bis ihnen Gerechtigkeit werde. Wenig später (R 204) fällt das Versprechen des Erzbischofs, falls ein Münzamt vacant werde, so werde er Niemanden in dasselbe einsetzen ohne Rath und Zustimmung der Münzerhausgenossen.

Die Münzstreitigkeiten führten im Frühjahr 1252 endlich zu offener Fehde. Am 1. März verband sich Graf Wilhelm von Jülich mit der Stadt, „um die Unbill abzuwehren, welche unser Herr Konrad verübt durch die neue Münze zum Schaden der Kölner Kirche, ihrer Vasallen und der Stadt Köln" [3]; nur zusammen wollte man Frieden oder Waffenstillstand mit Konrad schliessen; gemeinsam erworbene Beute solle getheilt werden, was jeder Theil

---

[1] Ebend. 302. — [2] Ebend. 307. — [3] Ebend. 308.

allein gewinnt, solle er für sich behalten. Mit vierzehn Kriegsschiffen erschien der Erzbischof von Andernach her vor Köln und schlug bei Deutz sein Lager auf. Aber vergeblich beschoss er die Stadt, vergebens schickte er einen Brander gegen die an der Kölner Seite vor Anker liegenden Schiffe, und schon am 25. März einigte man sich dahin, binnen drei Wochen — nachträglich wurde die Frist um einen Tag verlängert — solle Albert der Grosse, der Lesemeister der Dominicaner zu Köln, und der päpstliche Legat Hugo oder an dessen Stelle der Abt von Heisterbach, durch Schiedsspruch dem Streit ein Ende machen. An einem der nächsten Tage hat Albert den wesentlichen Inhalt der Sühne festgestellt. Niemals dürfe die Kölner Münze erneuert werden, als wenn ein Erzbischof gewählt und bestätigt sei oder vom Reichsheerzug über die Alpen zurückkehre; so sei es von Alters her gewesen. Da aber die gegenwärtig cursirende Münze durch vielerlei Verschiedenheiten verschlechtert sei, so solle zu einer einzigen Form zurückgekehrt und eine Probe der ersten Prägung als Normalmünze in der Domsacristei hinterlegt, eine zweite Probe den Bürgern übergeben werden. „Alle Zölle zu Neuss oder anderwärts," heisst es weiter, „wo der Erzbischof ungerechter Weise und gegen die Privilegien der Bürger Zoll nahm oder nimmt oder in Zukunft nehmen könnte, sollen vollständig ab sein. Die Bürger aber sollen schwören, dass sie nicht fremde Güter führen, und wenn Jemand dies thut, so sollen sie treulich dem Erzbischof einen solchen übergeben, der dann die Güter nehmen und gegen den Betrüger nach Belieben vorgehen mag." Für Todtschlag oder Beschädigung in der abgelaufenen Fehde soll kein Ersatz geleistet, die beiderseitigen Helfer in die Sühne eingeschlossen werden, „mögen sie nun Laien sein oder Geistliche oder Juden, welche zur Zeit der Zwietracht die Mauern und die Stadt Köln gehütet haben". Wörtlich die gleichen Bestimmungen kehren mit einigen Zusätzen in der feierlichen, von sämmtlichen Stiftern und den beiden Benedictinerklöstern der Stadt besiegelten Sühne wieder, welche der Legat und Albert im April verkündigten [1]).

So endete der erste Conflict mit einer derben Niederlage des Erzbischofs. Straflos hatten „seine Bürger" gegen ihn die Waffen erhoben, und der Schiedsspruch geistlicher Standesgenossen hatte dem Kirchenfürsten Unrecht gegeben in unzweideutigster Form. Auch Papst Innocenz bestätigte die Sühne am 12. December, ertheilte der Stadt unter grossen Lobsprüchen das lange erwartete Nonevocationsprivileg, mit dessen Schutz der Abt von St. Martin beauftragt wurde, bestätigte den Bürgern alle ihre Freiheiten, Immunitäten, Rechte, sowie alten und löblichen Gewohnheiten, und fügte einige Wochen später noch die Gnade bei, dass kein Delegirter oder Subdelegirter des apostolischen Stuhles

---

[1]) Ueber die Datirungen vgl. Annalen des hist. Ver. Doppelheft 21 u. 22, 270 ff. Chroniken der Stadt Köln 1, 206. 224. Wahrscheinlich ist die Sühne auf den 16. April anzusetzen, wegen des 22-tägigen Terminus, welcher zwischen dem Compromiss vom 25. März und der Sühne selbst liegen durfte. Dazu stimmt auch das oben 34 Note 2 Gesagte.

oder seiner Legaten ohne specielle päpstliche Genehmigung über sie Bann oder Interdict verhängen dürfe [1]). Zwar beschwerte sich der Erzbischof beim Papste, viele Bürger verweigerten die Beobachtung des Schiedsspruchs, und Innocenz beauftragte am 16. Juni 1253 den Dechanten von Osnabrück, „falls es sich so verhalte," durch Kirchenstrafen die Ausführung der Sühne zu erzwingen [2]); aber dabei scheint es auch geblieben zu sein, und ein Schreiben vom December gleichen Jahres, in welchem der Erzbischof die Stadt auffordert, sie möge ihren Bürger Heinrich den Rothen zur Rückgabe der dem Stift St. Gereon entzogenen Einkünfte veranlassen, widrigenfalls er mit Kirchenstrafen gegen denselben einschreiten müsse, ist in freundlichem Tone gehalten (R 346).

Die schweren Wirren der nächsten Jahre waren nicht geeignet, dem Erzbischof die Erneuerung des Kampfes nahe zu legen. Seine Verwickelung in die flandrische Frage, die Fehden gegen Wilhelm von Jülich und seine westfälischen Bundesgenossen, die Entfremdung und dann der offene Hader mit König Wilhelm brachten es mit sich, dass er froh sein musste, wenn die Stadt sich nicht geradezu auf die Seite seiner zahlreichen Feinde stellte, vielmehr ausdrücklich erklärte, bei den Verpflichtungen, welche sie durch ihren Beitritt zum rheinischen Bunde übernommen habe, nehme sie sowohl den König als den Erzbischof aus [3]). Konrad, welcher im Mai 1255 (R 393) den Münzerhausgenossen wieder einen Gunstbrief ausstellte, hat noch zwei Jahre später das grosse Privilegium König Richard's für die Stadt bezeugt (R 435), wenige Monate später aber war die zweite Fehde entbrannt.

Den nächsten Anlass — beiderseitige Beschwerden führt der spätere Sühnbrief in Menge auf — hat ein Auflauf in Köln geboten. Der Bürger Hermann der Rothe, ein Sohn jenes Heinrich, welchen der Erzbischof mit Kirchenstrafen bedroht hatte, war von dem Herrn von Kobern an der Mosel, einem Verwandten Konrad's, gefangen genommen worden. Als nun eines Tages Konrad in seiner Kölner Pfalz zu Gerichte sass, ging der Domcanonicus Heinrich von Nürburg, ein Bruder des Herrn von Kobern [4]), an der Pfalz vorbei, wurde von dem mit den Rothen verwandten Geschlecht der Kleingedank überfallen und flüchtete in den Dom, worauf der Erzbischof zornig die Stadt verliess. So wird der Vorfall von einem ergebenen Anhänger der Kölner Geschlechter, dem Stadtschreiber Gotfrid Hagen [5]), geschildert, ganz gewiss nicht in einem für die Tumultuanten zu ungünstigen Lichte. Ob die daran geknüpfte Anklage, der Erzbischof habe den Bürger Bruno Cusin und seine Freunde verrätherisch zu Bonn gefangen genommen, auf Wahrheit beruht, muss bei der Parteistellung des Berichterstatters dahin gestellt bleiben.

---

[1]) Die sämmtlichen fünf Breven Quellen 2, 326 ff. — [2]) Ebend. 334.
[3]) Ueber die Bedeutung dieser Erklärung vgl. oben 41.
[4]) Vgl. Chroniken 1, 207. 225.
[5]) Chroniken d. St. Köln 1, 46.

Obwohl die Stadt diesmal vollständig isolirt da stand — nicht nur der Herzog von Limburg und sein Bruder, der Graf von Berg, sondern auch Wilhelm von Jülich, der in der Fehde von 1252 auf Seite der Bürger stand, sicherten 1257 Oct. 2 (R 446) dem Erzbischof ihre Hülfe gegen die Stadt zu — ist es im Herbst 1257 zu sehr ernsten Kämpfen gekommen. Als Konrad bei Rodenkirchen ein Lager aufschlug und die Strassen sperrte, rückten die Bürger, auch von ritterlichen Söldnern, Dietrich und Winand von Falkenburg und dem Sayn'schen Lehnsmann Hermann von Maischeid unterstützt, aus der Stadt und lieferten ihm bei Frechen ein förmliches Gefecht. Konrad blieb im Nachtheil und verlor allein 30 Ritter an Gefangenen; dagegen fielen auch mehrere Geschlechtergenossen in seine Hände, die sich bei der Verfolgung zu weit vorgewagt hatten [1]). Ganz anders lief ein Streifzug ab, welchen ein Haufe Zünftler auf eigene Faust nach dem rechten Rheinufer in's bergische Gebiet unternahm [2]); der Graf von Berg fiel mit 400 Mann über sie her und jagte sie mit einem Verlust von 50 Todten über den Rhein zurück. Dafür rächte sich die Stadt durch die Verbrennung von Deutz, und schon am 14. Oct. [3]) schloss er mit der Stadt einen beschränkten Neutralitätsvertrag: Das Rauben und Brennen solle aufhören, beiderseitiges Gut nach Beendigung der Fehde zurückgegeben werden; der Graf darf zu Deutz und sonst in seinem Lande gegen die Stadt kein Festungswerk errichten, auch nicht ein Heer oder Schiffe sammeln, und ebensowenig dies einem Andern (d. h. dem Erzbischof) gestatten; ausserhalb seines Landes dagegen darf er, jedoch ohne Raub und Brand, dem Erzbischof gegen die Stadt helfen.

Ueber den weitern Verlauf der Fehde — falls dieselbe nicht bei Einbruch des Winters durch eine Waffenruhe beendet oder unterbrochen wurde — ist nichts bekannt. Spätestens am 18. März 1258 war sie zu Ende, als sich Konrad zu Bonn mit der Stadt einigte, die Biersteuer für die nächsten zehn Jahre zu gleichen Theilen mit der Stadt zu empfangen (R 451). Zwei Tage darauf wurden einige weitere Punkte geregelt: Die Angreifer Heinrich's von Nürburg sollen baarfuss und in wollenem Büssergewande vom St. Severinsthor bis zum Judenbüchel gehen und dort den Erzbischof um Verzeihung bitten; thun sie es nicht, so darf der Erzbischof sie mit geistlichem und weltlichem Gericht verfolgen, und die Stadt soll ihm dabei helfen; ausserdem aber haben die Thäter Herrn Heinrich selbst sowie dem Domcapitel besondere Genugthuung zu leisten. Ferner sollen die „guten Leute von der

---

[1]) Von Hagen mit wohlgefälliger Breite erzählt Chroniken 48 ff.

[2]) Dass die Worte Hagen's 54: „si quamen vermessen unde stulz zo Dutze varen umb hulz" nicht auf die Begehung des sogen. Holzfahrtfestes gedeutet werden können, habe ich Chroniken 1, 208 gezeigt. Beutezüge ohne Genehmigung der städtischen Obrigkeit erwähnen auch die Kölner Jahrbücher (Chroniken 2, 110) zu 1416, wo „eitzlich gemein arm gesellen in Colen van hantwerkeren unde irs gelichz allein up ire eventure in dat Bergsche lant" ziehen und „einen guden rauf" zurückbringen.

[3]) Lac. 2, 241. Zur Deutung des Vertrages vgl. Chroniken 1, 226.

Stadt", d. h. die Geschlechter, ebenfalls am Judenbüchel Konrad's Gnade suchen; damit soll der Erzbischof zufrieden sein; die Stadt soll ihm die Huldigung erneuern mit dem gewöhnlichen Eide, und er der Stadt geloben, er werde ihr ein guter und gnädiger Herr sein und sie beschirmen, wie ein Erzbischof seine Bürger beschirmen soll; von keiner Seite sollen Ansprüche erhoben werden wegen Todtschlag, Raub und Brand, und alle Bundesgenossen in die Sühne einbegriffen, nur Walram von Jülich und das (durch den Brand geschädigte) Deutzer Kloster ausgeschlossen sein [1]. Am gleichen Tage wurden zur Regelung aller sonstigen Streitpunkte fünf Schiedsrichter bestellt: der Domdechant Goswin, die Pröpste Heinrich von St. Severin, Heinrich von St. Aposteln und Philipp von Soest und endlich wiederum Albert der Grosse. Eidlich versprachen Konrad und acht Bürger der Stadt in deren Namen, den Spruch der Schiedsrichter anzunehmen (R 452).

Am 28. Juni wurde der Spruch verkündet. In einem ungewöhnlich umfangreichen Instrument stellten die Schiedsrichter 53 Beschwerdepunkte des Erzbischofs und 21 der Stadt zusammen und trafen dann eine lange Reihe von Entscheidungen. Einige derselben sind unwesentlicher Natur, andere bewegen sich in allgemeinen Wendungen oder nehmen lediglich Bezug auf eine nicht mehr vorhandene Entscheidung des Legaten Hugo, der bei der Sühne von 1252 betheiligt war. Eingehend werden zunächst die anscheinend recht unerbaulichen Zustände des Schöffengerichtes besprochen. Zu Schöffen dürfen keine Minderjährigen, Verbrecher und Illegitime vor erfolgter Legitimation genommen, auch nicht die Schöffenwahl erkauft, sondern nur der übliche Beitrag zum Schöffenmahl gegeben werden. Ein vacanter Schöffenstuhl ist sofort zu besetzen, nicht aber mehr Schöffen zu ernennen, als Vacanzen vorhanden sind. Die Schöffen haben zu jeder Gerichtssitzung zu erscheinen und das Urtheil nicht in ungehöriger Weise zu verschleppen. Sie sollen nicht urtheilen über geistliche Güter und Orte, nicht für Geld heute so und morgen anders Recht sprechen; unzulässig ist es auch, dass die gleichen Schöffen in erster und zweiter Instanz urtheilen. Dagegen hat der Erzbischof sich dem Urtheil der Mehrheit der Schöffen zu fügen, auch wenn die Minderheit nach seiner Ansicht im Rechte ist, und ebenso wird als ungerechtfertigt die Beschwerde des Erzbischofs darüber abgewiesen, dass die Schöffen von dem Appellanten für die Verfolgung der Appellation eine Caution fordern. Thun die Richter, d. h. Untergraf und Untervogt, nicht ihre Pflicht, so sollen Burggraf und Vogt sie nach Schöffenurtheil absetzen; falls aber Burggraf und Vogt sich hierin nachlässig erweisen, so mag der Erzbischof nach vorhergegangener Mahnung die Richter entfernen.

Sehr ausführlich gingen die Schiedsrichter auf die von Konrad an die Spitze gestellten Sätze ein, in der Stadt Köln, in welcher er der oberste

---

[1] Lac. 2, 235. Quellen 2, 378. wo gegen Lacomblet's Ansetzung das Datum richtig gestellt ist. Vgl. Annalen Doppelheft 21 u. 22, 273.

Richter in geistlichen und weltlichen Dingen sei, hange von ihm die ganze Gerichtsbarkeit ab, und Niemand könne sich dort eine Gerichtsbarkeit zuschreiben, wenn er sie nicht von ihm besitze. „Es ist richtig," heisst es darüber, „dass die höchste Gewalt im Geistlichen und Weltlichen dem Erzbischof zusteht. Aber es gibt Personen, welche unter ihm und von ihm Gerichtsbarkeit in geistlichen und weltlichen Dingen besitzen, und Beamte, welche Bürgermeister heissen. Letztere werden von der Richerzeche gewählt und beschwören gewisse Ordnungen, deren Beobachtung viel zum Wohle der Stadt beiträgt. Beobachten sie dieselben jedoch nicht, was leider häufig vorkommt, so werden sie meineidig. Vielfach aber hat sich das Volk zu Köln über die schlechte Verwaltung der Bürgermeister beklagt, und grosser Verwirrung unterlag ihretwegen bisher die Gemeinde. Der Grund scheint uns folgender zu sein. Die Wähler haben nicht nach Verdienst gewählt, sondern unter Berücksichtigung von Fürsprache und Geld; auch haben die jeweiligen Bürgermeister grosse Auslagen gemacht für die Schöffen, für die Richerzeche und andere hervorragende Personen, und in Folge dessen mussten sie später Nutzen ziehen aus ihrer Verwaltung. Darum sollen von jetzt an jene, welche die Bürgermeister wählen, einen leiblichen Eid leisten, dass sie weder um Bitte, noch um Geld, noch um Verwandtschaft, sondern lediglich nach der Gerechtigkeit solche wählen, welche nach ihrem Gewissen tauglich sind für das Gemeinwesen. Die Gewählten aber sollen ausser den altherkömmlichen Leistungen an Wein und Wachs keine Auslagen machen, derenthalben sie später gegen Gott und Ehrbarkeit etwas von unschuldigen Leuten erpressen müssten. Auch steht es den Bürgermeistern nicht zu, aus Anlass ihres Amtes irgend etwas von den Zünften oder andern Personen zu fordern. Desgleichen soll die Wahl der Pfarramtmänner, welche das Burgericht versehen, ohne Geld und Vertrag erfolgen. Den Zünften steht es frei, sich ihre Zunftmeister aus der Zunft selbst zu wählen oder andere Bürger dafür zu kiesen. Nicht dürfen die Zünfte einen festen Preis bei Kauf und Verkauf ansetzen; auch verurtheilen wir das unbillige Herkommen, dass sie von jeder Mark, welche bei ihrer Handelschaft herauskommt, einige Denare in die gemeinsame Zunftkasse legen; denn dadurch wird der Kaufmann, welcher mit ihnen verkehrt, gezwungen, billiger zu verkaufen und theurer zu kaufen."

Der Schiedsspruch wendet sich nun wieder zu den speciellen Beschwerden des Erzbischofs. Gefangene dürfen nur in den Gefängnissen des Erzbischofs bewahrt, jedoch kann der verhaftete Schuldner durch Schöffenurtheil dem Gläubiger zur Bewahrung übergeben werden. Der Anspruch des Erzbischofs, man dürfe keinen seiner Leute in Köln verhaften, ist abzuweisen, auch kann man einige von ihnen vor Graf und Vogt zur Rechenschaft ziehen. Bündnisse zum Schaden des Erzbischofs und der Kölner Kirche darf die Stadt nicht eingehen. Wucher, Meineid und Ehesachen gehören ausschliesslich vor das geistliche Gericht, während bei Schlägereien an Feiertagen und in Immunitäten, bei falschem Maass und allen unter dem Namen Meinkauf begriffenen Vergehen der geistliche und weltliche Richter concurriren. Statuten und Schatzungen, welche zum Nachtheil des Erzbischofs, der Prioren und der Geistlichkeit gereichen, sind den Mächtigen der Stadt untersagt; haben sie etwas gethan, wodurch Zünfte und Gemeinde sich beschwert fühlen, so können letztere sich an das Gericht des Erzbischofs wenden, und dieser soll ihnen Recht verschaffen. Die Einkünfte der Stadt sind unter drei Schlössern von einem Ausschuss zu bewahren, welchen die Gemeinde aus Schöffen, Zunftgenossen und andern Bürgern zusammensetzt; vierteljährlich hat diese Commission vor je 12 Schöffen, Zunftgenossen und andern Bürgern Rechnung zu legen. Wegen sogenannter Ungewoinde dürfen die Bürgermeister, falls nicht eine förmliche Klage vorliegt, nur gegen solche vorgehen, welche bei angesehenen und ehrbaren Leuten verrufen sind. Die Zahl der Pfarramtleute darf die herkömmliche Zahl nicht überschreiten. Die Bürgermeister sollen nicht in die Immunitäten eindringen und den kirchlichen Personen gehörenden Wein ausgiessen. Die öffentlichen Wege in und bei der Stadt sowie die Stadtgräben dürfen von Niemand in Besitz genommen werden. Ist eine Sache beim kirchlichen Gericht anhängig gemacht, so hat dieses über die Competenzfrage zu entscheiden, nicht aber sollen die Bürgermeister oder Schöffen den Kläger an der Verfolgung der Klage hindern, bis sie selbst die Competenzfrage geprüft haben. Ueber notorische Ausschreitungen darf der Erzbischof urtheilen, auch wenn keine specielle Klage vorliegt. Es ist eine unzulässige Umgehung des zuständigen höhern Gerichts, eine grössere Forderung dadurch vor die Pfarrgerichte zu bringen, dass man sie in mehrern Posten von je fünf Schillingen einklagt. Zum Stadtrath können nicht nur die dem Erzbischof durch Eid verbundenen Schöffen, sondern nach alter Gewohnheit auch einige ehrbare und kluge Männer aus der Gesammtheit der Bürger genommen werden; diese sollen dann schwören, dass sie getreulich für das Beste des Gemeinwesens sorgen und nichts zum Schaden des Erzbischofs und der Kölner Kirche unternehmen würden. In Köln hat nur die Kölner Münze Geltung. Silber kaufen dürfen, abgesehen von wenigen Ausnahmefällen, nur die Münzerhausgenossen. Die Juden zu Köln sind Eigenthum der erzbischöflichen Kammer.

In weit kürzerer Form werden die weniger zahlreichen Beschwerde-artikel der Stadt erledigt. Der Erzbischof dürfe nicht Briefe ausstellen, auf Grund deren für seine Schulden Kölner Bürger gefangen gesetzt oder ihr Eigenthum beschlagnahmt werden könne; er habe vielmehr die Seinigen zu schützen und nicht den Händen Fremder zu überliefern. Werde im Herzog-thum des Erzbischofs ein Kölner gefangen gesetzt, so habe der Erzbischof, falls eine Klage an ihn gelange, dem Kläger sofort Gerechtigkeit widerfahren zu lassen nach Recht des Erzbisthums und des Herzogthums. So lange ein Bürger bereit ist, dem Erzbischof oder seinen Richtern zu Recht zu stehen, soll der Erzbischof nicht zugeben, dass derselbe ausserhalb der Stadt vor

Gericht oder zum Zweikampf geladen wird. Silberverkäufer, welche in die Kölner Gegend kommen, müssen ihr Silber bei der Kölner Münze verkaufen; handeln sie dem zuwider, so dürfen des Erzbischofs Leute sie verhaften, sollen sie aber, wenn sie ihr Silber an der Münze verkauft haben, wieder gehen lassen. Der Erzbischof darf die Kölner Münze nirgendwo anders prägen lassen als zu Köln, auch keine Fälschung dulden; gefälscht aber werde sie, wenn sie zu Köln oder anderwärts mit gleichem Gepräge, jedoch mit geringerem Gewicht oder geringerem Feingehalt hergestellt werde. Den Eid, dass sie an der erzbischöflichen Zollstätte zu Neuss nur eigene Waaren (zollfrei) vorüberführen, haben die Bürger an der Zollstätte persönlich, oder falls dies mit Gefahr für sie verbunden ist, durch einen Procurator zu leisten. Bezüglich der Klage der Stadt, der Erzbischof lasse fremde Kaufleute den Rhein aufwärts und abwärts über die von Alters her bestimmten Grenzen fahren, wird auf das Herkommen verwiesen. Unzulässig sei es, wenn der Erzbischof oder seine Amtleute für Raub und Unbilde, welche an Kölner Bürgern verübt wurden, Ersatz empfangen und dann nicht an die Geschädigten abliefern. Der Erzbischof solle Allen gleiche Gerechtigkeit zu Theil werden lassen und nicht für Geld den Schuldigen freisprechen und den Unschuldigen verurtheilen, eingedenk, dass verflucht sind vom Herrn jene, so rechtfertigen den Gottlosen für Geschenke, und des Gerechten Gerechtigkeit von ihm nehmen. Hat der Erzbischof Klage gegen einen Bürger, so soll er ihn zu Recht fordern und seine Verantwortung hören, ehe er ihn verurtheilt; weigert er sich aber Rechtens, so mag der Erzbischof gegen ihn das geistliche und das weltliche Schwert gebrauchen. Unrecht thut der Erzbischof, wenn er einen Bürger in derselben Sache vor das geistliche und weltliche Gericht ladet. Auf die Klage, der Erzbischof lasse Gefangene in der Kölner Hacht aus der Stadt zu Zweikampf und Aburtheilung führen, wird geantwortet: Innerhalb des Stadtbezirks begangene Uebelthaten solle der Erzbischof zu Köln aburtheilen lassen; könne aber sein Richter zu Köln nicht Gerechtigkeit erlangen, so gehöre es zur Ehre seines Fürstenthums, dass das Urtheil anderswo erfolge; ausserhalb des Kölner Bezirks verhaftete Uebelthäter könne er zur Aburtheilung bringen, wo er wolle. Der Erzbischof dürfe gerichtlich hinterlegte Pfänder nicht wegnehmen lassen, auch nicht das weltliche Gericht in seiner Competenz durch das geistliche beeinträchtigen. Wenn die Bürger sich beschwerten, der Erzbischof gestatte die Errichtung von Befestigungen zum Schaden der Stadt und Diöcese, so sei das eine Sache, welche die Bürger nichts angehe; jedoch möge der Erzbischof in dieser Beziehung Vorsicht üben. Ungehörige Zölle dürfe er von den Bürgern nicht erheben. Schliesslich wird den Bürgermeistern und andern mächtigen Bürgern die Warnung ertheilt, bezüglich des Bierbrauens, Brodbackens, des Fleisch- und Fisch-Verkaufes und in andern Dingen nichts gegen die Ordnungen der Stadt sich zu erlauben. „In der Pfalz zu Köln, in Gegenwart vieler Geistlichen und Laien, Bürger und Auswärtigen" wurde die Sühne verkündet. Noch heute liegen zwei Exemplare im Stadt-archiv; an beiden hängen die Siegel der Schiedsrichter, des Erzbischofs und des Domcapitels; das Siegel der Stadt ist wahrscheinlich später abgetrennt worden [1]).

Wenige Jahre vorher hatten drei der fünf Schiedsrichter einen andern Spruch erlassen, die Sühne zwischen Konrad und dem Grafen von Jülich [2]). Es war das Urtheil, welches man einem besiegten Feind auferlegte, und nur schwer kann man sich zu der Annahme entschliessen, dass aus den harten Bedingungen nur der Geist der Gerechtigkeit rede. Jetzt stand vor diesen drei Männern der Name des Domdechanten Goswin, hinter ihnen der Name des Bruders Albert, und man wird nicht fehlgehen bei der Annahme: wenn die grosse Urkunde vom 28. Juni 1258 einen ganz andern Geist athmet, als jene vom 1. Februar 1255, so ist dies wesentlich das Verdienst jenes edeln Ordensmannes, welcher unter den Schiedsrichtern bescheiden an letzter Stelle steht. Bei der Sühne von 1252 war er zweifellos die Haupt-, der päpstliche Legat nur die Respectsperson gewesen; für letztern war ein Ersatzmann bestellt, während Bruder Albert die Präliminar-Artikel allein veröffentlichte [3]). Auch bei zahlreichen spätern Einigungen zwischen Erz-bischof und Stadt erscheint er als der Vertrauensmann beider Parteien, und 1258 wird es nicht anders gewesen sein. In diesem Actenstück hat der Gelehrte, dessen Ruf schon damals durch die ganze christliche Welt ging, der schon in zahlreichen Werken Denkmäler seines Geistes gesetzt hatte, das schönste Zeugniss seines Charakters hinterlassen. Die ganze Urkunde athmet Ernst, Würde, Unabhängigkeit, unbestechlichen Gerechtigkeitssinn. Das Unrecht straft sie, wo sie es findet, ohne Ansehen der Person: bürgerliche Misswirthschaft wie fürstliche Willkür haben hier in gleicher Weise ihren unerbittlichen Richter gefunden. Hätte Konrad mit seinen hervorragenden Herrschereigenschaften auch die Tugenden des Bruders Albert verbunden, das weise Maass, die Billigkeit und Liebe zum Frieden, die Erkenntniss, dass in einem durch Generationen sich hinziehenden Kampfe fast niemals Recht oder Unrecht nur auf der einen Seite liegen, vielleicht hätte dieser letzte grossartige Versuch, das alte und das neue Recht zu versöhnen, zum Ziele geführt; es hätte gelingen können, den Unabhängigkeitssinn der Stadt und die tieferregten bürgerlichen Leidenschaften auf friedlichem Wege zu bändigen;

---

[1]) Anderer Meinung ist Ennen, Gesch. der Stadt Köln 2, 136: „Die Opposition wusste es durchzusetzen, dass die Untersiegelung vorläufig noch beanstandet wurde ... Erst 1262 schickte sich die Stadt dazu an, die volle Rechtsgültigkeit dieser Sühne anzu-erkennen.‟ Davon steht in der von Ennen angezogenen Urk. (Quellen 2. 453) kein Wort. Dieselbe enthält vielmehr eine nochmalige Erklärung des Erzbischofs Engelbert, er wolle die Sühne von 1258 halten. 1259 hatte Konrad mehrmals (Quellen 2. 411. 413) die Rechtsbeständigkeit der Sühne, wenn auch bloss zum Schein, anerkannt; würde er bei seinen damaligen Anklagen gegen die Geschlechter die von Ennen angenommene Weigerung, die Sühne zu besiegeln, nicht erwähnt haben?

[2]) Vgl. oben 73. — [3]) Vgl. oben 96.

vielleicht wären die wechselvollen Kämpfe der nächsten Jahre erspart, und die Erzbischöfe von Köln noch Jahrhunderte hindurch Fürsten der Stadt geblieben, in welcher so bald schon nach kurzem Triumph ihr Fürstenrecht zu einem Schatten wurde. Es ist anders gekommen, und wie schwer auch bei der Beschaffenheit unserer Quellen ein sicheres Urtheil über die nächsten Vorgänge ist: schwerlich war es nur Schuld der Stadt, dass schon nach weniger als Jahresfrist die Sühne vom 28. Juni vernichtet war.

Drittes Capitel.

Der Sturz der Geschlechterherrschaft.

Unter den vielen Beschwerden, welche der Erzbischof 1258 gegen die städtische Verwaltung vorbrachte, begegnet auch der Satz: „Ohne den Erzbischof und die Prioren von Köln zu fragen, machen die Oberen der Stadt neue Steuerbestimmungen, so oft es ihnen gefällt; die Last solcher Steuern tragen die Zünfte und andere Leute aus dem Volke, welche Gemeinde heissen, und so verarmen sie. Von Rechts wegen aber darf nichts Neues solcher Art in der Stadt Köln geschehen ohne Zustimmung des Erzbischofs und seiner Prioren." In diesen Worten liegt die Politik angedeutet, welche Konrad seit dem grossen Schiedsspruch befolgte. Zwei Mal hatte er die Stadt einig gefunden; beim dritten Anlauf fand er sie getheilt und erreichte kampflos sein Ziel. Die innerhalb der Geschlechter vorhandenen Parteiungen, welche unter Engelbert II. eine so verhängnissvolle Bedeutung gewinnen, scheinen damals noch geschlummert zu haben oder waren doch nicht schroff genug, um bei drohender Gefahr nicht vergessen zu werden. In voller Schärfe dagegen bestand bereits der Gegensatz zwischen Geschlechtern und Gemeinde. Die grosse Mehrzahl der Bevölkerung sah sich fast vollständig von den städtischen Aemtern ausgeschlossen und, was viel fühlbarer war, auch wirthschaftlich übervortheilt. Derselbe kleine Kreis, aus welchem die Bürgermeister und Schöffen und, allenfalls mit wenigen Ausnahmen, die Rathsherren hervorgingen, stellte auch die Mitglieder der Weinbruderschaft, die Münzerhausgenossen und Mühlenerben, jedenfalls auch einen unverhältnissmässig grossen Theil der Grundbesitzer und Grosskaufleute, und selbst die innere Autonomie der Zünfte war durch die Wahl von Zunftmeistern aus den Geschlechtern beeinträchtigt. Schon an und für sich forderten diese

Zustände die Eifersucht der Mehrzahl heraus, und dazu kam die im grossen Schiedsspruch ausser Zweifel gestellte Thatsache, dass Gericht und Verwaltung an den schwersten Missständen litten. Jede Klage über die städtische Misswirthschaft, über Käuflichkeit, Nepotismus, Willkür, Steuerdruck und Erpressung musste aber auf die bevorrechtete Klasse zurückfallen, welche allein das Stadtregiment führte und zu selbstsüchtigen Zwecken ausbeutete. Bitter empfand die „Gemeinde" ihre Zurücksetzung, und wenn der Erzbischof diese Stimmung geschickt benutzte, wenn es ihm gelang, die Ueberzeugung zu verbreiten, eben daher komme das Uebel, dass „die Oberen der Stadt" das Regiment „ohne Zustimmung des Erzbischofs und seiner Prioren" führten, dann musste es ihm leicht sein, für den Umsturz der bisherigen Stadtverfassung die Gunst des grossen Haufens zu gewinnen.

Ueber die Schritte, durch welche Konrad den Gewaltact vom März 1259 vorbereitete, ist wenig bekannt. „Der Bischof kam in die Stadt", so erzählt der Chronist Hagen [1]), „und muthete den Reichsten zu, er wolle ihnen Erbe und Gut geben, wenn sie sich mit ihm verbinden und ihm all' seinen Willen gönnen wollten. Aber sie thaten seinen Willen nicht, da es gegen die Freiheit der Stadt ging. Da sandte der Bischof zu den Reichsten unter den Webern und von der Gemeinde und bewirkte, dass sie sich vereinten und ihm schwuren und huldigten, dass sie ihm alle helfen sollten wider die Besten von der Stadt, einzig weil sie ihre Freiheit nicht zerbrechen liessen." In directem Anschluss daran wird dann die Absetzung der Münzerhausgenossen und der Schöffen erzählt. Die bezüglichen Urkunden sind vom 24. März und vom 17. April 1259 datirt, doch hatte der Erzbischof wahrscheinlich schon früher entscheidende Schritte gethan, so dass die beiden Urkunden nur als der formelle Abschluss einer bereits vollzogenen Umwälzung zu betrachten sind. In der ersten (R 472) erzählt Konrad, er habe die Hausgenossen wegen manchfacher Vergehen zur Verantwortung gezogen; sie aber seien klüglich einem Urtheil ausgewichen, indem sie sich selbst und all' ihre wirklichen oder angeblichen Rechte ihm anheimgaben und ihre sämmtlichen Privilegien in seine Hände überlieferten. Darauf habe er ihre Privilegien sorgsam geprüft und nichtig befunden, aber auch davon abgesehen, hätten sie sich durch vielfältigen Missbrauch ihres Amtes der Hausgenossenschaft unwürdig gemacht. Deshalb entsetze er die Münzer, die Münzmeister und den Münzprüfer ihres Amtes und der damit verbundenen Lehen und behalte sich und seinen Nachfolgern das Recht vor, andere zu ernennen und zu entfernen. Als anwesend bei diesem Acte werden genannt viele Geistliche und Weltliche, die Schöffen und Rathsmänner und schliesslich bezeichnender Weise „die Zünfte und das Volk der Kölner Gemeinde". Ein Name aber fehlt in diesem Verzeichniss, der noch unter den Zeugen bei dem Verzicht auf die Privilegien aufgeführt wird: Bruder Albert.

---

[1]) Chroniken 1, 55.

Der gleiche Name fehlt auch in der langen Zeugenliste der Urkunde vom 17. April, durch welche Konrad die Kölner Schöffen, mit einziger Ausnahme des Bruno Kranz, ihres Amtes entsetzte (R 475). „Als wir", erzählt er, „in unserer Pfalz zu Gericht sassen, da beschwerten sich unsere lieben Getreuen, die Bürger von Köln, bitterlich, die Bürgermeister und Schöffen hätten gegen ihren Eid einige von ihnen ihrer Güter beraubt, andere verhaftet und in Gefangenschaft gehalten, bis ihrem Willen Genüge geschehen war, und die Gefangenen schwören lassen, sie würden darüber keine Klage erheben. Ausserdem haben die Bürgermeister und Schöffen aus Habsucht vielfachen Missbrauch getrieben in Kauf und Verkauf, besonders bei Nahrungsmitteln, haben nach Willkür Unschuldige verurtheilt, Schuldige für Geld freigelassen, die Gerechtigkeit verkehrt, minderjährige junge Leute zu Schöffen genommen und einige für Geld gewählt. All' das war so offenbar, dass die Bürgermeister und Schöffen, persönlich vor Gericht stehend, durch keinerlei Vertheidigungsgründe sich entschuldigen konnten. Darum baten inständig die Rathsmänner, Zünfte, das Volk der Gemeinde und überhaupt die Gesammtheit der Bürger, wir möchten ihnen für diese Dinge Gerechtigkeit widerfahren lassen". Dann wird die Absetzung ausgesprochen über den Bürgermeister Ludwig, den Sohn des Dietrich von der Mühlengasse, über die Schöffen Dietrich den Weisen und seine Söhne Hermann und Ludwig, Ludwig und Heinrich von der Mühlengasse, Mathias und Daniel Overstolz, Dietrich und Richwin Grin, Dietrich und Gerhard Gir, Hermann den Greven, Gerhard Scherfgin, Gerhard von der Lintgasse und Johann von der Porzen: eine Liste, die deutlich erkennen lässt, wie scharf das Schöffenamt in wenige Familien eingeschlossen war; stellt doch das eine Geschlecht von der Mühlengasse, auch die Weisen genannt, dasselbe, welches schon mit Erzbischof Heinrich in Kampf gelegen [1]), ausser dem Bürgermeister fünf Schöffen, und sechs weitere werden von drei Geschlechtern gestellt. Ueber die Schöffenbrüder, die Vorsteher der Richerzeche und die Pfarrbeamten behielt Konrad sich weiteres Urtheil vor.

Es klingt fast wie Hohn, wenn Konrad dieser Massenabsetzung die Versicherung beifügt, durch diese Urkunde solle der von Bruder Albert und den übrigen vier Schiedsrichtern geschlossenen Sühne kein Eintrag geschehen. Drei derselben begegnen unter den Zeugen, aber Bruder Albert fehlt, und das ist schwerlich Zufall. Wie er schon von der Absetzung der Hausgenossen fern blieb, so hat er sich vollends von einem Acte fern gehalten, welcher sein Friedenswerk gewaltsam zerstörte. Vieles mögen sich die Abgesetzten oder doch Manche von ihnen zu Schulden kommen gelassen haben, aber es erweckt Verdacht, dass die Anklagen des Erzbischofs sich in allgemeinen Wendungen bewegen, dass er, ohne einen Specialfall anzuführen, im Wesentlichen nur wiederholt, was er schon vor der Sühne von

---

[1]) Vgl. oben 89.

1258 vorgebracht hatte. Ueber die Regellosigkeit des ganzen Verfahrens braucht man kein Wort zu verlieren.

Am gleichen Tage (R 476) setzte Konrad, „nach vorheriger Berathung mit der Gesammtheit der Bürger, vorsichtige und ehrbare Männer aus derselben Gesammtheit" zu Schöffen ein, 24 an der Zahl: Gerhard von der Sandkaul, Richolf Grin, Dietrich Overstolz, Heinrich von Wassenberg, Dietrich von der Brücke, Johann von Riel, Gerlach und Konrad seinen Bruder, Waldaver vom Glockenring, Johann von Rodenkirchen, Bodo den Brauer, Hermann den Weisen, Isfried, Dietrich Beyn, Walco, Dietrich vom Griechenmarkt, Johann des Wichmann Sohn, Leo vom Fischmarkt, Heinrich den Zöllner, Albert Hoyr, Eberhard von Bornheim, Wilhelm von der Hundsgasse, Heinrich von Berge und Dietrich von Brugge. Aeusserst sparsam begegnen in diesem Verzeichniss Namen solcher Familien, die bis dahin eine Rolle im Stadtregiment spielten; die Mehrzahl wurde vermuthlich aus der „Gemeinde" genommen. Der enge Kreis der schöffenbaren Familien war gesprengt, und die bisherige Selbstergänzung wurde beseitigt. Sterbe ein Schöffe, so bestimmt die Ernennungsurkunde, so werde der Erzbischof mit den Schöffen und dem Rath der Zünfte die Stelle besetzen. Das Geschlechterregiment war gestürzt, die Demokratie unter erzbischöflicher Herrschaft an seine Stelle getreten. Scharf tritt das zünftlerische Element dieses Umschwungs in einem etwa 1275 geschriebenen Actenstück hervor, welches den Erzbischof mit unverkennbarer Absichtlichkeit schont [1]. „Die Bruderschaften und gemeinen Leute zu Köln," heisst es darin, „verschmähten ihre Oberen, die klugen Leiter des Gemeinwesens, wollten ihnen nicht länger unterthan sein, erhoben sich gegen sie unter allerhand Vorwänden, einige aus Bosheit, andere vielleicht nur unklugen Sinnes, manche durch Versprechungen und Schmeicheleien verführt; nachdem ein Theil der Oberen ihrer Aemter entsetzt oder aus der Stadt vertrieben war, liessen sie sich in deren Aemter einsetzen und nahmen sich frevelhaft der Leitung der Stadt an. Um sich aber den Erzbischof gewogen zu machen, überliessen sie ihm und seiner Kirche die Hälfte der uns entrissenen Mühlen."

Konrad war jetzt der wahre Herr der Stadt. Zwölf der vornehmsten Bürger waren in Haft genommen worden; die Häupter der Zunftpartei sollen dem Erzbischof zu blutigen Massregeln gerathen haben, er aber liess die Gefangenen nach zwei Tagen entwischen und begnügte sich damit, 25 Mitglieder der Geschlechter zu ächten, welche der gerichtlichen Ladung

---

[1] Urk. der patricischen Mühlenerben. Quellen 1. 322. Die vorsichtige Haltung bezüglich Konrad's ist sehr erklärlich, da das Patriciat Rücksicht auf Erzbischof Sifrit nehmen musste, der 1275 (ebend. 317) mit den Mühlenerben ein Abkommen schloss. Jedenfalls ist die undatirte Urk. kurz vor die Urk. vom October 1276 (ebend. 324) zu setzen. Der über Konrad in den schärfsten Wendungen sich äussernde kurze Bericht der späten Chronica comitum de Clivis et Marca (Seibertz. Quellen 2. 204) scheint mir auf Hagen zu beruhen.

begreiflicher Weise keine Folge gegeben hatten. Es waren zum Theil dieselben, welche das Absetzungsurtheil getroffen hatte: Dietrich der Weise, seine Söhne Hermann und Ludwig, sein Bruder Heinrich von der Mühlengasse, die Brüder Gerhard und Johann von der Lintgasse, Dietrich und Ludolf Grin, Johann von Niderich, Gerhard Gir, Heinrich, Gotfrid, Gotschalk und Eberhard Kleingedank, Heinrich der Rothe, Werner und Hildeger Birklin, die Brüder Bruno und Hermann Kunen, Heinrich und Gotfrid Hardefaust, Gerhard Hirzelin, Gotschalk von Wipperfürth, Friedrich Schegtere und Gotschalk des Waldaver Sohn. Ein Mitglied der Familie Overstolz, welche zwei der abgesetzten Schöffen gestellt hatte, findet sich auffälliger Weise in dieser Proscriptionsliste nicht (R 493).

Am 7. Mai (R 478) erliess der Erzbischof eine Reihe namentlich für den städtischen Handel wichtiger Verfügungen. Im Schiedsspruch von 1258 war bestimmt worden, wegen der Rechte auswärtiger Kaufleute in Köln solle es bei dem bisherigen Gebrauche bleiben. Jetzt wurde „die alte Gewohnheit" genauer fixirt. Kein Kaufmann, der von Osten kommt, darf über Köln hinaus Handel treiben; die Kaufleute von jenseits der Maas und aus der Gegend rheinabwärts von Köln dürfen nicht über den Rhein oder über das linksrheinische Dorf Rodenkirchen bei Köln, kein oberländischer Kaufmann, der nicht innerhalb der Diöcese wohnt, über Riehl unterhalb der Stadt hinausgehen. Kein fremder Kaufmann darf in Köln anders als drei Mal jährlich sechs Wochen lang kaufen und verkaufen. Gewürze, Weihrauch u. s. w. dürfen nur in Quantitäten von mindestens 10 oder 25 Pfund von Fremden verkauft werden, so dass also der Kleinhandel den Einheimischen blieb. Der Silberhandel bleibt der Kölner Münze vorbehalten. „Da die Habsucht", heisst es weiter, „die Wurzel aller Uebel ist, und einst die Herzen einiger Bürger von Köln derartig entzündet hat, dass sie von Landesherrn und Vornehmen Lehen und Belohnungen annahmen und in Folge dessen gar häufig die Eintracht der Gesammtheit und die Ruhe des Friedens störten, so bestimmen wir: kein Bürger von Köln soll in Zukunft von einem Grossen unseres Landes oder von Jemand, welcher der Kölner Kirche verbunden ist, ein Geldlehen nehmen, ausgenommen nur unsere Amtleute und solche, die von uns ein Erblehen tragen. Kein Schöffe von Köln darf Münzer oder Wechsler sein oder Hausgenosse. Wer diese Satzungen verletzt, der soll, falls er Schöffe ist oder Schöffenbruder oder Amtmann der Richerzeche oder Pfarramtmann, sein Amt auf immer verlieren und nie wieder zu demselben oder zum Rathe der Stadt gelangen; ist er aber Bürger niederer Ordnung, so verliert er seine Zunft, muss auf ein Jahr die Stadt verlassen und wird nie wieder zum Rathe der Stadt angenommen."

Der Grimm, mit welchem die Geschlechter diese Umwälzung betrachteten, spricht sich deutlich in den Invectiven aus, mit welchen später ihr getreuer Poet, der Stadtschreiber Hagen [1]), die neuen Schöffen überschüttet.

---

[1]) Chroniken 1, 57. 61.

„Mit Eseln wurde die heilige Stadt Köln besetzt. Man stecke einen Esel in eines Löwen Haut, er schreit doch wie ein Esel. Pfauenhüte liessen sie sich machen und geberdeten sich gar herrlich. Arm und Reich beschatzten sie, mehr als vorher Sitte war, und theilten dem Bischof davon mit. Sollten sie ein Urtheil sagen, so fragten sie zuerst den Bischof, was sie sagen sollten. Sie fürchteten immer, abgesetzt zu werden und thaten deshalb, was der Bischof wollte, um seine Huld zu behalten . . . . Da verlor Köln seine Freiheit und manche guten Sitten. Was von gutem Geschlecht kommt, das bleibt barmherzig und gut; aber nichts ist so schlimm, als ein empor-gekommener Bauer; der ist gierig und falsch . . . . Wie sollten Leute Rath und Urtheil geben, die ihr ganzes Leben gespult hatten? Wie sollten Fischer und Bäcker Köln bewahren? Ich wähne, mancher von ihnen verstand sich besser darauf, wie viel Häringe man für einen Vierling bekommt." Ein anderer Zeitgenosse bewegt sich in ähnlichen Wendungen von äusserster Schärfe [1]).

Etwa ein Jahr dauerten die neuen Zustände, dann führte der Hass der Parteien zu blutigen Auftritten. Am Ostertage [2]) 1260 — der Erzbischof war abwesend — wurde in der Kirche der weissen Frauen ein Fleischer von einem Geschlechtergenossen erschlagen, wahrscheinlich von Bruno Hardefaust, dessen Haus am Abend von der „Gemeinde" geplündert und in Brand gesteckt wurde. Aber die Geschlechter fielen über die Plünderer her, schlugen 16 todt und verwundeten 50. Jetzt erschien Konrad in Köln und hielt Gericht. Das Urtheil fiel ziemlich milde aus: Die Geschlechter mussten in der Bischofspfalz baarfuss Abbitte leisten und eine Busse von 600 Mark bezahlen. Uebrigens diente der Vorfall nur dazu, den Erzbischof und die Zünfte noch enger zu verbinden. Am 15. April (R 500) einigten sie sich, nur nach gemeinsamem Beschluss dürfe den Geächteten die Rückkehr gestattet werden. Gerathe der Erzbischof in Fehde, so werde die Stadt seinen Gegnern weder Lebensmittel noch Waffen oder sonstige Hülfe zukommen lassen, wohl aber dürfe er gegen Bezahlung seine Bedürfnisse aus der Stadt entnehmen und seine Feinde in Köln, falls sie sich dort aufhielten, verhaften. Ebenso wird er in seinen Burgen, Städten und Orten die offenbaren Feinde der Stadt behandeln.

Nur wenige Wochen wurde die Ruhe aufrecht erhalten. Bitter beschwerten sich, so erzählt Hagen, die Besten von der Stadt beim Bischof über vier der neuen Schöffen und verlangten Gerechtigkeit. Als Konrad am 1. Mai zu Gericht sass, wiederholten sie ihr Begehren. Da wurde Sturm geläutet, der Schöffe Hermann der Weise reizte die Gemeinde auf, und der Bischof

---

[1]) Fragm. der Kölner Reimchronik (Waitz, Chronica regia Colon. 314). Es wird kaum möglich sein, diese Schilderung auf etwas anderes als auf die von Konrad einge-setzten Schöffen zu beziehen. Die sonstigen auf die Stadt bezüglichen Fragmente an bestimmter Stelle unterzubringen, ist mir nicht gelungen.

[2]) Einzige Quelle ist Hagen, Chroniken 1, 59.

wie die Parteien rüsteten sich zum Kampfe. Da vermied Konrad das Blut-
vergiessen durch eine schnöde List. Als sich die Geschlechter in zwei
Haufen, an St. Columba und an der Rheingasse, sammelten, schickte er den
Propst von St. Gereon, Heinrich von Vitinghoff und den Zöllner Peter
vom Kranich nach der Rheingasse und liess den dort bereit stehenden
Geschlechtern sagen, sie möchten, wie ihre Genossen an St. Columba bereits
gethan, sich dem Erzbischof ergeben; weder an Leib noch an Gut werde
ihnen Schaden geschehen. Mit dem andern Haufen wurde das gleiche Spiel
getrieben. Beide liessen sich täuschen und viele von ihnen gingen zu
Konrad in die Pfalz. Er aber liess sie gefangen nehmen und schickte sie
nach seinen Schlössern Lechenich, Godesberg und Altenahr. Viele andere
ergriffen die Flucht. So der patricische Parteibericht, der nicht einmal
erkennen lässt, von welcher Seite zuerst zu den Waffen gegriffen wurde.
Konrad hat in einer spätern Urkunde (R 514) den Vorgang natürlich in
ganz anderm Lichte dargestellt: „Einige sind bewaffnet und mit Bannern
aus ihren Häusern gezogen zu userm und des Gemeinwesens Schaden;
mehrere von diesen haben sich bedingungslos unserer Gewalt übergeben
und wir haben dieselben in Haft gegeben.“ So viel lässt sich aus beiden
Versionen entnehmen: die Geschlechter haben bei einem Strassenauflauf den
Muth verloren und sich — ob durch eine List verleitet oder nicht, muss
dahingestellt bleiben — der Gnade des Erzbischofs unterworfen, der die
Häupter durch Vertheilung in seine Burgen unschädlich machte.

Es war, so lange Konrad lebte, der letzte Versuch der Geschlechter,
durch Gewalt die Entwickelung der Dinge rückgängig zu machen. Am
Ende des Jahres (R 514) einigte er sich mit der Stadt über die Theilung
der Beute. Er führt eine lange Reihe von Bürgern auf, die ihr Grund-
eigenthum und ihre Häuser verwirkt hätten. Ausser den meisten der 1259
Geächteten werden genannt Hermann und Simon vom Neumarkt, Dietrich
Razen, Bruno vom Ross und Alexander sein Bruder, Alexander und Daniel
Jude, Constantin des Waltelm Sohn, Hermann der Greve und sein Schwiegersohn Mathias Overstolz, Gerhard von Gleuel. Von Rechtswegen seien die
Häuser aller dieser Uebelthäter zu zerstören, ihre Grundstücke wüst zu
legen; aber er scheue sich, eine solche Massregel über seine Stadt zu
verhängen, und habe deshalb beschlossen, auf ewige Zeiten die Einkünfte
der Häuser und Grundstücke, sowie den Ertrag der (früher im Besitz einiger
patricischer Geschlechter befindlichen) Rheinmühlen zu gleichen Hälften mit
der Stadt zu theilen.

Im vollen Besitz der Herrschaft über die Stadt ist Konrad gestorben.
Noch auf seinem Todesbette soll er die Bitte um Freilassung der Gefangenen
schroff zurückgewiesen [1]), nach anderer Angabe seinem Nachfolger an's Herz

---

[1]) Hagen, Chroniken 1, 68.

gelegt haben, er möge sie nicht ihrer Haft entlassen [1]). Der Triumph über das trotzige Bürgerthum ist der vollständigste seines Lebens gewesen, aber er war von kurzer Dauer. Engelbert II. hat seine Erbschaft als wahrer Fürst der Stadt noch angetreten, aber nach weniger als Jahresfrist lag Konrad's Werk in Trümmern. Nie mehr hat ein Kölner Erzbischof so wie er über die Stadt geschaltet, und gerade die Kämpfe, welche sich an den Sturz der Geschlechterherrschaft anschlossen, haben den Grund gelegt, auf welchem sich Köln, die freie Reichsstadt, erhob.

---

[1]) Chronica praesulum Annalen 1857, 210.

Vierter Theil.

Die Kirche, das geistige Leben und die Kunst.

Erstes Capitel.

Klöster und Stifter.

Ein älterer Zeitgenosse Konrad's hat von den kirchlichen Zuständen der Kölner Gegend zu Anfang des 13. Jahrhunderts ein ungemein reiches und anziehendes Bild entworfen. Leibhaftig treten uns in dem Wundergespräch und den Homilien des Cäsarius von Heisterbach entgegen die Prälaten, die Mönche und Nonnen; ganz treu und absichtslos schildert er uns den Klerus aller Stufen wie das religiös-sittliche Leben des Volkes; in einer Fülle von kleinen Zügen kommen die Tugenden und Fehler des geistlichen Standes zur Darstellung, Leichtsinn und weltliches Treiben neben der höchsten Auffassung und glänzendsten Bethätigung der Standespflichten, Wissenschaft und Aberglaube, Abtödtung und sittliche Versunkenheit. Gewisse Analogien mögen sich für die Zeit, zu welcher Konrad die kirchliche Verwaltung der Kölner Diöcese führte, aus dieser Schilderung ziehen lassen, aber übertragen darf man sie auf eine um mehrere Jahrzehnte später liegende Periode gewiss nicht, und einen Nachfolger hat Cäsarius nicht gefunden. So sind wir für das Pontificat Konrad's im Wesentlichen auf Urkunden angewiesen, ein reiches, aber ziemlich trockenes Material, in welchem rechtliche, speciell vermögensrechtliche Verhältnisse in den Vordergrund treten.

In die Zeit Konrad's fällt eine beträchtliche Zahl klösterlicher Gründungen innerhalb des Bereiches der Diöcese [1]. 1256 (R 418) gründete Abt

---

[1] Ein willkommenes Hülfsmittel war mir hier die Descriptio omnium archidioecesis Col. ecclesiarum etc., herausg. von Dumont. 1879.

Gotfrid von Siegburg eine Benedictiner-Niederlassung bei der St. Cyriacus-Capelle auf dem Klosterhofe zu Overath. Die von Siegburg abhängige Zelle Fürstenberg bei Xanten ging um dieselbe Zeit ein. 1259 übergab Abt Gotfrid dieselbe den Cistercienserinnen von Horst bei Deventer, deren Kloster abgebrannt war, unter der Verpflichtung, den bisherigen Bewohnern, Benedictinerinnen und Conversen beiderlei Geschlechts, die bisher genossenen Pfründen zu verabfolgen. Dieser Vertrag jedoch stiess bei den Nonnen auf hartnäckigen Widerspruch. Ein Schiedsgericht, welches der Dechant von St. Andreas im Auftrage des Erzbischofs vorschlug, wurde abgelehnt, und die Nonnen setzten wenigstens durch, dass sie zwar keine neuen Schwestern aufnehmen, aber doch unter Leitung eines eigenen Vorstehers in Fürstenberg bleiben konnten [1]. Bei Brünen (Kreis Rees) hart an der Diöcesangrenze, aber schon im Bisthum Münster, gründete Sueder von Ringenberg den Augustiner-Convent Marienthal [2]. Schon unter Erzbischof Heinrich hatte Propst Gotfrid von Münstereifel ein Prämonstratenserinnen-Kloster zu Bottenbroich westlich von Köln gegründet; 1254 hat er die Stiftung erweitert [3]. In die fünfziger Jahre fallen die Anfänge der Dominicanerinnen von Paradies bei Soest [4]; auch Albert der Grosse war bei der Gründung betheiligt, über welche uns der anmuthige Bericht des Dominicanerpriors Heinrich von Osthoven erhalten ist [5].

In Köln selbst hatten Predigerbrüder und Franciscaner schon unter Engelbert dem Heiligen festen Fuss gefasst, angeblich auch, wenn nicht noch früher [6], die Karmeliter, für welche 1260 in erzbischöflichem Auftrag der Domdechant Goswin eine Reihe von Artikeln aufstellte. Die Brüder dürfen keine Knabenschule eröffnen, nur in seltenen Fällen Beichte hören und Begräbniss halten; predigen und Almosen sammeln dürfen sie in andern Kirchen nur mit Genehmigung der betreffenden Pfarrer. Auch in Bezug auf Abhaltung des Gottesdienstes und Opfer in ihrer eigenen Kirche sowie auf Vermächtnisse werden sie weitgehenden Beschränkungen unterworfen. Die Karmeliterprioren in Stadt und Diöcese erhalten ihre Vollmacht als Obere der Mönche (curam fratrum suorum) vom Erzbischof oder dessen Stellvertreter; ihm und dem Domcapitel haben Prioren und Brüder Treue zu geloben. Die Bestrafung der Brüder erfolgt vor dem Capitel des Ordens, bei Rechtsverletzung geht der Recurs an das Domcapitel. Vorbehalten wurde noch, dass die Brüder binnen stark zwei Jahren die Zustimmung

---

[1] R 476. 495. 496. Vgl. auch Chronik von Camp, Annalen 20, 281. 290.

[2] Lac. 2, 254.

[3] Lac. 2, 213. Vgl. Annalen Doppelheft 26 u. 27. 373.

[4] R 324. 338. 347. 374. 395. 425.

[5] Seibertz Quellen 1. 1; Auszug in der Zeitschrift für vaterländ. Gesch. und Alterthumsk. 17 (Neue Folge 7), 267. Die Betheiligung Albert's erwähnt auch Heinrich v. Herford ed. Potthast 201.

[6] Gelenius, de magnit. Col. 478.

des Ordensgenerals und des Papstes zu diesen Artikeln erwirkten; falls sie dieselben dann, und zwar unter Vorbehalt der Rechte Dritter, nicht beobachteten, so sollten sie ihren Wohnplatz in Köln verlassen und derselbe dem Erzbischof und dem Domcapitel anheimfallen. Der Hauptzweck des umfangreichen Actenstücks [1]) ist offenbar, den weltlichen Clerus in seinen Seelsorgsfunctionen und Bezügen zu schützen und den Orden der regelmässigen Diöcesanverwaltung zu unterstellen.

Sehr bedeutend haben sich unter Konrad die Cistercienserinnen ausgedehnt. Ihre Niederlassung in Fürstenberg wurde bereits erwähnt. 1238 stiftete Ritter Gerhard von Tomberg ein Kloster bei Schweinheim und nahm daselbst mit Gemahlin und Töchtern das Ordenskleid, dem Erzbischof die Vogtei übergebend [2]). Vier Jahre später schenkte Walram's von Montjoie Wittwe Elisabeth dem Kloster, welches den Namen Himmelspforte annahm, ein Grundstück zur Erbauung einer Mühle, zum Seelenheile ihres Gatten [3]). Schon 1234 war das Kloster zu Düsseren bei Duisburg entstanden, welchem Erzbischof Heinrich kurz vor seinem Tode erlaubte, die Zahl der Nonnen von 13 auf 25 zu erhöhen [4]). 1240 gestattete sein Nachfolger der Aebtissin Regenwidis die Errichtung einer weitern Niederlassung zu Sterkrade und nahm dieselbe in seinen Schutz (R 53). 1251 gestattete er dem Grafen von Geldern die Gründung eines Klosters zu Krickenbeck (R 304). Graf Heinrich von Sayn beauftragte sterbend seine Gemahlin Mathilde mit der Stiftung von zwei Klöstern für Cistercienserinnen. In Einfalt des Geistes, schreibt 1247 Papst Innocenz an den Legaten Petrus, habe sie gegen den Willen des Testators ein Augustinerkloster zu errichten begonnen und zwar in einer Burg, an unpassendem Orte, wünsche jetzt aber dies zu ändern; und im päpstlichen Auftrag bevollmächtigte der Legat den Abt von Heisterbach, die Stiftung seinem Orden einzuverleiben [5]). So entstand das Cistercienserinnenkloster Gottesfrieden zu Zissendorf bei Blankenberg an der Sieg. Die dortige St. Catharinenkapelle wurde im nächsten Jahre von Konrad, welcher gleichzeitig dem auf seinen Rath gegründeten Kloster einen Schutzbrief ausstellte (R 216. 217), zur Pfarrei erhoben und der Aebtissin das Patronat übergeben. Einige Jahre später zählte die Gräfin urkundlich die Stiftungsgüter des Klosters auf, als dessen Wohlthäter auch Dietrich von Heinsberg-Blankenberg und Johann von Löwenberg erscheinen [6]). Eine weitere Sayn'sche Gründung ist auch das nach diesem Grafengeschlecht benannte Kloster Sayn oder Sion zu Köln, dessen Anfänge wahrscheinlich noch vor den Tod des Grafen Heinrich fallen [7]). Endlich sind noch drei neue

---

[1]) Anlagen 13. — [2]) Lac. 2, 123. — [3]) Lac. 2, 141. — [4]) Lac. 2, 103.
[5]) Lac. 2, 167. — [6]) Lac. 2, 202.
[7]) Unter den moniales Colonie commorantes, von welchen der Graf in einer seiner letzten Urkunden spricht, dürften die Nonnen von Sayn zu verstehen sein (Lac. 2, 160. Mittelrhein. Urk. 3, 667). Gemäss Lac. 2, 160 Note „wurde das zu Ober-Wesseling gestiftete Cistercienserkloster (Ophoven) nach Köln verpflanzt. Die Gräfin sorgte so

westfälische Klöster des gleichen Ordens zu nennen. Von Gevelsberg. dem Orte, „wo Erzbischof Engelbert für die Gerechtigkeit unter den Schwertern der Gottlosen starb,“ ging die Gründung von Benninghausen aus durch Ritter Johann von Erwitte und seine Gemahlin Hildegund [1]). Walter Vogt von Soest und seine Gattin Sophia stifteten das Kloster Welver [2]), und 1246 (R 152) versprach Konrad seinen Schutz dem von der Gräfin Alcidis von Arnsberg zu Ehren der h. Jungfrau gestifteten Kloster Himmelspforten, „erwägend, dass der Herr Jesus Christus zu Ehren des Ruhmes seiner Mutter jenen Ort sich vorauserwählt, auf dass sein Lob und seine Ehre sich vervielfältige und die Andacht der Gläubigen wachse“. Hart an der Kölnischen Diöcesangrenze, aber schon im Bisthum Trier, lag das Cistercienserinnen-Kloster Hargarten bei Linz, welches 1257 Gerhard und Benedicta von Rennenberg unter Zustimmung der Gräfin Mathilde von Sayn auf deren Gebiet gründeten [3]).

Unter den frommen Stiftungen, welche Mathilde von Sayn im Auftrage ihres Gemahls zur Ausführung bringen sollte, befand sich auch die Gründung eines Hauses für dreizehn arme Leute zu Blankenberg. Sie verzichtete jedoch auf die Errichtung eines besondern Hospitals und schenkte dem Hospital der Cistercienser-Abtei Heisterbach so viel Einkünfte, als für Aufnahme von dreizehn Armen erforderlich waren [4]). 1242 überwiesen Sibert von Dülken, Bürger zu Neuss, und seine Frau Gisela ihr gesammtes bewegliches und unbewegliches Eigenthum, den Niessbrauch auf Lebenszeit sich vorbehaltend, zur Gründung eines Hospitals in Neuss, mit dessen Verwaltung der deutsche Orden beauftragt wurde. Trotz erzbischöflicher und päpstlicher Bestätigung und einer Erklärung der Neusser Schöffen griffen die Verwandten die Schenkung an, und ein Schiedsspruch des Erzbischofs von 1250 theilte die Hinterlassenschaft zwischen den Verwandten und dem Orden, welcher seinen Antheil zur Vergrösserung seines Katharinen-Hospitals zu Köln verwenden sollte [5]). Weiter ist die Gründung des Griechenconvents in der Stolkgasse zu Köln für arme Beghinen zu erwähnen. 1252 schenkten der Kölner Bürger Heinrich von Soest und seine Frau Margaretha, die Beghine Bela Crigk und ein gewisser Volbero Haus und Grundstück unter Vorbehalt einer mit ihrem Tode erlöschenden Rente [6]) Ein Convent frommer Frauen bildete sich auch auf dem Gladbacher Klosterhof zu Riehl dicht bei

---

reichlich für dasselbe, dass eine Bulle des Papstes Innocenz IV. sie als Stifterin bezeichnet. und zugleich bestimmt, dass die Zahl der Klosterfrauen auf 50 beschränkt bleiben soll. Kaum möglich ist das von Gelenius de adm. magnit. Col. 529 allerdings in hypothetischer Form angegebene Gründungsjahr 1221. Das Testament der Gräfin, in welchem sie „den nunnen van mine cloister ze Colne“ zehn Mark verschreibt (Lac. 2, 462), ist von 1283.
  [1]) Seibertz, Urkundenb. 1, 271. 278. — [2]) Seibertz 274. 284.
  [3]) Mittelrhein. Urk. 3, 1010. Die Dotationsurk. sehr verdächtig. Eine Schenkung des Lambert und der Christina v. Lorscheid ebend. 1064.
  [4]) Lac. 2, 212. — [5]) Lac. 2, 141. 189. Annalen Doppelheft 28 u. 29, 218.
  [6]) Quellen 2, 325.

Köln, welche 1244 der Abt von Gladbach unter den Gehorsam und in die Confraternität seines Klosters aufnahm [1]). Ueber die Entstehung des Kölner Augustiner-Klosters St. Nicolaus im Burghof, welches 1250 von Konrad geweiht worden sein soll, gehen die Nachrichten auseinander [2]).

Sehr bemerkenswerth ist die starke Bauthätigkeit an ältern Klöstern und Kirchen der Diöcese, worüber wir meistens durch Ablass-Ertheilungen für die Spender und durch Weihe-Urkunden unterrichtet sind. So bauten am Kloster oder an der Kirche die Augustinerinnen zu Sinnich (R 359), die Cistercienserinnen zu Drolshagen, Niederehe, Bürvenich, Gnadenthal und Mariengarten in Köln (R 82. 121. 133. 266. 120. 331). Zu Konrad's Zeit haben auch die Cistercienser von Altenberg den Bau der neuerdings wieder-hergestellten gothischen Prachtkirche begonnen. Im Dekanat Essen wurde für den Neubau der baufälligen Stiftskirche eine Collecte abgehalten (R 157). Um dieselbe Zeit soll das abgebrannte Kloster Engelthal zu Bonn wieder-hergestellt worden sein [3]). Der Neubau der Kirche zu Nymwegen war nicht sowohl ein Werk des Frommsinnes, als durch Rücksichten der Zweck-mässigkeit veranlasst, da die alte Kirche ausserhalb der Stadt und in bedroh-licher Nähe der Burg lag (R 256). Die Abtei Burtscheid machte den Schaden, den sie 1248 bei der Belagerung Aachen's durch König Wilhelm erlitten hatte, rasch wieder gut; schon 1257 wurden mehrere Altäre der Abteikirche und der anstossenden St. Nicolaus-Capelle eingeweiht [4]) durch den Bischof von Livland und die frühern Bischöfe von Bosnien und Boni-fazius von Lausanne [5]). Den Altar der Kirche zu Arnsberg weihte im Juni 1254 Dietrich Bischof von Wirland [6]). In Köln weihte 1257 Arnold Bischof von Semgallen den Hochaltar der St. Lupuskirche [7]). Im gleichen Jahre verlegten die Recluse Heilewigis und deren Mitschwestern ihre Wohnung von St. Catharina nach dem Neumarkt, wo die neue Gertrudis-Capelle ent-stand (R 444. 445). In den nächsten Jahren haben die Bischöfe Christian von Litthauen, Heinrich von Oesel, Arnold von Semgallen, der Minorit Heinrich von Kurland und Heinrich von Samland Urkunden für die Capelle ausgestellt [8]). Wenige Tage vor seinem Tode (R 523) hat Konrad den Wohlthätern Ablass ertheilt, welche die Stiftsdamen von St. Cäcilien beim kostspieligen Bau der Capelle des h. Paulinus unterstützten. Auf andere

---

[1]) Eckertz und Noever, die Benedictiner-Abtei München-Gladbach 284.

[2]) Gelenius, de magnit. Col. 580.

[3]) Alfter, Annal. Colon. (Hs. in der Bibl. der kath. Gymn. zu Köln) 2152 zu 1246: Restauratum quoque ab officiali Coloniensi et praeposito s. Severini monialium coenobium Vallis angelorum vulgo Engelthal Bonnae, quod incendio vastatum fuerat.

[4]) R 447. 448. Vgl. auch R 312.

[5]) Eine Vita desselben Acta SS. Febr. 3, 155.

[6]) Seibertz, Urkundenb. 1, 355.

[7]) Gelenius de magnit. Coloniae 411 nach einer Inschrift.

[8]) Gelenius, de magnit. Col. 557. Später nahm der Convent die Dominicaner-regel an.

architektonisch merkwürdige Kirchenbauten jener Tage werden wir noch zurückkommen.

Wiederholt wurden schon Titularbischöfe aus den Ostseeländern [1]) genannt, welche Weihen von Kirchen oder Altären vornahmen. Weihe- und Ablass-Urkunden derselben für Kirchen des Kölner Bisthums und der Nachbardiöcesen haben sich in Menge erhalten. Kurz vor Konrad's Wahl hatte Balduin von Semgallen die St. Severinskirche und ihre Altäre geweiht [2]). Der Dominicaner Heinrich von Oesel weihte 1241 die St. Annacapelle zu Marienberg bei Boppard und die Klosterkirche auf dem Beatusberg bei Coblenz [3]); 1255 stellte er Ablassbriefe für die Prämonstratenserinnen zu Altenberg bei Wetzlar mit dem Bischof von Samland aus [4]); ein anderer samländischer Bischof verleiht 1252 Ablass den Wohlthätern des Hospitals zu Andernach [5]). Der Bruder Arnold aus dem Cistercienserorden, Vertreter des Erwählten von Lüttich in spiritualibus, welcher 1249 dem Andernacher Hospital ein Sammel- und Ablass-Privilegium ertheilte [6]) und 1252 die Hospitalcapelle einweihte [7]), ist ohne Zweifel identisch mit Arnold ehemals Bischof von Semgallen, welcher 1254 Mai 10 Kirche und Hochaltar zu Otterberg einweihte [8]) und 1247 bei der Weihe von St. Cunibert zu Köln betheiligt war (R 178). Ablass für St. Maximin zu Trier ertheilte 1254 Heinrich Bischof von Kurland [9]), der 1260 die Weihe des Chores der Minoritenkirche zu Köln vollzog [10]). Das Hospital von St. Maximin hatte 1248 Dietrich von Wirland geweiht [11]), welcher 1255 eine Ablassurkunde für Rupertsberg (Mainz) ausstellte [12]). Dass er während Konrads Legation als dessen Vertreter in Westfalen fungirte, wurde bereits erzählt [13]). Ende 1250 kam er als Procurator des Bisthums Utrecht, wo das durch die Doppelwahl von 1249 herbeigeführte Provisorium noch nicht beseitigt war, nach dem Kloster Egmond, reconciliirte dasselbe, nahm Gebannte wieder in die Gemeinschaft der Kirche auf, weihte Altäre und gewährte Ablässe. „Er war," schrieb später ein Mönch von Egmond, „ein gar kluger Mann von ausgezeichneter Sanftmuth und Güte" [14]).

Schenkungen zu frommen und mildthätigen Zwecken haben sich in grosser Anzahl erhalten. So übergab Ritter Bernhard von Rees 1241 den Cistercienserinnen von Gevelsberg ein Gut zu Empel, auf welchem eine

---

[1]) Reiches Material, besonders über Dietrich von Wirland, bei v. Bunge, Livland die Wiege der deutschen Weihbischöfe (Baltische Studien 1. Lieferung. 1875).

[2]) Lac. 2, 113. Quellen 2. 166. — [3]) Mittelrhein. Urk. 3, 539. 540.

[4]) Ebend. 951. — [5]) Mittelrhein. Urk. 3. 862. — [6]) Ebend. 765. — [7]) Ebend. 862.

[8]) Frey und Remling, Urkundenb. des Kl. Otterberg 89. Auch hier heisst er provisor spiritualium H. Leod. electi.

[9]) Mittelrhein. Urk. 3. 919. — [10]) Vgl. unten 4. Cap.

[11]) Mittelrhein. Urk. 3, 710. — [12]) Ebend. 955.

[13]) Vgl. oben 30.

[14]) Annalen von Egmond Mon. Germ. SS. 16, 478. Ende 1248 erhält er von Papst Innocenz eine Ehedispensvollmacht für die Olmutzer Diöcese. Potthast 13118.

Kirche gebaut war (R 49). Otto von Wickrath machte 1240 (R 55) den Augustinerinnen zu Schillingscapellen eine Schenkung, der Ministeriale Gotfrid von Meschede 1254 den Cisterciensern zu Bredelar (R 373). Die zu Mirkenich belegenen Güter des Kölner · Magdalenenklosters wurden 1241 durch den Grafen von Sayn von allen Lasten befreit [1]). Graf Dietrich von Cleve schenkte 1249 den Augustinern zu Bedburg ein Grundstück [2]), Dietrich älterer Sohn von Cleve 1252 den Nonnen zu Wesel die Capelle und den Zehnten zu Hülhausen [3]), der Edele Gerlach 1253 dem Kloster Füssenich einen Zehnten zu Bodendorf. Die Zahl der Nonnen war hier so gewachsen, dass Konrad im folgenden Jahre verbot, die Zahl 50 zu überschreiten [4]). „Zum Heil ihrer Seelen" begabten 1258 Heinrich und Lothar von Wickrath die Prämonstratenser zu Hamborn mit Grundstücken und Renten [5]). „Gesunden Leibes, fähig zu gehen, zu stehen und zu reiten," übergeben 1252 Ritter Heinrich von Breitbach und seine Gemahlin Lucia den Cistercienserinnen zu Hoven einen Weinberg [6]). „Von Leibesschwäche niedergedrückt, jedoch nach dem Himmlischen strebend mit des Geistes Kraft, zur Genugthuung seiner Sünden und um zu erlangen den Kampfpreis des ewigen Lebens," überweist der Canonicus Hupert dem St. Gereonsstift 1259 seinen Hof zu Merheim, sich selbst den lebenslänglichen Niessbrauch, nach seinem Tode seinem Bruder die Hälfte der Einkünfte vorbehaltend [7]). Zu Gunsten der Abtei Brauweiler verzichtet Walram von Jülich auf mehrere Rottzehnten [8]). Gerhard von Steinhaus macht eine Schenkung an die Cistercienser zu Camp, zu welchen sein Sohn sich begeben hat, „um Frucht des bessern Lebens zu bringen" [9]). Auch der Bauernstand ist vertreten. Berwin und Winlief von Butzheim übergeben 1253 die Güter, welche sie vom domstiftischen Frohnhof zu Gohr besitzen, unter Vorbehalt der Nutzniessung an die Abtei Altenberg [10]), desgleichen 1258 die Beghine Eufemia von Butzheim ihre Güter zu Butzheim und Nettesheim gegen eine lebenslängliche Rente [11]); im folgenden Jahre schenken Udo und Mechtild der Abtei einen Wald [12]).

Häufig tritt die Schenkung in der Form der Memorienstiftung auf. Graf Adolf von Berg überweist 1249 zum Jahrgedächtniss seiner Eltern an Altenberg neun Mark Rente vom Hofe zu Barmen [13]); ein clevisches Jahrgedächtniss wird im gleichen Kloster vom Grafen Dietrich 1260 mit 500 Mark gestiftet, bis zu deren Zahlung er 100 (?) Mark Einkünfte anweist [14]). Zum Seelgedächtniss ihres Gatten Heinrich schenkt 1249 die Gräfin Mathilde von Sayn an St. Cunibert einen Weinberg zu Honnef [15]). Walram von

[1]) Lac. 2, 131, wo im Regest Juli 16 statt Juli 26 steht. Bestätigung Konrad's R 65.
[2]) Lac. 2, 187. — [3]) Ebend. 208. — [4]) Brewer, Vaterländ. Chronik 1826, 282.
[5]) Lac. 2, 254. — [6]) Ebend. 206. — [7]) Ebend. 267.
[8]) Kremer, Beiträge 3, Nr. 91.
[9]) Alfter'sche Urk.-Samml. 15, 133. Datirt 1254 5. fer. post pentec.
[10]) Lac. 2, 211. — [11]) Ebend. 244. — [12]) Ebend. 265. — [13]) Ebend. 186.
[14]) Ebend. 276. — [15]) Ebend. 183.

Montjoie nebst Mutter und Gemahlin übergeben 1252 dem Kloster Reichstein den Zehnten des Hofes zu Geleen [1]). Gerhard Vogt von Köln stiftet 1256 sein Jahrgedächtniss im Dom mit einer Mark Rente [2]), der Priestercanonich Johann übergibt 1246 dem Dom sein Haus in der Trankgasse und einige Renten [3]), Goswin und Rether 1253 dem St. Apostelstift drei Morgen Land unter Vorbehalt des Niessbrauchs [4]). Bruno Buntebart und seine Frau verschreiben einen Zins von sechs Schillingen: jährlich zwei Mal sollen 18 Capläne von Köln zur Feier der h. Messe in der St. Mathiascapelle zusammenkommen; wer erscheint, erhält zwei Denare, der Rest ist für die Armen [5]); ähnlich bestimmen die Treuhändler des Pfarrers von St. Johann einen Zins für 12 Kölner Pfarrer [6]).

Vereinzelt begegnet auch noch Uebergabe von Eigenleuten an Kirchen zum Verhältniss der Wachszinsigkeit [7]). So übergibt 1255 Graf Wilhelm von Jülich einen Hörigen als Wachszinsigen dem Dom [8]). Von besonderm Interesse ist eine Urkunde der drei Brüder von Alfter von 1259, welche vor dem Altar der h. Jungfrau zu Eppinghoven drei Brüder und fünf Schwestern zu Neuss der Leibeigenschaft entlassen und dem Kloster zu Cerocensualen-Recht überlassen, „in der Hoffnung des Gotteslohnes und besonders, weil Niemand, mit Ausnahme des Schöpfers aller Dinge, ein ähnliches Geschöpf sich zueignen soll" [9]). Vor den Kölner Schöffen werden die Brüder Konrad und Ludolf als Eigenleute vom Herzog Heinrich von Limburg angesprochen, aber der Anspruch zurückgewiesen, weil sie Wachszinsige von S. Maria in capitolio mit einem Jahreszins von zwei Denaren sind, worauf der Herzog sich fügt [10]).

Konrad selbst besass keine freigebige Hand. Den Cisterciensern zu Altenberg schenkte er 1251 (R 311) den Petersberg zu Rhense, den Dominicanerinnen zu Paradies bei Soest überliess er 1256 (R 425) einige Güter, die ihm doch nichts abwarfen. Dazu kommen noch Urkunden über Abgabenbefreiung aller oder einzelner Güter für die Klöster und Stifter Camp (R 227), Brauweiler (R 397), Rommersdorf (R 285. 387), Münstereifel (R 168), Marienforst (R 225) und Marienthal (R 488), die Verleihung der Holzung und Eichelmast für einen Hof der Abtei St. Pantaleon (R 355), einer Schaftrift und eines Zehntens an die Cistercienserinnen von Gnadenthal (R 302. 303), Ueberweisung von Neubruchszehnten an St. Ursula zu Köln (R 20), Schillingscapellen (R 205), Kloosterrade (R 219), Brauweiler (R 69. 185) und Zyfflich (R 378): das ist so ziemlich alles, was wir über

---

[1]) Lac. 2, 204. — [2]) Ebend. 230.
[3]) Quellen 2, 250. — [4]) Ebend. 332. — [5]) Ebend. 404. — [6]) Ebend.
[7]) Eine Urk. des Stifts S. Maria in capitolio von 1257 (Quellen 2, 374) zählt sechs Cerocensualen auf. Jede erwachsene Person zahlt jährlich zwei Denare; für die Heirathserlaubniss werden sechs Denare entrichtet; bei Todesfällen gehört dem Stift das Besthaupt oder das beste Kleid.
[8]) Quellen 2, 353. — [9]) Lac. 2, 270. — [10]) Alfter 26, 154. Am Rande: c. a. 1261.

Aeusserungen seiner Freigebigkeit für kirchliche Institute während mehr als zwei Jahrzehnten wissen. Erwähnung verdienen einzelne Fälle, wo er zu ihren Gunsten gegen seine Amtleute einschritt. So ermächtigte er das Stift Geseke, einige ihm durch seinen westfälischen Marschall entzogene Gefälle wieder zu erheben (R 110), und den Cisterciensern von Camp gab er Güter und Rechte zurück, die seine Amtleute zu Rheinberg ihnen entzogen hatten (R 342).

Weit überwiegend sind Konrad's kirchliche Gunstbriefe derartig, dass ihm selbst daraus kein Opfer erwächst. Mehrere Ablass-Urkunden für Kirchenbauten wurden bereits erwähnt; andere Urkunden enthalten ein Schutzversprechen, Bestätigungen, oder verleihen Ablass für den frommen Besuch einer Kirche oder für Beiträge an kirchliche Stiftungen ohne specielle Angabe der Verwendung, so für St. Peter zu Köln (R 103), für St. Walburg bei Soest (R 455), für die Cistercienser zu Bredelar (R 59), für die Cistercienserinnen zu Drolshagen (R 98), Roermonde (R 112. 459), Ter Hunnepe (R 125) in der Diöcese Utrecht, Rengering (R 408), für die Deutschherren zu Utrecht und Schaluinen (R 199), für die Hospitäler zu Andernach (R 264. 325) und zur h. Maria Magdalena in Köln (R 134), abgesehen von mehrern bereits angeführten Urkunden dieser Gattung, die er als päpstlicher Legat ausstellte [1]). Zu Beiträgen für den Zufluchtsort der Aermsten der Armen, das Leprosenhaus bei Köln, hat er immer und immer wieder gemahnt (R 126. 128. 181. 189) [2]). Nach dem Zahlenverhältniss der Urkunden zu schliessen, scheint er ein besonderer Gönner des Cistercienserordens gewesen zu sein. Diesem gehören auch die Klöster Marienhof (? de curia s. Mariae) zu Bautershoven bei St. Trond [3]), Marienfeld (Münster), Lockum (Meissen), Rengering und Ter Hunnepe (Utrecht) an, deren Schutz ihm von den Päpsten Gregor, Innocenz und Alexander anempfohlen wurde [4]). Innocenz betraute ihn ferner mit dem Schirm des Prämonstratenser-Klosters Koningsveld bei Delft und empfahl ihm wiederholt den Minoritenorden [5]), Alexander sprach ihm für das den Minoriten der Kölner Provinz bewiesene Wohlwollen seinen Dank aus und empfahl ihm 1260 das Kloster zu Vlotho [6]). Beigefügt sei bei dieser Gelegenheit, dass Konrad in den vierziger Jahren den Bau der Beghinenkirche St. Christoph zu Lüttich (R 68), der herrlichen Liebfrauenkirche zu Trier (R 94) und die Restauration des abgebrannten Klosters Corvey (R 83) durch Aufforderung zu Beiträgen unterstützte und 1245 (R 127. 130) die Abteikirche von St. Maximin bei Trier einweihte.

---

[1]) Vgl. oben 29.

[2]) Auch P. Innocenz hat dasselbe durch zahlreiche Gunstbriefe gefördert. Potthast 12662. 12675. 12676. 12681. 12682.

[3]) Schlechter Abdruck bei Wolters, Notice hist. sur la commune de Rummen (Gand 1846) 357.

[4]) Potthast 11735. 13870. * 16083. 16780.

[5]) Ebend. 14736. 11549. 11942. — [6]) Ebend. 16349. * 17959.

In sehr weitgehender Weise wurde unter Konrad das Interesse der grössern kirchlichen Institute gefördert durch Incorporation von Pfarreien. Auf das Domcapitel ging 1243 das Patronat der Pfarreien Odenkirchen, Richrath und Menden über, welches bisher die Erzbischöfe besessen hatten (R 86); 1253 kam noch Loverich hinzu (R 349. 350). Bei eintretender Vacanz hatte der Domdechant eine geeignete Persönlichkeit zur Verwaltung der Pfarrstelle einzusetzen und ihr einen genügenden Theil der Einkünfte zu überweisen, während der Rest an das Capitel floss. Das gleiche Recht verlieh Konrad 1254 dem St. Apostelstift bezüglich der Pfarrkirchen zu Lechenich und Wipperfürth (R 366); 1260 wurde ihm die Präsentation für Lechenich nochmals ausdrücklich zuerkannt (R 503). 1239 beschloss das St. Ursulastift, die Pfarreien von Pier, Kelz und Rhense im Erledigungsfalle zu incorporiren [1]); 1248 wurde demselben die Pfarrkirche zu Kelz, bisher Patronat der Aebtissin, unirt (R 206. 229); der Pfarrer hatte jedoch jährlich nur 60 Malter Weizen und an die Aebtissin ein Malter und 12 Denare (R 207) zu entrichten. Inhaber der Kirche war damals der Dompropst Heinrich von Vianden, der später als Bischof von Utrecht Verzicht leistete [2]). Im Juni 1246 wurden der Abtei St. Pantaleon ihre Patronatspfarreien Süchteln, Niederembt und Elsdorf unter der Verpflichtung der Anstellung von vicarii perpetui mit genügendem Unterhalt incorporirt [3]). 1254 incorporirte der Cardinallegat Petrus der Abtei St. Martin die Kirche zu Soller [4]). Auf seinen Antheil am Patronat der Kirche zu Erp verzichtete der Erzbischof 1260 (R 506) zu Gunsten des Domcapitels. Das St. Cunibertsstift fasste 1255 (R 399) den Beschluss, seine drei Patronatspfarreien Rheinberg, Dinkern und Büderich nicht mehr durch Stiftsherren, sondern durch andere Geistliche versehen zu lassen. Ausserhalb Köln's erhielten: Schillingscapellen die Kirche zu Esch (R 205), Sterkrade das Patronat der Kirche daselbst, welches bisher im Besitz der Edelfrau Mathilde von Holte gewesen war (R 390), Gladbach die dortige Pfarrkirche [5]), deren Verwalter übrigens nach spätern Verträgen die gesammten Einkünfte bezog und der Abtei nur einen mässigen Geldbetrag entrichtete [6]). Bedbur bei Cleve von Echternach die Kirche zu Kellen in der Diöcese Utrecht, wobei die Bedburer Prämonstratenser von Konrad als Legaten die Erlaubniss erhielten, nur einen anstatt der Ordensregel gemäss zwei Mönche als Pfarrverwalter dorthin zu schicken (R 232. 247. 248), das Krankenhaus von Echternach die Pfarrei Rinderen (R 27), die Abtei Cornelimünster die Kirchen von Kumptich (R 81. 238), Bergheim und Cornelimünster (R 438), das Bonner Stift

---

[1]) Crombach, Annal. Col. 3, 930. (Hdschr. im Köln. Stadtarchiv.)
[2]) Alfter'sche Urk.-Samml. 21. 105.
[3]) R 150. Bestätigt von P. Innocenz 1248 Oct. 9. Potthast 26422.
[4]) Lac. 2. 219.
[5]) R 87. 129. Bestätigt von P. Innocenz 1245 Febr. 16. Potthast 26314.
[6]) Lac. 2. 143 und Note.

Dietkirchen die Pfarrei Antweiler (R 344), Siegburg die Pfarreien Wiss-
kirchen und Gimnich (R 391. 392), Burtscheid die dortige St. Michaelskirche
(R 328), Gräfrath von der Edelfrau Jutta von Hückeswagen das Patronat
der Kirche zu Honrath (R 485), Kappenberg vom Grafen von der Mark
das Patronat der Kirchen von Mark und Hamm (R 368), Steinfeld von
Konrad das Patronat zu Keldenich (R 528), Reichstein von Walram von
Montjoie das Patronat zu Kuchenheim (R 466). Die Pfarrei Obermörmter,
früher Patronat des Xantener Stiftes, wurde der dortigen Dechanei incorporirt
(R 463). Heinrich von Heinsberg schenkte den Heinsberger Prämonstratenserinnen das Patronat der Kirche zu Brachelen [1]), dem St. Gangolphs-
stift zu Heinsberg die dortige Pfarrkirche nebst den Kapellen zu Kirchhoven
und Kempen [2]). Das Patronat zu Crefeld wurde 1260 durch schiedsrichter-
lichen Spruch der Abtei Meer zuerkannt (R 501). Endlich sprach Konrad
als Legat dem Heiligenstadter Stift die Kirchen der dortigen Alt- und
Neustadt (R 258), der Abtei St. Trond die Kirche von Welveren zu (R 252),
und bestätigte ihr die Incorporation der Kirche zu Donck (R 253); auch
soll er nach zwei allerdings zweifelhaften Urkunden 1242 (R 76) dem Stift
zu Zyfflich die Kirche zu Wichem incorporirt haben.

Man könnte geneigt sein, auf das in den Incorporations-Urkunden häufig
geltend gemachte Motiv unzureichender Pfründen als stehende Redensart
wenig Gewicht zu legen. Aber mehrfach drücken sich die Urkunden doch mit
einer solchen Bestimmtheit aus, dass man trotz aller Schenkungen an finanzielle
Nothstände der kirchlichen Institute sehr wohl glauben kann. Bitter klagt
1240 Papst Gregor in einem Schreiben an Konrad und seine Suffragane,
vieler Orten werde die kirchliche Strafgewalt derartig verachtet, dass kaum
Jemand sich finde, der die Ordensleute vor Raub und Unbilden schütze [3]).
„Wir haben," heisst es in einer Urkunde Heinrich's von Heinsberg [4]), „in
unserer Kirche St. Gangolph einen grossen und unerträglichen Mangel an
Kirchengeräthschaften, Büchern und Gebäulichkeiten bemerkt. Die Kanonichen
können kaum für ihren Unterhalt sorgen, und in Folge dessen geht die
Kirche der pflichtmässigen Gedächtnisse und Gottesdienste verlustig." Das
Kloster St. Pantaleon hatte „in Folge des Krieges (zwischen Köln und Jülich
1242) unersetzlichen Schaden an manchen seiner innerhalb der Diöcese
belegenen Güter erlitten, so dass es nicht mehr in der frühern löblichen
Weise Gastfreundschaft üben und den Bedürftigen Unterstützung reichen
konnte" (R 150). Gemäss spätern Nachrichten sank die Klosterzucht unter
Abt Heinrich IV. (1230—42) durch das Ueberwiegen des adeligen Elementes.
Die Pfründen hätten nicht mehr ausgereicht und Abt Hermann sich genöthigt
gesehen, durch päpstliche Bulle die Zahl der Mönche auf 50 beschränken

---

[1]) Lac. 2, 151. — [2]) Ebend. 2, 214.
[3]) Wolters, Notice hist. sur la commune de Rummen 357.
[4]) Lac. 2, 214.

zu lassen [1]). 1225 wird das andere Benedictinerkloster der Stadt, St. Martin, unter verarmten Abteien dieses Ordens genannt [2]). Im December 1239 klagen Aebtissin und Convent von St. Ursula, während des Krieges zwischen dem Erzbischof und dem Herzog von Limburg seien die Höfe des Stifts durch Brand, Raub und Schatzung derartig verwüstet worden, dass wegen Mangels der Einkünfte die gottesdienstlichen Verrichtungen nicht bestehen könnten [3]). In Gladbach waren „die Gebäulichkeiten in Folge des Alters so verfallen, dass die Brüder dieselben nicht herstellen konnten, da ihre Mittel zu dieser kostspieligen Arbeit nicht ausreichten" (R 87). Burtscheid hatte, wie schon erwähnt, schwer durch die Belagerung von Aachen gelitten. Steinfeld war verschuldet (R 528), und auch aus dem reichen Trierischen Kloster Laach hören wir Klagen über Schuldenlast und unerträgliche Noth, welche zum Verkauf eines Theiles der Abteigüter zwinge [4]). Dem grossen Grund- und Renten-Besitz standen eben enorme Leistungen für Bauten, Cultuskosten, Hospitäler und Armenpflege gegenüber, und wenn „der Zustand des Landes schwierig und gefährlich" (R 206) wurde, so war der Vermögensfall rasch vorhanden. Auch wenn die Fehden ruhten, waren die Klöster und Stifter mancherlei Plackereien unterworfen. Die unter Engelbert dem Heiligen so laut erhobene Klage gegen die Kirchenvögte war noch nicht verstummt. 1245 beauftragte Papst Innocenz [5]) den Erzbischof, mit Bann und Interdict vorzugehen gegen „einige Barone und Edele seines Landes, welche, unter dem Vorwande der Vogtei über die Rottzehnten der Kirchen willkürlich verfügend, dieselben derartig mit ungerechten Schatzungen beschweren, dass ihr Vermögen fast ganz zu Grunde gegangen ist". 1246 wollten sogar die Kirchen der Stadt und Diöcese „wegen Wegnahme von Rottzehnten, ungewohnter Schatzungen, Verhinderung der kirchlichen Gerichtsbarkeit, Raub und anderer offenbarer Ungerechtigkeiten" den Gottesdienst einstellen, wobei als die Schlimmsten der Herzog von Limburg, die Grafen von Cleve und Jülich und des Letztern Bruder Walram genannt werden; jedoch erwirkte Konrad eine Frist, innerhalb deren er gegen die Kirchenbedränger die 1236 von Erzbischof Heinrich aufgestellten Bestimmungen [6]) anzuwenden versprach (R 139). 1249 schritt Konrad gegen Beschränkungen der Oblationen in der Domkirche zu Osnabrück durch die Stadt ein (R 243). Zu Anfang der fünfziger Jahre wurden einige Ministerialen der Osnabrücker Kirche wegen Gewaltthätigkeiten gegen dieselbe von Konrad gebannt, störten sich aber nicht daran, so dass Konrad den Bischof von Minden zum Einschreiten auffordern musste (R 295). 1253 wird ein Kölner Bürger wegen widerrechtlicher Aneignung von Einkünften des St. Gereonsstifts von Konrad mit Kirchenstrafen bedroht (R 346). 1254 ernannte Papst Innocenz auf Konrad's Klage über die Bedrückung der Kölnischen Kirche durch Walram

[1]) Thomas, Gesch. der Pfarre St. Mauritius (Köln 1878) 96.
[2]) Caesar. Heisterb. Homil. 3, S. 97. — [3]) Quellen 2, 196.
[4]) Mittelrhein. Urk. 3, 974. — [5]) Lac. 2, 153. — [6]) Anlagen 3.

von Limburg und Gerhard von Wassenberg Commissarien, um die Verklagten durch kirchliche Censuren zur Pflichterfüllung zu vermögen [1]). Im folgenden Jahre wurde gegen die Ansprüche des Grafen von Berg und Walram's von Jülich auf den Rottzehnten das Einschreiten des Papstes Alexander angerufen, auch Klage geführt, dieselben weigerten sich, für die während des Krieges mit Konrad vorgefallenen Verwüstungen den Kirchen der Diöcese Genugthuung zu leisten. Alexander ernannte den Scholaster von Strassburg zum Commissar [2]), und schon einen Monat darauf versprach Walram dem St. Ursulastift Ersatz (R 398). „Viele von der Geistlichkeit und aus den Klöstern," klagt die Beschwerdeschrift, „führen aus Mangel an Unterhalt fern von ihren Kirchen ein jämmerliches Leben, Nonnen wenden sich, vom Hunger getrieben, unerlaubten Dingen zu, und die Kirchen gehen der pflichtmässigen Dienste verlustig." Dass Konrad übrigens auch selbst die Kirchen seines eigenen Bisthums, und während seiner Legation auch fremder Diöcesen, nicht ohne Widerspruch, in Anspruch nahm, dass er die kirchlichen Institute als seine besten Steuerzahler auch zu rein weltlichen Zwecken behandelte, wurde schon an anderer Stelle [3]) ausgeführt. Gerade er hatte schwerlich Berechtigung, zu einer Zeit, wo er mit dem päpstlichen Stuhle nicht auf dem besten Fusse stand, auf das römische Besteuerungssystem anzuspielen [4]).

Zweites Capitel.

Disciplin und Cultus.

Für das innere Leben der geistlichen Corporationen sind wieder die Urkunden unsere nahezu einzigen Führer. Dass in ihnen das Unerfreuliche, die Abweichung von der Regel stark hervortritt, liegt in der Natur der Sache; angenehm aber berührt die Wahrnehmung, dass man sich in den vorhandenen Missständen nicht häuslich einrichtete, sondern ihnen unter offenem Eingeständniss des Uebels scharf zu Leibe ging. Klar erkannte man besonders die Gefahr völliger Verweltlichung, welche den grossentheils aus nicht priesterlichen Mitgliedern bestehenden Collegiatstiftern drohte. Mehrere Kölner Stifter trafen mehr oder minder eingehende Bestimmungen

---

[1]) Seibertz, Landes- und Rechtsgesch. des Herzogth. Westfalen 3, 112 Note.
[2]) Potthast 15990. 15991. — [3]) Vgl. oben 15. 21. 30.
[4]) Pretextu subventionum Romane ecclesie quas solvistis. R 344.

über die Verwaltung der Pfründen, so St. Gereon Ende der vierziger Jahre [1]), St. Aposteln 1248 [2]), St. Maria ad gradus 1251 [3]). In einer mit Zustimmung des Capitels getroffenen Verfügung des Erzbischofs [4]) von 1247 wird festgesetzt, dass bei Erledigung von Domprälaturen die Treuhändler des Capitels bis zum nächsten St. Margarethentag die Verwaltung der Temporalien führen, auch auf den zur Prälatur gehörigen Höfen die Gerichtsbarkeit üben und die betreffenden Emolumente einziehen sollen. Der neue Prälat dagegen tritt sofort in die geistlichen Rechte und Pflichten seines Vorgängers ein, geniesst die aus gewissen Functionen fliessenden Emolumente, sowie die Dienste der Vasallen und die auf Vasallenrecht beruhenden Einkünfte, kann sich auch von den Hofleuten den Eid leisten lassen. 1246 beschloss das Capitel von St. Aposteln [5]), dass Präbendare, welche sich ohne Urlaub des Dechanten entfernen oder den gewährten Urlaub unbefugter Weise überschreiten, von der Pfründe suspendirt und erst nach vorgängiger Genugthuung in den Genuss derselben wieder eingesetzt werden sollten. Ein anderer Capitelsbeschluss [6]) von 1248 bestimmte, Präbendaren, welche nicht im vollen Besitz ihrer Pfründe seien, solle nur ein Präsenzgeld von zwei Denaren gereicht werden. Das Damenstift von St. Ursula beschloss 1239, nur Priester zu Canonichen zu wählen [7]). Im Stift St. Maria ad gradus wurde 1251 die Bestimmung getroffen, dass stets mindestens vier (oder fünf) Canonichen dem geistlichen Stande angehören müssten (R 265). Ein arg verweltlichtes Stift war Huckarde bei Dortmund, welches in geistlichen und weltlichen Dingen dem Kölner Domcapitel unterworfen war. Schon 1207 hatte letzteres ein Mandat Innocenz' III. gegen die nicht Residenz haltenden Stiftsherren erwirkt [8]). 1243 klagt es [9]), durch Ungleichheit der Pfründen, sowie durch den Umstand, dass die Canonichen weitab vom Stifte wohnten, sei die Zucht verfallen. Der Propst möge allen abwesenden Pfründnern eine peremtorische Frist von sechs Wochen stellen, innerhalb deren sie erscheinen und ihre Pfründen persönlich verdienen sollten. Auch sollen sie in Zukunft sämmtlich, mit Ausnahme des Propstes, in Huckarde wohnen müssen. „Da ferner," heisst es weiter, „die Canonichen zuweilen mit Jungfrauen und selbst mit Wittwen Ehen zu schliessen pflegen, so verordnen wir, dass Jeder, der eine Ehe schliesst, ohne Weiteres seiner Pfründe verlustig gehe. Falls aber Jemand rechtmässig verheirathet ist und seine Frau will nicht von ihm gehen, dessen Pfründe soll gleichfalls einem Andern übertragen werden." Im Juni 1257 kam es zu einer Auseinandersetzung zwischen Propst und Capitel zu Soest. Die Einkünfte von acht Höfen wurden getheilt und unter Beseitigung des „ungebührlichen und vernunftwidrigen" Umstandes, „dass Jemand Prälat sei in einer Kirche, ohne

[1]) Quellen 2. 259. 287. — [2]) Ebend. 276. — [3]) Ebend. 305.
[4]) Anlagen 6.
[5]) Quellen 2. 248. — [6]) Ebend. 2. 276.
[7]) Crombach, Annales 3, 930. — [8]) Anlagen 1.
[9]) Anlagen 5.

eine Pfründe an derselben zu besitzen," bestimmt, der jedesmalige Propst solle zum Canonicus und Bruder des Stifts gewählt werden (R 438. 440). Damals wurden auch die unerträglichen Soester Pfarrverhältnisse reformirt. Bitter klagt Konrad: „Gewachsen ist in Soest die Menge des Volkes; aber obwohl dasselbe nach Pfarreien vertheilt ist, wird es nicht in getrennter Sorge durch Hirten geleitet, nicht einmal durch dauernde Vicare, sondern durch Miethlinge und Jährlinge (conductos et annales), wie es die Hirten der Pfarreien zur Gefahr der Seelen und zum Aergerniss des geistlichen Standes thun" (R 439). In Zukunft solle der Propst für jede der sechs Pfarreien einen bestimmten Canonicus von St. Patroclus präsentiren, der entweder Priester sein oder bei Verlust der Pfründe binnen Jahresfrist sich zum Priester weihen lassen müsse. Auch in Kempen hat Konrad für bessere Regelung der Pfarrverhältnisse Sorge getragen, indem er 1250 (R 281) den Bürgern verbriefte, Niemand solle dort als Pfarrer zugelassen werden, der nicht Residenz halte. Auch wies er das St. Cunibertsstift an, seinen Canonicus Volquin abzuberufen, welcher vom Stift die Pfarrei Rheinberg erhalten hatte, aber sich als gänzlich untauglich erwies und ein ärgerliches Leben führte (R 406). In Attendorn dagegen übertrug er auf päpstliches Mandat die Pfarrei einem Verwandten seines Getreuen Gotfrid von Meschede, welcher noch nicht das erforderliche Alter besass und deshalb einen Vertreter stellen musste (R 254).

Im December 1252, zu einer Zeit, wo päpstliche Privilegien für die Kölner Bürger sich drängten, wahrscheinlich unter Umständen besonderer Art, erliess der Cardinallegat Hugo bemerkenswerthe Verordnungen über das Verhältniss der Kölner Pfarrer zu ihren Pfarrkindern, durchaus zu Gunsten der Letztern [1]). Dieselben können sich nicht nur in ihrer Pfarrkirche, sondern auch in loco magis religioso beerdigen lassen, und in ihren Familiengräbern darf keine fremde Leiche beigesetzt werden. Die Pfarrer sollen keine aussergewöhnlichen Feiertage verkünden, auch nicht Bäcker, Brauer und Müller in Strafe nehmen, welche an Feiertagen — ausgenommen Weihnachten, Ostern, Christi Himmelfahrt, Pfingsten, die Marientage, St. Peter und Paul — unaufschiebbare Berufsarbeiten verrichten; ferner nicht Pfarrgenossen ohne vorherige canonische Mahnung excommuniciren und nicht gegen sie Richter in eigener Sache sein. Ehen dürfen nur nach öffentlichem Aufgebot eingesegnet, Laien nicht innerhalb der Kirchen begraben werden. Will ein Pfarrkind verreisen, so soll ihm auf Ersuchen der Pfarrer wenn möglich eine Frühmesse lesen lassen [2]); für Taufe, Oelung und Aussegnung der Wöchnerinnen soll er nichts nach Uebereinkommen fordern (ne aliquid ex pacto exigant, also vermuthlich nichts mehr als die regelmässigen Gebühren). Einen andern Beschwerdepunkt der Laien bildete der Umstand, dass kirchliche

---

[1]) Quellen 2, 330.
[2]) Statt monemus ne ist doch wohl monemus ut zu setzen.

Institute mit dem Ertrag ihrer Weinberge Kleinschank trieben. Er bildet einen der städtischen Klageartikel von 1258 [1]), und zwar wird dem Erzbischof selbst Schuld gegeben, dass er die Errichtung „öffentlicher Tavernen" zulasse. Konrad erliess ein Verbot bei Strafe des Bannes, welches jedoch wenig beachtet wurde und 1260 auf Wunsch des Erzbischofs von Papst Alexander eingeschärft werden musste [2]).

Die rechtliche Stellung der Geistlichkeit, namentlich dem Erzbischof gegenüber, wurde erheblich verbessert durch Konrad's Privilegienbrief vom 19. Januar 1248 (R 188), offenbar die Gegenleistung für die Summe, welche ihm der Klerus zu dem auf den gleichen Tag fallenden Ankauf von Waldenburg bewilligte. Anscheinend unter Verzicht auf entgegenstehende päpstliche Vollmachten, stellte der Erzbischof die frühern Bestimmungen über die Gnadenjahre und die Verwendung gewisser Pfründen für die Kirchenfabriken wieder her und gewährte den Canonichen das Recht, selbst oder durch ihre Treuhändler frei über ihr Eigenthum zu verfügen. Die Stiftskirchen erhalten freie Besetzung der Prälaturen wie der einfachen Beneficien gewährleistet; bekommt der Erzbischof päpstliche Mandate in Pfründensachen, so wird er die Geltendmachung von Rechtsmitteln gegen dieselben nicht behindern. Dann folgen Einzelbestimmungen über Bann und Interdict gegen solche, die sich an kirchlichen Personen und Gütern vergreifen Die Pfarrer dürfen durch Dominicaner, Minoriten und sonstige Ordensleute bei Testamenten, Beichthören, Begräbnissen und in ihren sonstigen Rechten nicht beeinträchtigt werden. Die Inhaber weltlicher Gerichtsbarkeit innerhalb der Diöcese sollen die Ausübung der kirchlichen Gerichtsbarkeit und die Vollstreckung geistlicher Urtheile nicht hindern, auch den Missbrauch aufgeben, dass geistliche Personen oder Corporationen, die in ihrem Gebiet begütert sind, bei der Klage eines Laien vor dem weltlichen Gericht Rede zu stehen haben, im Falle des Nichterscheinens aber ihrer Güter verlustig gehen. Schliesslich versprach der Erzbischof, er werde sich in Zukunft keine (päpstliche) Vergünstigung zum Nachtheil der Geistlichkeit ertheilen lassen, weder bezüglich einer Geldunterstützung noch bezüglich der Vergebung von Pfründen. In einer weitern Urkunde von 1250 [3]) hat er dann die Prioren der Stadt und Diöcese förmlich zu selbständiger Ausführung dieser Statuten bevollmächtigt, und zwar sollen in allen Einzelfällen die gerade in Köln anwesenden Prioren die betreffende Bestimmung sofort vollziehen, ohne ihre abwesenden Collegen zu erwarten. Es war das Siegel auf die Magna Charta der Geistlichkeit, die ein leeres Wort bleiben konnte, so lange die Ausführung in der Hand eines durch sie beschränkten Erzbischofs lag.

Einen guten Einblick in das Leben der Collegiatstifter, zunächst allerdings in die Gebrechen derselben, gewähren die am 12. März 1261 von

[1]) Punkt 21 der städtischen Beschwerden. Lac. 2, 248. Quellen 2, 388.

[2]) Potthast 17808.

[3]) Anlagen 7.

Konrad in vierzehn Artikeln veröffentlichten Statuten (R 519) ¹). „Als wir,"
beginnt dieses umfangreiche Actenstück, „dieser Tage durch die Pforte der
Visitation den unserer Sorge anvertrauten Acker des Herrn betraten, haben
wir über Erwarten viel Unkraut anstössiger Dinge gefunden. Bei manchen,
ja bei gar vielen Klerikern begegnete uns offenes Zusammenleben mit Frauen,
und unpassende Kleidung; bei einigen auch verwerfliche Handelschaft, und
bei vielen, die wir für Geistliche nur dem Namen nach erachten, Mangel der
Wissenschaft." An erster Stelle wird dann bestimmt, Verletzer der Keuschheit sollten eingesperrt werden und ausserdem, worüber der Erzbischof sich
Weiteres vorbehält, besondere Genugthuung leisten für den Missbrauch mit
Kirchengut, „dem Erbtheil Jesu Christi". Bitter wird geklagt, dass Viele
bis zum Lebensende in der Sünde verharren, noch auf dem Todesbette
kirchliches Eigenthum ihren Kindern aus unerlaubter Verbindung verschreiben
„und so noch tiefer in die Schuld vor Gott sich verstricken". Für Handelschaft der Geistlichen, die „fast gleich ist dem Wucher bei Laien", sind
die Straf-Bestimmungen die gleichen. Von denjenigen, welche aus Mangel
an Kenntnissen den Kirchendienst in Singen und Lesen nicht leisten können,
wird nur gefordert, dass sie sich nach Verfügung des Dechanten durch eine
taugliche Persönlichkeit vertreten lassen. Dann wird auf Beibehaltung der
Tonsur und standesmässige Kleidung gedrungen, namentlich sollen die zu
Priestern Geweihten geschlossene Oberkleider tragen. Andere Bestimmungen
beziehen sich auf die Kleidung der Priester und Canonici beim Gottesdienst
und sonstige Aeusserlichkeiten des letztern. Die Nachlässigkeit im Kirchendienst entstehe, so wird weiter ausgeführt, hauptsächlich dadurch, dass manche
Stifter keine Schlafsäle besitzen oder dass die vorhandenen nicht benutzt
werden, oder dass man versäume, auf der Capiteltafel die Lectionen und
Gesänge zu verzeichnen und im Capitel die Sterbetage der Gläubigen zu
verlesen, deren Gedächtniss doch Jeder begehen müsse, der von Almosen
lebt. In einigen Stiftskirchen würden die Vigilien für die Verstorbenen nur
dann gesungen, wenn Präsenzgelder gezahlt werden. Man solle sich hier an
den löblichen Brauch der Kölner Domkirche halten, und regelmässig, mit

---

¹) Diese Artikel beziehen sich lediglich auf den Stiftsklerus, der bekanntlich nur zum
Theil dem Priesterstande angehörte, die sonstige Geistlichkeit wird nur ganz gelegentlich
erwähnt. Am Schluss heisst es ausdrücklich, jedes Stift (collegium) solle ein Exemplar
erhalten. Die Statuten als Beschlüsse einer Provincialsynode zu bezeichnen, wie in
vielen Ausgaben geschieht, ist nicht allein willkürlich, sondern entschieden falsch. Schon
die einleitenden Worte schliessen diese Annahme aus: es ist undenkbar, dass Konrad die
Beschlüsse einer Provincialsynode lediglich in eigenem Namen und als Ergebniss einer
einfachen Visitation verkündigt haben sollte. Bereits Hefele, Conciliengesch. (Ausg. von
1867) 6, 53 hat die Existenz dieser Synode bezweifelt. Mehrere Handschriften (Dom-
archiv n. 132. 133) haben die Ueberschrift: Incipiunt capitula statutorum ecclesie
Coloniensis a b. m. Conrado archiepiscopo edita, von einer Synode kein Wort. Zum
Ueberfluss steht auch noch fest, dass wirklich, aber erst am 13. Mai 1261, ein Provin-
cialconcil stattgefunden hat, dessen Beschlüsse leider verloren sind. Vgl. R 521. 523.

Ausnahme der Feste, feierlich die Vigilien mit dem Officium für die Verstorbenen singen. Hierauf haben sich Dechant und Brüder in das Capitelshaus zu begeben; hier wird zunächst die Capitelstafel, dann die Gedächtnisstage und ein Abschnitt über Regel und Leben der Geistlichen gelesen; erst dann dürfen Disciplinarsachen und erst nach diesen sonstige Angelegenheiten zur Verhandlung gelangen. Die Dechanten, welche noch nicht Priester sind, haben sich in den vorschriftsmässigen Zwischenräumen die heiligen Weihen ertheilen zu lassen und gleichwie die Scholaster und Cantoren Residenz zu halten. Der an einer Kirche bestehende Missbrauch, dass der Dechant vom Chordienst frei bleibt, ist zu beseitigen. Niemand darf Scholaster an zwei Kirchen zugleich sein. Die königlichen, bischöflichen und Propstei-Capläne müssen die Weihen besitzen und Residenz halten, falls sie nicht im Dienst ihrer Herren beschäftigt sind oder die Geschäfte der Kirche ihre Abwesenheit fordern; auch sollen sie assistiren, wenn der Erzbischof celebrirt. Dechanten, Scholaster, Chorbischöfe oder Cantoren und Kirchenpriester dürfen nicht königliche oder bischöfliche Capläne sein. Letztere stehen unter der Jurisdiction des erzbischöflichen Kanzlers. In einem besondern Artikel tadelt Konrad den Missbrauch, dass in einigen Stiftern sich keine gemeinsame Bäckerei befinde und man, anstatt das Pfründbrod zu vertheilen, das Mehl verkaufe: „dadurch nämlich geht an solchen Kirchen die Gastfreundschaft zu Grunde, da an ihnen kaum Jemand gefunden wird, der in der Immunitäts-Wohnung sein Brod verzehrt und den Dürftigen davon austheilt." Auch wird gerügt, dass einige Pröpste die Erträgnisse suspendirter Pfründen trotz der Suspension den betreffenden Geistlichen übergeben, anstatt dieselben vorschriftsmässig zur Reparatur des Kirchendaches oder, wo hierfür keine Auslagen zu machen sind, für den Kirchenschmuck zu verwenden.

Am gleichen Tage verkündete Konrad 28 Artikel für die Benedictiner seiner Diöcese. Dieselben bieten ein weit geringeres Interesse als die Statuten für die Stifter, da sie fast nur die Ordensregel umschreiben oder die allgemeinen kirchenrechtlichen Vorschriften über Enthaltsamkeit, Verzicht auf jedes persönliche Eigenthum, Simonie, Kleidung, Tonsur, Lager, Almosengeben, Speisen u. s. w. in Erinnerung bringen. Gelegenheit zu einem Urtheil über die Kölner Benedictinerklöster bieten sie in keiner Weise. Erwähnt sei die Bestimmung, dass die sämmtlichen Benedictiner-Aebte der Diöcese jährlich bei einem der beiden Kölner Klöster (St. Martin und St. Pantaleon) am Feste Kreuzerhöhung ein Ordenscapitel halten sollten, was schon 1236 Papst Gregor IX. angeordnet hatte[1]). Dass Konrad wiederholt Einmischungen der Ordens-Geistlichkeit in pfarramtliche Functionen untersagte, wurde schon erzählt[2]). Uebrigens ist über das Klosterleben zur Zeit seines Pontificates auffallend wenig bekannt. Sehr stark muss in Köln die Zahl der ohne bestimmte Ordensregel lebenden Beghinen gewesen sein. Ein englischer Zeit-

---

[1]) Quellen 2, 162. — [2]) Vgl. oben 113. 127.

genosse schätzt dieselbe, wohl übertrieben, auf mehr als tausend [1]). Der Cardinal-Legat Hugo, dem ihre Frömmigkeit sehr gerühmt wurde, stellte sie, unter Bestätigung ihrer bisherigen Privilegien, unter den Schutz eines Kölner Prälaten, der zugleich Vollmacht erhielt, über sie, im Fall des Ungehorsams gegen ihre Meisterinnen, die Disciplin auszuüben und ihnen nöthigenfalls das Beghinenkleid zu nehmen [2]). Auch Konrad nahm sich ihrer an, indem er bestimmte, dass sie von ihren Häusern den Pfarrern und Glöcknern ihrer Pfarrei nicht mehr zu entrichten brauchten, als die Schöffen oder andere Kölner Bürger zu entrichten pflegten [3]). In einer andern Urkunde fordert er die Meisterinnen auf, sorgfältig auf Erhaltung des guten Rufes und heiligen Wandels der Beghinen zu achten nach Rath und Weisung dès Priors und der Brüder vom Predigerorden zu Köln. Speciell möchten sie ihre Untergebenen vor verdächtigem Verkehr mit Männern und müssigem Umherlaufen behüten, Capitel-Versammlungen halten und nach Umständen strafen [4]).

Abgesehen von einzelnen Bestimmungen der Statuten von 1261, welche hauptsächlich den Chordienst betreffen, ist über Aeusserlichkeiten des Kirchendienstes nicht viel zu verzeichnen, und dieses Wenige bezieht sich fast ausschliesslich auf das Reliquienwesen. 1243 verlieh Konrad Ablass für Theilnahme an der Kölner Reliquien-Procession (R 95). Ein Theil vom Arme des h. Andreas wurde seitens des Stiftes zu Rees dem St. Andreas-Stift zu Köln übergeben [5]). Wiederholt werden unter Konrad Reliquien erwähnt, die man damals oder früher auf dem grossen Leichenfeld nördlich von der Römerstadt aufgefunden hatte und gewöhnlich als Reste der ursulanischen Gesellschaft betrachtete. So bezeugt 1256 der Kölner Machabäer-Convent, auf Veranlassung des Erzbischofs habe er dessen Stiefschwester, der Aebtissin Hymana von Georgenthal, den Körper einer der Gefährtinnen der h. Ursula, den man kürzlich gefunden, überlassen, unter der Bedingung, dass man in jedem geistlichen Hause, in welches der heilige Leib übertragen werde, den Namen des Erzbischofs auf ewige Zeiten der dortigen Gebets-Bruderschaft beischreibe (R 410). Im gleichen Jahre [6]) kam ein anderer Körper in das Sions-Kloster zu Prag, was jedenfalls in Zusammenhang mit Konrad's damaligem Besuch in der böhmischen Hauptstadt steht. Im April 1260 verschenkte das Benedictiner-Kloster zu Deutz auf Bitten des Erzbischofs und des Dom-Scholasters einen Theil seiner ursulanischen Reliquien, welche während des Krieges zwischen dem Erzbischof und der Stadt

---

[1]) Matth. Paris ed. Wats 696.

[2]) Quellen 2, 306. — [3]) Ebend. 270. — [4]) Ebend. 445.

[5]) Urk. des Dechanten Johann und des Capitels von Rees 1257 tertia Kal. apr. Abschrift nach dem Orig. in einem Actenheft (Nr. 331) des Pfarrarchivs von St. Andreas. Das Datum ist unmöglich, denn da 1257 Ostern April 8 und 1258 März 24 fiel, so hat das Jahr 1257 nach Kölner Rechnung gar keinen 30. März gehabt. Der Druck bei Gelenius de magn. Col. 292 lässt unklar, ob 1256 oder 1266 zu lesen ist.

[6]) Forts. des Cosmas Prag. Mon. Germ. SS. 9, 176.

im Kloster der Cistercienser zu Altenberg aufbewahrt worden waren, an verschiedene Personen. Altenberg erhielt 14 Leiber; vermuthlich sind sie einbegriffen in den 15 Körpern, von welchen eine Urkunde des Deutzer Abtes Johannes vom December 1260 spricht[1]). Um dieselbe Zeit bescheinigte Konrad (R 507), die Reliquien, welche dem Könige von Frankreich auf dessen Wunsch zugeschickt wurden, gehörten der h. Berga[2]) an, einer Genossin der h. Ursula und Tochter eines edeln britischen Grafen; durch göttliche Offenbarung entdeckt, sei der heilige Leib lange Zeit im Deutzer Kloster bewahrt worden und kürzlich, beim Brande desselben zur Zeit des Krieges, unversehrt geblieben. Wenige Monate später wurde eine Menge von Reliquien der Thebäer und der ursulanischen Martyrer dem Cistercienser-Prior Adam von Montroyal übergeben (R 512); als Schenkgeber werden genannt Propst Werner und das Capitel von St. Gereon, der Abt von Deutz, die Aebtissin von St. Walburg, des Erzbischofs Schwester, die Meisterin des Machabäer-Convents, die Nonne Hedwig daselbst und die Abtei Altenberg. Nach St. Trond führte, ebenfalls 1260, Abt Wilhelm Reliquien der 11000 Jungfrauen, der Thebäer und des h. Gereon[3]). Ausdrücklich werden grosse Ausgrabungen um diese Zeit erwähnt. Konrad's Schwestern, den Aebtissinnen Alcidis und Hymana, soll die h. Juliana († 1258) vorausgesagt haben, durch sie würden die heiligen Jungfrauen geehrt werden; nach dem Tode der Prophetin fanden sie auf dem Kirchhof von St. Ursula 500 Leiber[4]). Ein Theil derselben kam nach Flandern, so an die Gräfin Margaretha, Konrad's Bundesgenossin von 1254[5]), und nach Flines an das damalige Kloster seiner Halbschwester (R 525).

Schon wegen ihrer schwungvollen Einleitung beachtenswerth ist eine liturgische Urkunde Konrad's[6]) von 1251: „Das Amt der Leitung, welches wir auf uns genommen, verlangt, dass wir die Erhöhung des Gottesdienstes nach Kräften fördern. Nun ist zwar überhaupt wohlgefällig das Lob des Herrn, besonders aber, wenn die Lobpreisungen Gottes erschallen im Munde der Heiligen und wenn im Festesjubel fromm begangen werden der Heiligen Gedächtnisstage. Deshalb müssen wir die höhern Feste, so die der ruhmreichen Jungfrau und Gottesmutter Maria sowie der heiligen Apostel feierlicher begehen. Wenn nun auch zur Zeit der Busse, in der Erinnerung an den Fall der ersten Eltern und die babylonische Gefangenschaft, die Freudengesänge verstummen, so ist es doch angemessen, dieselben nicht verstummen zu lassen an solchen Festen, an welchen Freude erstand der gesammten Welt und das Licht leuchtete in den Finsternissen.“ Deshalb solle an den

---

[1]) Beide Urk. Crombach, Annales 3, 1009.

[2]) Der Name begegnet unter den gefälschten Titeln der Ausgrabungen des 12. Jahrhunderts. Archiv 5. 297.

[3]) Gesta abb. Trudon. Mon. Germ. SS. 10, 401.

[4]) Vita S. Julianae Acta SS. 5. April 1, 470. — [5]) Ebend.

[6]) Anlagen 9.

Tagen Mariä Reinigung und Verkündigung, ferner auf Petri Stuhlfeier und St. Mathias, falls sie in die Zeit zwischen dem Sonntag Septuagesima und Ostern, endlich auf St. Andreastag, falls er in die Adventszeit fällt, bei der Matutin das Tedeum und bei der Messe das Gloria in excelsis gesungen werden [1]).

Drittes Capitel.

Literarische Denkmäler.

Den allgemeinen Bildungsverhältnissen des 13. Jahrhunderts entsprechend, steht das geistige Leben, insoweit es zu schriftlichem Ausdruck gelangt, in engster Beziehung zum geistlichen Stande, der freilich auch hier nicht als gleichbedeutend mit dem priesterlichen Stande gedacht werden darf. Diese Verbindung erscheint um so inniger, als, so weit wenigstens unsere Kenntniss reicht, die Laienliteratur jener Zeit, die ritterliche Kunstpoesie, in der Kölner Gegend keinen Vertreter gefunden hat [2]). Durchaus in geistlichen Händen beruht Konrad's Kanzlei. Als Kanzler oder Kepler finden wir den Domcapitular Konrad von Molenark, später den Propst Werner von St. Gereon [3]). Als erzbischöflicher Notar begegnet lange Zeit hindurch der Magister Gotschalk, Canonicus von St. Maria ad gradus [4]), wohl identisch mit dem 1250 (R 274) genannten Scholaster Gotschalk an der gleichen Stiftskirche. Der in den fünfziger Jahren erwähnte Notar Gotfrid [5]) ist wohl derselbe, welcher Ende 1260 (R 513) als Protonotar und Dechant von St. Cunibert vorkommt. Durchgängig sind die aus Konrad's Kanzlei stammenden Urkunden musterhaft geschrieben, weitaus die meisten nicht bloss nach dem Ausstellungsjahr, sondern nach dem Monat und gewöhnlich

---

[1]) Aehnlich P. Innocenz 1248 für ein belgisches Stift. Potthast 12840.

[2]) Hermes (die Neuerburg an der Wied 19) macht den Versuch, Heinrich von Ofterdingen in rheinischen Urkunden nachzuweisen, behandelt aber selbst die Sache als blosse Hypothese.

[3]) Vgl. oben 81.

[4]) R 60. 69. 84. 85. 100. 107. 139. 156. 208. 236. Zuletzt in einer Urk. Konrad's 1251 (R 304). Noch Anfang 1253 (5. id. febr. 1252) richtet er als notarius domini Col. archiepiscopi ein Schreiben an Abt und Convent zu Hardehausen (Paderborn). Wigand, Archiv 1, 65.

[5]) Er begegnet 1256 als Begleiter Konrad's in Prag (vgl. oben 43), dann 1258 (R 455), 1259 (R 478. 490) und 1260 (R 496).

noch genauer nach der römischen Rechnung oder nach den Fest- und Heiligen-
Tagen des Kirchen-Kalenders datirt. Die Sprache ist eben so präcis als gewandt;
nicht selten wird die im Stoff liegende Trockenheit durch wohlgelungene
rhetorische Wendungen belebt, und namentlich die Einleitungen sind mit-
unter wirklich schwungvoll und schön [1]). Zuweilen begegnet allerdings die
triviale Formel: „Auf dass nicht, was in der Zeit geschieht, mit der Zeit
verschwinde, muss es durch schriftliches Zeugniss bekräftigt werden." oder
ähnliche Gemeinplätze; in vielen Fällen aber kommen die Gefühle der Dankbarkeit, der fürstlichen Würde, der bischöflichen Pflicht und Verantwortung,
des Frommsinnes und des Eifers für die Ehre Gottes in edeler, erhebender
Weise zum Ausdruck. Konrad ist auch meines Wissens der erste Erzbischof,
zu dessen Zeit die Kölner Kanzlei, allerdings nur in vereinzelten Fällen,
dann aber auch mit vollkommener Gewandtheit sich der deutschen Sprache
in Urkunden bediente (R 306. 452. 461. 522).

Im Uebrigen ist, abgesehen von einer einzigen sehr bemerkenswerthen
Ausnahme, in allen Aufzeichnungen das lateinische Idiom herrschend. Zunächst sind einige klösterliche Schriften zu nennen. Der selige Hermann
Joseph, einer der liebenswürdigsten Kölner Heiligen, welcher noch unter
Erzbischof Heinrich als Priester des Prämonstratenser-Klosters Steinfeld in
der Eifel starb, hat — die Abfassungszeit ist nicht genau bekannt — einen
Biographen in einem Ordensgenossen gefunden, welcher mit ihm in persön-
lichem Verkehr gestanden hatte [2]). Das Büchlein ist reich an anmuthigen
kleinen Zügen aus dem Leben des kindlich-frommen Mannes. Mit besonderer
Vorliebe wird der gemüthliche Verkehr des Knaben mit der Gottesmutter
in der Stiftskirche S. Maria in capitolio zu Köln ausgemalt. Als er im
Winter baarfuss zum Beten kommt, sorgt sie mütterlich dafür, dass der
arme Schelm Schuhe bekommt. Ein ander Mal hilft sie ihm über den Chor-
abschluss, damit er mit dem Jesukind spielen könne. Hier findet sich ferner
ein Lieblings-Gegenstand der Legenden-Malerei: das Christkind aus der
Hand Hermann Joseph's den dargereichten Apfel nehmend. Recht anmuthig
ist auch der Bericht, welchen Heinrich von Osthofen, der erste Prior und
Beichtvater der Dominicanerinnen von Paradies bei Soest, „über die Gründung von Paradies und den demüthigen Eintritt der Schwestern" (1252)
verfasste [3]). Ganz einfach und anspruchslos, aber mit vielen Details und in
anziehender Schilderung wird da erzählt, wie die Predigerbrüder Eberhard
Clot und Heinrich selbst' die der Gründung begegnenden Schwierigkeiten
durch Geduld und Gebet besiegen und das anfangs stark angefeindete Kloster
Gönner, Besitz und Bewohnerinnen findet. Eingehend gedenkt er des trefflichen Ritters Arnold von Wiedenbrück, der „nicht ohne Mühe" der Welt

---

[1]) Beispiele oben 7. 32. 56.
[2]) Vita b. Hermanni Jos. Acta Sanct. 7. Apr. 1. 687.
[3]) Vgl. oben 113.

entsagt und der Hauptwohlthäter des Klosters wird, und ausführlich verweilt er bei der herzlichen Ansprache, welche Albert, der Provincial des Prediger-Ordens, später der Grosse genannt, den ersten Bewohnern der neuen Stiftung hält. Sorgfältig werden die ersten Nonnen und Conversen, zum Theil adeligen Geschlechtern entstammend, aufgezählt und zum Schluss im Einzelnen die grossen Verdienste hervorgehoben, welche Bruder Arnold sich um die ökonomische Hebung des Klosters erworben.

Ein sehr vielseitiger Schriftsteller war der wackere Cistercienser-Prior Cäsarius von Heisterbach. Seine zahlreichen Bücher theologischen und historischen Inhalts können hier nicht im Einzelnen besprochen werden, da sie ausnahmslos vor Konrad's Pontificat verfasst sind (zum Theil schon unter Erzbischof Engelbert), wenn auch Cäsarius erst unter Konrad gestorben sein mag [1]). Mit seinem frommen Sinn, seinem Freimuth, seiner unverächtlichen Gelehrsamkeit, aber auch mit seinem Aberglauben und sonstigen Wunderlichkeiten ist dieser fleissige Mann einer der bemerkenswerthesten Vertreter rheinischer Klosterbildung. Manche seiner Schriften, in ganz hervorragender Weise das „Wundergespräch", sind culturgeschichtlich von höchstem Werth, und schmerzlich muss man bedauern, dass sich kein Ordensgenosse gefunden hat, welcher als sein Nachfolger ein so reiches, in seiner vollkommenen Absichtslosigkeit so treues, wenn auch lückenhaftes Bild des rheinischen Lebens der Zeit Konrad's von Hostaden entworfen hätte.

Cäsarius ist auch der Letzte, welchem wir die ausführliche Lebensbeschreibung eines Kölner Erzbischofs verdanken [2]). Zufällig ist das nicht, denn auch das Leben des h. Engelbert galt nicht sowohl dem Fürsten als dem Martyrer, und nach Engelbert hat kein Nachfolger des h. Maternus sich noch den Titel oder auch nur den Ruf eines Heiligen erworben. Bei Konrad, allerdings nur für die erste Hälfte seiner Regierung, wird der Mangel einer zeitgenössischen Lebensbeschreibung einigermassen ersetzt durch die letzte Fortsetzung der Annalen von St. Pantaleon [3]). In würdigster Weise hat der Verfasser dieser nach Form und Inhalt vorzüglichen Aufzeichnung die lange Reihe ungenannter Benedictiner beschlossen, welche im Kloster des h. Bruno Menschenalter hindurch die Geschichte des Reiches und der engern Heimath schrieben. In ungleich festern Zügen würde das Bild Konrad's vor uns stehen, hätte nicht dieser treffliche Mann mit der sorgfältigen Prüfung der Thatsachen und dem ruhigen Urtheil schon 1249 die Feder niedergelegt,

---

[1]) Zu der in der Allgemeinen deutschen Biographie s. v. Cäsarius verzeichneten Literatur kommt neuerdings noch ein Aufsatz von Unkel im 34. Heft der Annalen, welcher die bisher vernachlässigten Homilien behandelt.

[2]) Die meist kurzen Abrisse der Bischofs-Kataloge und -Chroniken können nicht hierhin gerechnet werden. Auch im 13. Jahrhundert wurden diese Compendien der Bisthumsgeschichte, welche im 14. Jahrh. in der Chronica praesulum einen gewissen Abschluss erhielten, fortgesetzt. Vgl. die Ausgabe der Kataloge Mon. Germ. SS. 24, 332.

[3]) Vgl. die Einl. zur Ausgabe Mon. Germ. SS. 22 und die Erläuterungsschrift Archiv 7, 197. Abdruck der letzten Ausgabe bei Waitz, Chronica regia Coloniensis.

ohne, so weit bis jetzt bekannt, einen Fortsetzer zu finden. Allerdings ist auch die spätere Zeit Konrad's in einer grössern Aufzeichnung berücksichtigt worden, aber nur Bruchstücke haben sich erhalten, zum Theil verstümmelt und auch aus andern Gründen dem Verständniss die grössten Schwierigkeiten bietend. Es sind dies die wenigen erhaltenen Blätter der sogenannten Kölnischen Reimchronik [1]), eines lateinischen Gedichtes, als dessen Grenzen sich die Kämpfe zwischen Otto IV. und Philipp von Schwaben und Vorgänge der fünfziger Jahre erkennen lassen. Der Inhalt ist dürftig genug und zudem durch die Form sozusagen verbarricadirt. Der Dichter hat nämlich den leoninischen Hexameter gewählt, reimt um jeden Preis Mitte und Ende jedes einzelnen Verses und oft auch noch benachbarte Verse unter einander. Dadurch entsteht nicht nur ein unerträglicher Klingklang, sondern die der Sprache geschehene Gewalt lässt an manchen Stellen nicht einmal errathen, was der Poet eigentlich sagen will.

Im schärfsten Gegensatz zu dieser Geschmacksverirrung steht das „Buch von der Stadt Köln", die prächtige deutsche Reim-Chronik des Stadtschreibers Gotfrid Hagen [2]). Abgefasst ist dieselbe zwar erst zu einer Zeit, wo Konrad bereits im Grabe ruhte, aber ein nicht unerheblicher Theil schildert Vorgänge aus seinem Pontificat, welche der Dichter ohne Zweifel bereits miterlebt hatte. Die Kämpfe der Stadt mit den Erzbischöfen Konrad und Engelbert von 1252—71, die zweimalige Fehde unter Konrad, sein Sieg über die Geschlechter mit Hülfe der Zünfte, der Aufstand gegen Engelbert und seine wiederholten Anschläge gegen die Bürger, die Strassenkämpfe zwischen Zünften und Geschlechtern, zwischen Weisen und Overstolzen, die Gefangennehmung des Herzogs von Limburg bei dem nächtlichen Kampf am Ulrethor, endlich die Sühne von 1271, bei welcher noch einmal die Figur Albert's des Grossen glänzend in den Vordergrund tritt: das sind die Dinge, welche Hagen in einem Epos von über 6000 Versen besingt, nicht ohne poetisches Talent und trotz seiner ausgesprochenen Parteistellung, als geschworener Anhänger der Geschlechter, als erbitterter Gegner der Erzbischöfe und ihrer zünftlerischen Bundesgenossen, mit verhältnissmässiger Treue. Wie viel auch im Einzelnen auszusetzen sein mag, das Ganze ist ein Denkmal, einzig in seiner Art, ein reiches, lebensvolles Bild der merkwürdigsten Periode der innern Geschichte Köln's, wie es ähnlich aus so früher Zeit keine andere Stadt Deutschlands aufzuweisen hat. Ob Hagen zur Zeit der von ihm geschilderten Ereignisse — urkundlich finden wir ihn zuerst 1268 mit der Bezeichnung Clericus Coloniensis — bereits dem geistlichen Stande angehörte, ist nicht sicher; höchstens hatte er einige niedere Weihen erhalten, da er nach 1271 heirathete und erst später, vermuthlich

---

[1]) Die von Deycks und Pertz gesondert herausgegebenen Bruchstücke sind jetzt vereinigt bei Waitz, Chronica regia Colon.

[2]) Vgl. die Einl. zur letzten Ausg. Hagen's Chroniken der Stadt Köln 1. 3.

nach dem Tode seiner Frau, Pfarrer von Klein St. Martin zu Köln wurde [1]). So erscheint denn auch als Verfasser dieses durch und durch bürgerlichen Gedichtes ein Mann, der entweder sein Werk schon als Priester schrieb oder kurz darauf sich dem Priesterstande widmete.

Gewiss haben die Stifter und Klöster Köln's, dessen „Pfaffen" von einem Dichter des 13. Jahrhunders nebst ihren Pariser Collegen als „die besten von allen Reichen" bezeichnet werden [2]), noch manchen geistig bedeutenden und auch literarisch thätigen Mann beherbergt [3]). Die Hauptpflegestätte geistigen Lebens aber war das Dominicaner-Kloster, der Wohnort des grössten deutschen Gelehrten seiner Zeit. Um 1220 hatte der als Prediger hochberühmte Bruder Heinrich von Köln, derselbe, auf dessen Veranlassung Ludwig der Heilige in Paris die Untersuchung wegen der Judenbücher anstellte [4]), den Orden in Köln eingeführt. 1222 besassen die Brüder die Kapelle und das Hospital in der Stolkgasse, welche einst Petrus, Arzt und Canonicus von St. Andreas, zu Ehren der h. Maria Magdalena gegründet hatte [5]). Schon Engelbert der Heilige musste sie und die Minoriten gegen die Angriffe eifersüchtiger Weltgeistlicher in Schutz nehmen [6]). Aehnliche Klagen wurden laut, als der Cardinal-Legat Konrad von Urach nach Engelbert's Ermordung in Köln eine Synode hielt. „Zu unserm Schaden," soll ein Pfarrpriester gesagt haben, „sind die Predigerbrüder nach Köln gekommen, die da ihre Sichel stecken in fremde Ernte. Sie hören die Beichten unserer Pfarrkinder und erwerben sich so die Gunst der Leute." Als aber der Priester habe gestehen müssen, die Zahl seiner Pfarrkinder belaufe sich auf nicht weniger als 9000, habe ihn Absetzung getroffen [7]).

Nach allem, was wir wissen, haben die Dominicaner diesen Schutz verdient. Die bescheidene Gründung Heinrich's von Köln gedieh. 1232 erwarben die Brüder vom St. Andreas-Stift eine Hausstätte an der Stolkgasse [8]). Hier erhob sich das Kloster, dessen Ruf bald in alle christlichen Lande ging und welches der Sammelplatz so vieler edeler Männer wurde. Meister Salomo, ein berühmter Prediger und Lehrer, der im Ruf der Heiligkeit starb, zog sich dorthin in hohem Alter unter Verzicht auf alle Pfründen zurück; „dort

---

[1]) Chroniken, 3, 963.

[2]) Angeführt in Grimm's Mythologie 3. Aufl. 1000.

[3]) Einen „geschichtskundigen Mann, ehemals Scholaster zu Köln," erwähnen die Annalen von St. Pantaleon 542.

[4]) Thomas v. Cantimpré de apibus 1, 3. Seine Charakteristik bei Sighart, Albertus Magnus 27.

[5]) Caesar. Heist. Dial. mir. 9, 56. Am 10. Buch (vgl. c. 48) schrieb Cäsarius noch 1222. Auch die Gesta Trev. (Mon. Germ. SS. 24, 399) erwähnen die Niederlassung beim Hospital in der Stolkgasse als das erste Predigerkloster der Gegend.

[6]) Caesar. Vita S. Engelb. 1, c. 7. Böhmer, Fontes 2, 302.

[7]) Ficker, Engelbert d. Heil. 240 citirt die Anekdote nach späten Autoren; sie steht schon bei dem Zeitgenossen Thomas Cantipr. 1, 9.

[8]) Lac. 2, 97. Quellen 2, 132.

lebte er milde und demüthig wie ein Kind und starb nach einigen Jahren einen gar heiligen Tod" [1]).

Seine Berühmtheit aber verdankte das Kloster in erster Linie jenem grossen Manne, welcher zwar nicht durch seine Geburt, aber durch einen beträchtlichen Theil seiner Wirksamkeit der rheinischen Metropole angehört: dem Bruder Albert von Köln. Wir sind noch weit entfernt, mit genügender Klarheit die Stellung dieses Gelehrten in der Entwickelung der mittelalterlichen Wissenschaft zu erkennen, dem [2]) das „unbestrittene Verdienst" gebührt, „den phantastischen Umdeutungen und Verzerrungen, welche die Aristotelische Doctrin bei den Arabern gefunden hatte, an den wichtigsten Punkten ein inneres Verständniss entgegengesetzt zu haben", der nach einem treffenden Ausdruck „den Philosophen von Stagira erst für die christliche Speculation erobert" hat, dessen Speculation allerdings „wesentlich einen illustrirenden, commentirenden, disponirenden Charakter" trug, der aber die neu erschlossenen Schätze der griechischen Weltweisheit nicht bloss mit grossartiger Belesenheit beherrschte, sondern auch geistig durchdrang und verarbeitete, der auch in seinen naturwissenschaftlichen Schriften, auf einem Felde, auf welchem er der dürftigen Kenntniss seiner Zeit neue Bahnen schuf, nichts sagt, „was er nicht geistig reproducirt und sich klar gemacht hat" und „selbst da Original ist, wo er zu copiren scheint" [3]). Es ist eine beschämende Thatsache, dass Deutschland den grössten Geistesmann, den es im Mittelalter erzeugt, noch so wenig kennt. Selbst Fragen, welche der Forschung sich in erster Linie aufdrängen, die Fragen nach Zahl, Echtheit und Entstehungszeit seiner in der französischen Gesammtausgabe von 1651 einundzwanzig Foliobände füllenden, zum Theil in ganz verderbter Form überlieferten Schriften harren noch der Lösung [4]), und selbst über seine äussern Lebensumstände ist seit den verdienstvollen Untersuchungen seiner französischen Ordensgenossen zu Anfang des vorigen Jahrhunderts nur Weniges von Bedeutung geschrieben worden.

Auch bezüglich seines Aufenthaltes in Köln herrschen noch manche Unklarheiten, die sich im günstigsten Falle nur durch sorgfältige Vergleichung sonstiger Lebensnachrichten werden lösen lassen. Wann er zuerst dem Kölner Kloster angehörte, ist noch nicht festgestellt [5]). Ein früherer Aufenthalt ist

---

[1]) Thomas Cantipr. 2 prooem.

[2]) Vgl. v. Hertling im Jahresbericht der Görres-Gesellschaft für 1876, 30 ff.

[3]) Worte Jessen's, angeführt bei v. Hertling 32.

[4]) Vgl. v. Hertling 26.

[5]) Wie unsicher die Nachrichten sind, habe ich in einer frühern Bemerkung („Köln. Volkszeitung", vom 7. März 1874, abgedruckt als Note zu v. Hertling a. a. O. 22) angedeutet. Ich füge bei, dass ein Theil der bei Petrus de Prussia und andern Biographen stehenden Notizen sich bereits in der Chronik des Heinrich von Herford (ed. Potthast 201) findet. Vermuthlich sind diese verschiedenen Berichte auf eine ältere Vita als gemeinsame Vorlage zurückzuführen. Nach Heinrich „trat Albert, ein Schwabe von ritterlicher Abkunft, als liebenswürdiger und reichbegabter Knabe von sechzehn Jahren in den

mit grosser Wahrscheinlichkeit anzunehmen, urkundlich aber finden wir
Albert daselbst erst März 1252 als Lesemeister der Dominicaner (R 315),
und auch jetzt bleiben die zuverlässigen Nachrichten dürftig im höchsten
Grade. Er stand damals wohl auf dem Höhepunkte seines geistigen Schaffens,
und doch lässt sich in dieser Beziehung nicht viel mehr mit Sicherheit sagen,
als dass er um die Mitte des 13. Jahrhunderts als Schriftsteller und Lehrer
die Schule der Kölner Dominicaner zu hohen Ehren brachte und dass die
Träger nachmals gefeierter Namen, Ambrosius Sansedonius von Siena, Ulrich
Engelbrecht von Strassburg [1]), vielleicht auch Thomas von Cantimpré [2]),
namentlich aber sein grosser Schüler Thomas von Aquino zu seinen Füssen
sassen. Seine Wirksamkeit blieb aber nicht auf Studirstube und Hörsaal
beschränkt. 1256 führte ihn der Kampf Wilhelm's von St. Amour, des
Wortführers der Pariser Universität, gegen die Bettelorden, an den päpstlichen
Hof zu Anagni. Auch als Provincial des Predigerordens für Deutschland
— ein Amt, welches er übrigens nur wenige Jahre bekleidete — muss er
zu manchfachen Reisen genöthigt gewesen sein.

In letztern wird man die Erklärung suchen müssen, dass sein
Name so selten in Kölnischen Urkunden begegnet. Nach dem Friedens-
werke von 1252, wo er den Erzbischof mit der Stadt aussöhnte, dauert
es beinahe drei Jahre, bevor er wieder als Zeuge in einer Urkunde
Konrad's erscheint (R 382). Erst 1258 wird sein Name häufiger genannt,
und wieder bei einem Werke des Friedens: am 20. März erhielt er
zum zweiten Mal das ehrenvolle Amt, den Streit zwischen den Bürgern
und ihrem Fürsten zu schlichten, und am 28. Juni hat er sich des Auftrags
in grossartiger Weise entledigt [3]). An ihm hat es gewiss nicht gelegen,
wenn die Sühne schon im nächsten Jahre wieder in Trümmer ging. Nur
bei dem ersten jener Gewaltacte, durch welche Konrad die städtische Verfassung über den Haufen warf, hat er sich noch durch seine Anwesenheit betheiligt: er war Zeuge, als die Münzerhausgenossen dem Erzbischof
ihre Privilegien übergaben [4]); aber sein Name fehlt bereits unter den Zeugen
der Absetzungs-Urkunde vom 24. März, in welcher die Uebergabe der Pri-

---

Predigerorden. Demüthig, keusch, freundlich, eifrig, fromm und in Allem Gott ergeben,
machte er in Kurzem solche Fortschritte, dass er zwei Mal zu Köln die Sentenzen las.
In Hildesheim war er zuerst Vorleser, dann in Freiburg, zwei Jahre in Regensburg, in
Strassburg. Hierauf ging er nach Paris und wurde der allervorzüglichste Magister in der
Theologie. Nach dreijähriger Ausübung des Magisteramtes wurde er zum Lesen nach
Köln geschickt, und der heilige Thomas von Aquino kam nach demselben Orte, um unter
einem solchen Lehrer zu studiren, und ward ihm sehr lieb und befreundet. Danach
wurde er Provincial für Deutschland." Ein Kölner Aufenthalt vor Erlangung des Magisteramtes wird unbedenklich angenommen werden dürfen. In Paris war Albert urkundlich
1248 Mai 15 (Sighart 46). Besondere Schwierigkeiten macht der Umstand, dass Thomas
v. Cantimpré 1, 20 den Aufenthalt des h. Thomas in Köln vor, Heinrich von Herford
nach der Pariser Lehrthätigkeit Albert's verlegt.

[1]) Vgl. Sighart 50. — [2]) Vgl. ebend. 29.
[3]) Vgl. oben 99. — [4]) Lac. 2, 257.

vilegien erwähnt wird. Es wird schwer, an einen blossen Zufall zu glauben, wenn man bedenkt, dass er noch am 22. und 23. März als Zeuge und Vermittler bei den Verträgen zwischen Köln und Utrecht figurirt [1]), und dass von da ab keine einzige uns erhaltene Urkunde Konrad's, auch wenn in denselben Albert's Schiedsspruch erwähnt wird, sich auf ihn als Zeugen berufen kann. Zu Anfang des nächsten Jahres hat ihn der Wille des Papstes auf den bischöflichen Stuhl von Regensburg geführt. Als er zurückkehrte, war Konrad nicht mehr unter den Lebenden, aber unter dessen Nachfolger Engelbert hat er wieder mehrmals das Amt des Friedensstifters übernommen. Sein Ansehen in Köln muss ein geradezu unbegrenztes gewesen sein; schwerer noch, als die wohlverdienten Lobsprüche, welche die Biographen seiner Frömmigkeit, seiner ascetischen Lebensweise und seinen sonstigen Tugenden widmen, fällt für die Beurtheilung seines Charakters die Thatsache in's Gewicht, dass in der ganzen Kette erbitterter Kämpfe von 1252 bis 1271 das Vertrauen beider Parteien immer von neuem demselben Manne sich zuwendet. Dante kennt den Schwaben, welcher in langjähriger Thätigkeit Köln zu einem Centrum geistigen Lebens machte und dort auch seine Ruhestätte fand, unter dem Namen Albert von Köln; nicht nur durch die mehr zufälligen Umstände, dass sein Beruf ihn in ihre Mauern führte und innerhalb derselben sein Grab finden liess, gehört er der rheinischen Metropole an, er ist auch eng in einen der bedeutungsvollsten Abschnitte ihrer Geschichte verflochten, und wenn am 15. November dieses Jahres zum sechsten Male der hundertste Gedächtnisstag seines Todes wiederkehrt, dann darf sie Albert, den „Grossen" der Wissenschaft, den „Seligen" der Kirche, zugleich als einen ihrer besten Bürger im vollen Sinne des Wortes feiern.

Viertes Capitel.

Rheinische Kirchenbauten.

Eine Persönlichkeit, welche das geistige Durchschnitts-Niveau des 13. Jahrhunderts so hoch überragte, wie Albert der Grosse, musste ein willkommener Gegenstand für sagenhafte Ausschmückung werden. Dem Mittelalter imponirten in ganz besonderer Weise seine naturwissenschaftlichen Kenntnisse, und so finden sich schon früh bei seinen Biographen neben innig-schönen poetischen Zügen auch die albernsten Ammenmärchen erwähnt und zurückgewiesen, in welchen dieser fromme Priester als Schwarzkünstler und Held unerbaulicher Zauber-Anekdoten erscheint. Die neuere Zeit hat

---

[1]) Lac. 2, 256. Quellen 2, 405.

dem Bilde des historischen Albertus einen ehrenvollern, aber kaum minder unhistorischen Zug beigefügt, indem sie den Gelehrten, der so mächtig mitschuf an dem Geistesbau der Scholastik, auch zum Baumeister steinerner Dome, ja zum ersten Architekten seiner Zeit machte. So schwach auch die Anhaltspunkte sein mochten, man konnte sich nicht zu der Annahme entschliessen, dass dieser universale Geist jenem Gebiete des Schaffens fern geblieben sein sollte, auf welchem so herrliche, unübertroffen bis in unsere Zeit hineinragende Gebilde entstanden sind. So ist Albert der Künstler eine Form der Huldigung, welche die Neuzeit Albert dem Gelehrten darbrachte.

Befördert wurde diese Sagenbildung durch den Umstand, dass die Stätten, an welchen Albertus auf der Höhe seines Lebens weilte, auch Centralpunkte des Aufschwunges der kirchlichen Architektur sind. So sein Bischofssitz Regensburg [1]), so vornehmlich Köln. Die Geschichte der deutschen Baukunst hat ja kaum ein glänzenderes Blatt aufzuweisen, als jenes, auf welchem sie die rheinischen Kirchenbauten des 13. Jahrhunderts, namentlich der ersten Hälfte desselben, verzeichnet. Es ist die Periode des nicht ausschliesslich, aber doch in hervorragender Weise an den Ufern des Rheines vertretenen Uebergangsstiles, in welchem romanische Construction und gothisches Ornament oder umgekehrt sich vereinigen, nicht in roher, äusserlicher Zusammenstellung, sondern harmonisch verbunden und in reichster, mitunter, aber selten, auch überladener Gestaltung. Und während man noch die letzte Hand legt an die ehrwürdigen Stifts- und Klosterkirchen des 12. Jahrhunderts, legt man auch schon den ersten Stein zu Tempeln neuer Art, in welchen die Principien der Gothik nicht in schüchternem Versuch, sondern fertig, reich und gewaltig zum Ausdruck kommen. So manches schon hat die Zeit oder menschliche Rohheit zertrümmert, und doch ist noch heute die Kölner Gegend sozusagen bedeckt mit Gotteshäusern ersten Ranges, die vor sechs- bis siebenhundert Jahren umgebaut, vollendet oder begründet worden sind [2]).

---

[1]) Schon Sighart 143 ff. hat mit guten Gründen die Betheiligung Albert's am Bau des Domes und der Dominicanerkirche zu Regensburg zurückgewiesen. Er führt 145 Note noch sechs weitere Städte auf, die auf Albert als Baumeister Anspruch erheben. Auch für das Gladbacher Münster werden, allerdings schüchtern, Ansprüche auf ihn gemacht, bloss weil er 1275 den Chor desselben weihte. Treffend bemerkt Sighart 215 Note, es sei „gar keine sichere Nachricht über künstlerische Kenntnisse und Leistungen des Meisters Albert vorhanden, wie auch er selbst nie von solchen Dingen redet“

[2]) Für das Folgende verweise ich auf die trefflichen Zusammenstellungen bei Otte, Geschichte der deutschen Baukunst, u. Otte, Handbuch der kirchlichen Kunstarchäologie, wo vorzügliche Literaturnachweise; Schnaase, Gesch. der bildenden Künste Bd. 5 (2. Auflage 1872); ferner auf Ennen, Gesch. d. St. K. 1, 715 ff. und 3. 994. Die bezüglichen Hefte bei Bock, Rheinlands Baudenkmale des Mittelalters, sind von sehr verschiedenem Werth und behandeln zuweilen die baugeschichtlichen Notizen in Urkunden und Chroniken in flüchtiger Weise. Da bei den meisten Kirchenbauten die Entstehungszeit leidlich genau feststeht und Controversen nicht bestehen, habe ich nur selten Citate beigefügt. An einigen Stellen konnte ich kleine Ergänzungen bieten.

Ein wahrer Kranz von Prachtbauten aus jenen Tagen begleitet rechts und links die Ufer des Stromes. Nahe der Nordgrenze der Diöcese erhob sich die fünfschiffige Collegiatkirche von Xanten, zu Anfang des Jahrhunderts die romanischen Thürme, seit 1263 der Chor. Seit den vierziger Jahren [1] entstand über der alten Krypta des h. Vitus, auf steil aufspringendem Hügel weit in die Rheinebene hinausschauend, das Münster von Gladbach, dessen Chor 1275 von Albert dem Grossen geweiht wurde. Auch an St. Gangolf zu Heinsberg hat man um die Mitte des Jahrhunderts gebaut. In der ersten Hälfte desselben hat die wunderschöne spätromanische Benedictinerkirche zu Brauweiler wohl im Wesentlichen ihre gegenwärtige Gestalt bekommen [2]), und etwa in die gleiche Zeit fällt der ungleichartige, zum Theil barocke, im Ganzen aber majestätische Neubau von St. Quirin zu Neuss, die wirkungsvollsten Theile des grossartigen Bonner Münsters, und die überaus malerische Pfarrkirche von Sinzig. Von rechtsrheinischen Bauten gehören in unsere Periode der Umbau der neuerdings in altem Glanz wiederhergestellten Benedictinerkirche von Kaiserswerth, der Neubau der prächtigen Abteikirche von Werden an der Ruhr, welche um die Mitte der fünfziger Jahre abgebrannt war, vermuthlich auch die bemerkenswerthe Nonnenstiftskirche von Gerresheim. 1255 erfolgte in Anwesenheit des Erzbischofs Konrad die Grundsteinlegung der Cistercienserkirche von Altenberg, welche, ein verkleinertes und vereinfachtes Abbild des Kölner Domes, in unserm Jahrhundert wieder aus ihren Ruinen erstand. Aelter ist ein anderes Gotteshaus des Cistercienserordens, von welchem heute, ein Denkmal moderner Zerstörungssucht, nur noch die Chorruine in lieblichem Waldthale, die Perle rheinischer Romantik, steht: die Abteikirche von Heisterbach, zu Anfang des Jahrhunderts begründet, 1237 geweiht, um dieselbe Zeit, wo der auf diesen Blättern so manches Mal genannte Prior Cäsarius im anstossenden Kloster sein Leben beschloss. Als kleinere, meistens aber sehr bemerkenswerthe Denkmäler des Uebergangsstils und der Frühgothik, wenigstens in einzelnen Theilen, seien die Kirchen zu Wittlaer, Mündelheim, Himmelgeist, Kempen, Jülich, Bergheimerdorf, Frauwüllesheim, Hochkirchen, Lövenich, Pulheim, Königsdorf (Anfang dieses Jahrhunderts abgebrochen), Morsbach, Meckenheim, Zülpich, Frauenberg, Lüftelberg, Euskirchen, Monheim, Siegburg (Pfarrkirche), Merten, Bergheim a. d. Sieg, Oberpleis, Herchen, Eitorf, Ruppichterod, Leuscheid, Herkenrath bei Bensberg, Graefrath, Odenthal, Niederdollendorf, Remagen, Oberbreisig, St. Lorenz zu Ahrweiler, Erpel und St. Nicolaus zu Wipperfürth erwähnt. [3])

---

[1]) Die den Bau erwähnende Incorporationsurkunde Konrad's (R 87) wird meistens irrig 1242 statt 1243 gesetzt.

[2]) Der betr. Aufsatz bei Bock. Rheinlands Baudenkmale gibt allerdings kurzweg „die letzte Hälfte des 12. Jahrh." an.

[3]) Die meisten Namen dieses Verzeichnisses verdanke ich der Güte des Herrn Domvicars Dr. Schnütgen, dem ich auch für andere Notizen dieses Capitels dankbar verpflichtet bin.

Den hervorragendsten Antheil an dieser auf engem Raum in wenige Jahrzehnte zusammengedrängten Kunstthätigkeit nahm der kirchliche und politische Mittelpunkt des Landes, das reiche Köln mit seinen grossen geistlichen Corporationen. Für die Chronologie ist die Kunstgeschichte überwiegend auf Schlüsse aus den Formen der Construction und des Ornaments angewiesen; baugeschichtliche Notizen sind ziemlich dürftig, und manche zeitgenössische Angaben, welchen bisher grundlegende Bedeutung beigelegt wurde, erweisen sich bei näherm Zusehen als zweifelhaft oder werthlos. Ziemlich allgemein wird angenommen, dass die hehre Stiftskirche S. Maria in capitolio zu Anfang des Jahrhunderts vollendet wurde. Positive Angaben liegen hier nicht vor, und das Gleiche gilt von der Stiftskirche St. Andreas, welche, abgesehen von der spätgothischen Chorparthie, ebenfalls in der ersten Hälfte des 13. Jahrhunderts im Wesentlichen ihre heutige Gestalt erhielt[1]). Für die imposante Benedictinerkirche Gross St. Martin ist Bauthätigkeit um das Jahr 1210 urkundlich bezeugt[2]), weitere Angaben fehlen[3]). Am 2. November 1237[4]) weihte, im Auftrage des Erzbischofs Heinrich, Bischof Balderich oder Balduin von Semgallen die Stiftskirche St. Severin, und dazu stimmen einzelne noch vorhandene Theile, während der grösste Theil der jetzigen Kirche seine Entstehung dem 14. Jahrhundert verdankt. Reichlicher fliessen die Mittheilungen über die Stiftskirche St. Cunibert. Den Grundstein legte der Propst Dietrich von Wied, welcher 1212 auf den erzbischöflichen Stuhl von Trier erhoben wurde und 1226 mehrere Altäre weihte. Wiederholt werden auch Schenkungen für den Bau und die Ausstattung erwähnt, u. a. eine solche seitens des Subdiakon Vogelo, nach dessen Plan und Leitung (consilio et magisterio) der Bau begonnen und fortgeführt wurde[5]). Im Herbst 1247 war das grosse Werk vollendet. Gerade war eine grosse Zahl von Kirchenfürsten zur Wahl Wilhelm's von Holland bei Köln versammelt, welche im October an der feierlichen Einweihung Theil nahmen oder doch für andächtigen Besuch des neuen Gotteshauses Ablässe ertheilten: die Erzbischöfe von Mainz, Trier und Bremen, die Bischöfe von Toul, Verdun, Lüttich, Münster, Minden, Osnabrück, Paderborn, Hildesheim, Regensburg und Semgallen (R 176. 178).

---

[1]) Voson (bei Bock, Baudenkmale zweite Serie) bringt den Umbau in directe Verbindung mit einem Brande von 1223, den Cäsarius von Heisterbach erwähne. Die betr. Stelle steht im Dial. mirac. 10, 27: In vigilia S. Mathiae apostoli erit biennium u. s. w. Nun aber ist das 48. Capitel desselben Buches 1222 geschrieben, mithin der Brand Februar 1221 zu setzen. Uebrigens spricht Cäsarius nur von einem Thurmbrand, der mit grosser Mühe gelöscht worden sei, und nichts beweisst, dass man von diesem Brande ab den Umbau zu datiren habe.

[2]) Quellen, 2, 40.

[3]) Wenn Ennen, Gesch. d. St. K. 3, 996 den Bau der westlichen Vorhalle und den Umbau des Innern „gegen die Mitte des 14. Jahrh." ansetzt, so wird wohl Druckfehler statt 13. Jahrh. anzunehmen sein.

[4]) Quellen 2, 166. Bei Otte wiederholt irrig 1247.

[5]) Quellen 2, 94. 102.

Etwas früher fällt der Umbau der Stiftskirche St. Gereon, speciell des einzig in seiner Art dastehenden zehnseitigen Kuppelbaues, welcher die Stelle des Langschiffes vertritt. 1227 wird die Vollendung des Gewölbes der Kirche erwähnt [1]), und ein Dechant Hermann, welcher auf zwei Jahre seine Pfründe zum Bau der unregelmässig achteckigen schönen St. Johannis-Capelle gab, lässt sich in den Jahren 1224—46 nachweisen [2]). Sehr bedenklich dagegen ist es, einen Beschluss des Capitels von St. Gereon von 1219 [3]) zum festen Ausgangspunkt für den Bau des Dekagons zu nehmen, wie dies gewöhnlich geschieht. Das Capitel verfügt hier auf drei Jahre [4]) über gewisse Pfründen zu Gunsten der Kirchenfabrik, „da die Gebäulichkeiten unserer Kirche bereits den Einsturz drohen und ihre Wiederherstellung keinen Verzug duldet". Schon an und für sich dürfte es räthlich sein, diesen Ausdruck auf die Stiftsgebäude zu beziehen, womit der Sprachgebrauch (edificia nostre ecclesie) sich sehr wohl verträgt; dass aber der Beschluss sich keinesfalls ausschliesslich auf den Umbau der Kirche bezieht, beweist eine Stelle am Schluss der Urkunde, binnen Jahresfrist solle die Badestube des Stifts (stupa balnearum ecclesie) wiederhergestellt werden.

Auch bei der Stiftskirche St. Aposteln bedürfen die bisher geläufigen baugeschichtlichen Angaben mehrfacher Correctur. Wahrscheinlich ist, dass ein Brand gegen Ende des 12. Jahrhunderts [5]) die Veranlassung zu einem umfassenden Neubau gab, in welchem 1220 [6]) die Gewölbe eingezogen wurden. Auf Grund der kleinen Urkunde [7]), in welcher die letztere Notiz enthalten ist, hat man als Werkmeister des Gewölbebaues den Laien Albero bezeichnet. Schwerlich mit Grund. Die fragliche Urkunde, welche in einem Reliquienbehälter von St. Aposteln lag, besagt: „Im Jahre 1219 (alten Stils) im März wurden Reliquien der 11,000 Jungfrauen in diesen Behälter niedergelegt .... als Engelbert Erzbischof von Köln war, zur Zeit wo diese Kirche

---

[1]) Annal. S. Gereonis Mon. Germ. SS. 16, 734.

[2]) Lacomblet, Archiv 3, 117.

[3]) Quellen 2, 77.

[4]) Unzulässig ist es, hieraus zu schliessen, das Capitel habe geglaubt, den ganzen Bau binnen drei Jahren vollenden zu können.

[5]) Die Notizen über das Jahr laufen wild durcheinander. Nach den Notae Colon. (Monum. Germ. SS. 24, 363) brannte die Kirche 1192 die b. Urbani (Mai 25) ab; die ziemlich schlecht überlieferten Annal. Agripp. (SS. 16, 736) haben genau dieselbe Nachricht, aber das Jahr 1092, welches auch in Recension A der Kölner Jahrbücher (Chroniken 2, 18) wiederholt wurde. Rec. B (ebend. 29) ändert das Jahr in 1097, und Rec. D (ebend. 126) hat sogar „1098 up sente Albanus dach". Dass entweder der Brand von 1092 oder der von 1192 wegfallen muss, liegt auf der Hand. Ausserdem aber erzählt Cäsarius v. Heisterbach (Dial. mirac. 8, 62), bei einem grossen Stadtbrande unter Erzb. Adolf (seit 1193) sei ein Theil der Kirche vom Feuer verzehrt worden.

[6]) Wohl nicht 1219, wie gewöhnlich angegeben wird, da zur Zeit Erzb. Engelbert's in Köln zweifelsohne der Jahresanfang im Frühjahr üblich war. Vgl. Ficker, Engelbert der Heilige 210.

[7]) Quellen 2, 78.

gewölbt wurde, indem der Laie Albero, der fromme Mann, dieses veranlasste" (Alberone hoc procurante). Es erscheint zum mindesten zweifelhaft, ob die Schlussworte auf den Bau der Gewölbe und nicht vielmehr auf die Deposition der Reliquien bezogen werden müssen. Ist letzteres richtig, so würde selbstverständlich die Hypothese zusammenfallen, die Albero, den angeblichen Baumeister von St. Aposteln, mit jenem Meister Wolbero identificirt, welcher 1209 den Grundstein zu St. Quirin in Neuss gelegt haben soll, zumal die für diese Identificirung geltend gemachte Stilverwandtschaft sehr untergeordneter Natur ist.

Einige kleinere Kölner Kirchenbauten, welche in die Zeit Konrad's fallen, sind bereits in anderm Zusammenhange genannt worden [1]). Weiter gehören in die Uebergangsperiode der Thurmbau der Stiftskirche St. Georg, das Langhaus von St. Maria Lyskirchen, und einzelne Theile der Benedictinerkirche St. Pantaleon: die Capelle des rechten Transepts und der von dem Kreuzgange an der Nordseite noch übrig gebliebene Capitelsaal, dessen Untergeschoss eine offene flachgewölbte Halle bildet, während der Obertheil mit einem Kuppelgewölbe versehen ist, welches sich aus neun sphärischen Kappen zusammensetzt. Die kleine aber sehr zierliche frühgothische Capelle, welche nachträglich in ein der Cistercienser-Abtei Camp angehöriges Gebäude aus romanischer Zeit eingebaut wurde, scheint erst am Schlusse des 13. Jahrhunderts entstanden zu sein [2]). Ein ausgezeichnetes Denkmal der Frühgothik ist der einfach schöne Chor der Minoritenkirche; eine Inschrift [3]) setzt den Beginn auffallend früh 1220, die Einweihung durch Heinrich Bischof von Kurland [4]) 1260. Der bedeutendste gothische Bau nächst dem Dom war die grossartige Kirche der Dominicaner. Zu dem Chor derselben hat kein Geringerer als Albert der Grosse die Mittel gegeben, dagegen ist die Meinung, er sei auch selbst der Baumeister gewesen, schwach begründet [5]).

---

[1]) Vgl. oben 116.

[2]) Eine kleine Monographie von A. Reichensperger bei Bock, Rheinlands Baudenkmale. Erste Serie.

[3]) Aus Gelenius de magn. Col. 471 bei Braun, das Minoritenkloster 30 und Baudri (Baudenkmale. Zweite Serie) wiederholt.

[4]) An den gleichzeitigen Bischof Heinrich von Chur ist kaum zu denken; an Heinrich von Lützelburg, Bischof von Kurland und Semgallen, um so eher, als er 1254 als Weihbischof in der Trierer Diöcese fungirt. Vgl. oben 117. Die Form Curiensis (statt Curoniensis) erklärt sich aus metrischen Rücksichten.

[5]) Recht verständig hat schon Sighart 211 ff. die Frage erörtert, „ob er bloss als Bauherr auftrat oder ob er als leitender Architekt dem ganzen Bau vorstand". Während Albert selbst in seinem Testament vom Januar 1279 (1278 alten Stils) sagt: chorum quem ego de pecunia mea fundavi et a fundo erexi (Sighart 248), macht ihn erst über 200 Jahre später Rudolf von Nymwegen zum peritissimus architecta. Man braucht darauf um so weniger Gewicht zu legen, als Rudolf lediglich eine sonst wörtlich benutzte Notiz eines ältern Biographen erweitert, welche jene Worte nicht enthält. Eine wenig spätere Notiz der Koelhoff'schen Chronik (Chroniken d. St. Köln 2, 531: hei dede meisterlich buwen den choir) ist gänzlich belanglos, da der ganze über Albert handelnde Abschnitt nur auszügliche Uebersetzung aus Rudolf von Nymwegen ist.

Leider wurde die Kirche 1805 abgebrochen, und nur ein auf der Orgel-
bühne von St. Andreas bewahrtes Bild — Albert in bischöflicher Kleidung,
auf das Dominicanerkloster zu seinen Füssen deutend — gewährt eine
schwache Vorstellung der verschwundenen Herrlichkeit.

Nicht einmal der Schatten eines Beweises vollends lässt sich für die
Annahme beibringen, welche Albert zum Schöpfer des Domes macht. „Es
ist wahrscheinlich," äussert einer der ersten Vertreter derselben [1]), „dass der
ehrwürdige, zu eben jener Zeit in Köln lebende Albertus, welcher von dem
Erzbischofe Konrad und dessen Nachfolgern sowohl als von den edelsten
Bürgerfamilien Köln's hochgeschätzt und in allen wissenschaftlichen Fällen zu
Rathe gezogen wurde, auch hier, wie zu Rom den Gelehrten beim Baue
der St. Peterskirche (!), in der Angabe sowohl der theologischen und philosophischen Symbolik, als auch der architektonischen Musik dieses Tempels
grossen Beistand geleistet habe. Albert war in Köln der Mann, der einst
der Abt Suger in Paris war. Wenn es eine Demuth des grossen Baumeisters
unseres Domes war, dass er der Nachwelt seinen Namen entzog, wem wäre
dies ähnlicher als ihm!" Man sieht, hier — und ähnlich anderswo [2]) — handelt es sich nicht um ein Beweisverfahren von irgend einer, wenn auch
schwankenden Grundlage aus, sondern um einen Lieblingsgedanken, bei
welchem der Wunsch an die Stelle des Argumentes tritt, und nicht leicht
wird man Gewicht auf eine angebliche Versicherung jenes sonst so verdienten
Gelehrten legen, „er habe in einer nun verlorenen Urkunde des 13.
Jahrhunderts ausdrücklich die Nachricht gelesen, dass Albert beim Dombau
betheiligt gewesen" [3]).

Auch als die nüchterne Kritik sich längst der Anfänge des Dombaues
bemächtigt hatte, vermochte sich Albert's Biograph noch immer nicht ganz
von der ja gewiss ansprechenden Idee einer directen Verbindung zwischen
dem grössten Geistesmann und der grössten Kunstschöpfung des 13. Jahrhunderts zu trennen. „Es ist," so lesen wir [4]), „immerhin möglich und
wahrscheinlich, dass Albert, dessen Autorität bei allen Parteien in Köln so
grosses Gewicht hatte, bei den Berathungen in Bezug auf den Neubau bei-
gezogen wurde. Als es sich darum handelte, in welchem Stil der neue Chor
auszuführen sei, da eben die neue Bauweise noch mit der alten romanischen
im Kampfe lag, als man einer Aufklärung über die Vorzüge der Gothik, über
die Bedeutung der Siebentheilung des Chores und über aufzustellende Bilder
bedurfte, da hat wohl Albert für die neue Bauweise, die er in Paris geschaut,
in der bald alle Dominicanerkirchen entstanden, das Wort ergriffen, da konnte

---

[1]) Wallraf in seinem Aufsatz „Der Dom zu Köln" (Ausgewählte Schriften 152).

[2]) Ganz besonders bei Kreuser, Kölner Dombriefe 193 ff., wo auch der Versuch
gemacht wird, Bischof Simon von Paderborn einen Antheil zu vindiciren.

[3]) Mitgetheilt von Sighart 76.

[4]) Sighart 78.

er am besten den tiefern mystischen Sinn dieser Gestaltungen enträthseln." Nun stand es freilich fest, dass Albert — welcher sich mit Sicherheit in Köln erst Anfang 1252 nachweisen lässt [1]) — wenige Monate vor der Grundsteinlegung noch in Paris weilte; aber dieser Schwierigkeit begegnete man mit der Annahme, die Grundsteinlegung sei eine „anticipirte" gewesen, gestützt auf Lacomblet's Hypothese, dass zur Zeit derselben ein Bauplan noch gar nicht vorgelegen und eine energische Bauthätigkeit erst erheblich später begonnen habe.

Denn während man auf der einen Seite die dürftigen Nachrichten über die Anfänge des Domes durch Vermuthungen zu ergänzen suchte, hatte der eben genannte, um die rheinische Geschichte hochverdiente Forscher auch an den bisher für unumstösslich geltenden Ueberlieferungen eine Kritik geübt [2]), welche fast die gesammte Tradition zu erschüttern drohte: der grosse Brand des alten Domes im Frühjahr 1248, die Existenz eines Bauplanes und der Beginn des Baues im Sommer desselben Jahres, selbst das Bestehen der Absicht, einen vollständigen neuen Dom zu errichten und nicht bloss die alte romanische Kirche durch einen gothischen Chor zu erweitern, alles dies war in Frage gestellt. Die Baugeschichte des Domes hat diesen scharfsinnigen Untersuchungen viele werthvolle Resultate zu verdanken, in der Hauptsache aber schoss diese radicale Kritik über das Ziel hinaus, weil sie die zeitgenössischen Zeugnisse theils nicht kannte, theils nicht richtig zu würdigen verstand. Sie wurde denn auch von den verschiedensten Seiten mit kunstgeschichtlichen [3]) und quellenkritischen [4]) Gründen bekämpft, und dürfte heute ziemlich allgemein als eine verfehlte, wenn auch geistvoll und scharfsinnig durchgeführte Hypothese gelten. Mit einer Wolke von Gründen hat Lacomblet die Thatsache erwiesen, dass der alte Dom Jahrzehnte lang nach dem Brande noch in Gebrauch blieb; aber die oben angedeuteten Schlüsse, welche er daraus zog, halten nicht Stand vor den untereinander im besten Einklang und Zusammenhang stehenden zeitgenössischen Berichten.

---

[1]) Vgl. oben 138.

[2]) Zuerst 1846 in der Vorrede zum 2. Bande des Niederrheinischen Urkundenbuches, dann gegen Boisserée 1857 im 2. Bande des Archivs für die Geschichte des Niederrheins. In derselben Richtung bewegt sich ein Aufsatz von Harless im Archiv 1867.

[3]) Namentlich von Springer, Bonner Jahrbücher 22, 102.

[4]) So von Ennen in der Baugeschichte des Kölner Domes und in der Geschichte der Stadt Köln 3, 962. Im Wesentlichen die gleichen Ausführungen bei Ennen, der Kölner Dom (1872). Nicht berücksichtigt ist hier mein Aufsatz über den Brand des alten Domes im Organ für christliche Kunst 1870, 76, welcher die Lacomblet'sche Hypothese in ihrem Kernpunkte bekämpft. Ich kann meine damaligen (von Hegel in Chroniken der Stadt Köln 1, Einl. 40 einfach acceptirten) Ausführungen nur aufrecht erhalten und verweise darauf für das Folgende. Von dem Standpunkte, die unten angeführte, durchschlagende Nachricht der Annalen von St. Pantaleon „als eine späte, unglaubwürdige Sage zu betrachten," wie dies noch Schnaase 5, 400 thut, wird man jetzt wohl zurückgekommen sein.

Auf dem Hügel, welchen heute der Dom bedeckt, natürlich nicht den ganzen Flächeninhalt des letztern einnehmend, stand im 13. Jahrhundert eine ältere Kirche, von welcher wir uns kein deutliches Bild mehr machen können, die aber nach den vorhandenen Notizen von beträchtlicher Ausdehnung war. Sie hatte zwei Chöre und zwei Krypten, vier Thürme, deren zwei durch Erzbischof Rainald errichtet waren. Die Südseite des Langschiffes zeigte 12 Fenster, die Nordseite, an welcher die Sacristei angebracht war, abgesehen von dieser nur sechs, der Oberbau des Schiffes je 24 an beiden Seiten [1]. Altäre werden sechs genannt, je einer in den Chören und in den Thürmen. Ein Umbau aus der Uebergangszeit wird nicht erwähnt, und neben den im 13. Jahrhundert vollendeten Kölnischen Prachtkirchen mochte die Kathedrale sich sehr bescheiden ausnehmen. Schon Engelbert der Heilige dachte an eine Aenderung. „So sehr," berichtet sein Biograph, „liebte und ersehnte er mit dem heiligen David die Zierde des Hauses Gottes, dass er die Brüder (d. h. die Geistlichkeit oder speciell das Domcapitel) ermahnte, die Kirche des h. Petrus, die Mutter aller Kirchen der Kölner Provinz, zu erneuern; und er versprach, gleich zum Beginne 500 Mark zu geben und jährlich bis zur Vollendung die gleiche Summe" [2]. Dann verschwindet lange Zeit jede Spur des Planes [3], bis zum 13. April 1248 [4]. An diesem Tage wurde im Hause des Domdechanten Goswin vor zahlreichen Zeugen ein Act folgenden Inhalts aufgenommen. Da durch gemeinsamen Beschluss (des Domcapitels) bestimmt worden sei, dass die Domkirche von neuem gebaut werde, so hätten der Dechant und viele andere Domherren den Thesaurarius Philipp gebeten, die auf dem St. Petrus-Altar ausserhalb der Messe dargebrachten zur Domcustodie gehörigen Opfer auf sechs Jahre der Baukasse zu überweisen gegen eine jährliche Entschädigung von 30 Mark wegen der vielen mit dem Amt der Custodie verbundenen Kosten; obwohl es ihm schwer gewesen, habe er sich gefügt, um Gotteswillen und zur Ehre des h. Petrus und der drei Könige.

Wenige Wochen darauf ist der alte Dom abgebrannt, am Quirinustage, welchen die Kölner Diöcese am 30. April beging [5]. Die gleichzeitigen Annalen von St. Pantaleon [6]) berichten über dieses Ereigniss und die Grund-

---

[1] In der Beschreibung des alten Domes (Quellen 2, 278) heisst es ausdrücklich: superiores fenestre 24 hinc et hinc, was doch nicht wohl die Gesammtzahl bezeichnen kann.

[2] Caes. Vita s. E. 1, 9. Böhmer, Fontes 2, 304.

[3] Die oft angeführte Memorienstiftung des Domscholasters Franco vom Februar 1248 (Lacomblet, Archiv 2, 124) gehört nicht hierhin. Ad opus ecclesie heisst doch nicht zum Kirchenbau.

[4] Quellen 2, 257. Das irrige Datum 1247 März 25 beruht auf Vernachlässigung der Osterrechnung.

[5] Vgl. Annalen Doppelheft 21 und 22. 277.

[6] Mon. Germ. SS. 22, 543. Die sonstigen Zeugnisse für den Dombrand habe ich im Organ a. a. O. zusammengestellt. Die noch 1872 (der Dom zu Köln 23) aufrecht erhaltene Ansicht, es handele sich nur um eine späte Interpolation der Pantaleons-Annalen,

steinlegung des neuen Domes am 15. August 1248: „In demselben Jahre (1248) war das Kölner (Dom-) Capitel unter Zustimmung des Erzbischofs und der Prioren übereingekommen, die alte Domkirche vollständig abzubrechen und einen bessern Bau zu errichten. Hurtig unterhöhlten die Werkmeister den östlichen Theil der Mauern der Kirche und zündeten unvorsichtig die Balken an, welche die Höhlung stützten, damit die auf ihnen ruhende Masse schnell zusammenstürze. Da aber der Wind auf die Kirche zu stand, nahm das Feuer Ueberhand und verzehrte die edele, wenn auch alte Kirche vollständig bis auf die nackten Mauern, nebst den beiden im Innern hängenden vergoldeten Kronleuchtern. Gar deutlich aber zeigte sich die Kraft Gottes darin, dass der Schrein der drei Könige von seinem Platze in der Mitte der Kirche, bevor man das Feuer anzündete, nach dem Eingange geschafft worden war, nicht aus Furcht vor dem Feuer, sondern weil man fürchtete, die Mauern möchten einstürzen; so wurde der Schrein mit grosser Mühe — denn die ganze Kirche war mit Rauch angefüllt — ohne irgendwelche Verletzung hinausgetragen und unbeschädigt gerettet. Der Erzbischof Konrad aber berief die Prälaten der Kirche, die Edeln des Landes und seine Ministerialen, zog durch das mahnende Wort der Prediger eine unzählbare Menge Volkes herbei und legte nach feierlicher Messe am Tage Mariä Himmelfahrt den ersten Stein [1]). Im Namen des Papstes, des Erzbischofs, des Legaten (Petrus) und aller Suffragane der Kölner Kirche ward bisher unerhörter Ablass den Gläubigen ertheilt, welche zum Bau der Kirche ihre Almosen gäben oder schickten. Von dieser Zeit an also wurde das Fundament der neuen Basilica des h. Petrus, der Domkirche zu Köln, ein Werk von wunderbarer Breite und Tiefe, mit grossen Kosten begonnen."

um „einen willkürlichen, dazu noch unwahrscheinlichen Versuch, den Dombrand zu erklären", hat Ennen vermuthlich selbst nicht festgehalten. Für die Gleichzeitigkeit der Stelle liesse sich schon als fast entscheidend anführen, dass sie den Standort des Dreikönigenschreins und die grossen Kronleuchter des alten Domes kennt, ganz übereinstimmend mit der Beschreibung bei Ennen 13.

[1]) Am Tage selbst, also am 15. August. Dank einem im Mittelalter verübten Schreibfehler ist der Dom seit langer Zeit um seinen richtigen Geburtstag gekommen, und bis in die allerneueste Zeit schleppt sich der alte Fehler fort. Von vorn herein ist es wenig wahrscheinlich, dass eine mittelalterliche Grundsteinlegung auf die Vigilie eines Festtages gelegt worden sein sollte. Zum Ueberfluss lässt sich auch die Entstehung des Fehlers genau nachweisen. Den richtigen Tag haben — ausser der allenfalls beide Deutungen zulassenden Wendung der bekannten Dom-Inschrift: dum colit assumptam clerus populusque Mariam — die Annalen von St. Pantaleon, die Notae Colon. (Mon. Germ. SS. 24, 363), die identische Notiz der Annal. Agripp. (ebend. 16, 736) und die auf letztern beruhende Recension A der Kölner Jahrbücher (Chroniken 2, 18): „up unser vrauwen dach dat si zo hemel vur." Erst die Rec. B (ebend. 29) änderte das Datum in „up unser vrauwen avent". Durch Vermittelung der Rec. D (ebend. 126) ging der Fehler in die gedruckte Stadtchronik von 1499 (ebend. 550) über: Damit hatte er auf Jahrhunderte das Bürgerrecht erworben.

Es liegt nicht der mindeste Grund vor, die Glaubwürdigkeit dieser
spätestens wenige Jahre nach den Ereignissen niedergeschriebenen Darstellung
eines Mannes anzuzweifeln, der sein treffliches Geschichtsbuch mit muster-
hafter Treue abfasste, um so weniger, als sie mit allen sonstigen zeitgenössischen Zeugnissen in Einklang steht. Als vollkommen verbürgt dürfen
wir folgende Thatsachen betrachten : Beschluss des Domcapitels, den alten
Dom gänzlich niederzulegen und einen Neubau an seine Stelle zu setzen;
Zerstörung des alten Domes durch Feuer am 30. April; feierliche Grundsteinlegung am 15. August und sofortiger Beginn gewaltiger Fundamentirungs-
arbeiten. In allen Punkten stösst also Lacomblet's Hypothese auf den entschiedenen Widerspruch gleichzeitiger Berichte.

Wer den Riesenplan erdachte, wer die Baurisse zeichnete oder doch
an den Entwürfen betheiligt war, bleibt dunkel und wird vielleicht niemals
bekannt werden. Gewiss nicht jener Meister Heinrich, der in einer Urkunde
von 1248 als petitor structure maioris ecclesie begegnet und deshalb „sich
für den Dombau um das Amt des Werkmeisters beworben" haben soll [1];
schwerlich der damalige Pariser Theologe Albert, der vielleicht erst mehrere
Jahre später nach Köln kam; möglicherweise Meister Gerhard der Steinmetz,
der rector fabrice, dem das Domcapitel 1257 unter dankender Anerkennung
seiner Verdienste ein Grundstück in der Nähe des Domes überlässt [2]. In
hohem Grade zweifelhaft ist es auch, ob Erzbischof Konrad, der so oft als
„der Gründer des Domes" Gepriesene, mehr als ein sehr entferntes und bescheidenes Verdienst in dieser Hinsicht beanspruchen kann. Zwar weiss
eine zu Ende des Mittelalters geschriebene Chronik [3] zu melden: „Bischof
Konrad war über die Maassen reich an Gold, Silber und Edelgestein, so dass
er seinen Schatz für unerschöpflich hielt. Darum begann er grosse, köstliche
Dinge mit Bauten und Käufen. Er liess beginnen den grossen, köstlichen
und ewigen Bau, den Dom." Er hat den Grundstein gelegt und zu Beiträgen aufgefordert; das ist alles, was wir über seine Verdienste um die
Dombausache wissen, und dass nicht er der Bauherr war, sondern das Capitel,
sagen die oben angeführten Berichte mit vollster Bestimmtheit.

Trotzdem ist es erklärlich, dass man die Anfänge des Riesenbaues innig
mit der Erinnerung an den gewaltigen Mann verband, der am 15. August
1248 die Worte der Weihe sprach, dass man ihm Verdienste zuschrieb, die

---

[1] Fahne. diplom. Beiträge zur Gesch. der Baumeister des Kölner Domes 11. Die
weitern kühnen Schlüsse des übrigens für die Geschichte des Dombaues durchaus nicht
unverdienstlichen Werkchens, in welchem Heinrich Sunere mit voller Bestimmtheit als
„Anfertiger des Planes und erster Baumeister des Kölner Domes" hingestellt wird, wird
man jetzt wohl auf sich beruhen lassen dürfen.

[2] Oft gedruckt, zuletzt Quellen 2, 372. Für Gerhard als Bauführer oder Baumeister beweist der Titel rector fabrice gar nichts; in der Capitelsurkunde vom 13. April
1248 wird er als gleichbedeutend mit provisor gebraucht.

[3] Chroniken d. St. Köln 2, 550.

er nicht besass, und Ehren ertheilte, die er genau genommen nicht verdiente. Als er am 28. September 1261 (R. 525) starb, wurde er zunächst im alten Dome[1]) beerdigt; später hat man die Leiche in der Chorcapelle des h. Johannes beigesetzt, gerade über der Stelle, wo er einst den ersten Stein zum Fundament gelegt hatte[2]). Ueber seiner Asche erhob sich das eherne Grabmal, von welchem die jetzt auf einem modernen Sarkophag ruhende ausgezeichnete Erzstatue sich erhalten hat[3]). Daneben hat man in neuerer Zeit die mittelalterlichen Aufrisse der Domthürme aufgehängt.

Nahezu alles, was er erstrebt, ist diesem Manne, wenn auch unter schweren Mühen, gelungen. Wie kein anderer deutscher Fürst hat er zum Sturz des staufischen Hauses beigetragen, einen König nach dem andern erhoben, straflos dem jungen Wilhelm wie dem Legaten Petrus und dem Papst Alexander Trotz geboten, Gegner wie Wilhelm von Jülich und Simon von Paderborn auf's tiefste gedemüthigt, die bis dahin nahezu unabhängige Hauptstadt vollständig unter sein Joch gebeugt; das beträchtlich erweiterte Erzstift hinterliess er „in tiefem Frieden"[4]). Er ist eine grossartige, wenn auch nicht anziehende Erscheinung. Wohl liess er sich bald nach seiner Wahl zum Priester und Bischof weihen, und wiederholt nimmt er geistliche Functionen vor — erwähnt sei bei dieser Gelegenheit, dass er Arnold von Trier die Bischofsweihe ertheilte[5]) — auch gegen die Gebrechen des kirchlichen Lebens ist er mehrfach eingeschritten[6]), aber ein echter Priester und Bischof war er nicht. Wiederholt begegnen wir ihm gleich in den nächsten Jahren nach seiner Weihe mitten im Kampfgetümmel, und noch zu Ende der fünfziger Jahre erscheint er auf dem Schlachtfeld, an der Hand den blitzenden Stein, der nach der Meinung der Zeit den Sieg verleihen sollte[7]). Durch seine ganze Regierung geht ein kriegerischer, gewaltthätiger Zug. Oft mag er zu seinen Fehden gezwungen worden sein, und bei manchen Vorgängen, die ihm bittern Tadel zugezogen haben, lässt sich kein eigentlicher Beweis seiner persönlichen Schuld erbringen; aber dunkele Vorgänge

---

[1]) Ungenau erzählen die letzte Forts. des Catal. tertius archiep. Col. (Mon. Germ. SS. 24, 357) und die Kölner Forts. des Martin von Troppau (Waitz, Chronica regia Colon. 354), er sei im neuen Dome beerdigt worden. Richtig unterscheidet die doppelte Beisetzung die Chron. praes. (Annalen 1857, 209).

[2]) Letzte Forts. des Catal. tertius a. a. O.

[3]) Sie wird doch wohl zu dem mausoleum fusile decentissime fabricatum gehört haben, welches die Kölner Forts. des Martin v. Troppau 354 als über dem Grabe Konrad's im neuen Dom befindlich erwähnt. Die Forts. ist (vgl. Waitz, Chronica regia Col. Einl. XXIV) 1326 bis 1330 geschrieben. Die Uebertragung der Gebeine und die Errichtung des Denkmals aber wird man um die Zeit der feierlichen Einweihung des Chores (1322) zu setzen haben.

[4]) Coloniensi ecclesia in summa pace derelicta. Trierer Handschr. der Chron. praes. (Trierer Stadtbibl. Nr. 1432).

[5]) Gesta Trev. Mon. Germ. SS. 24, 408.

[6]) Ecclesia reformata. Letzte Forts. des Catal. tert. a. a. O. Vgl. oben 126 ff.

[7]) Chroniken d. St. Köln 1, 207.

wie die Gefangennehmung des kleinen Waldemar von Dänemark [1]) und die
Scene von Neuss sind immerhin sehr bedenklich, wenn man bedenkt, wie
leicht er bei andern Gelegenheiten, namentlich gegenüber der Stadt Köln,
zu Mitteln der Gewalt seine Zuflucht nahm.

Für die Reichspolitik jener Tage ist sein Name von grösserer Bedeutung als die Königsnamen Heinrich, Wilhelm und Richard, aber Niemand
wird seine stets persönlich eingreifende Thätigkeit — man denke nur an
seine Reisen nach Rom, Lyon, Würzburg, Prag, London und Frankfurt — eine
segensreiche nennen. Möglich, dass seine Empörung gegen die Staufer seiner
Ueberzeugung entsprach — wenigstens hat er für dieselbe einen sehr ungünstigen Moment gewählt und das Wagniss schwer gebüsst — möglich,
dass er anfänglich noch an ein mit dem Papste in Frieden lebendes starkes
Kaiserreich dachte: jedenfalls hat er nachmals durch den Aufstand gegen
Wilhelm und durch sein Benehmen bei der Wahl von 1257 alles gethan,
um diese Hoffnung zu vereiteln. Mehr und mehr tritt in ihm der nüchterne
Rechner hervor, welcher das Wohl des Vaterlandes kleinlichen Interessen
opfert; Konrad, der letzte Erzbischof von Köln, welcher überhaupt noch
Reichspolitik in grossem Stil getrieben hat, ist gleichzeitig der Typus des
engherzigen Territorialfürstenthums, welches der Reichsgeschichte nach dem
Interregnum ihren trostlosen Charakter verleiht. Am ersten wird man noch
seine landesfürstliche Wirksamkeit anerkennen, seine gute Wirthschaft, die
Ueberlegung und Consequenz, mit welcher er den Vorrang des Erzstiftes
Köln im nordwestlichen Deutschland befestigte.

Zu dem aus den Thatsachen gewonnenen Bilde seiner Persönlichkeit
stimmen denn auch mehr oder weniger die Urtheile der Zeitgenossen. „Ein
kriegstüchtiger Mann," heisst er in den Annalen von Floreffe [2]): „wüthend
und kriegerisch," schreibt ein erbitterter Gegner, „habe er, den Frieden des
Erdkreises verletzend, mit Hülfe des Papstes den Kaiser Friedrich gestürzt
und dadurch sich und seine Nachfolger in ewige Knechtschaft gebracht, der
Welt den Frieden genommen und ewige Kriege allerwärts gesäet, ungerechte
Zölle und Wegegelder zu Wasser und zu Lande errichtet" [3]). Auf vereinzelte
Epitheta wird man wenig Gewicht zu legen haben [4]). Papst Innocenz be-

---

[1]) Er wurde 1250 auf der Rückreise von Frankreich aus unbekannten Gründen
festgehalten und erst gegen schweres Lösegeld freigelassen. Kurze Notizen bei Albert v.
Stade sowie in den Annal. Hamburg. und Ryenses (Mon. Germ. SS. 16, 373, 383, 408).

[2]) Mon. Germ. SS. 16, 627.

[3]) Zusatz zum Catal. tertius. Mon. Germ. SS. 24, 353.

[4]) Andere Fortsetzungen des Catal. tert. (ebend. 354, 356) nennen ihn vir probus
et honestus, vir magnificus, einer seiner bischöflichen Gegner in Baiern dagegen einen Blut-
menschen. Vgl. oben 30. Die Kölnische Reimchronik (Waitz, Chron. regia Col. 312)
erwähnt die Sage, Konrad habe als Jüngling im Schlafe ausgerufen, er werde Kölns
Verderben sein; das ist doch wohl nur eine Nachbildung der Erzählung des 12. Jahrhunderts, welche den Hildesheimer Stiftsschüler Rainald, den spätern Reichskanzler, im
Schlafe rufen lässt: „Ich bin das Verderben der Welt." Vgl. Ficker, Rainald von Dassel 116.

lobt ihn bei seiner Ernennung zum Legaten wegen seiner Wissenschaft, Sittenreinheit und seines weisen Rathes, aber in andern Ernennungs-Urkunden kehren genau dieselben Wendungen wieder. Immerhin mögen sie im vorliegenden Falle — auch seine schlimmsten Gegner haben keinen Makel auf seine Sitten geworfen — zutreffen, nur dürfte die Wissenschaft [1]) bei ihm zurückgetreten sein gegen praktischere Dinge. Die Annalen von St. Pantaleon gedenken seines persönlichen Muthes und seiner Klugheit, und der Anhang derselben rühmt, eifrig habe er die Dinge erwogen und für die Zukunft gesorgt, regsam sei er gewesen und ausgezeichnet durch weisen Rath, aber Milde, Freigebigkeit und Frommsinn werden ihm nicht einmal bei einem spätern Lobredner nachgerühmt. „Erzbischof Konrad von Hostaden," so schildert ihn die Bischofs-Chronik des 14. Jahrhunderts [2]), „war einer solchen Ehre und eines solchen Namens überaus würdig. Er war der eifrige Vorkämpfer der Rechte und Freiheiten der Kirche, Glück und Unglück ertrug er gleichmüthig je nach dem Wechsel der Zeit; unerschrocken war er bei Beginn schwieriger Dinge, in Allem klug und eifrig;" pomphafte Worte, aus denen aber noch immer das echte Bild des unbändige Thatkraft mit kalter Berechnung in seltener Weise vereinigenden Realpolitikers hervorschaut.

Konrad war nicht der „Gründer des Domes", wie man ihn so oft genannt hat und auch heute noch nennt; kein geistiges Band verknüpft ihn mit dieser grössten und edelsten Schöpfung der frommen deutschen Kunst, sondern nur der zufällige Umstand, dass er um die Zeit, in welche ihre ersten Anfänge fallen, der Inhaber des Kölners Stuhles war; lieber möchte man an seiner Stelle Jenen sehen, bei welchem zuerst, so weit unsere Kenntniss reicht, der Dombaugedanke Anklang gefunden hatte: Engelbert den Heiligen, das Ideal des geistlichen Reichsfürsten, die Zierde des Reiches und der Kirche, deren Kampf zu erleben ihm erspart blieb. Seitdem waren die Tage böse geworden, und fast wundert man sich, dass in eiserner Zeit, wo der Kaiser stritt gegen den Papst, wo am Niederrhein wie allerwärts in Deutschland Fehde auf Fehde entbrannte, wo in Köln der innere Hader und die Kämpfe der Stadt mit ihrem Fürsten deutlich genug sich ankündigten, der Muth nicht fehlte, ein Werk zu beginnen, dessen Vollendung selbst im günstigsten Falle erst nach manchem Menschenalter erhofft werden konnte. Freilich, Wenige werden damals geahnt haben, dass der Streit Friedrich's II. mit Gregor und Innocenz mehr war wie eine Wolke, die, wenn auch Ver-

---

[1]) Jäck, Vollständ. Beschreibung der öffentl. Bibl. zu Bamberg 2, 63 verzeichnet unter den dortigen Handschriften eine Uebersetzung der Vita Ottonis Babenberg. von Konrad Bischof von Köln, geschrieben 1473. Die Vermuthung, es liege nur ein Missverständniss vor, wird mir durch gefällige Mittheilung des Hrn. Bibliothekar Dr. Leitschuh zu Bamberg bestätigt. Der Miscellan-Codex E VI 11 schliesst mit den Worten: „Dise vorgeschribne Sannt Otten legend ist . . . vollendet worden von einem andechtige bruder parfuser ordens der observanz genant Conradus Bischoff . . . nach Christi geburt 1473 jar."

[2]) Chron. praes. Annalen 1857, 207 ff.

derben bringend, vorüberzieht, dass dauernd die Grundlage der mittelalterlichen Weltordnung erschüttert war, dass der Dom zu Köln der Markstein
sein werde, die Stelle bezeichnend, von welcher die Pfade des Mittelalters
sich abwärts senken. Mitten in der Katastrophe des Kaiserthums begonnen,
hat der Dombau die „babylonische Gefangenschaft", das furchtbare Aergerniss
des Schisma's und selbst das Reichselend des 15. Jahrhunderts überdauert,
aber immer langsamer wurde das Werk gefördert, und als endlich auch die
materielle Blüthe unserer Nation geknickt, als die letzte und tiefste Grundlage ihrer Zusammengehörigkeit, die Einheit des Glaubens, zertrümmert war,
da endlich hat man die Hände hoffnungslos sinken lassen.

Anlagen.

1. Papst Innocenz III. ertheilt Auftrag, die Stiftsherren zu Huckarde zur Erfüllung ihrer Präsenzpflicht anzuhalten. — Rom, 1207 Oct. 5.

Innocentius episcopus servus servorum dei dilectis filiis C. preposito sancti Severini et Christiano sancti Laurencii et A. sancte Brigide plebanis Coloniensibus salutem et apostolicam benedictionem . sicut dilecti filii canonici sancti Petri Coloniensis transmissa nobis insinuatione monstrarunt, quidam canonici Hugardensis ecclesie, licet prebendas suas cum omni velint integritate percipere, ibidem tamen residere non curant, propter quod ecclesia dignis et debitis defraudatur obsequiis et in clero ac populo grave scandalum generatur . quia igitur dignum est, ut qui altario negligit deservire, vivere non debeat de altari, discretioni vestre per apostolica scripta mandamus, quatinus canonicos antedictos vel debitam in ecclesia residentiam facere vel saltem vicarios idoneos assignare ·monitione premissa per censuram ecclesiasticam appellatione remota cogatis . nullis litteris veritati et iusticie preiudicantibus a sede apostolica impetratis . quod si non omnes hiis exequendis potueritis interesse, duo vestrum nichilominus exequantur . datum Rome apud sanctum Petrum 3. non. octobris pontificatus nostri anno octavo.

(Copiar des Domstifts, Stadtarchiv.)

2. Papst Gregor IX. ertheilt dem Kölner Domcapitel einen Schutzbrief gegen willkürliche Suspension und Excommunication seitens des Erzbischofs von Köln. — Rieti, 1232 Febr. 3.

Gregorius episcopus servus servorum dei dilectis filiis . . decano et capitulo Coloniensi salutem et apostolicam benedictionem . ex parte vestra fuit nobis humiliter supplicatum, ut, cum venerabilis frater noster . . archiepiscopus Coloniensis contra antiquam et approbatam ecclesie vestre consuetudinem motu proprie voluntatis in vos aliquando nulla monitione vel citatione premissa suspensionis et excommunicationis sentencias promulgarit, propter quod tam in clero quam in populo grave scandalum est subortum, vobis super hoc providere salubriter dignaremur . de regno igitur ecclesie scandala tollere cupientes auctoritate presentium inhibemus, ne decetero Coloniensis archiepiscopus in vos absque manifesta et rationabili causa et competenti monitione premissa presumat huiusmodi sentencias promulgare . nulli ergo omnino hominum liceat hanc paginam nostre inhibitionis infringere vel ei ausu temerario contraire. siquis autem hoc attemptare presumpserit, indignationem omnipotentis dei et beatorum Petri et Pauli apostolorum eius se noverit incursurum . datum Reate. 3. non. febr. pontificatus nostri anno quinto.

(Copiar des Domstifts.)

3. Erzb. Heinrich trifft Bestimmungen über Verletzung kirchlicher Institute und Personen. — 1236.

Henricus dei gracia sancte Coloniensis ecclesie archiepiscopus universis presens scriptum inspecturis salutem in domino . ecclesiarum libertati propensius intendere cupientes, qualiter maliciis hominum occuratur, qui contra sanctuarium dei nituntur ascendere ex adverso, de communi consilio et assensu priorum Coloniensium statuimus et perpetua stabilitate firmamus a nobis et a nostris successoribus irrefragabiliter observandum, quod si ecclesie, monasterio vel alicui loco religioso seu ecclesiastice persone civitatis vel diocesis Coloniensis in corpore vel in rebus violencia sit illata vel deinceps inferatur, iurisdictione vel ecclesiastica sive seculari sive quocumque iure sibi competente uti prohibeatur, ecclesia, monasterium vel locus religiosus seu persona violenciam passa vel per se vel per alium priores, qui tunc in civitate Coloniensi presentes erunt et haberi poterunt, adeant et iniuriam sibi irrogatam conquerendo eis exponat. et tunc priores illatam iniuriam nobis, si in civitate vel infra diocesim nostram nos esse contigerit, significabunt, et nos iniuriatorem vel iniuriatores sine mora monebimus et sub pena excommunicacionis eis precipiemus, ut infra quindecim dies, si reus fuerit nobilis, si vero alius, infra octo dies post monicionem nostram leso satisfaciat. si autem officiati aliquorum nobilium supradicta commiserint, ipsum officiatum, quod infra octo dies, dominum vero, quod infra 15 dies leso satisfaciat, simul et semel monebimus. et hoc eisdem sub pena excommunicationis precipiemus et supradictis iniuriatoribus significabimus, quod dominus vel alius nobilis die quintodecimo, officiatus vel alius octavo coram prefatis prioribus compareant si velint. coram quibus eodem die actor, si factum manifestum non fuerit, per duas personas ydoneas vel se altero seu per seipsum, si manus violente in ipsum fuerint iniecte, per iuramentum summarie intencionem suam probabit. quod cum per litteras capituli vel relacionem decani et priorum Coloniensium nobis extiterit intimatum, incontinenti iniuriatores seu malefactores excommunicabimus. si vero talis fuerit violentia facta, quod ipso facto quis sentenciam excommunicacionis incurrat, ad denunciacionem procedemus. si autem atrocitas facti exegerit vel mora periculosa fuerit, ad peticionem priorum abbreviabimus terminos antedictos. quod si officiati, dominus vel alius nobilis in excommunicacione permanens infra 15 dies non satisfecerit, extunc terram eius ecclesiastico suppositam esse decernimus interdicto. omnem etiam locum, in quo persona ecclesiastica vel homines ad ecclesiam, monasterium aliumve locum religiosum pertinentes seu res ablate detinebuntur, quam diu detinebuntur ibidem, vel in quo malefactor mansionem habuerit vel ad quem venerit, quam diu ibi presens fuerit, ecclesiastico subicimus interdicto. et insuper a prioribus commoniti per indicium seculare iniuriatores, sive sint nobiles sive alii, ad satisfaciendum prout possumus sine mora dispendio compellemus. si vero extra diocesim nostram fuerimus, priores, qui tunc Colonie presentes erunt et haberi poterunt, predicta auctoritate nostra exequantur, nisi presentiam nostram duxerint expectandam. quodsi infra diocesim Coloniensem vel in ipsa civitate constituti aliquo casu predicta in toto vel in parte non fuerimus executi, decanus et priores similiter potestatem habeant exequendi predicta. nec predictarum sententiarum aliqua relaxetur, donec ad arbitrium decani et priorum leso et ecclesie satisfiat. et nos nunciis nostris infeodatis districte et sub optentu feodi precipimus, ut, cum fuerint a prioribus requisiti et legatio super hiis eis ab eisdem fuerit iniuncta, ipsam sine mora dispendio fideliter exequantur. item statuimus. quod si aliqui de diocesibus suffraganeorum nostrorum in nostra diocesi circa predicta deliquerint, diocesani eorum secundum formam prescriptam, postquam eis denunciatum fuerit, nostras sentencias exequantur et faciant observari. si vero extra nostram diocesim idem commiserint. suffraganei, tam hii in quorum iurisdictione manserint, quam illi in quorum iurisdictione delictum fuerit perpetratum, premisso modo procedant contra eos. quodsi aliqui de alienis provinciis in nostra diocesi vel extra in nostros vel in nostra deliquerint, archiepiscopos sive episcopos rogabimus studiose, ut modo predicto procedant contra malefactores et sentencias nostras observent et faciant observari. et nos versa vice idem pro ipsis per omnia faciemus. inhibemus etiam, ne aliquis clericus vel laicus litteratus predictis malefactoribus consilio vel patrocinio contra predictas constituciones assistat. si vero invitetur ad consilium vel patrocinium, non prius consulat vel patrocinium det, donec ante omnia tactis sacrosanctis ewangeliis iuramentum prestet. quod nichil clientelo suo consulat, nisi quod existimaverit iustum et verum. et quod ipsum credit habere iustam causam. et ei bona consciencia patrocinetur. et si in progressu causam iniustam esse cognoverit, penitus ab ea recedet. et illo advocato recedente nullus alius loco illius subrogetur. si quis vero contra venerit tam clericus quam laicus. a decano et prioribus puniatur secundum quod viderint expedire. ut autem hec constitucio robur habeat firmitatis et tam a nobis quam a nostris successoribus inviolabiliter observetur, presens scriptum nostro, ecclesiarum et priorum Coloniensium sigillis fecimus communiri . acta sunt hec anno domini 1236.

(Copiar des Domstifts.)

4. Konrad IV., erwählter römischer König, genehmigt den Verkauf eines Reichslehens zu Kerpen seitens des Ritters Gerhard an das dortige Stift, wofür Gerhard ein Allod dem Reiche zu Lehen aufträgt. — Frankfurt, 1242 April.

Conradus divi augusti imperatoris F. filius dei gratia Romanorum in regem electus semper augustus et heres regni Jerusalem tenore presentium ad modernorum et futurorum notitiam pervenire cupimus et pertendi, quod nos excambium factum de arcis apud Carpenam inter Carpensem ecclesiam ab una parte et Gerhardum militem ipsius loci ex altera, quarum una sita est apud monasterium, quam idem miles ab imperio possidebat, altera vero arca apud ripam, que eidem proprietatis titulo pertinebat, ratum et ·gratum habentes auctoritate presentium concedimus ecclesie memorate, ut predictam arcam sitam apud se, quam suis denariis comparavit, proprietatis iure possideat pacifice et quiete, illam ¹) vero apud ripam predictus miles a nobis et imperio iure teneat feudali . ad cuius rei robur presentes literas sigillo ²) nostre celsitudinis fecimus roborari . datum apud Franckenfort anno domini millesimo ducentesimo 42 mense aprili quinta decima indictione.

(Alfter'sche Urkunden-Abschriften 20, 308.)

5. Das Kölner Domcapitel erlässt Disciplinarbestimmungen für das Stift Huckarde. — Köln, 1243 April 3.

C(onradus) dei gratia maior prepositus, G(ozwinus) decanus et capitulum Coloniense dilectis in Christo capitulo Hugardensi salutem in domino . cum in ecclesia vestra nobis in spiritualibus et temporalibus subiecta propter prebendarum inequalitatem et canonicorum eiusdem absentiam ac nimiam distantiam ab ecclesia mansionum illorum qui residentes esse deberent, rigor ibidem ecclesiastice viluerit discipline, nos, ut eius status in hiis et in aliis que requiruntur ad decorem domus domini reformetur, statuimus, quod prebende nunc vacantes in ecclesia vestra fiant equales et deinceps vacature ibidem istis coequentur . statuimus etiam, quod quelibet prebenda nunc vacans valeat quindecim libras Lovaniensium denariorum eam deservienti personaliter, dummodo tantum ex bonis ad eas deputatis possit haberi . quarum 15 librarum sex volumus vocari et esse corpus prebende, quod tam presenti quam absenti de licencia prepositi assignetur . et residuum ad horas canonicas secundum quod ordinabimus distribuatur . profecturi vero versus terram sanctam peregre vel de licencia ad studium euntes habeant pro corpore prebende decem libras Lovanienses, et residuum cedat vicario eorum vices supplenti . statuimus etiam quod prepositus ecclesie vestre plenam habeat amministracionem determinatorum bonorum prebendis nunc vacantibus et deinceps vacaturis, postquam eas vacare contigerit . volumus etiam quod habentibus nunc prebendas et absentibus prefigatur a preposito terminus sex septimanarum peremptorius, infra quem veniant ad ecclesiam vestram et prebendas suas extunc personaliter deserviant . alioquin a percepcione suarum prebendarum suspendantur. item omnes canonici excepto preposito infra villam Hugardensem et prope ecclesiam resideant . item cum canonici Hugardenses passim matrimonium non solum cum virginibus verum etiam cum viduis contrahere consueverunt, statuimus, ut quicunque eorum de cetero matrimonium contraxerit, facto ipso sua prebenda sit privatus et ipsa prebenda alii conferatur . si qui vero eorum nunc habent uxores legitimas, si ipse uxores continentiam servare et ab ipsis recedere noluerint, eorum prebende similiter aliis conferantur, et contradictores seu rebelles per censuram ecclesiasticam compescantur . statuimus etiam ut defunctus habeat percepcionem fructuum prebende a die obitus sui pro rata temporis usque ad anni circumvolucionem . insuper statuimus, ut canonicus novus in anno percepcionis sue personaliter resideat et non petat licenciam . et si pecierit, non obtineat . prepositus etiam vice sua ponat canonicum et discretum (sic!), qui canonicos

---

¹) illa. — ²) sigilli.

et chorales moneat, hortetur et compellat ad chorum et ad disciplinam observandam . item quilibet recipiens prebendam iuret residenciam personalem et nostra statuta ac ordinacionem promissam observare secundum quod ea statuimus et ordinavimus . salva nobis addicione, diminucione, immutacione, interpretacione et moderamine circa predicta secundum quod de statu vestre ecclesie instruemur et videbimus expedire . actum Colonie anno domini 1242. 3. non apr.

(Copiar des Domstifts.)

6. Erzb. Konrad erlässt Verordnungen über die Verwaltung erledigter Dompfründen. — 1247 Mai 8.

Conradus dei gracia sancte Coloniensis ecclesie archiepiscopus sacri imperii per Italiam archicancellarius universis tam presentibus quam futuris in perpetuum . sciri volumus nos pro vitanda discordia provida ordinatione de consensu capituli nostri statuisse, quod cum aliquem de prelatis maioris ecclesie Coloniensis mori, cedere vel ad episcopalem assumi contigerit dignitatem, manufideles ipsius nostre ecclesie canonicam amministrationem ipsius prelature quoad temporalia usque ad festum beate Margarete proximo nunc futurum obtineant et amministrent de eadem . successor vero ipsius incontinenti se intromittet de prelatura eadem quoad spiritualia secundum debitum sue prelature in choro capitulo et dormitorio, videlicet visitando corrigendo reformando et investiendo ad ecclesias presentatos, cedetque ei omne emolumentum, quod ex tutelis, sequestris, correctionibus ac hiis similibus poterit obvenire . gaudebit etiam vasallorum ministerio et emolumento ex vasallorum iure proveniente et in curtibus ipsi prelature pertinentibus recipiet iuramenta sibi ut novo prelato ab hominibus curtium prestanda . manebit tamen apud manufideles iurisdictio in dictis curtibus cum omni emolumento videlicet curmedis ac aliis omnibus obvencionibus quoad temporalia usque ad festum beate Margarete . ceterum si aliqui ab antecessore suo fuerint pro aliquo sibi debito aut alias ex quacunque causa excommunicati aut eidem obligati racione prelature predicte, successor dictas sentencias usque ad satisfactionem condignam suo predecessori seu ipsius manufidelibus faciendam faciet inviolabiliter observari et de debitis bona fide satisfieri procurabit . si quis vero contra ordinacionem predictam venire presumpserit, latam a nobis excommunicacionis sentenciam ipso facto se noverit incurrisse . in cuius rei testimonium et firmitatem perpetuam presentes litteras nostro et capituli nostri sigillis fecimus communiri . actum anno domini 1247. 8. idus maii.

(Copiar des Domstifts.)

7. Erzb. Konrad ertheilt den Kölner Prioren Vollmacht betreffs Ausführung der zu Erhaltung kirchlicher Freiheit und zum allgemeinen Nutzen der Geistlichkeit erlassenen Statuten. — Köln, 1250.

Conradus dei gracia sancte Coloniensis ecclesie archiepiscopus Italie archicancellarius dilectis in Christo prioribus civitatis et diocesis Coloniensis salutem in domino . cum nos vestre ad nos devocionis et fidei puritatem ac obsequiorum vestrorum nobis voluntarie impensorum frequenciam attendentes quedam statuta salubria et necessaria ad conservacionem ecclesiastice libertatis ac etiam respicientia generalem totius cleri nostre civitatis et diocesis profectum pariter et honorem duxerimus statuenda, et ea promiserimus observare, quasdamque tulerimus sentencias cohercionis in illos, qui contra statuta huiusmodi quicquid presumpserint attemptare, prout in litteris nostris super hoc confectis plenius continetur, nos pensato, quod parum prosit quid statui, nisi debite execucionis effectus accedat, vobis damus presentibus nostris litteris potestatem et nichilominus precipiendo mandamus, quatenus quociescunque super aliquo seu aliquibus articulis in ipsis statutis contentis fueritis requisiti, vos, qui in civitate Coloniensi presentes fueritis, quorum habetur copia, ea sine difficultate aliqua aliis non expectatis execuc oni mandetis . volentes nichilominus et mandantes, ut omnes manuum in clericos iniectores, qui ipso facto in canonem late sentencie incidunt, cuius articuli in litteris confectis non fit mentio, ubicunque et quandocunque necesse fuerit excommunicatos denunciari precipiatis, contra eos, prout in articulo de captivatoribus, qui in statutis nostris habetur, plenius videbitis contineri, cum necesse fuerit ulterius procedentes, facientes quod decreveritis per censuram ecclesiasticam firmiter observari . datum Colonie anno domini 1250.

(Copiar des Domstifts.)

8. Erzb. Konrad schliesst, nebst mehrern Grafen und Herren, als Schiedsrichter eine Einigung zwischen seinem Schwager Heinrich von Isenburg und dem Grafen Gerhard von Diez wegen der von Ersterm errichteten Befestigung zu Vilmar. — 1251 Januar 25.

Universis Christi fidelibus presentes litteras inspecturis Cunradus dei gracia sancte Coloniensis ecclesie archiepiscopus, sacri imperii per Ytaliam archicancellarius notum esse volumus, quod super questionibus et discordiis subortis inter viros nobiles Gerardum comitem de Dyze ex parte una et Henricum de Ysenburg sororium nostrum ex altera super munitione in villa que dicitur Vilmere ab ipso Henrico de Ysenburg firmata, in qua idem comes de Dyze comes existit et alter videlicet Henricus de Ysenburg advocatus, et etiam super aliis questionibus motis inter eosdem mediantibus nobis, Emkone de Liningen, Waleramo et Ottone de Nassowen, Henrico de Solmize, Henrico de Vernenburg comitibus, Philippo de Wildenberg et Friderico de Sleida viris nobilibus amicabilis compositio et concors ordinatio intervenit . talis videlicet, quod omnes proventus iudiciorum, qui infra sepes munitiones in Vilmere, qui vulgariter valstock appellantur, proveniunt, ipse comes et sui heredes ratione comicie, et prefatus Henricus de Ysenburg ratione advocatie et eius heredes equaliter recipient et partientur . insuper predictus Henricus de Ysenburg et sui heredes in predicta sua munitione nullum de hominibus ipsius comitis de Dyze, comitum de Nassouwe, Henrici comitis de Wilnouwe et Sifridi de Runckel viri nobilis seu castrensium et ministerialium eorumdem recipient ad manendum sine ipsorum voluntate et consensu . si qui autem predictorum comitum ac nobilium homines in ipsa munitione Vilmere nunc morantur, prefati comites ac nobiles cum eodem emolumento seu utilitate, qua ante munitam villam Vilmere eos habuerunt, obtinebunt . ad hec homines in ipsa munitione Vilmere manentes ad iudicia comitis de Dyze debita venient et eadem sequentur, sicut, antequam muniretur villa, facere tenebantur . nec idem comes contra eosdem homines sua sequentes iudicia occasiones queret et captiosus non existet . omnes etiam alie questiones super hereditatibus seu etiam super aliis que fuerunt inter prefatos comitem de Dieze et Henricum de Ysenburg mediantibus nobis comitibus ac nobilibus antedictis amicabiliter sunt sopite . quas uterque pro se et suis heredibus una cum ordinatione de Vilmere facta fide data promisit fraude et dolo exclusis penitus observare . ita etiam quod si quis eorumdem predicta non servaverit et monitus ab altero infra spatium sex septimanarum non emendaverit, ipse alteri tenetur ad penam trecentarum marcarum . pro quibus ille, cui debentur trecente marce predicte, bona alterius sibi viciniora obtinebit, quousque trecentas marcas recipiat in eisdem . elegerunt etiam idem comes de Dyze et Henricus de Ysenburg, quod nos de Nassouwe, de Liningen, de Solmize, de Vernenburg, de Caccenellenbogen comites, de Sleida, de Wildenberg et de Coverna viri nobiles servanti predicta assistent contra eadem non servantem . in quorum omnium protestationem pariter et testimonium presentes litteras conscribi et nostro ac prefatorum comitis de Dyze et Henrici de Ysenburg, Walerami et Ottonis de Nassouwe et Emkonis de Liningen comitum sigillis fecimus communiri rogati ab ipsis comite de Dyze et Henrico de Ysenburg antedictis . actum et datum anno domini 1250 in conversione beati Pauli apostoli.

(Alfter 10, 332.)

9. Erzb. Konrad erlässt Verordnungen über die Liturgie an gewissen Kirchenfesten. — Köln, 1251 März 25.

Conradus dei gracia sancte Coloniensis ecclesie archiepiscopus sacri imperii per Italiam archicancellarius omnibus Christi fidelibus presentes litteras inspecturis eternam in domino salutem . cum suscepti regiminis in nobis cura requirat, ut cultum dei ampliandum pro viribus nostris benigno favore prosequamur, hoc siquidem attendentes, quod, cum per omnia iocundum sit eloquium domini, iocundius tamen censemus, cum exultaciones dei in gutture sanctorum proclamantur et sanctorum sollempnia exultacionis iubilo devote recoluntur, quapropter excellentiora festa, utpote gloriose virginis Marie matris domini et sanctorum Apostolorum excellentuis decet venerari, hoc siquidem advertentes, licet in tempore penitentie, in quibus cantica leticie subticentur propter casum primorum parentum et captivitatem Babylonicam quorum miseria recolitur, tamen racioni consonum est, ut in festis, in quibus universo mundo gaudium exortum est et lumen in tenebris lucet, leticie cantica nullatenus taceantur . statuimus ergo de priorum nostrorum consilio et assensu et districte precipimus observari in civitate et diocesi Coloniensi, ut in festo annunciacionis beate et gloriose semper virginis Marie, similiter in festo purificationis eiusdem quando intra septuagesimam concluditur, ad laudem et gloriam dei et prefate virginis tedeum dicatur in matutinis et laus angelica in missa videlicet gloria in excelsis devotius sollempnizando . similiter fiat in cathedra beati Petri et in festo Mathie apostoli ac etiam in sancti Andree cum intra adventum concluditur necnon et sancti Thome apostolorum festis . et ut premissa a clero civitatis et dyocesis Coloniensis inviolabiliter observentur, has literas conscribi et nostro ac ecclesie Coloniensis sigillis fecimus communiri . datum et actum Colonie 8. kal. apr. anno domini 1250.

(Nach dem Copiar des Domstifts. Orig. im Düsseld. Staats-Archiv.)

10. Erzb. Konrad verspricht den Grafen Walram und Otto von Nassau 500 Mark zu Besserung ihrer Lehen und verpfändet ihnen bis zur Zahlung gewisse Einkünfte zu Siegen. — Bei Köln, 1253 März 22.

Universis Christi fidelibus presentes literas visuris Cunradus dei gracia sancte Coloniensis ecclesie archiepiscopus salutem in salutis auctore . presentis scripti testimonio protestamur, quod nos attendentes devota obsequia, que dilecti consanguinei et fideles nostri Wallramus et Otto comites de Nassowe nobis et ecclesie nostre hactenus impenderunt et exhibere poterunt in futurum, de fidelium nostrorum consilio ipsis dare promittimus 500 marcas denariorum Coloniensis monete, 12 solidis pro marca computatis, ad emendationem suorum que ab ecclesia [nostra] optinent pheodorum . pro quibus 500 marcis dilectis comitibus de Nassowe proventus nostros apud Sygin, videlicet theloniorum, peticionum, monete et iudeorum deputamus et assignamus recipiendos tamdiu, quousque 500 marce per nos ac per nostros successores fuerint persolute . ita tamen quod si proventus iudeorum et monete contigerint aucmentari, nos partem, que processu temporis aucmentata fuerit, cum ipsis comitibus equaliter parciemur . et si, quod absit, aliquem dictorum comitum decedere contigerit, superstes proventus ipsos modo percipiet memorato. prefatis etiam 500 marcis persolutis ipsi comites non tenentur aliqua allodia inde conparare aut etiam assignare . iudicia etiam nostra, pariter et proventus reliqui, quos ibidem optinemus, nobis salvi, sicut fuerunt hactenus, permanebunt . et quotiescumque prefati comites peticionem facient, mediante nostro iudice ipsam peticionem ordinabunt rationabiliter et decenter, prout est peticio hactenus ordinata . si vero noster officialis non potuerit vel noluerit interesse peticioni faciende vel ordinande, nichilominus ipsi comites peticionem competentem facient prout est consuetum, ita quod burgenses nullam exinde recipiant exhereditationem vel gravamen . acta sunt hec presentibus fratre nostro Friderico preposito Xantensi, Godefrido preposito Monasteriensi, Philippo thesaurario Coloniensi, Friderico domino de Sleyda, Gerardo comite de Nuinare, domino Gerardo de Wildinberg, Ottone de Wickerode nobilibus viris et aliis nostris fidelibus . datum apud Coloniam anno domini 1252. sabbato ante annunciationem beate virginis.

(Alfter 11, 57.)

11. Die Stadt Duisburg verspricht der Stadt Köln Beobachtung des Landfriedens auf neun Jahre vom St. Margarethentage an. — 1255 März 5.

Nos index scabini ceterique burgenses in Dusburg notum facimus universis presentes litteras inspecturis et presentium testimonio manifeste confitemur, quod nos federe pacis coniunximus nos civitati Coloniensi et iuravimus ipsis civibus Coloniensibus pacem terre communem fideliter [servare a festo] ¹) beate Margarete nunc proxime futuro ultra novem annos, eo modo et confederatione quo [modo] ²) civitates superiores et alii, qui dictam pacem communem servare iuraverunt . in cuius testimonium presens pagina conscripta et sigillo universorum burgensium in Dusburg est communita . datum et actum anno domini 1254 . 6. fer. ante Letare Jerusalem.

(Alfter 26, 48.)

12. Erzb. Konrad vermittelt einen Vergleich über Anlage von Befestigungen zwischen Mathilde ehemals Gräfin von Sayn auf der einen, Heinrich Herrn von Isenburg und dessen Sohn Gerlach sowie Gotfrid Graf von Sayn auf der andern Seite. — Bonn, 1258 Sept. 13.

Ich Conrait buschof van Kollene dun kund allen den di disen brif solen sien dat umbe dat Methilt, die wilen grevinne zu Seine was, den bu den si zu Alsnak·uppe deme berge hatte begunnen, ave deide, hant gesicchert min her Heinrich van Isenburg inde min her Godevert der greve van Seine inde her Gerlach mines herren Heinriches son van Isenburg mit gegevenre truwen mir inde der selver Methilde de wilen was grevinne zo Seine inde heren Roriche van Rennenberg inde heren Lodewiche deme walpoden van der Nuwerburg inde heren Conrade van Brisecche inde heren Lodewiche van Widhe, dat si si nit insolen narre verbuwen wan si nu gebuwet haint, mit engeiner vestene noch engein ir vroint bit gein irre wizzende noch mit gein irme rade noch mit gein irre helpen noch niman, di wile dat di selve Methilt levet ove di wile dat si dat guit under ire hait . inde ove si iman zu verbuwene begunde, dat solen si helpen weren mit al irre mahit ane argelist, inde ich buschof Conrait oug mit guden truwen . ane willet min her Gerlach eine waninge maechen zu Hoingen imme dorp, dameide inhant si nit verbrochen. dis satthe min her Heinrich zu burgen de heren van Milendune inde heren Vrideriche den burggreven van Hamerstein inde heren Werneren den suzen . min her Godevert de greve van Seyne satte zu burgen den proist Werneren van sente Gereone inde der greven Gerarde van Nuwenare inde Halberen heren Dideriches son van Dreisbach . heren Geirlaches burge bin ich buschof Conrait inde her Heinrich sin vader inde der here van Milendune . inde ove ir einich dit verbreiche, dat got inwille, so solen sine burgen alse man si gemanet varen zu Linse inde ensolen nimer danne komen, id insi wider dain. were aver dat der burgen einich vor lives noit zu Linse nid inmothe geleisten, de hait urlof dat he zu Andernache leiste . herwider hait de selve Methild inde ich buschof Conrait mit ire gelovit, dat si di selve heren van Ysenburg inde van Seine nit narre ensal verbuwen wan si nu gebuwet hait mit ingeiuer vestene noch niman mit irme rade noch mit irme geheize ane alle allerslathe argelist di wile si levet inde si des landes geweldich is . were aver dat si iman verbuwen wolde, dat sal ich buschoif Conrait helpen weren . over dise vorworde haint gelovet her Rorich van Rennenberg inde her Lodewich der walpode van der Nuwerburg inde her Conrait van Brisiche, dat si si nit verbuwen ensolen mit geinner vestene oppe dat si si nit inengen ane ingeineme irme rethe noch an luden noch an gude zu unrethe . inde ove si en dat deiden, so solen si es vor mich comen inde zeunen mir ir unreth, inde enwird it en dan nit widerdain na rethen reiden, so solen dise dri man van iren vorworden ledich sin . dat dise dinc steide sin, dairumb hain ich min ingesegele inde dis capitthelis van deme dume in den wordin, dat id den prioren cundich si, inde heren Heinriches ingesigele van Ysenburg inde des greven Godeverdes van Seine inde heren Gerlacches minis heren Heinriches sones van Ysenburg an disen breif dun hain . dit geschach vor ons zu Bunne zu sente Gerdrude, inde waren druver inde sint is gezuch der corbuschof van Bolant inde der proist van Kerpene inde Volkolt van Bure inde Herman van Rennenberch inde Herman van Pleyse inde Lodewich van Widdhe inde Godevert van Erperode inde Heinrich van Lare inde Herman van Dernowe inde Diderich van Lomunzheim inde her Johan van Birkinstorp inde manich

---

¹) Kleine Lücke. — ²) Kleine Lücke.

ander man . in deme jare du van Kirstes geburde waren liden drueindehalflhundert jair inde eghte jair in deme evenmainde an des heiligen cruces avende.

(Copiar des Domstifts.)

13. Der Kölner Domdechant Goswin stellt Artikel für die Karmeliter auf. — Köln, 1260 März 29.

Omnibus presentem paginam inspecturis G(ozwinus) dei gratia maior in Colonia decanus et archidiaconus agnoscere veritatem . noverint universi, quod cum venerabilis pater ac dominus noster C(onradus) dei gracia sancte Coloniensis ecclesie archiepiscopus nobis commiserit, ut negocio fratrum de monte Carmeli intenderemus, ita quod articulos conciperemus quibus debent esse contenti, nos ad mandatum venerabilis patris ac domini nostri predicti articulos concepimus infrascriptos . prior et fratres de monte Carmeli qui iam sunt et qui pro tempore fuerint confessiones audire vel penitentias iniungere non debent, cum ligandi vel solvendi nullam habeant potestatem . item diebus dominicis et festivis, quando populus ad parrochialem ecclesiam convenire consuerit ut tenetur, et in aliis diebus, dum in parrochialibus ecclesiis missarum sollempnia celebrantur, fratres predicti non predicabunt in suis oratoriis, ne populus a parrochiis abstractus divina officia obmittat et sacerdos in domo domini quasi passer unicus in edificio remanens derelictus parrochianorum suorum solacio et consuetis oblacionibus aliisque obvencionibus defraudetur . item nullam habeant sepulturam nisi fratrum sui ordinis et suorum familiarium eis servientium et patronorum . et de hiis cum decesserint omnes oblacionum recipient obvenciones . item si aliquis apud dictos fratres sepulturam elegerit, illud admittet plebanus, de cuius parrochia existit, ita tamen, quod primo defunctus ille ad suam parrochialem ecclesiam prout moris est deferatur et agenda ipsius tam in missa quam aliis illo die fiant ibidem, et plebanus loci omne emolumentum tam in oblacionibus quam candelis integraliter recipiet et sine qualibet contradictione . hoc facto defunctus ad domum fratrum deferatur predictorum et defuncto ibi existente medietas oblacionum, que ad missam fratrum, quam pro defunctis celebrant, offertur, et medietas candelarum circa funus existentium plebano predicto assignentur omni fraude et dolo exclusis . item de cotidianis oblacionibus oblatis ad altare fratrum predictorum tempore misse ita observetur . plebanus, in cuius parrochia morantur, mittet nuncium suum discretum, qui nuncius medietatem oblacionum in altari et terciam partem oblatorum tam super asserem quam super truncum coopertum reportabit domino suo . qui si non venerit missus ex parte plebani, dicta particio oblatorum predictorum bone fidei fratrum relinquetur exhibenda (sic!) plebano . si vero fuerint dedicaciones altarium vel ecclesie ipsorum fratrum aut si aliquis ex ipsis sacerdos de novo effectus celebraverit primam missam, in hiis casibus maneant oblaciones totaliter penes fratres ad usus eorundem . item confectioni testamentorum non intererunt nisi de licencia plebani, cuius est parrochianus ille qui vult condere testamentum, et de sibi legatis solvent terciam partem plebano loci, nisi fuerint specialiter legata ad calicem, casulam, ornamenta ecclesie vel sacerdotale vestimentum . si vero ex procuracione alicuius plebani quicquid ipsis fratribus legatum fuerit, idem plebanus hoc procurans medietatem habebit . item ad ecclesias parrochiales vel capellas non accedent ad predicandum vel ad elemosinas petendas nisi invitati vel humiliter pecierint a plebano loci et obtinuerint ad ea se admitti, ne parrochialibus ecclesiis devotio debita subtrahatur et ne missarum sollempnia obmittantur, ad que audienda parrochiani in prima diei parte in suis consueverunt et debent ecclesiis convenire . item fratres ad plebem nequaquam in suis ecclesiis predicabunt nec solempnes de mane facient sermones, antequam percantatum sit in parrochialibus ecclesiis, ne pro hiis audiendis populus ad eos confluens parrochiales ecclesias derelinquat . item ea hora diei vel ante quam diocesanus episcopus vel alius loco eius sollempniter predicat, nullus fratrum in eadem civitate vel loco predicabit . item fratres sacerdotes, qui exituri sunt pro elemosinis querendis, si volunt dicant missas sine nota ante pulsacionem prime sue et apercionem sui oratorii · si vero fratres aliqui non sacerdotes exituri sunt, illis dicatur similiter missa sine nota et absque pulsacione ante primam suam et ante apercionem sui oratorii . et post lectum evangelium misse parrochie in qua manent, si volunt, licebit eis dicere missas duas cum nota et plures, si voluerint, sine nota . item scolas puerorum non habebunt . item si domos vel areas aliquas in parrochia alicuius plebani emerint vel eis date fuerint, de illis solvent plebano annuam pensionem secundum quantitatem utilitatis, quam plebanus habere posset, si laicus inhabitaret, sive illas destruant vel ad suos usus reservent . quam pensionem estimabit et taxabit decanus Coloniensis qui pro tempore fuerit cum consilio duorum plebanorum quos ad hoc viderit expedire . item ab omnibus, que ad ius prelatorum vel conventualiuln ecclesiarum et parrochialium pertinent, prorsus abstinere debent . item priores eorum qui pro tempore fuerint in civitate vel dyocesi Coloniensi curam suorum fratrum recipient a domino Coloniensi archiepiscopo vel eius vicem gerente, et fratres nunc recepti vel deinceps recipiendi in manus sui prioris obedienciam promittent predicto domino archiepiscopo et capitulo maioris ecclesie. et tam prior quam fratres eam observabunt quemadmodum canonici ecclesiarum Coloniensium observare consueverunt et tenentur salvo ordine suo . item nichil facient vel dicent fratres in fraudem propter quod parrochiales ecclesie suis iuribus spolientur, sed bono modo in confessionibus, si eas audire contigerit, et predicacionibus populum ammonebunt, ut ecclesiis parrochialibus iura debita persolvant . item si fratres predicti super aliqua actione reali vel personali vel criminali, quod deus avertat, conveniendi fuerint vel et puniendi, in suo capitulo corrigendi sunt, sicut canonici seculares in suis capitulis corrigi debent . si vero ibi defectus iusticie fuerit, tunc ad capitulum maioris ecclesie recurretur, ut ibi super hiis canonice procedatur, nisi aliqua occurrerint, super quibus coram venerabili patre nostro ac domino Coloniensi archiepiscopo qui nunc est vel qui pro tempore fuerit debeant conveniri . si autem in premissis articulis dubia aliqua emerserint que decisione egeant, illa nobis et nostro successori qui pro tempore fuerit decidenda reservamus . prior etiam et fratres supradicti super hac ordinacione consensum sui prioris generalis infra annum et extunc confirmacionem domini pape infra annum subsequentem impetrabunt, nec aliqua privilegia nec rescripta a sede apostolica impetrabunt, que premissis contraria sint vel esse videantur, et si quoquo modo impetrata fuerint, eisdem non utentur . impetracioni autem faciende super confirmacione domini pape et consensu prioris generalis ponimus terminum et inicium videlicet festum beati Johannis baptiste nunc instans, ut extunc ad duos annos prout premissum est impetrent que fuerint impetranda . volumus insuper ut prescripta omnia a fratribus predictis observentur et compleantur sine aliquo alio preiudicio iuris alieni . alioquin supradicta omnia irrita erunt et loco cedant quem nunc Colonie inhabitant, et idem locus erit in potestate et disposicione domini nostri Coloniensis archiepiscopi qui nunc est vel pro tempore fuerit et capituli maioris Coloniensis . et hoc dicti fratres cum eorum priore spontanee elegerunt . et ut hec firma et illibata permaneant, presens litera est exinde conscripta et ad peticionem predictorum prioris et fratrum venerabilis patris ac domini nostri Conradi Coloniensis archiepiscopi, capituli Coloniensis, nostro et predictorum fratrum sigillis communita . actum Colonie anno domini 1259 . quarto kalendas aprilis.

(Copiar des Domstifts.)

Nachträge und Berichtigungen.

S. 2 Note 1 ist die Klammer zwischen Caesarius und Monum. Germ. zu setzen.

S. 8. Ein Zeugniss für die fortdauernde Verbindung Konrad's mit Gregor IX. ist der Umstand, dass der Papst 1240 die Erzbischöfe von Köln und Magdeburg beauftragt, die Wahl des Domcantors von Magdeburg zum Bischof von Meissen zu untersuchen und eventuell zu bestätigen. Potthast 10942.

S. 23 Z. 15 lies „neunmonatlicher" st. „siebenmonatlicher".

S. 38. In der deutschen Chronik bei Matthaeus, Veteris aevi analecta 3, 171 findet sich die lebhafte Schilderung eines von Konrad und Bischof Heinrich von Utrecht über Wilhelm von Jülich erfochtenen Sieges. Miranda, Wilhelm IV. von Jülich 72 erzählt diese Vorgänge nach einer Lütticher Fehde des Grafen von 1255, jedoch fehlen die Anhaltspunkte für eine chronologische Bestimmung.

S. 40. Bald nach seiner Wahl (1255 Januar 28) ertheilt Alexander IV. Konrad und dem Prior der Dominicaner zu Köln den Auftrag, die Wahl des Mönches Hermann zum Abt von Helmarshausen zu untersuchen, eventuell zu bestätigen. Potthast 15654.

S. 43 Note 3 ist zwischen Busson und vgl. Klammer zu setzen.

S. 60 Z. 3 ist vor „heirathete" das Komma zu tilgen.

S. 69 Note 2 lies „Armin" statt „Arnim".

S. 75. Der Graf von Arnsberg ist allerdings auch noch 1244 Konrad's Gegner gewesen. Vgl. 17.

S. 84 war unter den ausserordentlichen Einnahmen noch die Lösesumme von 6000 Mark zu erwähnen, welche für die Freilassung des jungen Waldemar von Dänemark bezahlt wurde. Vgl. 151.

S. 102 Z. 19. Die Bibelstelle steht Isaias 5, 23.

S. 107 Note lies „nur" statt „mir".

S. 138. Alexander IV. ertheilt 1258 Juni 27 Albert, dem „Lesemeister der Predigerbrüder zu Köln", einen Auftrag betr. Verleihung einer Pfründe. Potthast 17323.

Zu den Regesten.

Nr. 42. Der * vor der Datirung ist zu tilgen.

Nr. 60 lies Seibertz 1 (nicht 2), 615 Note.

Nr. 94. Erwähnt bei Brower, Antiquit. Trever. 2, 138.

Nr. 120 ist erwähnt bei Gelenius, de magnit. Col. 542.

Nr. 176 ist bei Worringen ausgestellt und steht bei Kreuser 378 (nicht 376).

Hinter Nr. 196 ist einzuschieben (1248 April): als zustimmend erwähnt in der Urkunde, durch welche Arnold Erzbischof von Trier Ablass für Besuch der St. Cunibertskirche am Kirchweihtage verleiht. — Kreuser, Dombriefe 377.

Nr. 278. Unter dem comes de Detenburg ist der Graf von Tecklenburg zu verstehen.

Nr. 292. Cyrne ist ohne Zweifel Zier. wahrscheinl. Niederzier. Vgl. Annalen 24. 270.

Nr. 382. Anstele = Anstel bei Nettesheim (Kreis Neuss).

Nr. 386 lies Ingenfeld (Pfarrei Neurath).

Nr. 421. Vlizsteiden = Fliesteden.

Nr. 444 ist ausgestellt 1257 ipsa nativitatis b. Mariae virg. (Sept. 8). Vgl. Gelenius, de magnit. Col. 557.

Nr. 460. Baggerhoven in parrochia de Mairke nicht Becherhof, sondern ein verschwundener Ort bei Morken. Curmene (nicht = Commern), später auch Curmod genannt, war ein erst im 19. Jahrh. abgebrochener Hof bei Glesch (Pfarrei Bergheim).
Nr. 469. Lureke = Lürken bei Eschweiler.
Nr. 528 liess Steinfeld.
Nrn. 167. 291. 293. 297. 334. 461 sind jetzt vorstehend unter den Anlagen gedruckt.
1250, April 24. Köln. verstattet dem Propste, der Aebtissin und dem Convente des Klosters Neuwerk ausserhalb von Nordhausen, dass, wenn alle Orte und Kirchen seines Archidiakonats dem Interdicte unterliegen, aber das Kloster Neuwerk dazu nicht Veranlassung gegeben hat, sie ohne Glockengeläute bei geschlossenen Thüren und mit Ausschliessung der Excommunicirten und dem Interdict Unterliegenden, stillen Gottesdienst feiern dürfen. Auch sollen sie edle Matronen und Ordensfrauen, wenn dieselben es verlangen, in ihr Kloster eintreten lassen, doch mit guten Zeugnissen und zu passender Zeit. Ferner dürfen sie weltliche Mägdlein in ihrem Kloster unterrichten, aber dieselben müssen gleiche äussere Tracht haben. — Perschmann, Regesten des Cistercienser-Klosters zu Nordhausen in: Neue Mittheilungen des Thür. - Sächs. Vereins 13, 547. Statt Erzbischof v. Köln ist im Regest fälschlich Mainz genannt. Gefällige Mittheilung des Hrn. Archivrath Dr. Will in Regensburg. Mit Legatentitel?